孙振泽　　　张庆祥

　　出版有《资源整合方法论》、《危机应对》、《军事地质应用》等著作。

致 读 者

尊敬的读者：

    这白纸黑字间，

    看不到财富的支付单；

    这诸多的章节里，

    找不到高管者的成功秘诀；

    这真实的案例中，

    也没有诠释追求高效的策略。

    只是想和那些有过成功夙愿的人们，

    探讨一个共同关注的话题，

    那就是：

    挖掘自己的潜力，

    整合周围的资源，

    在这天尽其时，

    地尽其利，

    人尽其愿的时代里，

    去实现那五彩缤纷的梦想。

    如果您用心，

    愿意在那星星点点的字里行间去寻找，

    也许会有启迪，

    也许会有畅想，

    也许会给您拼搏带来冲动，

    也许会给您奋斗注入力量；

    只要凝聚智慧，

在探索的路上无悔的前行，
不仅会找到成功的机会，
也能收获曾经有过的希望。

作　者
2006 年 9 月于北京

目　　录

第一章　资源整合概论

第一节　什么是资源整合

资源的稀缺性是经济学一个最基本的出发点，因为稀缺，才有抢夺和竞争，才有对如何有效地利用有限资源的研究，才产生了经济学。但在此之前，整合已经产生了，就是如何有效的利用。可以说，资源与整合是相伴而生的，没有资源，整合就成为无源之水、无本之木；而没有整合，资源就不能满足人类的需要，也就没有发展的可能性。

从万物的本质上看，都具有对资源的依存关系，而表现出明显的利己与排他性，这是个体得以存在和发展的前提。

之所以说上面一段话，就是为了揭示一种矛盾：一方面是资源的稀缺，一方面是若干个体对资源的索取。这两者形成一种碰撞，形成了无可避免的竞争规律：获益者从中发展强大；失利者演变为弱势群体。竞争既可以产生差距，也可以缩减差距，人类就是在这种不断的打破平衡，又不断的争取平衡的循环往复中前行与发展。

阳光、空气、水、矿产、土地是自然的资源，团队、文化、设备、环境是人类创造的新资源。对这些资源的获取、组合和利用（即资源整合），形成了我们今天的人类文明。由此可见，人类文明的发展史就是资源整合的发展史。

当人类还是海洋生物形态的时候，已经学会如何摄取海洋中的物质，同时保持和发展有利于向高级生物进化的基因信息，向更高级的甥物进化；当海洋动物入主陆地，当原始人开始钻木取火和群居生活，生物的存在形式在不断地进化。这些表明资源整合的范围越来越大，而随着历史的发展，人类资源整合的方式和方法也日趋多样化。

在人类发展的早期，原始人从自然界中获取资源，总是以较为直接的方式进行：攀摘野果、围猎野兽乃至洞穴居住，无一不是以直接的、缺乏转化形式地利用自然资源。此时，个体体力和团体聚集是获取资源量的主要决定因素。总之，个体的强弱往往更多的是取决于人体性。

当历史越过奴隶社会，进入封建社会时期，以封建家族为单位的存在个体开始了它的演绎模式。让我们以一个长年生活在大山的农夫为开端：他的资源仅限于几亩土地，一间木房，也许还有一头牛，一群羊或一片树林。可是，忽然有一天，他走出大山，进入了集市，他的见识空前地增长——或是对集市上商品的行情有所了解，或是熟识了几个生意人，或是听了集市上说书人的一个段子。这时，资源整合的条件忽然就具备了——他从此有机会重新思考他日复一日的大山生活，进而产生改善的期望；他也可以借说书人段子的传播，在乡村里受到人们的喜爱和欢迎。这个时候，机会产生了——他可以借用市场上的行情，利用人们对他的欢迎，收集一些土特产或其它什么物品，到集市上找到那几个生意人，开始他的从商生涯。通过从商的逐渐富有，他可以从乡下迁到城镇。于是其子女受教育坏境空前改善，由此促进下一代的持续兴旺。

以家为主体开展的资源整合，通过两代甚至三四代可以得以实现，这是封建社会的生产力和社会环境所决定的。这种家族式发展的演绎过程，有两个特点：一是资源整合是以家庭为单位实现的；二是整合的成功者（即富人）总是少数。这种渐进式的、缓慢的整合形式，被当时流行的精明、务实、能干等字眼所代替。虽然其内涵与资源整合另无二致，但资源整合还没有形成一种理论。

到了 20 世纪，世界发生了不可思议的变化。蒸气机的使用和电的出现，为人类的物质生活创造了无限种可能性。而与此同时，社会意识形态、政治、经济形态在大工业时代的作用下，也得到空前的发展，变得前所未有的复杂和成熟。在这种新的社会形态中，社会获取资源的形式更多地是从社会机构中得以体现，个人的力量，更多的只有作用在某个组织中才得以发挥作用。同时，由于城市的功能聚集和文化繁荣作用，一个国家乃至整个世界的最具优势的资源，大部分集中在城市。因此，现代城市成为比原始时期的森林残酷得多的生存环境。

城市化进程的规律告诉我们，人类生存的现实和趋势，将会是一个无可争辩的城市命题。在小说家眼中，城市是一座石头森林，因为它代表一种灵魂的广漠与苍白，一种红尘万丈中的无奈与寂寞；在政治或经济学家的论述里，城市是人类文明和经济发展的聚合体；在城市人的心中，城市是一个艰难、繁华、令人失望又迷恋的栖居地；在农村人的眼里，城市是一种灿烂与神秘，还有一种未知的恐惧和适应的艰难。

而经济发展的现实也在告诉我们：当今最为高级和有效的资源整合，是在城市里实现的。在贫困的乡村，信息的缺乏，教育的滞后，生产资料的落后，成为一种绝望的沼泽，陷住了痛苦而麻木的乡下人；与之对应的另一个世界里，是发达的都市。在那里，由于资源的聚集和整合作用的叠加，人才辈出，商贸繁荣，物质丰富。

但是，城市的整合早已不是传统意义上的整合——它需要若干个体的共同作用，但它的能耐和形式又远远超越了个体，如同无数台大小不一的机器。与机器所不同的，是它对零件的要求远远超越了零件本身，它强调一种社会性的动作，即如同一出数千人参加的舞蹈，既要求步调一致，又要求全体成员心神合一。

资源的种类越来越多，整合的难度也越来越大。于是，人类感到现在需要对资源整合有一个深入的、彻底的、全面的研究和了解。在经济学已经取得了重大成果的今天，资源整合终于也正式登上了历史舞台。

在我们今天所处的这个社会里，无论是一个国家，一个团体、

3

一个家庭乃至一个人，要通过资源的利用与组合，实现自身的成就与辉煌，其复杂性与艰难性已经空前地增加了——如果说原始社会的资源整合，只要通过一个人，即独舞即可实现，而封建时代的资源整合，要通过多人舞方可实现的话，那么，现代社会的资源整合，则必须通过千人舞，乃至万人舞才可实现。因此，它要付出相当大的代价和相当长的准备期。以至于个人的十年寒窗苦读，还要加上几年的社会实践，磨练调动和协调千人舞的本领，整合政府、社会、科技、人力、人文等资源，方可实现个体的目标。

你身边存在的资源决定你可能做什么，你所拥有的资源决定你可以做什么，而你对资源的整合利用决定你最终成为什么。在这一原理的作用下，每一个个体都在努力地获取和组合新的资源，这种整合可能是一种自我的学习提高，可能是有意识的增加社会实践的次数，可能是获取一笔资金或其它财产，可能是争取一个就业机会和平台。但是，在这个新的时代，除了上述的自私原理与稀缺资源的竞争原理之作用外，还添加入了社会的复杂性。正是这三者共同作用，产生了新时代残酷的生存竞赛。

在这种新的残酷中，国家、团体、家庭或个人所能做的和必须要做的，首先是对于资源的了解与学习，其次是对好资源与坏资源或无用资源的辨识，再次是锻炼使用资源的能力，最后是协调和整合资源的能力。如果没有这种主动的辨识、学习与行为意识，任何个体都将一如海洋中的树叶那般随波逐流，找不到方向而无可依托。说到"海洋"这个词，就会想起生命中若干种类似海洋的事物：世俗如海，苍生如海，稍有不慎，就足以使我们失足于无边的红尘；时光如海，宇宙如海，个体渺小得甚至可以忽略了本身；城市如海，喧嚣如海，足以淹没任何个人的声音；商场如海，职场如海，它需要个人具有能够左右自己命运的力量和意志。

如果让我们估计一个孤助无援的人在海洋中淹死的几率，一个稍有常识的人都可以回答，那是 100％；如果那飘浮中的人的资源增加到一片浮木，则他的求生机率增加到 40％；再进一步，他的资源增加到一个指南针和一块面包，他的求生机率增加到 60％；当他的资源增加到求生的欲望和对方向的把握时，生存的几率增加到 80％……

所以，当资源层次从现有资源到主动意志，再到辨识能力和组合运用能力一步步迈进的同时，我们越来越变得主动和可以控制自己的命运。

我们由此也可以看到，资源整合是十分重要和必要的。但在 21 世纪的今天，究竟什么才是资源整合呢？

在战略思维的层面上，资源整合是系统论的思维方式，就是要通过组织和协调，把组织内部彼此分离的职能，把组织外部既参与共同的使命又拥有独立利益的合作伙伴整合成一个为他人服务的系统，取 1＋1 大于 2 的效果，并且实现 1＋1＝1 的经济效益。

而在战术选择的层面上，资源整合就是优化配置的决策。就是根据组织的发展战略和市场需求对有关的资源进行重新配置，以突显组织的核心竞争力，并寻求资源配置与客户需求的最佳结合点。目的就是要通过组织制度安排和管理运作协调来增强组织的竞争优势，提高服务水平。

简言之，资源整合就是将可以利用的自然资源、社会资源等运用多种经济手段进行合理的重新组合、配置，以达到所有资源发挥最大、最彻底的功能作用，形成一个完善、高效、科学、系统的思维方式和决策。

我们由此就可以发现，这个世界无论是进步还是倒退，国家无论是强大还是弱小，家庭无论是兴盛还是衰落，个人无论是不幸还是幸福，都是资源整合的结果——无论这种整合是有意还是无意，是主动或是被动。资源整合有其自私性、自发性和时代性，而作为万物之灵的人类，作为新时代背景下的新人类，更是应该走向一种对自我资源进行整合的开悟、辨识与主动性。只有这样，个体才能有序地生存和发展，而人类和人类周遭的世界才能变得更加的繁荣和美好。

第二节　资源整合的现状和发展方向

1.2.1　资源整合的现状

一、我国 21 世纪全球资源战略

1、资源战略

是指开发利用资源的总体谋略和全局筹划。中国 21 世纪全球资源战略，是适应全球经济一体化与建设社会主义现代化强国对资源需求不断增长的客观需要，在下世纪利用人类共同的全球资源解决中国资源供需矛盾的总体谋略和全局筹划。主要包括战略环境研究，即制定战略的国内外背景；战略指导思想与目标；总体战略与子战略；战略部署与阶段；战略对策与措施。

依据我国 21 世纪全球资源战略，我国有针对性的制定了一系列的决策。首先就是从自身做起，开始对自身资源的整合和深挖潜。2000 年 1 月，党中央、国务院面向新世纪，高瞻远瞩，总揽全局，做出实施西部大开发的重大战略决策。1 月 16 日，国务院西部地区开发领导小组及其办公室成立，实施西部大开发战略全面展开。西部大开发的范围涉及国土面积 685 万平方公里，2004 年末总人口约 3.72 亿人，2004 年地区生产总值预计 2.57 万亿元。

6 年来，在党中央、国务院的正确领导下，经过各地区、各部门尤其是西部地区广大干部群众的共同努力，西部大开发开局良好，取得了明显成效：

——中央投入力度不断加大，西部地区经济社会发展加快。6 年来，中央财政性建设资金累计投入 4600 亿元，中央财政转移支付和专项补助资金累计安排 5000 多亿元。国家投入带动了社会投入，西部地区全社会固定资产投资年均增长 20% 左右。国民经济发展逐年加快，从 2000 年到 2004 年，GDP 增长分别为 8.5%、

8.8%、10.0%、11.3%、9.5%，预计2005年将超过上年。

——交通、水利、能源、通信等重大基础设施条件改善。5年累计，西部地区新开工建设60项重点工程，投资总规模约8500亿元。交通干线建设方面，5年新增公路通车里程9.1万公里，其中高速公路5600公里；新建铁路铺轨4066.5公里，建成投产铁路新线2819.6公里，复线1653.6公里，电气化铁路1831.3公里；青藏铁路累计铺轨777公里；建成干线机场和支线机场22个，在建项目16个。西电东送工程，累计开工项目总装机容量3600多万千瓦，输变电线路13300多公里，新增向广东送电1000万千瓦电网建设任务提前一年完工。建设了四川紫坪铺、宁夏沙坡头、广西百色、内蒙古尼尔基等一批大型水利枢纽工程。改造了115个灌区、建设了535个节水示范项目、安排了621座病险水库除险加固工程。

——进一步改善了农村生产生活条件。5年累计安排投资71亿元，解决了西部3200万人饮水问题。国家投入46亿元，将居住在生态环境脆弱、不具备基本生存条件地区的102万贫困人口实行了生态移民。安排10亿元，用于农村96万口户用沼气池建设。解决了969个无电乡通电问题，6.8万个行政村通了广播电视。

——生态建设得到显著加强。到去年末，退耕还林工程累计完成陡坡耕地退耕还林1.18亿亩、荒山荒地造林1.7亿亩。从2003年开始实施退牧还草（采取禁牧、休牧、轮牧、草场围栏等方式恢复草原）工程，累计治理严重退化草原1.9亿亩。天然林保护、京津风沙源治理工程以及长江上游水污染治理、中心城市污染治理等项目进展比较顺利。

——社会事业发展步伐加快。教育方面，国家累计投入150多亿元，支持西部地区教育特别是农村义务教育。投入65亿元，加强西部农村公共卫生设施建设。

——特色产业发展加快，东西合作方兴未艾。5年来，西部地区的电力、煤炭、石油、天然气、有色金属、棉花、畜牧、旅游等产业，以及部分装备制造业和高新技术产业加快发展，在全国市场上已占有越来越重要的位置。西部地区5年累计吸收外商直接投资90多亿美元，东部地区已有1万多家企业到西部地区投资创业，投资总规模超过3000亿元。

——有效地拉动了国内需求。西部开发和重点工程建设需要大量的设备、材料、技术和人才，为东中部地区企业"西进"提供了广阔的市场空间和大量的投资机会。东中部地区也是西气东输、西电东送、交通干线、退耕还林、天然林保护、京津风沙源治理等一大批西部开发重点工程的直接受益者。

而作为西部大开发最大的一项工程就是西气东输战略，2004年底，西气东输工程宣布正式投产，并全线实现商业运营！上海将有110多万户居民用上来自4000公里之外的塔里木的优质天然气。

西气东输工程西起新疆轮南，如蜿蜒的巨龙，穿越戈壁沙漠，爬上黄土高原、太行山脉，飞跨黄河、淮河、长江，途经10个省、自治区、直辖市，全长约4000公里，设计年输气量120亿立方米。这条横穿神州大地的巨大管道，生动地诠释了西部大开发的战略意义——它一头为西部发展注入了活力，一头为东部腾飞提供了能源后盾，实现了市场要素资源的有机整合，承载了区域统筹、协调发展的历史重任。

2、国内资源

是指在生产投入中来自国内的各种资源，包括自然资源和社会资源（人才、资金、技术等）。而自然资源是有限的，要想取得更大更快的发展，就只有在社会资源这方面进行"挖掘"。于是，人才、科技的重大作用就体现了出来。我国也针对这一现象，提出了"科教兴国"战略。

"科教兴国"思想的理论基础是邓小平同志关于科学技术是第一生产力的思想。1977年，邓小平在科学和教育工作座谈会上提出："我们国家要赶上世界先进水平，从何着手呢？我想，要从科学和教育着手"，"不抓科学、教育，四个现代化就没有希望，就成为一句空话"，明确把科教发展作为发展经济、建设现代化强国的先导，摆在我国发展战略的首位。从 70 年代后期到 90 年代初期，邓小平同志坚持"实现四个现代化，科学技术是关键，基础是教育"的核心思想，为"科教兴国"发展战略的形成奠定了坚实的理论和实践基础。1992 年，中国共产党第十四届全国代表大会上，江泽民同志指出："必须把经济建转移到依靠科技进步和提高劳动者素质的轨道上来"。

1995 年 5 月 6 日颁布的《中共中央国务院关于加速科学技术进步的决定》，首次提出在全国实施科教兴国的战略。江泽民在会上指出："科教兴国，是指全面落实科学技术是第一生产力的思想，坚持教育为本，把科技和教育摆在经济、社会发展的重要位置，增强国家的科技实力及实现生产力转化的能力，提高全民族的科技文化素质。"同年，中国共产党第十四届五中全会在关于国民经济和社会发展"九五"计划和 2010 年远景目标的建设中把实施科教兴国战略列为今后 15 年直至 21 世纪加速我国社会主义现代化建设的重要方针之一。

1996 年，八届全国人大四次会议正式提出了国民经济和社会发展"九五"计划和 2010 年远景目标，"科教兴国"成为我们的基本国策。

为全面落实科教兴国战略，农业、工业、国防、财贸等行业和部门都提出了依靠科技振兴行业的发展战略。各省、市、自治区及各地（市）、县（市）也制定了科教兴省、科教兴市、科教兴县的发展战略和发展方针。1988 年，江苏省率先提出实施"科教兴省"战略，决定转换经济增长方式，从过去主要依靠廉价资源和廉价劳动力逐步转换到主要依靠科技水平和劳动者素质上来。"科教兴国"作为一项全国性的战略提出后加速了地方科技事业和经济的发展。1996 年，国家科技领导小组成立，各地方随继成立了科技领导小组或科教兴省（区、市）领导小组，截止到 1997 年 6 月，全国共有 26 个省（市、区）和计划单列市成立了科技领导小组。据统计，到 1997 年底，全国已有 20 多个省、200 多个城市制定了以科技促进经济发展的计划。

1998 年 4 月，在中国科协主办的"科技进步与产业发展专家论坛"第 3 次大会上，我国学者宣布，从 1981 年到 1997 年的 10 多年里，我国科技进步贡献率达到 31.65%。同年 5 月，为了严格执行《教育法》、《科技进步法》，落实《中国教育改革和发展纲要》、《中共中央、国务院关于加速科学技术进步的决定》中有关教育、科技投入的规定，国务院办公厅转发了财政部《关于进一步做好教育科技经费预算安排和确保教师工资按时发放的通知》。《通知》要求各级政府财政部门保证预算内教育和科技经费拨款的增长幅度高于财政经常性收入增长。《通知》第一次明确了对财政预算执行中的超收部分，也要相应增加教育和科技的拨款，确保全年预算执行结果实现法律规定的增长幅度。

1998 年经中央批准，国家科技教育领导小组成立，并于 6 月 9 日举行第一次会议。朱镕基总理主持，指出要深入贯彻江泽民同志关于知识经济和建立创新体系的重要批示精神，国家要在财力上支持知识创新工程的试点，要加大对科技和教育的投入。

"科教兴国"全面落实科学技术是第一生产力的思想，坚持教育为本，把科技和教育摆在经济、社会发展的重要位置，增强国家的科技实力及向现实生产力转化的能力，提高全民族的科技文化素质，把经济建设转移到依靠科技进步和提高劳动者素质的轨道上来，加速实现国家的繁荣强盛。

3、国外资源

主要指购买国外的商品和劳务。进口商品包括两部分，一部分是生产资料，如直接用于建设和生产的技术装备和包括石油、铜、铁等矿产资源在内的原材料。另一部分是供国内居民使用的消费品。无论是生产资料的进口还是消费资料的进口，都应看作是对国外资源的利用。进口的生产资料无疑是投入生产的国外资源，而进口的消费资料虽然不是直接用于生产，但却起到了对国内资源投入的替代作用，故而亦可以看作是对国外资源的利用。进口量的增加意味着国外资源投入规模的增大。[1]

2005年10月27日，中国石油天然气集团公司对外宣布，已于10月26日加拿大当地时间上午9点16分，通过其旗下全资子公司中油国际成功收购了哈萨克斯坦PK石油公司。

PK公司在哈拥有12个油田的权益、6个区块的勘探许可证，具有较大的勘探潜力。通过发挥中国石油天然气集团公司的资金、技术和管理优势，PK公司所属油田的生产规模将会得到进一步扩大，将为今年年底竣工的中哈原油管道提供稳定可靠的油源。同时，PK项目发展加快，将为保障哈当地油品安全供应、扩大哈油气生产规模、促进哈经济发展起到积极的作用。中国石油天然气集团公司成功收购PK公司，积累了宝贵的大型跨国兼并、收购的成功经验。

4、外贸依存度

指一个国家或地区在一定时期（通常为一年）内，对外贸易总额与GNP或GDP的比率。有时亦分别用出口依存度（出口值对GNP或GDP的比率）和进口依存度（进口值对GNP或GDP的比率）来表示。出口依存度可看作一国经济增长同世界市场对该国商品需求的依存关系。出口依存度越高，表示世界市场的需求对该国经济增长的推动力越大。进口依存度越高，表示利用国外资源对该经济发展的作用越大，或者说一国的国民产出中越来越多的部分需要利用国外资源。

5、经济全球化

是指生产要素以空前的速度和规模在全球范围内流动，以寻求相应位置进行最佳资源配置。亦有人认为，经济全球化是世界各国的经济在生产、分配、消费等方面所发生的一体化趋势。毫无疑问，经济全球化以生产资本向全球扩张为突出特点，它打破了世界垂直分工的模式，实现生产要素在全球范围内的优化组合和资源的优化配置。经济全球化是世界经济发展的必然趋势，是国际分工发展的新阶段，是市场经济发展的必然结果，是当代世界经济发展最根本的特征。科技的发展使世界各国的经济生活越来越国际化，不同社会制度、不同发展水平的国家被纳入统一的全球经济体系之中。经济全球化所带来的最大好处是实现了世界资源的最优配置。一国经济运行的效率无论多高，总要受到本国资源和市场的限制，只有全球资源和市场的一体化，才能使一国经济发展在目前条件下，最大程度地摆脱资源和市场的束缚。经济全球化为一些经济基础较好、政策得当的发展中国家利用国外资源和全球市场，发挥"后发优势"，追赶发达国家提供了很好的机会。随着经济全球化，作为主要生产要素之一的自然资源，也在全球范围内实现优化组合，因此经济全球化是资源全球化的基础。

二、美国的全球资源战略

美国的全球资源战略是由其国家战略决定的，是其国家战略的主要组成部分，并直接为之服务。美国要独霸全球，充当"世界警察"，必须要有庞大、稳定的资源供应体系。而资源在全球的分布是不均匀的。所以，这种体系不可能只依赖其国内资源。从持久、稳定、经济地获得资源供应的角度考虑，这种体系是面向全球的多层次和多渠道的供应体系。

从一战开始以来，美国动用其国家力量，逐步建立了长期、稳定的全球资源供应体系，确立了其全球资源战略。美国通过全球廉价资源的掠夺性开发，确立和巩固了其全球霸主地位。从这个角度来说，美国外交的核心，就是要确保其所谓的"全球利益"，即确保在全球的资源与产品市场份额。

由于社会经济发展的需求，美国国内资源远不能满足供应。美国的石油有一半需要依赖进口；在主要的非能源矿物原料中，1999 年有 27 种的进口依存度超过 50％。稀土、铝土矿和氧化铝、锰、铋、宝石等 13 种矿产全部依赖进口。其进口的矿物原料（矿石）价值占国内生产价值的 10% 强，而进口的矿物加工原料价值占到国内生产的 15%。目前，美国重点控制的全球资源主要有：中东和前苏联地区（里海）的石油和天然气，加拿大、墨西哥和南美的金属、非金属矿产，非洲的铬、钴等战略资源。

美国的全球资源战略有以下显著特点：

（1）大量购买使用全球廉价资源

在 70 年代初石油危机以前，全球以石油为代表的矿物原料等初级产品价格十分低廉，以美国为首的西方国家利用不合理的经济秩序，大肆掠夺开发发展中国家的丰富资源，使其经济在廉价石油的基础上得到迅速发展。目前，美国主要从加拿大、墨西哥、南非、前苏联、巴西和澳大利亚等国家和地区进口矿物原料。由于不合理的价格体系，多数发展中国家出卖原料并没有取得预期的发展成果。

（2）通过经援、投资控制他国战略资源

发展中国家要开发自身的资源，缺乏资金和技术，以美国为首的发达国家正是利用了这一点，通过经援、投资等手段，有效地控制了他国的战略资源。美国政府对于本国石油公司到国外的勘查开发活动给予了强有力的支持，如在中东、非洲和里海地区等。美国为了支持本国石油公司获得在伊朗的石油勘探开采权，甚至不惜采取推翻伊朗政府的行动，这说明矿产资源在美国全球战略中具有重要地位，也是其推行强权政治的重要动因。在拉美、非洲和中东地区，美国主要是利用这种手段。

（3）建立战略资源的储备制度

20 世纪 70 年代以来，世界政治格局发生了较大变化，全球资源市场波动加剧。为了确保资源的稳定供应和加强对全球资源的控制力度，以美国为首的西方国家相继建立和完善了战略资源的储备制度。1985 年，美国储备的战略资源有 63 类 93 种，价值达到 168 亿美元；冷战结束后有所减少，到 1998 年 9 月 30 日，总储备价值为 41 亿美元，石油的储备量相当于 60 天的净进口量。美国在修订 1999 年物资战略储备计划时，由于铍、铌、金刚石（圆粒）、电池级锰、铂族金属、钽等矿种的库存为零或很低，计划大幅度购进以增加储备。海湾战争期间，为了平抑油价上涨，美国即动用了其石油储备，决定抛售 3375 万桶石油。庞大的储备已成了稳定物价的有力砝码。由于美国的战略储备，使得资源丰富的发展中国家控制全球矿产品市场的能力进一步减弱。

三、日本的全球资源战略

很多人不理解，日本为什么每年花费巨资从周边国家购买煤炭和砂石，然后倒在海底。其实，这些煤和砂无非是用作储备而已。

日本是个资源十分贫乏的国家。明治维新以后的 100 多年间，日本迅速完成了工业化，本国的资源也消耗殆尽。二战结束之后，日本经济迅速恢复和发展，所用资源基本上从国外进口。

为了保证日本经济发展对矿物原料的需求，日本政府早就制定了完善的全球资源战略，对利用国外资源进行长期规划。

日本全球资源战略的主要内容之一是：长期、大量进口，并进行有计划的储备。日本的矿产战略储备始于 1983 年 10 月，开始时储备对象为石油和稀有金属的中镍、铬、钨、钴、钼、钒、锰，后来逐步扩展到稀土原料，甚至煤炭和砂石。矿产储备分国家储备和民间储备两种，迄今为止已由国家预算支出 307 亿日元。稀有金属储备目标为国内 60 天的消费量，国家和民间各占 70% 和 30%；石油（包括原油和成品油）的储备目标为 5、6 个月的国内消费量，其中，国家石油储备基地有 10 座，5 座建在陆地上，2 座建在海上，还有 2 座是利用地下岩穴储油，总容量达 4000 万立方米，真可谓财大气粗。

积极推行海外矿产勘查补贴计划，鼓励境外开矿，是日本全球资源战略的另一核心。对于日本这样的一个经济发达、资源极端贫乏的岛国来说，资源过度依赖进口，其供应是相当脆弱的，

14

一方面进口矿产的价格较高，另一方面也容易受制于人。因此，为了保障矿产资源稳定供应，日本组织各种团体，以经济援助为前导，以各种名义向世界各地派遣事业调查团，收集包括资源信息在内的各类信息。在此基础上，日本政府以海外矿产勘查补贴计划的形式，主要通过金属矿业事业团和海外经济合作基金会等机构，对日本公司开展海外地质调查、矿产勘查及矿山基本建设提供资助或贷款担保。

金属矿业事业团用政府提供的补贴费，在国外可能贮存有大型优质矿床的地区进行区域地质调查，查明有望的矿床赋存区后交矿业公司继续进行勘查。在这一阶段，日本政府发放补贴的标准是钻探和坑道工程补贴1/2，地质、地球物理和地球化学调查补贴2/3。矿业公司进一步找矿时，可通过海外经济合作基金会获得政府贷款。日本企业与外国公司合作进行地质调查也可以获得政府资助。

金属矿业事业团对在国外从事金属矿产勘查的日本企业提供的资助分为普通贷款、特种贷款（勘查成功找到矿后要求偿还）和投资三种。普通贷款以铜、铅、锌、锰、铬、钨、镍、钼和铝土矿为资助对象，资助比例为50%－70%，利率5.15%，偿还期最长达20年。特殊贷款对铀矿和稀有金属矿资助比例是50%－70%，利率也是5.15%，偿还期最长达26年，如果勘查项目失败，可免收部分或全部本金。投资一般采用购买矿山股权的形式，投资矿种主要是铜、铅、锌、镍和铀，投资比例原则上为日方负担的勘查项目总费用的50%，特殊情况下为70%，项目获得成功后，金属矿业事业团以适当价格处理其拥有的股权。日本企业在境外开矿从本国中央银行和进出口银行贷款时，金属矿业事业团出面做担保人，仅收0.4%的担保费。政府从产业投资特别账项中支付事业团担保的资金。此外，日本海外经济合作基金会也可为日本公司在境外的矿产开发活动提供贷款。

日本政府正是通过这项海外矿产勘查补贴计划的实施，在许多资源丰富的国家和地区自主建设了一批海外矿山，保证了矿产资源的稳定供应。

1.2.2 资源整合的发展方向

世界全球化和一体化趋势日益增强，资源问题已经成为了全世界共同关注的世界性问题。我们可以看到，资源的现状并不是很乐观。虽然资源的范围和种类与过去相比已经大大增加，但是一些资源（主要是自然资源，特别是石油、天然气等不可再生的能源）却是越来越少，甚至出现了危机。那么在这种情况下，资源整合又该有什么新的发展方向呢？这是我们需要认真考虑和研究的重大课题，因为这关系着世界未来的发展状况。

首先，资源整合会更多地体现在国际范围的大整合。世界全球化和一体化的到来，导致世界各地组成了一个有机的整体。没有谁可以离开其它国家或企业而单独生存，这不仅取决于资源的稀缺性，还因为资源在世界范围内的分布是不均衡的。就以困扰当今世界的能源问题为例，西方发达资本主义国家的经济发展离不开石油、天然气等能源，但是他们本国的能源是远远不够的。在这个时候，我们就可以看到，为了发展，这些发达国家就需要从其它能源充裕的国家购进能源，于是国际范围内的资源整合就出现了。

其次，资源整合会更多地体现在全方位的整合。我们看到了资源的多种多样性，那么是否资源的整合仅仅局限于互通有无呢？显然不是。在全球化和一体化的今天，我们发现不仅仅只是在石油、天然气等能源上，资源整合更多的体现在社会资源方面。这是由于自然资源的不可再生，导致了社会资源就成为了促进社会经济发展的重要因素，也就成为了资源整合"深挖潜"的主要方面。随着跨国公司的全球化趋势加强，一些跨国公司开始在世界范围内建立自己的经济帝国。而这种情况的出现，必然导致社会资源的重新整合。一个企业尤其是成熟的企业，都有自己特定的企业精神和企业文化，这种精神和文化也将对着他们的扩张而带入到世界各地。当然，与此同时这些企业的先进的管理经验和方法也将为世界所学习。这也是我国在改革开放中，吸引外资的一个重要因素。

再次，资源整合会更多地体现在多维度的整合。世界全球化和一体化导致了世界的大融合，相互之间的联系也日益紧密，但同时竞争也日趋激烈。如果一个企业不能与世界同步，那么他将很快被同行业的对手击败。我们先不考虑自然资源中能源、矿产、水等的整合，单来看社会资源的整合，我们就可以发现资源的整合已经体现出了多维度的方向。比如我们要考虑的因素就包括，人才资源的整合、科技资源的整合、资本资源的整合等等。如果我们不认识到这一点，在资源整合中只是考虑其中一维，而忽略了其它，那么就会受到惩罚。以我国的改革开放为例来看，我们引进外资进入我国，不仅仅是局限于看到对方的资金是我们建设急需的，还要看到对方先进的管理经验和管理制度，更要学习对方先进的科学技术以及对人才的培养和使用。

最后，资源整合会更多地体现在交叉性的整合。世界上的万事万物本来就存在着一定的联系，而在世界全球化和一体化的今天，这种联系变得更加紧密。在资源整合上，我们应该看到需要将各种各样的、可为我所用的资源交叉性的整合，只有这样才可以更大地发挥资源的作用。例如，我们不仅仅要引进国外的先进机器设备，同时也要引进对方先进的技术。如果只有机器，没有技术，那么机器也就成了一堆垃圾。再如，我们购进了原油，再将人才资源、科技资源等整合于一体，那么原油的利用效率就会大大增加。这样一来，我们对资源的利用就提高到了一个新的水平，我们的发展就会更加的迅速。

由此可见，未来的资源整合将会出现国际化、全方位、多维度、交叉性的特点，而这也恰恰是资源整合的发展方向。

第三节　资源整合的研究范围

按照资源的性质，我们可以将资源划分为有形资源和无形资源，因此，资源有效整合的研究范围也就是对有形资源和无形资源研究范围的划分。

1.3.1　有形资源的有效整合

世界各国经济的高速发展，也毕竟对资源的需求更大，而有形资源中的大部分是不可再生资源或者是再生周期比较长的资源，所以未来的有形资源的有效整合方法的研究，必定朝向资源再生的方向发展。所谓资源再生就是对工业化中产生的所谓"废弃物"或者是"垃圾"进行有效回炉再加工，以实现其再次使用的价值。下面，我们以当前中国的资源困境为例来说明。

当时代的脚步进入二十一世纪时，中国成为了"世界工厂"，当国际社会质疑"谁来供应中国"，并炮制"中国资源威胁论"，当中国面对资源困境，怎么办才可以摆脱这种困境? 从资源获取的途径看，有开采、储备，还有就是再生。

自 2004 年起，面对资源紧张，中国政府开始尝试"储备型"资源战略：从国家领导人的"能源外交"，到国家发改委的石油储备计划，再到国内石油巨头在国际市场上频频出手——收购油井、兼并石油公司等等，形成了"中国人全球找石油"的世界景观。

据了解，今年年初国家发改委等部门联合召开座谈会，邀请了数百名专家、学者和业内人士，共商包括能源在内的中国资源战略。当时大部分人都同意走"储备"之路，更有人提出了在世界范围开发矿产资源的"全球资源战略"。

但事实证明，中国这一以"开发"、"储备"为主的全球资源战略，无论是早期的国际采购团，还是后来对国际油田、石油公司的收购兼并，带来的直接结果是国际市场资源类产品价格的大涨、发达国家政府对中国企业收购计划的干预和阻挠。

如今年年初，澳洲铁矿石先是报出上涨 70% 的采购价，中国国内钢铁巨头们发表抗议声明，并发出拒绝采购的威胁；但是包括日本在内的国际供货商并不理会，随后更提价200％，"因为他们了解中国这个国际大买家的底细，中国的需求是无法用抗议代替的，"该人士评价说。[2]

而对于中海油高价竞购尤尼科石油公司计划的最终放弃，更是中国石油储备战略遭受的又一记重创。甚至有传言说，美国政府之所以极力阻挠，是因为有人提出了"不能让中国糟蹋了全球石油"的抗议。

更令人担忧的是，除了铁矿石、石油，还有铜、铝等，几乎所有中国需要的资源类商品，国际市场都在疯涨。

对此，国内已有学者和专家对现行的国家能源储备战略提出了异议，并指出，依靠采购和收购等方式储备"开采型"或"原生型"资源的做法，既偏离了国际资源利用的大方向，更不适合中国超规模化需求的国情和现实。现实的做法是，首先改变思路，放弃单纯的储备'原生态'资源的狭窄思维，转型走再生资源战略之路。事实上，资源再生有着更为现实的意义，与"贮备"资源相比，"再生"资源可能是解决目前中国能源困境的一种有效途径。

在"储备型"资源战略在国际上碰壁的现在，我们需要重新审视和定义"垃圾"、"电子垃圾"、"洋垃圾"等概念。

"没有垃圾，只有放错地方的资源"。[3]

美国、日本等发达国家高消费后形成的"汽车坟墓"、"轮胎大山"、"钢铁城市"、"塑料矿山"等废旧物资，能否变成资源需求大国——中国的再生资源？当中国的"储备型"资源战略遭遇国际市场价格上涨和他国政府阻挠所带来的挑战、考验、甚至困境后，"再生型"资源战略被寄厚望：它可否解除卡在中国经济脖颈上的这只资源魔爪？从早期全国勘探、钻井的"开采型"资源战略，到目前"全世界找石油"的"储备型"资源战略，中国未来有无必要和可能走以"回收"与"再制造"为一体的资源再生战略？

我们首先来看一些数字。统计数字显示，发达国家资源再生产业规模在20世纪末为2500亿美元，本世纪初已增至6000亿美元，到2010年预计可达1.8万亿美元。这表明资源再生确实可行并已经取得了一定的成果，那么这个战略在我国是否具有可行性呢？

首先，如果中国选择再生资源战略，所需的规模庞大的废旧物资从何而来？

据有关调查显示：国内废品收购是一条途径，而另一条新途径是国际大收购——国外废弃的石油钻井平台、压成饼子的报废汽车、堆成山的废旧轮胎和渔网等，都是回收钢材、塑料等资源的新渠道，更重要的是，回收这些国外废旧物资，不仅不需要支付购买价格，当地政府还会'倒贴'补偿金——因为对于发达国家来说，拆解的人工成本太高，而且本国的制造业已经转移海外，不需要这种高成本的再生资源。

"货源"已经找到，我们再来看其它的因素。其实，再生资源、资源再生产业和再生资源战略等并非什么新鲜概念，再生资源已经为各国普遍重视。中国曾创下过世界最早的回收系统，美国创造了再生产业，而二战后日本、德国借力再生资源恢复经济、强大国力。

早在上世纪60年代三年困难时期，为解决因"老大哥"撕毁合同而出现的资源短缺，周恩来总理发出了"抓紧废物利用这一环节，实行收购废品，变无用为有用"的号召，并亲自组织建立了16万个遍及全国每个角落的回收点，实行了"牙膏皮换牙膏"政策，形成了当时世界上最完善的回收系统。

后来，西方发达国家吸取我国的经验，将其发展成一个集"回收"与"再制造"为一体的独立产业—资源再生产业（也称第四产业）。巨额资金的投入、优惠政策的导向、前沿科技的支持，使其成为全球发展最快的朝阳产业。

精明的犹太人早就说过，再好的铁矿也不如废钢，世上有多少新，就有多少旧。废旧物资是全球唯一在增长、迟早要取代地下矿藏、俯拾皆是的"富矿"。

二战后被解除武装的日本和德国，都是资源匮乏国家，他们最早掀起了"垃圾革命"、发展资源再生产业。如德国在1986年将原有的《废弃物处理法》修改为《废弃物限制处理法》，强调要采用节约资源的工艺技术和可循环的包装系统，对已经产生的废物进行循环使用和最终资源化的处置。他们率先将运转了300年的"开采——产品——废弃"的"线性经济"，改造为"产品——废弃——再生产品"的"循环经济"。成功地用再生资源取代了原生资源的主导地位。

随后，其它发达国家纷纷制定《再生法》，不惜大规模封矿、停炉进行产业转型。美国再生产业规模目前已达2400亿美元，超过汽车行业，成为美国最大、解决就业最多的支柱产业。目前，一些国家的再生法规甚至要求，在新产品所用材料中，再生材料不能低于20%。

而在我国，事实上，最早改革开放的我国东南沿海地区，早已开始资源再生产业的"实战"操练，近年来资源再生产业已成为当地经济发展的"火车头"。

近年来，中国各大城市出现的千万"回收大军"，将我们的垃圾场"扒拉"的"寸铁不剩"，成为全世界回收最彻底的国家。与此同时，中国还进口了数量可观的废旧物资。

有关调查表明，东南沿海已基本上形成了：每增加一万吨进口废旧物资，就增加就业1千人，节约原生资源120万吨，少产生三废10万吨，节电1000万度，增加产值1个亿的公式。

如东南沿海地区的中、低档电子产品，之所以在全球占主导地位，正是因为进口了全球75%的"电子垃圾"，正是因为电子产业的"拆解"和"组装"程序需要密集劳动，最能发挥我们的人力资源优势。大多数电子元器件寿命为50万小时，而发达国家的电器更新快，其中的元件平均只用了2万小时，正处于"最佳时段"。而拆解这些元器件主要靠手工，发达国家不仅无法回收，还要平均每台补贴 20 美元去销毁。而在中国的东南沿海地区，通过密集劳动，能将废旧电器回收到每个焊点。彻底报废的电器拆解成单一成分后，仍可成为廉价原材料。

在深圳，当地的惠科有限公司在利用国外废旧电器方面很有代表性。该厂由 4 名大学生 8000 元起家，短短三年，已经形成 400 万台显示器、电视机以及几十种电子产品的生产能力，产值达 16 亿，解决了一万多人就业。因为该厂产品的返修率、价格远低于原装产品，大部分销往国外，今年的产品已全部预售一空。造成污染的清洗、脱焊等环节均达到国家标准。

在广东，惠科公司并非个案。仅汕头贵屿一个镇，每年就加工了 55 万吨进口废旧电器，不仅为电子产业提供了大量优质元器件，还为资源匮乏的广东提供了原料。据当地政府保守统计，每年从废旧电器中拆解出来的塑料 13.8 万吨（相当于 40 万吨石油）；铁、铜、铝、锡等五金 25.8 万吨；贵金属 6.7 吨，其中金 5 吨、银 1 吨、钯 0.7 吨。

拆解废旧电器的资源再生产业，其污染远远低于从矿石中提取。根本原因在于其手工操作，以手工为主的资源再生产业，几乎是所有工业项目中解决就业最多、污染最小，投资、耗能耗材最低，工伤最少的产业。

中国电子工程院的专家们还曾经做过一个考证，结论是贵屿堪称世界废旧电器回收技术水平最高的地区。以手机拆解为例，一部手机可以拆解出 2000 多种构件，回收率达 100%。而美国，尽管每年为废弃的 300 万吨废旧电器投入数百亿美元的处理费，回收率也仅为 8%，成为一大"公害"。

有关调查中还发现，对于废旧电器的拆解，再尖端的设备也比不过人这一最精密的"机器"。如国内有些地区，迷信西方的经验和技术，引进国外所谓的现代化设备，建立了一批废电器、旧轮胎处理厂，虽然得到政策和资金的支持，但效率上根本无法与

22

手工操作企业竞争，再加上找不到货源，几乎全部倒闭。

目前，在"长三角"、"珠三角"已经有上千万家拆解企业，形成了"进口废旧产品—再生成新产品出口—进口废旧产品"，成为名副其实的"循环经济"，解决了几千万人就业、节约了国家上万亿投资、每年减少上百亿吨的资源消耗和几十亿吨的废弃物排放。

这种"廉价再生资源＋廉价二手设备＋廉价劳动力＝廉价产品"的电子产业模式，使东南沿海占尽低成本优势，如一只防风打火机，广东的售价为6元，日本出厂价就超过60元；广东售价500元的DVD，日本出厂价就超过3000元。

这些地区还形成了大批以加工进口"再生资源"为主要产业的村、乡、镇、市，并形成了从"废旧"到"商品"的产业链。

如河北正定的束鹿村，以加工废塑料为主，从业者达2000人，创造产值达5000万元。他们的经营模式是：以户为单位，投入不足万元的设备，将进口废塑料分拣、造粒。一台机器可以加工1.3吨/日，每台机器配备5个劳动力，年收入10万元。许多村的产值超过千万。

金属再生产业，则从大量进口废五金的沿海地区向内地辐射，形成了专业化的再生金属加工区：如河北正定、浙江永康、广东南海、河南郑州的再生铝；天津静海、浙江宁波、温州的再生铜；安徽泰和的再生铅等。这些加工区域的从业人员占了当地劳动力的60％。

这些自发形成的、专业化的再生产业"园区"和专业化公司，几乎都是当地的富裕"大户"。如浙江台州，早在2001年就进口"废五金"100万吨，获得钢铁50万吨、硅钢片20万吨、铜10万吨、铝5万吨、不锈钢5万吨、塑料5万吨；金属再生的规模化企业中如河北立中有色金属、浙江万泰铝业、力士达铝业等公司，都是产值逾亿的纳税和就业大户。

但是，废旧电器还有一个更为"流行"的名称——电子垃圾，它一直就是中国人眼中带来环境污染的洪水猛兽，汕头贵屿、江苏泰仓、山东莱州、河北徐水和正定等，都是电子垃圾黑名单上的熟客，如非法拆解、非法小作坊以及以焚烧填埋等落后方式处理废弃物等，即便是那些"大户"也存在着一定的污染问题，因此造成的环境污染也成为各方关注的焦点。

这也是目前资源再生的一道致命软肋——环保问题，如报废电子产品的回收和处理所带来的污染已经成为新的、严重的环保问题。对此，"再生委"调研后认为不能"因噎废食"、"因小失大"，而且"禁止令早已事实上失灵，任何严格限制措施只能使现存的加工作坊进一步隐性化，造成更大污染。"

但是从长远的战略角度来看，资源再生产业不仅事关中国的资源战略，也是中国搞循环经济所无法绕开的必然选择。目前中国政府倡导的经济增长方式转型，就是由"开采——产品——废弃"的"线性经济"，转向"产品——废弃——再生产品"的"循环经济"。

在"污染现实"与"资源梦想"之间，在"电子垃圾黑名单"变身"再生产业样板"之间，国家政策、法规成为了一直以来的期待。

从环保角度看，废旧电器可以称为电子垃圾；但对于再生资源产业而言，"没有垃圾，只有放错地方的资源"。这种两重性就给我们提出了一个新的问题，怎样实现再生和环保的双赢？当前最可行、最直接、最有效的办法就是：立法，起草和出台《再生法》。只有立法才可以改变污染现状，实现再生资源梦想。但立法的前提是成立再生资源产业的专门主管政府机构或行业组织，"现在的资源再生产业由国家环保局分管显然不合理，这就像让猫领导耗子一样。"有学者如此评价。

据了解，发达国家，几乎都有专门的法规，如美国的《资源保护和回收法》和《预防污染法》、欧盟的《报废车辆指令》、德国的《废弃物限制处理法》、日本的《废弃物处理物》和《资源有效利用法》等，基本宗旨都是促进对有关资源的回收利用和循环使用。

近日有消息称，由国家发改委会同有关部门起草的《废旧家电及电子产品回收处理管理条例》（征求意见稿）已提交国务院法制办公室，目前已进入审查阶段，今年内有望正式通过并强制实施，今后家电的生产者、经销商和售后服务机构，有回收义务，拒绝者最高可能被罚款 10 万元。

另外，国家发改委还正在积极准备《电子信息产品生产污染防治管理办法》。这些法规一旦正式实施，不仅将弥补我国废弃电子产品处理中环保问题的法规缺位问题，更可能因此推动中国资源再生产业的正式起步。

总体来说，资源再生理念的提出有望缓解我国乃至与世界各国对于有形资源需求的燃眉之急，对于资源来说，节约、再生、回收等都是一种有效的整合方式，从资源整合的概念角度来说，只要不造成资源的浪费，我们就说这就是成功的资源整合方式。

1.3.2 无形资源的有效整合

相对于有形资源来说，无形资源有其自身的特点，因为这些独特的特征也就构成了今后一段时间，甚至是后来所有时候人类社会都要考虑的无形资源的有效整合。

"企业就像斜坡上的球体，市场竞争与员工惰性会形成下滑力，如果没有一个止动力，球体就会下滑，这个止动力就是基础管理；斜坡上的球体不会自行上升，如果有个向上的拉动力，企业才能发展，这个拉动力就是创新。"这就是著名的海尔定律（斜坡球体论）。这个有趣的定律实际上向我们展示企业竞争力的一大内容——无形资源优势的力量。[4]

过去，人们不知道有无形资产，当然更谈不上重视了。无形资产之所以被忽视，就是因为它无形。无形的东西看不见、摸不着，所以容易被忽视。人们对无形资产的重视始于无形资产理论的提出。存在决定意识，意识反左右于存在。无形资产理论推动无形资产管理，这个事实再一次显示了科学的能动作用。

在我们开始重视无形资产的时候，还应该探讨一个新问题，即在经济领域是不是只存在无形资产。笔者认为不仅存在无形资产，也存在无形资源。

"资产"与"资源"这两个概念虽然有时可以交换使用，但毕竟还是有重大区别的。一般而言，"资源"属于经济范畴，而"资产"属于法律范畴；"资源"强调的是财富来源，而"资产"强调的是财富归属。无论如何，"资源"这个概念存在着独立的应用领域。众所周知，这个概念的应用领域是比较广的。正如既然存在资产就应探讨有没有无形资产一样，既然存在资源也应探讨有没有无形资源。笔者认为应该承认无形资源。

例如，在内部资源中，广大员工的远大理想、奋斗目标、前进动力、魄力、意志、智力、知识、习惯等因素就是无形的；在环境资源中，产业链条、积聚效应、公共关系、社会舆论、文化氛围、政策法规等因素是无形的。不能说这些无形因素不参与生产过程，不能说生产过程只是土地、厂房、机器、一般劳动力等因素发生作用的过程。企业生产过程是诸因素合力过程，在诸因素中就包括无形因素。有形因素和无形因素都是企业财富的来源。

不但无形资源存在，而且无形资源很重要。试想一下，假如员工缺乏健康情感和智力，外部缺乏必要的关系、舆论和氛围等等，企业的有形生产要素再多、再全、再先进，难道能够产出理想的产品和获得满意的效益吗？

因此，我们不仅要承认无形资源，而且要重视无形资源。而重视无形资源就要加强对无形资源理论的研究、教育、普及与应用，就要加强对无形资源的开发、利用、经营与管理。

企业作为一种社会经济组织，在拥有厂房、场地、设备、资金等有形资源的同时，也拥有着种类繁多、不易计量与把握的无形资源。如企业商号、商标、专利权、发明权、专有技术、土地使用权等等。另外，企业的社会形象、营销能力、管理制度、信息资料、企业文化等也都具有可被企业用于获取经济利益的资源性质。这些无形资源在企业的生产经营过程中发挥着不可或缺的作用。

一、企业无形经济资源相关研究

企业中某些无形的东西对企业的经营绩效产生着重要影响，这是企业这种组织形态一出现就存在的事实。在这其中某些方面的研究如行为科学。组织理论等也早有建树。而系统的、定量化且富于成果的研究应该说是从对企业无形资产的研究开始的。人们首先注意到的是企业的某些无形要素具有资产性质。早在 1926年，在美国密歇根大学攻读博士学位的中国人杨众先就完成了他的名为《商誉和其他无形资产》（Goodwill and Other Intangibles）的博士论文。这是世界上较早关于无形资产研究的专著之一。无形资产这个概念，首先见诸于美国报端。20 世纪 70 年代末 80 年代初，美国财务会计委员会（FASB）发布的《财务会计概念公告》（第 3 号）将资产定义为：资产是指某一特定的主体，由于过去的交易或事项而获得或控制的可预期的未来经济利益，表现为财产、债权和各种权利以及知识形态的经济资源。这个概念明确地将集中体现企业知识形态的无形资产归纳在资产范围以内。

我国直到 1984 年 3 月 12 日颁布《中华人民共和国专利法》，才以法律形式首先明确承认了无形资产是财产。1988 年，我国首次对无形资产进行评估。1989 年，国家国有资产管理局发布关于《在国有资产产权变动时必须进行资产评估的若干规定》，对无形资产第一次提出价值评估的要求，并成立了相应的评估机构，陆续在全国各地开展资产评估工作。1993 年 7 月 1 日，开始实施《企业财务通则》和《企业会计准则》，才明确提出无形资产的概念和界定范围。无形资产是指企业长期使用而没有实物形态的资产，包括专利权、非专利技术、商标权、著作权、土地使用权、商誉等。

另外一个对企业无形资源的研究就是对企业知识的研究。尤其是近 10 年来，随着知识经济时代的临近，知识已逐步成为企业最重要的资源，知识资本（intellectual capital）也将成为企业市场价值最重要的源泉。通过经济学家、管理学家和知识企业的高层管理人员的共同努力，逐步构建了组织知识理论。即在组织知识活动的层面上，探讨企业组织知识活动的机制及规律，研究企业实现知识资本增值的有效途径。

再一方面的研究是企业能力理论的研究。80 年代后期以来，企业能力理论，特别是企业核心能力研究开始受到许多学者和政策机构的重视。进入 90 年代之后，关于企业竞争力的研究开始逐渐转移到企业核心能力领域，因为从长远考虑，企业竞争优势来源于以"比竞争对手更低的成本、更快的速度"去发展自身的能力，来源于能够生产大量具有强大竞争能力的核心能力。一个企业某一资源的战略运用取决于与其他企业独特的资源与从企业外部获得的资源综合、协调和配置的方式，即企业用相同资源创造价值能力的差异。因为一个企业协调资源配置的方法，决定了企业能从特定资源而获得的战略优势。最早明确提出核心能力的概念，并给予定义的是普拉哈拉德（C. K. Prahalad）和哈默（Garry Hamel）。此后，这一思想为理论界和实践界所认同。

对具有资产性质的那一部分无形资源的研究丰富了会计学的资产概念，界定了企业中一旦形成则相对独立、稳定的，能为企业创造有形资产贡献以外的价值，并可独立转让的那部分无形资源；知识资本理论是从知识的资本属性来考察企业知识形态的，它既研究了非组织知识的不稳定性，也触及到了作为知识载体的人对知识创造的价值参与分配的法律问题；企业能力理论从企业如何获取市场竞争优势的角度研究整合企业资源，尤其是企业无形资源。以上这些理论对无形资产、知识资本、企业能力以及涵盖在管理理论中的行为科学、组织理论、人力资源、企业文化等方面的研究，都是从某一特定的角度对影响企业绩效的、无物质形态要素的性质、变化规律进行的系统研究。这些研究丰富了企业理论与企业管理理论成果。

二、企业无形经济资源的有效整合

无形资源是核心竞争力的关键

企业的核心竞争力靠有形和无形两种资源来实现。有形资源是指企业的股本实力、借款能力、厂房和设备等条件，这些竞争优势可能领先一时，但很容易被竞争对手赶上甚至超越。[5]

无形资源分为外部无形资源和内部无形资源。外部无形资源是指企业与政府机关、纵横向相关企业、社会购买团体及客户之间良好的关系以及企业的品牌和公众形象；无形内部资源是指企业的法人治理结构、内部管理制度、企业文化以及技术创新能力等。相对而言，无形内部资源更难被竞争对手了解、购买、模仿或替代。实际上，一种资源越不可见，在它之上建立起来的竞争优势就越具有持久性。无形资源的另外一个优势是，与大多数有形资源不一样，它们的价值可以被更深地挖掘。例如，职员之间的知识共享，对于其中任何一人而言，知识的价值都不会减少，反而会创造出全新的知识，这些知识可能帮助企业获取战略竞争优势。同时，无形资源网络的使用者越多，网络中每一方能获取的利益就会越大。所以，企业应将无形资源占有量的提高作为提升企业核心竞争力的重要手段。

加强培训提高企业无形资源水平

无形资源占有量的提高，必须靠提高员工工作能力和形成本企业特有的企业文化。企业不仅应引进高素质的专业人才，更应该积极建立学习型组织，实行多方位的全员教育培训。企业员工的教育培训是人才队伍建设的重要内容，其根本任务是通过培训使员工的能力和技能满足岗位任职的要求，同时努力提高培训效果，通过培训使企业的核心竞争力真正得以体现，同时使企业的社会效益和经济效益切实得以同步提高，为企业的健康、持续、稳定发展注入新的活力。

企业培训不是企业强加给员工的工作任务，而是员工为了适应某一岗位的要求主动进行的行为。企业培训需从岗位任职能力标准出发，明确每一个岗位所要求的能力条件，建立一系列培训、上岗、考核、使用、待遇一体化的机制，让员工知晓自己与岗位的差距，增强岗位的危机意识，激发学习动机，从根本上变"要我学"为"我要学"，为员工的自我学习、自我完善、自我发展、自我超越注入强大动力。

用实际行动打造企业核心竞争力抽象地描述"企业核心竞争力"的概念固然容易，但对于具体公司来说，要培育和树立能够使其保持市场竞争优势的核心竞争力却绝非易事。许多本来极具发展潜力的公司，往往就是因为没有及时把握机会培育自己的核心能力而坐失发展良机。事实上，只有建立在员工队伍、操作技能、客户信赖度和业务领域基础上的盈利能力或者至少是维持能力才是企业生存的根本。无论有多少资金投入，没有稳定的员工队伍和客户群，没有突出的技能和基本的业务领域，一切包装和所谓的"雄心壮志"都只能是海市蜃楼而已。

所以，差异化竞争的关键是企业形成以无形内部资源为基础的核心竞争力，而内部核心资源的关键是要以人为本，只有这样，企业的战略规划和战略目标才不至于偏离，客户开发客户服务水平才能逐步提高，研发能力、风险控制能力、技术创新的能力才能与时俱进，企业才能在安全、健康的轨道上日益发展壮大。

世界经济越发展，人类面临的资源挑战就越严重，面对严峻的形式，我们在做一些力所能及的事情基础上，全力关注资源有效整合方法，以期待为我国及世界经济的长远发展做出自己的贡献。

参考文献：

[1]《中石油完成收购哈 PK 石油》大众日报，2005 年 10 月 28 日

[2]《国土资源情报》2004 年第 2 期作者：刘增洁、肖国林

[3]《资源再生的时代》中国经济周刊，2005 年 08 月 15 日

[4] 《要重视开发无形资源－从海尔斜坡定律谈起》杨向明市场报，2001 年 05 月

[5]《以无形资源提升公司核心竞争力》期货日报，2005 年 5 月 20 日

第二章 资源及资源类型

联合国环境规划署对资源是这样定义的："在一定时间和技术条件下，能够产生经济价值、提高人类当前和未来福利的自然环境因素的总称。"[1]这种对资源的解释是基于主要依赖对自然资源开发与利用的工业经济时代阶段的。当历史进入知识经济时代，人们对资源的内涵与外延有了进一步的认识。人们一般认为资源是资财之源，内涵本质是资源的有用性。在人类繁衍得以存续的自然界和社会经济活动中，有用性是资源的基本属性。基于这一认识，资源已不仅仅局限于自然资源是物质形态的资源，也涵盖了社会的、无形的等等其他资源。因此，在本章节中，我们将从有形资源和无形资源来对当今世界的资源状况及其特征、性质进行阐述。

第一节 有形资源

2.1.1 什么是有形资源？

有形资源通俗上讲，就是自然资源，是指自然环境中与人类社会发展有关的，能被利用来产生使用价值并影响劳动生产率的自然诸要素。它包括有形的土地、水体、动植物、矿产和无形的光、热等资源。自然资源是社会物质财富的源泉，是社会生产过程中不可缺少的物质要素，是人类生存的自然基础。

自然资源类型，有多种划分方法：

1、按其在地球上存在的层位，可划分为地表资源和地下资源。前者指分布于地球表面及空间的土地、地表、水生物和气候等资源，后者指埋藏在地下的矿产、地热和地下水等资源。

2、按其在人类生产和生活中的用途，可分为劳动资料性自然资源和生活资料性自然资源。前者指作为劳动对象或用于生产的矿藏、树木、土地、水力、风力等资源，后者指作为人们直接生活资料的鱼类、野生动物、天然植物性食物等资源。

3、按其利用限度，可分为再生资源和非再生资源。前者指可以在一定程度上循环利用且可以更新的水体、气候、生物等资源，亦称为"非耗竭性资源"，后者指储量有限且不可更新的矿产等资源，亦称为"耗竭性资源"。

4、按其数量及质量的稳定程度，可分为恒定资源和亚恒定资源。前者指数量和质量在较长时期内基本稳定的气候等资源，后者指数量和质量经常变化的土地、矿产等资源。

2.1.2 我国的自然资源现状[2]

我国自然资源及其利用的基本特征是资源总量丰富但人均少，资源利用率低且浪费严重。

我国以占世界9%的耕地、6%的水资源、4%的森林，1.8%的石油、0.7%的天然气、不足9%的铁矿石、不足5%的铜矿、和不足2%的铝土矿，养活着占世界22%的人口；大多数矿产资源人均占有量不到世界平均水平的一半，我国占有的煤、油、天然气人均资源只及世界人均水平的55%、11%和4%。中国最大的优势是劳动力众多，最大的劣势是资源相对不足。

由于长期沿用以追求增长速度、大量消耗资源为特征的粗放型发展模式，在由贫穷落后逐渐走向繁荣富强的同时，自然资源的消耗也在大幅度上升，致使非再生资源呈绝对减少趋势，可再生资源也显出明显的衰弱态势。

一、土地资源

自然界形成的土地，在人类社会经济的发展中起到了十分重要而独特的作用，土地一旦与人类联系在一起，便不仅仅是一个纯粹的自然综合体，它是人类生产与生活中不可缺少的自然资源。国以民为本，民以食为天，食以地为根。中国的农业问题或者说粮食问题实际上就是土地问题，我国人均粮食产量是加拿大的1/5，人均棉花产量是美国的1/3；人均肉类是加拿大的1/4。

我国土地资源的特点是"一多三少"，即总量多，人均耕地少，高质量的耕地少，可开发后备资源少。虽然我国现有土地面积居世界第三位，人均仅及世界人均 1/3；耕地面积列世界第 2位，人均排在世界第 67 位。在这有限的耕地中，缺乏水源保证、干旱退化、水土流失、污染严重的耕地占了相当大的比例。后备资源 2 亿亩，其中可开垦成耕地的仅 1.2 亿亩。考虑到生态保护的要求，耕地后备资源开发受到严格限制，今后通过后备资源开发补充耕地十分有限。

种植业为全国农民直接和间接地提供了 40% ～60% 的经济收入和 60% ～ 80% 的生活必需品。在我国，人均由 1949 年的 0.19Km^2 减少到 2001 年的 0.1Km^2，人均耕地减少了 53%，有的省份人均不足 667m^2。北京、广东、福建、浙江等省（市）以及相当一部分（县）市人均占有耕地 400m^2 以下，已低于国际上规定的 534m^2 的警戒线，比日本人均 467m^2 还要低 67m^2。2001 年各类建设等占用耕地，致使耕地净减少 61.73 万 Km^2。2000 年耕地面积比 1991 年和 1995 年分别减少了 249.81 万 Km^2 和 179.61万 Km^2，减少幅度为 1.91% 和 1.38%。在耕地数量不断减少的同时，人口不断增加，人均耕地迅速降低，人地矛盾日益突出。2000 年我国人均占有耕地约为 0.10Km^2，比 1995 年约减少了 0.01Km^2，比 1991 年减少了 0.02Km^2。

根据调查，我国现有可利用荒地资源约 1.25 亿 Km^2，包括宜林荒地 7600 万 Km^2 和宜农荒地 3500 万 Km^2，人均只有 0.06Km^2 和 0.03Km^2，其中，我国的宜农荒地还不足世界宜农荒地的 2%，而且它们大部分分布在边远山区，土地贫瘠，开发利用难度较大。近几年，我国荒地资源也随着耕地资源骤减而呈现减少趋势。

二、森林资源

据第四次全国森林资源普查，目前我国森林面积和林木蓄积量分别为 1.34 亿 Km^2 和 101 亿 m^3，在世界上排第 6 位，但人均量分别为 0.12Km^2 和 9m^3，仅及世界人均值的 1/6 和 1/8。森林覆盖率虽已达 13.9％，但也仅为世界平均值的一半，在世界上排名100 位之后。在如此情况下我国森林砍伐却并没有因此而减缓，过量采伐，乱砍滥伐，毁林开荒等，正日益使我国仅有的一点森林遭受前所未有的破坏，生态环境的改变，使我国多种以森林为栖息地的动物濒临灭顶之灾，脊柱动物受到威胁 433 种，灭绝或可能灭绝为 10 种。由于成熟林面积锐减，林木蓄积量少，采伐有限，我国木材及其它林产品一直供不应求，市场缺口很大，为满足国内需要，国家每年都要进口一定数量木材。根据预测，我国木材紧张状况近期不会缓解，在很长时间内依靠进口木材补充国内需要的局面不会改变。

三、草地资源

我国拥有草场近 4 亿 Km^2，约占国土面积 42％；但人均草地只有 $0.33Km^2$，为世界人均草地 $0.64Km^2$ 的 52％；中国草地可利用面积比例较低，优良草地面积小，草地品质偏低；天然草地面积大，人工草地比例过小，天然草地面积逐年缩减，质量不断下降。草地载畜量减少，普遍超载过牧，草地"三化"不断扩展，中国 90％的草地不同程度地退化，其中中度退化以上的草地面积占 50％，全国"三化"草地面积已达 1.35 亿 Km^2，并且每年以200 万 Km^2 的速度增加。我国 84.4％的草地分布在西部，面积约3.3 亿 Km^2。

四、矿产资源

矿产资源，虽然总量丰富，但人均占有量不足，仅为世界人均水平的 58％。同时存在三个突出问题：一是支柱性矿产（如石油、天然气、富铁矿等）后备储量不足，而储量较多的则是部分用量不大的矿产（如钨、锡、钼等）；二是小矿床多、大型特大型矿床少，支柱性矿产贫矿和难选冶矿多、富矿少，开采利用难度很大；三是资源分布与生产力布局不匹配。

1953～1992 年，中国的主要矿产资源如生铁、钢材、铜、铝、铅、锌、水泥、煤炭和石油分别增长了 35、37、27、205、

16、100、78、16、238 倍，中国的石油产品从净出口国变为净进口国，铁、铀、铜、铝、金也是如此。经济发展表现为人均 GDP 的增长，也意味着人均能源消耗量的增长。中国经济近年来高速增长，但是从 1990 年到 2001 年 10 年间，钢增长 143%，铜增长 189%，铝增长 380%，锌增长 311%，10 种有色金属增长 276%。未来 20～30 年内我国矿产品的需求量将大幅度增加，而大宗矿产储量的增长速度远远低于矿产消耗增长的速度。据预测，2010 年我国 45 种主要矿产品中，关系国计民生的大宗矿产将难以保证需求。

五、能源资源

我国的能源资源中属于不可更新资源的主要有煤、石油和天然气等。总的来看，这些资源还是比较丰富的，但人均占有量不多，尤其是石油资源更显得不足，供求关系紧张，满足迅速发展的国民经济需要将有一定的困难。煤炭、石油、天然气这些一次性能源目前是我国最现实的能源。我国能源探明储量中，煤炭占 94%、石油占 5.4%，天然气占 0.6%，这种富煤贫油少气的能源资源特点决定了我国能源生产以煤为主的格局长期不会改变。目前，我国能源利用的现状是，一次性能源比例巨大，替代能源较少，煤炭在我国一次能源的消费中占 70% 左右。75% 的工业燃料和动力、85% 的城市民用燃料都由煤炭提供，在可以预见的未来较长时期内，煤炭在国民经济中的地位不可替代。

1、煤炭

我国煤炭资源十分丰富，储量很大，可以满足国家长期需要。据统计，全国已累计探明储量 9000 亿，约占世界已探明储量的 1/6，仅次于独联体和美国，居世界第 3 位。煤炭的资源量还大于此。根据预测，埋深 1000m 以内的资源量在 2 万亿吨以上，2000 米以内的资源量更多，可见，我国煤炭资源潜力很大。

煤炭资源存在的主要问题有：①资源地区分布不均，已探明的资源量 89% 集中在北方，因此，我国北煤南运情况不会改变；

36

②勘探程度不高，已探明储量中还有 45% 以上储量需要进一步精查，方可建井开发。

2、石油

我国的石油资源储量是比较丰富的，根据最新资料预测，我国石油资源量在 800 亿吨左右。目前已累计探明储量 130 多亿吨，剩余储量还有 30 多亿吨，按年产 1 亿吨水平计算，如果不增加新的探明储量，这些储量的可采期为 30 年。

3、天然气

我国天然气资源丰富，据勘探，我国天然气远景储量在 40 万亿 m^3 左右。最近我国油气勘探有重大进展，在内陆大型盆地和东部近海都发现有良好的油气远景。目前已探明储量 1.43 万亿 m^3，还不到远景储量的 5%，说明潜力很大，也表明我国天然气勘探程度低，还未把潜在资源变为探明储量。

国际能源署公布的最新数据显示，2003 年的中国成为全球仅次于美国的第二大原油消耗国。同时，我国已成为仅次于美国、日本、德国的第四大汽车生产国与消费国。2003 年，我国原油进口达到了创纪录的 9100 万吨，比 2002 年激增 31%。石油日消耗量达 546 万桶，超过世界第二经济体日本 543 万桶的指标。"中国已经成为全球石油需求增长的主要驱动力"成为公认的现实，对能源的迫切需求将导致我国的对内对外政策发生一系列变化。预测到 2030 年，我国的石油净进口将达到每日 1000 万桶，这意味着届时我国所需原油将有八成以上来自深受国际政治、军事、经济影响的国际石油市场。而 2000 年，我国的石油进口仅占需求量的 35%。如果我国的人均能源消费达到美国目前的水平，那么我国的能源消费将超过世界目前所能生产的能源总和。

4、可再生能源

我国具有丰富的可再生能源，发展前景广阔。其中小水电可开发量约为 1.25 亿千瓦；陆地和海上可开发利用的风能约为 10 亿千瓦；陆地表面每年接收的太阳辐射能相当于 1700 亿吨标准煤；生物质能包括农作物秸秆年产量超过 6 亿吨，约合 3 亿吨标准煤；森林和林业剩余物相当于两亿吨标准煤。但是到 2002 年，中国各种可再生能源（不包括传统生物质能）开发利用量只有 4700 万吨标准煤，扣除小水电，新兴可再生能源在中国能源结构中所占比例不到 1%。

六、淡水资源

淡水资源储备是指储存于地表和地下的可利用水量，也就是所谓的可更新水资源量。据有关部门计算，我国水资源总量每年 28000 亿 m^3，其中河川径流量 27000 亿 m^3，在世界上排名第 6 位。地下水资源量 8200 亿 m^3，占水资源量的 30% 左右。我国水资源总量并不少，但由于人多地广，人均占有量很少，只有 $2600m^3$，为世界人均值 1/4；亩均约 $1800m^3$，为世界亩均值 3/4。

我国水资源分布存在的问题是：①水资源量分布不均，南多北少，长江及其以南地区水资源约占 4/5，广大北方地区只占有水资源总量的 1/5；②我国的降水受季风影响，冬少夏多，夏季降雨占全年降水量的 60—80%，并且多水年和少水年连续出现，因此水量的季节和年际变化大。随着国民经济迅速发展和人民生活水平提高，淡水资源不足，特别是北方地区缺水问题将日趋严重，它必将影响到国民经济发展。

七、海洋资源

整个地球表面积的 71% 是约占三亿六千多万平方公里的浩瀚海洋，其中蕴含着丰富的资源。它是人类获取食物、药物及生活用品等物资的重要来源。随着人类文明的不断发展和科学技术的创新，陆地环境的不断恶化，陆生资源日益匮乏，人们将研究和发展的重心从陆地移向海洋。海洋是人类可持续发展的宝贵财富，它巨大的开发潜力是解决人类人口剧增、环境恶化及能源短缺这些问题的希望。

我国是海洋大国，漫长的海岸线长达 18000 多公里，加上岛屿岸线则达 32000 多公里。大陆沿岸的海域面积辽阔，海区面积

470多平方公里，海洋渔场面积42亿亩，海水可养殖面积73万亩，适合发展盐业的滩涂几百万公顷。自然条件优越，海洋资源十分丰富，鱼类5000多种，虾、蟹、贝、藻类千余种，我国海域已有记载的生物可达万余种。我国海洋资源中不仅生物资源繁多，还有大量的矿产资源、动力资源和海水资源。我国近海石油储量据估计可达50亿—150亿吨，其他海洋资源的总蕴藏量约有9亿KW，沿岸砂矿中含有锆英石等多种价值极高的原料。海水中还含有盐、溴、钾、钠、镁等多种化学资源。

海洋生物资源是可再生资源，其种类繁多，蕴含着地球上80％以上的生物资源，与陆地生物比较，海洋生物往往具有独特的化学结构及多种生理活性物质。我国近海石油储量据估计可达50亿～150亿吨，是东亚地区重要的海洋石油国，在渤海、南黄海、东海、北部湾等六个大型油气盆都打出了高产井。我国滨海砂矿中含有多种原料。例如：辽东半岛、山东荣成、海南、台湾西南海岸沿岸砂矿中都含有核潜艇和核反应堆用的可耐高温、抗腐蚀的锆英石；辽东半岛、海南沿岸、台湾西南海岸沿岸砂矿中还含有独居石和钛铁矿。独居石中含有镥和铌，钽可用于反应堆及微电路，铌是飞机、火箭外壳的原料。辽东半岛沿岸砂矿中还含有金等多种原料。

我国海洋资源开发起步较晚，开发能力较低。目前我国海洋产值仅占国内生产总值的2%左右，低于发达国家5%的水平。海上矿产资源开发、能源开发尚处在起步阶段，难以从根本上缓解我国现阶段资源短缺的状况。

八、气候资源

气候资源是指大气圈中光、热、水、风能和空气中的氧、氮以及负离子等可以通过开发利用为人类形成使用价值的气候条件，主要由光照、热量（温度）、降水、风力等组成。它是自然资源的重要组成部分，属于可再生资源，是人类赖以生存和发展的基本条件；它是一种可再生资源性、清洁性资源，但其价值只有在使用中才能得以呈现。气候资源还具有普遍存在性，但其在地理分布、丰富程度和结构上有很大的差异，而且气候资源的季节变化和年际变化很大。

我国陆地每年接受太阳辐射能相当于 2.4 万亿吨标准煤，但由于地理纬度、海拔高度、地形和天气状况的影响，太阳能资源分布差异较大。丰富区主要集中在西藏、青海、新疆、甘肃、宁夏和内蒙古等西部地区，尤其是青藏高原地区，平均海拔高度在 4000m 以上，全年气候干旱，云量稀少，大气透明度好，其总辐射量（5850MW/m² 以上）和日照时数（3000 小时以上）均为全国最高，属世界太阳能资源丰富地区之一。从 20 世纪 70 年代至今，我国在太阳能利用方面有很大发展，但仍处于试验阶段。目前我国使用最多的为太阳能热水器，2000 年底达到 2600 万 m² 以上；甘肃、西藏、青海等地推广应用了 20 多万台太阳灶；1999 年西藏 7 个无电县城安装了光伏系统，解决了机关和居民照明、通讯等用电问题；另外还有太阳能干燥器、被动太阳房、太阳能航标灯等。

我国年降水量分布从东南向西北内陆减少。年降水量最多的地区是台湾、海南、广东中部和北部湾西北部，超过 2000mm；年降水量最少的地区为柴达木盆地、塔里木盆地，少于 50mm。除了地域上的不均匀分布，降水在时间上也呈现出明显的季节性。在水资源丰富区，雨季 4～5 个月降水量约占全年的 60%～70%，有的地区甚至高达 80% 以上。我国西北干旱区严重缺水，除了制约经济发展外，还会加快当地的荒漠化进程，对整个国家的生态、环境都将造成严重影响。即使在水资源丰富的西南地区也存在局地性的水资源贫乏。天空水资源是可为人们所利用的另一部分水量。人工增雨是目前人们主动利用天空水资源的重要方式，已有 50 多年的历史，现已发展为一项比较成熟的技术，常被视为缓解旱情的办法之一，对农业生产起到了重要作用。

我国风力资源的总储量为每年 16 亿 KW，特别是东南沿海及附近岛屿、内蒙古和甘肃，以及东北、西北、华北和青藏高原的部分地区，每年风速在 3m/s 以上的时间近 4000h，一些地区年平均风速可达 6~7m/s 以上，具有很大的开发利用价值。经过 20 年的努力，我国风电总装机容量仅达到 36 万 KW，只占全国电力总装机容量的 1‰，约为可开发储量的 1.4‰。我国的风力发电与国际上发达的工业国家，甚至与一些发展中国家相比，还有相当大的差距，具有非常巨大的开发潜力。

九、生物资源

生物资源是自然界中的有机组成部分，是自然历史的产物，包括各种农作物、林木、牧草、家畜、家禽、水生生物、微生物和各种野生动物以及由它们组成的各种群体（种群、群落、生态系统）。生物资源是指地球上对人类具有现实或潜在价值的基因、物种和生态系统的总称。按照生物的自然属性，可将生物资源分为植物资源、动物资源和微生物资源三类。

我国疆域辽阔，生态环境复杂多样，蕴藏着极为丰富的物种资源，物种多样性居世界第 8 位。其中我国现有种子植物 25700余种，蕨类植物 2400 余种，苔藓植物 2100 余种，合计约有高等植物 3 万余种，占全世界近 30 万种高等植物十分之一仅次于巴西和印度尼西亚，居世界第三位。在高等植物中，中国林木资源（乔木）有 2000 余种，材质优良的树种 1000 余种；中国北方草原上各种野生牧草有 4000 多种，南方草地饲用植物达 5000 多种。陆栖动物仅鸟、兽、两栖、爬行类就有 2290 种，约占世界总数的10%，其中鸟类 1187 种，兽类 490 多种，两栖类 270 多种，爬行类 320 多种。包括昆虫在内的无脊椎动物约有 100 万种。中国海洋生物有 3000 多种，其中鱼类有 1694 种。浅海及滩涂的生物资源总数超过 2500 种，重要养殖资源有 238 种。内陆淡水鱼类有709 种，回游性鱼类 64 种，国外移植的有 30 多种。

我国生物资源具有如下的特征：

1、资源总量大，但质量普遍较低

我国的生物资源中，与生产、生活关系较密切的森林、草场和水产资源存在着资源总量大、但资源质量较低的现象。中国森林面积约 1.59 亿 Km^2，活立木蓄积量 124.9 亿 m^3，森林蓄积量 112.7 亿多 m^3，均居世界前列。但森林覆盖率低，仅 16.55%，林分每公顷蓄积量 112.7m^3，用材林蓄积量每公顷平均为 77.10m^3，现实生产力较低。中国草地资源约 4 亿 Km^2，其中天然草地 3.9 亿 Km^2。中国大部分天然草地为低工草类型，适合作为割草利用的草场不多，直接影响了冬春贮草。我国草地产量偏低，北方的草甸草原每公顷产鲜草 3000～4500kg，干旱草原草场 1500～3000kg，荒漠草场 750kg。我国干旱草原和荒漠草原面积达 1.8Km^2，占全国草原总面积的 45%，草场载畜能力低。全国草场平均约 1.0～1.3h/m^2 养一只绵羊单位，而目前每只绵羊单位仅占有草场 0.5h/m^2，明显放牧超载。

2、资源结构不尽协调

据林业部全国森林资源统计，在我国现有森林中，用材林比重过大，面积占 66.08%，蓄积量占 74.20%；其他林种比重过小，防护面积占 16.55%，薪炭林面积占 3.34%，特用林面积仅占 2.60%，经济林面积占 16.55%，竹林面积占 2.95%，在现有用材林的林龄结构中，幼龄林、中龄林和成熟林的面积结构比为 3.8:3.6:2.6，蓄积量结构为 1.2:3.3:5.5，森林结构低龄化现象明显。在 4 亿 hm^2 草地资源中，人工草地 0.07 亿 hm^2，仅占草地资源的 1.67%，比重过大。在内陆淡水鱼种类中鲤料占 50%，草、鲢、鳙、鲤、鳊、鲂、鲷、占大多数。淡水渔业品种单一。

3、生物生产力年际变化大，季节性明显

生物生产力随着水热条件变化而变化，年内表现出季节性，年际之间表现为丰歉年，这在草地资源表现最为明显。草地实际产草量的差异主要取决于年降水量多少。通常草甸草原丰歉年产草量可相差 1 倍，干旱草原相差 2 倍，荒漠草原差 3～4 倍，荒漠差 2 倍，这一特点是造成我国北方靠天养畜的放牧畜牧业生产不

42

稳定的主要原因。由于季节差异天然草场前暖季与冷季资源载畜量不平衡，暖季草场普遍有较大潜力，而冷季草场资源量明显不足，大体缺 1/3。冷季草场资源量不足是制约我国草地载畜能力提高的主要因素。

4、区域分布不平衡

生物的生长受光、热、水、土、气等自然环境诸要素的制约，其分布具有明显的区域性。我国森林资源集中华北、西北和南方山区，其面积、蓄积量与用材等均占全国 80％以上，而广大的华北、西北地区由于环境条件和人类活动的影响，是我国少林地区。我国草地资源主要分布在西部干旱、半干旱的高原与山区，内蒙古、宁夏、甘肃、新疆、西藏、青海，加上四川西部的甘孜、阿坝七省（区）为西部牧区，共有天然草地 2.9 亿 Km^2，占全国草地总面积的 73％。其中蒙一新牧区（内蒙古、宁夏、甘肃、新疆）1.6 亿 Km^2、占西部牧区的 53.78％；青藏高原牧区（西藏、青海与四川西部）1.3 亿 Km^2，占西部牧区的 46.22％。东部农区的草地堆星分布于东部地区、丘陵，草地面积 1.0 亿 Km^2，占全国草地总面积的 26.66％。

十、旅游资源

随着国民经济的迅猛发展，旅游已成为我国国民的重要消费方式，旅游收人在我国的国民经济收人中已占据主导地位，并且发展势头迅猛。近年来，旅游收人增长幅度远远高于国民经济发展的速度。据统计，目前全国有 22 个省、直辖市、自治区把旅游业当作重要产业，有 10 个省作为支柱产业。旅游资源作为旅游的客体，以其美学观赏性、地域性、垄断性、综合性、永续性的特点为人类创造美的环境。自然旅游资源是自然地域综合体的景观形态表现，是由多种地理环境要素综合作用而形成的，其中最重要的要素有地质、地貌、水文、气象、气候和生物等。

我国自然旅游资源具有以下特点

1、类型多样，分布广泛

我国地域辽阔，历史悠久，自然景观丰富多样，人文景观璀璨夺目，其独有的东方神韵一直强烈的吸引着中外游客。地文景观类的旅游资源即包括典型地质构造、标准地层剖面、生物化石点、自然灾害遗迹、名山、火山、熔岩景观、蚀余景观与象形山石、沙（砾石）风景、沙（砾石）滩、小型岛屿、洞穴、其他地文景观；水域风光类旅游资源包括风景河段、漂流河段、湖泊、瀑布、泉、现代冰川、其他水域风光；生物景观类自然旅游资源包括树木、古树名木、奇花异草、草原、野生动物栖息地、其他生物景观等等各类型齐全。

2、地域差异显著

我国南北所跨纬度大，气候从北到南分布有亚寒带、中温带、暖温带、亚热带、热带等气候类型。东西跨度大，从东部湿润的森林带过渡到森林草原带、草原带，最后到荒漠带。并且，由于地质历史作用我国地质地貌条件复杂。因此，我国的自然旅游景观地域差异显著。同为冬季，东北是一片冰雪世界，东南沿海却是避寒胜地。南国是一片清丽、秀美的自然景观，北方却给人以雄壮、豪放、粗犷的美感。既有西部"大漠孤烟直"的壮美，又有东部沿海的温润、灵秀的神韵。

3、受季节影响大

自然景观即是自然地域综合体。自然地域综合体是由多种地理环境要素综合作用而形成的，其中最重要的要素有地质、地貌、水文、气象、气候和生物等。这些要素中气候的变化往往牵动着水文、生物的各种变化，从而对整个景观产生影响。因此，随着季节的变化，自然景观会发生相应的变化，从而会引起旅游的淡旺季变化。

4、一些高质量的自然旅游资源往往地域偏远，开发难度大

我国的世界级、国家级的自然保护区及世界自然遗产地往往位于偏远地带，可进入性差。并且由于当地的经济、文化落后，旅游资源的开发既缺乏资金又缺乏人才的支持。因此，在偏远地

区，避免短视的开发行为，合理开发、利用、管理自然旅游资源，难度相当大。

中国旅游业在近20多年的发展中取得了巨大的成绩，为经济发展和改善人民生活发挥了巨大作用。但作为其发展先决条件的旅游资源，在开发和利用上，仍然与整个国民经济发展，以及自身的国际化发展不相匹配。

2.1.3　认识资源有效整合和合理利用资源

一、资源是有限和不可再生的

资源具有自然属性和社会属性。其自然属性是指它是由得天独厚作用形成的、存在于自然界的自然物，社会属性是指它是有用的、能够为人类社会创造物质财富的生产要素。

人类对资源的认识是从它的自然属性、有用性开始，逐步认识到了它的社会属性；是从一个点、一个侧面，逐步发展到从整体上去认识它。随着人类对资源的认识的深入，特别是从其自然属性和社会属性综合去考虑，人类越来越清晰地认识到了资源是有限的。资源的有限性也成为当代人类认识、研究它的出发点，成为全球保护和节约资源共识形成的基点。

资源的有限性分绝对有限性和相对有限性。绝对有限性，是相对资源的自然属性而言的，是指自然界所拥有的、能够被人类利用的、为人类社会创造物质财富的自然物的总量、规模等，是有限的。我们只有一个地球，这是在自然资源、自然环境是有限的基础上全人类形成的共识。相对有限性，是相对资源的社会属性而言的，即人类社会经济的发展对自然资源、自然环境的需求，无论是总量、还是规模，都是无限的。一方面是资源本身是有限的，另一方面是人类社会经济发展对资源的需求是无限的。供给有限，需求无限，资源的相对稀缺性就更加突出。从经济学的意义来说，在人类社会经济发展过程中，资源作为一种生产要素，人类对其需求欲望是无穷的，但用来生产产品的资源总量是有限的，相对人类无穷的欲望而言，资源总量是稀缺的。

资源特别是具有"工业粮食"之称的矿产资源是可耗竭的、不可再生的。矿产资源的形成是一个漫长的过程（以百万年为单位来计算），矿产资源形成的垂直时间从太古代到新生代长达近40亿年，最晚也有百万年之久。这相对人类的起源、人类的发展历史来说，它是不可再生的，即在人类有限的认识过程中，是看不到矿产资源总量、规模的增长的。矿产资源的不可再生性明显地表现为有限的特征。在漫长的地质作用下生成的矿产资源被消耗后，不可能在同一地域、同一地质条件下，再由漫长的地质作用重新生成同一矿床。它一旦被开采利用，开采一部分就少一部分，直到消耗完毕为止，它的实物形态将会永远消失。这种可耗竭性明显地表现为有限的特征。

由于资源是有限的和不可再生的，任何一种社会制度都面临着如何把既定的、相对稀缺的矿产资源有效地使用于各种用途的问题。因而，无论是早期农业经济社会还是现代工业经济社会，只要稀缺存在，就有保护和节约的问题。正如劳埃德·雷诺兹所说："稀缺是经济学的根本。如果所有物品都像空气一样，自由免费取用，那就没有必要节约资源，也就没有经济问题了"。

二、保护资源势在必行

由于资源是有限的和不可再生的，为保障人类社会持续发展的需要，必须采取各种措施保护、节约资源，这已成为全人类的共识。保护、节约资源，并不是某一个国家、某一个地区的需要，而是全人类的需要，是全人类根据发展历史和未来发展需要做出的必然选择。

第一次工业革命以来，人类对自然资源大规模、高强度的开发利用，带来了前所未有的经济繁荣，创造了灿烂的当代工业文明。随着经济的发展，人类对自然资源的消耗成倍增长，人类赖以生存的资源基础遭到了持续削弱。人口剧增和经济发展的压力，正在超过地球的资源基础所能承载的极限。其一，土地的过度利用及人类其他活动的影响，使得土地资源面临有史以来最严峻的形势。土地沙化、退化，生产能力持续下降，水土流失已成为一个全球性问题。据调查，世界现有耕地每年表层土壤的流失量大约有 250 亿吨。联合国估计每年有 21 万平方千米农田由于沙漠化而变得完全无用或近于无用的状态，全世界 35% 以上的土地面积正处在沙漠化的直接威胁之下。土地自然退化每年至少使 1.5 万 Km^2 的农田降低生产力；其二，森林滥伐，草地破坏。地球上的森林目前以每年 1600—2000 万公顷的速度消失着，每分钟有 $20000m^2$ 森林被毁掉。目前地球已有 1/3 以上的陆地变成赤身裸体，再过 70 年之后天然森林资源就有被人类消耗和破坏殆尽的危险；其三，淡水分布不均，贫水区和城市水荒日益严重。尽管地球是一个"水球"，但可供人类利用的淡水资源却仅有约 20 万亿 m^3 左右，不到全球总水量的 1%。人类可能利用的地表和地下水约为 0.35 亿 Km^3。而这些稀少的淡水在地球上分布又极不均匀，贫水地区和城市缺水的矛盾日益严重；其四，矿物能源濒临枯竭，一些重要的矿产资源严重短缺。经过人类几千年不停地掘取，在最近地质年代内，不能再生的矿产资源短缺或枯竭的危机渐渐向人类进逼。据联合国和美国矿产局统计，全世界的石油可开采 44—46 年，天然气 60 年，煤炭 219 年，金 24 年多，铜 65 年，锡 28 年，锌 40 年，铝 36 年，磷酸盐 55 年；其五，生物资源濒临物种灭绝的灾难。由于野生生物生存环境的恶化，在世界范围内，生物物种正以前所未有的速度消失着，估计每年有数千种动植物灭绝；其六，海洋健康损害严重，未来资源宝库面临浩劫。海洋生物资源过量捕捞导致某些种类濒临灭绝，海洋污染导致海洋健康恶化，危及未来资源宝库。总之，人类所面临的已是一个满目疮痍、不堪重负的星球。100 多年前，恩格斯曾警告人们："不要过分陶醉于我们对自然界的胜利"。他以美索不达米亚、希腊、小亚细亚等的毁林开荒的历史教训为例，指出："对于每一次这样的胜利，自然界都报复了我们。"这是对社会经济与资源环境的相互关系的深刻总结。

控制人口增长，保护自然资源，保持良好的生态环境是我国的基本国策。中国是一个"地大人更多，物博人均少"的"地大物博"的国家，资源相对贫乏，并且资源综合利用率低，浪费惊人，这些都严重地制约了中国社会经济的发展。因此我们要增强保护资源基本国策的意识，提倡节约和有效利用资源。要树立资源危机意识。如对矿产资源要实行综合勘探、综合开发和综合利用，减少资源浪费，保护和合理利用矿产资源的矿产资源观；"十分珍惜和合理利用每寸土地，切实保护耕地"的土地资源观；重视海洋、保护海洋、向海洋要资源的现代海洋资源观等。

三、有效整合、合理利用资源是核心

自然环境是人类赖以生存的客观环境，保护自然环境的目的是为了人类社会的长远利益，其中心内容就是保护和合理利用自然资源。资源的不可再生性决定了资源的相对有限性和稀缺性，决定了人类在社会生产活动中必须十分注意合理地开发、利用和保护资源。珍惜一切自然资源，决不能只顾眼前利益，掠夺式开发资源，甚至肆意破坏资源。珍惜和保护资源，并不是不利用资源，社会要发展、人类要进步，珍惜和保护资源的核心是如何使资源得到合理有效的利用。

资源的不合理开发利用既是资源问题的根源，又是产生其他危机如粮食、环境、贫困危机的最重要原因之一。从某种程度上说，资源问题的发展趋势，将决定着其他全球问题的发展趋势和地球未来的命运。

首先，必须渐进式的开源节流，尽可能延长现有资源的利用周期。在我国，传统科技和传统工业仍起着主导作用，所以传统资源的资源需求量方面仍然起着支配地位。这就决定了我们要走资源节约之路，依靠科技进步，开源节流，提高资源利用水平和产出率，减少资源消耗。要大力开展资源的综合利用、重复利用、再生利用、实行废弃和污染物的资源化，以提高资源的利用效率。要将资源的利用效益置于经济效益、生态效益和社会效益的相同

48

等的位置上。

为解决新世纪中国开发和利用自然资源的问题，实现可持续发展，《"十五"计划纲要》提出："坚持资源开发与节约并举，把节约放在首位，依法保护和合理使用资源，提高资源利用率，对资源进行有效整合，实现永续利用。"既强调"重视水资源的可持续利用"，又对土地、森林、草原、海洋和矿产资源的保护和利用分别做出了总体规划和相关要求。"十五"计划规定在不久的将来人民生活将达到较为殷实的小康水平，党的第十六大报告提出要全面建设小康社会，而保证发展目标的实现，不能忘记生活水平提高背后是人均资源消耗的上升、人口与资源短缺矛盾的加剧，因而要重新审视传统消费向现代消费模式的转变、充分、合理地利用资源，走出一条持续、稳定的可持续发展的道路。

其次，要在利用中保护，在保护中利用。在地球80亿年的演化过程中，物质遵循着某种规律，从而形成了它的存在形式和分布规律，人类对资源的开发和利用是一种对于物质自然状态下分布和运动规律的破坏。

就我国的情况来说，人口过度增加而引起资源消耗过多，环境压力日益加重，更为严重的是目前我国在经济上对于整治环境的能力还极其低下，治理远远赶不上破坏。土壤侵蚀、水旱灾害、环境污染和物种消亡是我国四大环境问题。如不及早采取果断而有效的措施，未来的环境恶化趋势将会更为严重。为此，我们必须实施经济社会与资源保护协调发展的战略，把资源、环境保护纳入国民经济与社会发展的计划和长远计划，实行国土开发、利用、整治、保护并重的方针。在保护的前提下，合理地开发利用资源，整治资源环境，实现资源的可持续利用。按照《"十五"计划纲要》确定的方针，采取节约利用与保护并重的资源发展战略，协调好中国人口、资源与环境的关系，转变传统的发展方式，走可持续发展道路，使我国的经济保持持续、稳定、健康的发展。

第三，加快集约型和科技推动型的资源开发利用活动，以不断扩大资源开发利用的广度和深度为目标，发展规模经济，发展新工艺、新技术；开发利用新型能源、新型材料、替代能源和替代资源；大力开发利用尾矿、废石、工农业和社会生活废弃物，发展二次资源的利用；针对我国资源的实际情况，要高度重视当前较差的资源使用问题，统筹规划，注重保护。

人类已昂首迈入 21 世纪，资源问题已成为现代人的一个严峻而又无法回避的问题。可持续发展已经成为 21 世纪人类社会发展的共同原则，合理利用和保护资源，造福子孙后代是可持续发展的需要。作为现实生活中的每一个普通人，我们都应该高度重视和警惕破坏资源所引起的问题，从现在做起，从身边的小事做起，有效整合、合理利用和保护资源，善待人类的家园，让一个碧水蓝天的美丽世界重现人间。

第二节　无形资源

2.2.1　什么是无形资源？[3]

无形资源是一个比无形资产、组织知识、企业能力等概念外延更为宽泛的概念，它泛指一切给企业运行带来影响且无物质形态的经济要素。全面研究企业无形资源的构成、分类与本质属性，是进一步深入研究企业资源获取、转化、融合、创新与配置，以提升企业价值规律的重要基础。

企业无形经济资源从范围上应分为两大部分：即存在于企业内部，企业可垄断与控制使用部分；另一部分为存在于企业外部，但可被企业利用与共享部分。这里试作如下分类：

1、企业能力资源包括企业家创新能力、企业组织的学习能力、技术开发与创新能力等具有一般无差异人力资源能力以外的能力。

2、企际关系资源包括企业与顾客、社会的关系，营销网络与服务资源、企业信誉、企业形象等。

3、企业技术资源包括企业专利技术、专有技术、商标使用权、版权、计算机软件等可确指无形资产，以及企业日常经营管理、生产、技术等操作层面的素质技能（一般无差异人力资源劳动能力）等。

4、企业文化资源包括企业的道德、理念、精神、价值观、经营方针、宗旨目标、行为准则等。

5、企业制度资源包括企业的公司制形式。组织结构体系、运行机制、规章制度等。

6、企业信息资源包括企业历史档案、数据等资料，企业各种生产、管理、经营等的数据信息，作为决策与管理支持的信息管理数据库及网络系统等。

7、其它无形资源包括企业合同类资源与权力类资源等。

以上的分类中没有将商誉包括在内，这是因为企业商誉（不可确指无形资产）被能力、形象等其他经济资源所涵盖，不应再重复考虑。由于企业对员工仅拥有工作的支配权，而无思想、意志与知识的完全所有权；而企业的创新能力、不能文档化的知识与技术等无形资源主要以企业员工的大脑为载体，虽然企业为获得这些对企业有价值的能力、知识投了资，但员工为掌握企业需要的知识同时也投入了时间、精力或称机会成本，因此，企业能力、知识等的产权并不完全属于企业自己，而是企业与员工所共有。但由于企业与员工的特定契约关系，这部分无形资源企业是可优先使用、控制甚至可垄断使用的。

2.2.2 无形经济资源的本质属性

关于企业无形经济资源（或资产）相对于企业有形资源所具有的独特属性许多文章曾给出分析。归纳起来一般认为有七种属性：

1、功能上的效益、增值性；

2、性质上的可再生性；

3、作用上的催化性；

4、重复使用上的无磨损性；

5、价值上的创造性；

6、使用上的不排他性；

7、收益上的不确定性。

笔者的研究认为，以往的企业无形资源属性分析偏重于无形资源性质外延表象，而对其本质内涵的揭示还没有到位。

笔者认为企业无形资源具有如下六大本质属性：一是无物质形态，这是不言而喻的。二是价值贡献性，即对企业有使用价值或对企业效益有贡献。三是记忆与累计性，即对开发和利用的投入、过程与结果具有记忆与累计能力。四是学习、创造与自我完善性，即对已有的资源能进行一定的消化、融合、转化与创造。五是非独占性，即同一资源可以多头并行使用或重复使用。六是内容与关系的复杂性，指无形资源的构成及其他们之间的关系，无形资源与有形资源之间的关系、相互作用机理、规律的复杂性等。

由于企业无形资源的主体是以企业员工为载体的，资源的吸收、转化、开发与使用必然与人的性质紧密相关。而人是有生命、智慧、知识、文化、情感的高级有机体，因而企业无形资源的本质属性中必然含有人的某些特质，如记忆性、学习性与复杂性。无形资源的记忆性使其具有可重复使用性且保持资源形态不变，即不磨损性；学习与创新性体现了企业这一有机组织的生命活力，即自我完善与价值创造；复杂性表现为无形资源对企业运营与效益影响的不确定性；价值贡献性概括了效益、增值与催化性质；而非独占性使无形资源使用效率远远高于有形资源。

2.2.3 对无形资源的进一步认识

一、无形资源价值贡献的有限性

无形资源更具有累计性、创新性和可重复使用性，但在其运行过程中均要发生必要的成本。同时在重复使用中因受其他配套资源稀缺性的制约，如受配套的有形资源、以人为载体的无形资源、时间等的条件限制，其价值贡献也是有限的。因为几乎没有那一项资源不用与其他资源配合而独立创造价值。因此不能认为无形资源有累计、创新和可重复使用性而过高估计其使用价值。

二、无形资源重复使用的高效性

许多种企业无形资源，比如专利技术，可以被多个资源配置过程重复或同时使用，甚至被多个企业使用，而资源本身形态、功能等并没有损失，即所谓的无磨损性。尽管有形资源中也有可多次使用的，如机床，但每次使用均将产生一定的物理磨损。事实上一项具体的无形资源的价值也会随使用次数的增多或使用时间的延长而降低，这是由于随着使用次数的增加，无形资源的"新颖度"下降或因"过期"而发生价值贬值，这一点与有形资源的折旧是类同的，尽管它并没有发生"物理形变"。但可重复使用的无形资源具有特有的快速、低成本"拷贝"复制性质，而每次拷贝的成本比之其开发成本和使用价值几乎可以忽略。如企业花很高成本开发培育的专业管理模式，可以快速、低成本向连锁店或向其他企业进行拷贝复制，甚至是并行复制。而企业生产的有物质形态的第二个产品与第一个同样产品的成本是一样的。这种有形资源不具有的性质来源于无形资源的记忆性与非独占性。

三、企业无形资源的层次性与互动性

企业从运营无形经济资源以提高企业的竞争优势和市场价值来看，企业无形经济资源在其价值贡献与功能作用上可分为三个层次：企业能力为第一层；企业技术资源、企际关系资源为第二层；企业文化、企业制度、企业信息资源等是第三层。企业文化、企业制度与企业信息资源是企业运行的基础；企业技术资源、企际关系标志着企业的市场定位；能力是企业创新、获取超额利润和持续发展的源泉。另外，企业各层无形资源、各项无形资源之间存在着明显的互动性质。如企际关系与技术资源类的品牌资产之间，企业文化与企业能力之间的互补关系（同增同减关系）；企业规章制度与员工生产应变能力之间，国际互联网与企业数据库资源之间的替代关系等。

四、企业有形资源与无形资源的关系

许多文章在指出企业无形资源对企业价值的巨大贡献的同时，认为企业无形资源对有形资源存在依附性，无形资源通过有形资源而起作用，强调无形资源在有形资源的配置运行中的"催化性"。笔者认为企业是由有形与无形资源共同组成的活性经济组织，而企业的活性体现在企业的无形资源上。由于有企业员工的大脑作为无形资源的主要载体，人的智慧与创造性也必然融入企业无形资源之中，因而使企业呈现有机的生命特性。有形资源就像人体器官，而无形资源则是人的灵魂、思想。知识与理念。企业中小到一纸表格（信息），一个操作要领（技术），大到竞争谋略（能力），公司体制（制度），无形资源在企业的一切活动中无处不在，不可或缺。因此不宜轻易断言无形的技术是"夹"在有形的机器之中，还是有形的生产线"浸"在无形的规则组态中运转。在企业中有形与无形资源就像人体与灵魂一样不能分离，相互依附。当然，对于不同生产方式的企业来说，有形资本与无形资源的价值贡献率可能是不同的，如通用与微软。随着知识经济时代的到来，有形与无形的价值贡献比率的次序也正在发生着逆转。

2.2.4 无形资源的经营

在市场经济条件下，以企业知名度和信誉度为核心内容的无形资产，已经成为企业竞争制胜的资本，并发挥着越来越大的作用。有关资料表明，目前工业发达国家的知名企业，其无形资产价值一般要占到资本总额的 50% － 70%。成为这些企业进行技术贸易及占领国际市场和扩大社会影响的重要武器。同时，随着近来经济网络化、知识化的发展，物质生产、货物配送所创造的价值不断降低，一些企业便将自己的核心业务逐渐转向研究与开发、品牌经营、资产重组、产权经营等价值增值高、利润高的业务领域，而将那些需要大量有形资产投资和重复性劳动的物质产品生产、物流配送业务外包或委托出去，交给那些专业化公司完成。

54

重视企业无形资产的开发与管理，有效地经营无形资产，已经是新时代企业管理发展的基本趋势。

一、无形资产经营的特点

无形资产的经营与企业日常的经营管理有着本质的差别。无形资产的经营与企业日常的经营管理、组织计划等是结合在一起的，但在一定时候又不能混同。一方面因为它的策划要遵循某些特殊规律；另一方面无形资产的运营中有一部分独自的作用。作为无形资产的品牌、网络、管理等经营，要考虑消费者的认知能力，不要追求规模，不宜搞得很复杂，或一定要使 CI 设计中包含许多隽永的意义，往往在较为复杂的环境中，简单的事物会有更大的效果。

无形资产的经营有其独特性。首先，无形资产是依托于有形资产和资源经营活动而逐渐形成的，即在经营活动中伴随着销售规模的扩大，市场份额的增加而形成独有的品牌和销售网络，根据市场的需要开发新的技术和提供新的服务，根据经营要求创新和实施新的管理。其次，各种无形资产的无形特性使它易变和延伸，比如某个品牌可以改变或增加功能，而不受太多制约。再者，无形资产在形成发展中有较强的不可控制性，比如假冒产品排斥真正品牌产品、技术秘密的泄露等等。

二、企业无形资产经营的方式

企业无形资产的经营要根据产业的技术经济特点进行。对于属社会消费性的产品，主要（或更多的）注重品牌的经营；对于技术含量高的产品，主要偏重于技术创新能力的设计和智力机制的经营。对于不同的企业，要有不同的经营思想，即便是同一个企业由于其在不同的发展阶段，无形资产的经营也应不同，比如在创业阶段品牌的经营偏重于培育市场、培养顾客群，而在创业成功后主要是开拓更大的市场和潜在市场以及无形资产保护和市场保护等。

无形资产的经营要与企业的经营战略相适应，一是本企业要开发哪些无形资产，形成何种无形资产结构。无形资产有许多种，其本质是权利，经营无形资产就是企业要开发哪些权利，并使这些权利形成统一的体系。二是运用企业的无形资产推动有形资产的经营。无形资产的存在和运营是依托于有形资产，一般来说其运营目的也是为了促进有形资产的发展，所以以无形资产推动有形资产的结构改变、品质升级、运营规模扩大、投入减少等等十分重要。三是无形资产的增值及增值方式。在知识经济条件下，无形资产的增长变化很大，既会不断产生新的无形资产并快速增值，同时又会因此使原有无形资产减值或消退。因此，既要策划它的增值，还要策划对它的管理、保护等等。

从资源的角度来研究企业的无形经济要素，而不是从资产观、资本观去研究是有着特殊意义的。资产、资本的概念强调物权的归属，侧重于占有、使用、增值和对其收益的分配。而资源概念则侧重于开发、积蓄、整合、创新、借用和使用，强调的是资源的支配权。从资源角度研究企业无形经济要素性质、结构与关系，不但对企业管理运营实践具有重要意义，同时也为在理论上研究企业无形经济资源的开发、转化、运营，特别是企业战略层面上的资源配置提供了研究基础。

资源是企业乃至整个社会正常发展的原动力，在资源日益匮乏的当代社会，除了要节约有效使用资源外，我们还可以关注资源有效整合的方式，以期取得更好的效果，这其中就是整合有形资源和无形资源。

参考文献：

［1］《企业无形资源的相关问题探析》，中国软科学杂志，2001 年第 8 期

［2］《我国的自然资源现状》来自《循环经济国际趋势与中国实践》，2005 年第 9 期

［3］《企业无形资源的相关问题探析》来自:〈中国软科学〉2001 年第 8 期

第三章　资源有效整合的方式和方法

进入 21 世纪以来，资源已经变得十分繁多和复杂了，无论是有形资源还是无形资源都包括很多的方面。在世界全球化和一体化加剧的今天，在竞争日益激烈的今天，企业管理者要想使自己的企业在未来走得更远更好，必须要学会资源有效整合的方式和方法。而这些资源整合的方法和方式必须体现国际化、全方位、多维度、交叉性的特点，因为这代表着当前资源整合的发展方向。

因此在本章节，我们将通过具体的事例来说明，就在当前情况下进行资源有效整合的方法和方式。

第一节　新资源与老资源的有效整合

什么是新资源？顾名思义，新兴的资源，包括信息资源、人力资源以及一部分无形资源等，新资源在当今社会主义市场经济中逐渐得到认可并发挥出巨大的影响力；老资源指的是传统的资源形式，其中包括有形资源的大部分，一般认为是在计划经济体制下国家和社会发展的主要动力，即计划经济的原动力。

在此，把新资源与老资源进行有效整合，就是要使二者有机结合，发挥长处，避免短处。下面以中国饭店业发展中的资源有效整合对新老资源的有效整合的方法及方式进行阐述。

3.1.1　我国饭店业资源整合的必要性与紧迫性

根据国家旅游局公布的《2002 年中国旅游统计年鉴》，按注册登记类型划分，在全国 7358 座星级饭店中，国有饭店 4339 座，占全国星级饭店总数的 59.0%；集体经济饭店 790 座，占10.7%；外商投资饭店 268 座，占 3.6%；港澳台投资饭店 324座，占 4.4%。以上四种注册登记类型的饭店，共占全部饭店的77.8%。此外，联营、股份制、私营等其他注册登记类型的饭店共有 1637 座，占全部星级饭店总数的 22.2%。

国有经济成分虽然是市场的主体，但在竞争中处于劣势地位，从中我们可以看到内资旅游饭店的整体竞争力不强，出租率仅 55.13%。据统计，2001 年，国有饭店的全员劳动生产率只有 5.78 万/人，而国际饭店集团的全员劳动生产率则是 13.12 万/人，后者是前者的 2.26 倍。1998 年以来，全国饭店每年至少有 30 万间客房处于闲置状态，按平均每间客房投资 10 万元计算，全国就有 300 亿元的酒店资产闲置。许多酒店由于客源严重不足，投资大，财务负担过重，使投资者和经营者陷入了入不敷出的艰难处境，处于半死不活的恶性循环中。造成我国饭店业竞争力不强的原因是多方面的，其中最根本的原因就是饭店业资源的不合理配置。[1] 从投资主体结构上分析，由于经济体制原因，我国国有饭店分属于党、政、军、警及商业银行等 400 余家不同的部门。相当数量的饭店就是行业部门的培训、会议及休闲场所，实际上不是自负盈亏，又未完全进入市场，而或与市场相脱节，不必承担市场风险，也不必对前程担忧。这些饭店资产关系复杂，既具有企业性质，更具有招待所或招待基地的性质。政企不分就导致了地方保护主义，行业主管部门和地区行政性条块分割，严重阻碍了将饭店作为一项资产进行跨地区、跨行业、跨所有制结构的市场化流动与经营。

从产业结构上来分析，我国国有饭店业的资源配置：（1）过分追求高档，结构性过剩严重。我国的高、中档饭店过于集中，虽然按 C4 法计算的产业集中度标准测算，我国的饭店市场的产业集中度远远低于垄断标准。但在高档次市场上，一些知名的品牌已占据了一定的市场，造成相对垄断的局面。但高档饭店的数量太多，增长速度太快，进而引起业内发展消极的连锁反应。（2）区域结构不合理，空间分布结构不均衡。我国饭店业相对集中于东部地区，中西部地区分布较少，高档饭店在东部城市如北京、上海等地集中度高。这些直接导致行业内及区域内竞争惨烈。饭

58

店业不合理的资源配置在很大程度上导致了其经济效益低下。

3.1.2 我国饭店业所面对的严峻国际竞争态势

具有雄厚资本实力与成熟管理经验的国际饭店集团进入我国已有 20 多年了,虽然并未达到全面覆盖的市场格局,但不可否认的是,目前他们已经成为我国饭店业高尖端市场的主导。而且更多的国际饭店集团正采取多样化的产权交易方式明显加快进入中国市场的步伐,他们积极向新兴市场区域快速扩张、抢夺中低端细分市场资源。让我们一起来看看国际饭店集团咄咄逼人的竞争态势:

全球最大的私人酒店管理公司凯悦集团级别最高的超五星酒店——柏悦酒店将在北京兴建。该集团对在上海兴建柏悦酒店的具体地点仍在商讨中。

继北京东方君悦大酒店、中华第一高楼——金茂大厦的上海金茂君悦大酒店开业后,宁波、杭州、重庆、三亚、广州、深圳、厦门、沈阳、大连等城市,也将兴建或考虑兴建该集团的另一种五星级品牌酒店——凯悦酒店。这样,凯悦集团的三种品牌酒店:凯悦、君悦、柏悦将全部落户中国。

从 2002 年至今,国际酒店巨头圈地中国内地的事件发生了多起,涉及四星级以上的酒店有:2002 年 1 月,加拿大四季集团购入上海四季酒店项目 21% 的股权;2002 年 2 月,香港新世界集团投资 1 亿多美元兴建和改造的四星级新华美大酒店开业;2002 年 8 月,由滨江集团投资、美国万豪酒店管理集团托管的天津市第二家达到五星级水平的酒店——滨江万丽酒店正式开业;2002 年 9 月万豪国际集团在中国管理的第 33 家酒店北京金域万豪酒店开业;2002 年 9 月 24 日,九州酒店斥资翻新洲际酒店及并购新酒店;2003 年 1 月,超五星酒店——上海中古大酒店兴建,它由索梅丽亚饭店管理集团与新天国际合资,预计该酒店 2004 年开业;而香格里拉酒店集团,在郑州、中山、温州、三亚等地开设酒店;香港半岛酒店集团正在上海浦西选择合资方;2002 年 10 月 8 日,全球第三大酒店服务公寓公司新加坡雅诗阁集团，未来3年将其在北京、上海和天津的市场份额由现在的10%提升至25%，并在大连、青岛等沿海城市开设新的酒店。

涉及三星级的酒店有：2003年初，雅高与首旅集团宣布3年内开出20家特许加盟酒店，推出三星级"美居"酒店。2002年4月份，雅高收购了国际连锁酒店集团Century和Zenith。此外，雅高还宣布，将在天津、成都、重庆三地独立运作其经济型连锁酒店"IBS"，旅行销售人员为其目标客户。[2]

我国饭店业正处在国际竞争国内化、国内竞争国际化的多角竞争格局之中，竞争关系到自身的生死存亡，关系国家民族的产业安全。我国饭店业已经没有时间依靠自身的积累按部就班地去培育和发展了，进行宏观与微观层面的资源整合已是当务之急，刻不容缓。

3.1.3 我国饭店业资源整合的方式和途径

一、宏观层面的资源整合

宏观层面的资源整合，主要是改变困扰我国饭店业发展的经济体制，也就是要改变饭店长期依赖廉价劳动力、廉价原材料等不正确的经营方式。随着我国国有资产管理体制改革的深入，国有经济战略性调整的思路日益清晰。党的十六大后，国有资产已经加快了从一般竞争性领域退出的步伐，国有资源的整合为饭店业带来了前所未有的发展机遇和挑战。饭店业属于一般竞争性行业，国有饭店出资者是行业管理部门、各级政府和国有的投资机构，终结仍是政府。饭店行业资源整合中的退出对象，就变成了中央政府对地方政府（如省、市、县地方政府投资办的饭店等）、饭店业主管的中央政府主管部门对其他行业部门（如银行系统办的饭店、铁路系统、航空系统、军工系统办的饭店等）的关系了。饭店行业的资源整合应该有利于饭店行业的发展，有利于饭店业积极参与市场竞争。政府部门出资者角色问题是首先必须解决的问题。必须明确由一个统一的权威部门和机构对各级部门及行业的国有饭店资产进行系统而规范、平稳而有序战略性调整。

在饭店业市场发育相对不完善、行政行业垄断力量又十分强大的情况下，比较快捷的途径是以国有饭店的出资者为实施对象，在解决政府部门出资者意愿的基础上，推动国有饭店资源的整合与集聚，即在行政行业垄断势力比较强的国有饭店之间进行集团组合，以作为投资者的政府行业部门为主导，通过政府的力量进行组合。集团建立起来之后，政府逐渐退到次要的位置，交由市场去调节。具体而言，可利用宏观强力部门的管理权威，以地区、行业投资方为联系基础，按照一定标准，在拥有饭店较多的地区和行业中（如拥有20家以上的饭店），组建区域性及行业饭店集团，由该区域、行业部门或主管部门，以行政划拨的方式，将行业部门投资的各饭店的产权，划归地区、行业饭店集团（或饭店管理公司）统一管理，实现资源内部整合。饭店集团建立起来以后，按市场机制，进一步加强市场化管理，政府逐步淡出。政府退出之后，再由市场竞争去进行新一轮整合。

二、微观层面的资源整合

微观层面的资源整合，主要是要求饭店业进入市场，在市场经济体制下利用新型的资源以谋取更好的发展前景。随着我国国有资产从饭店行业退出浪潮的来临，我国的饭店业者必须把握这一历史性变革的机遇，从战略与行业发展的高度，整合好新老两种资源，开创我国饭店业发展的新局面。

我国饭店业首先必须对老资源进行整合，提高老资源使用效率。这种资源由有形的实物资源组成。包括土地、固定、流动资产等；还有要加强新资源的利用强度及效率，即品牌资源、文化资源、人力资源、服务资源、管理资源、信息资源、客户资源、营销资源、政府资源等。我国饭店业要大力完善现代企业制度，吸收社会中的各种经济主体，改善资本结构单一的状况，充分利用我国证券市场、国有资产经营管理公司等产权交易市场和中介实现投资主体多元化，实现饭店业存量资产的流动与增值。我国饭店业要完善和整合新资源的产权功能，实现新资源有形化和产权化，要通过资源整合提升品牌、服务与管理，增强自身的核心竞争能力。

饭店业是劳动密集型产业，饭店业产品就是服务所具的有不可存储和不可转移性以及产品（服务）生产销售同时进行的特点决定了单体饭店存在着规模不经济。以拥有客房数量来考察全球主要饭店集团，我们会发现，饭店集团内单体酒店平均拥有的客房数量规模均不大，以 400 间以下规模为主。饭店行业的规模效益主要是通过饭店集团的集约经营来实现的，企业的经营费用和管理成本可以通过集团内分摊得到降低。这些费用和成本包括人力资源费、市场营销费用、采购成本、单位服务成本等。因此，在整合内部优势资源，提升内部资源效率的基础上，促进外部资源整合战略实施，实现饭店业的集团化发展是我国饭店业发展的必然方向。对于拥有一定实力的饭店业品牌来说，积极引进拥有资本实力的战略投资者，促进资本与品牌、资本与管理等的有机整合是当务之急。伴随着国有资产从饭店行业大范围退出，大量原国有单体饭店将会被推向产权交易市场，一个巨大的饭店业资产的买方市场已经呈现出来，饭店行业资源大整合的时代已经来临，只有那些拥有资本与品牌实力的饭店业集团才能真正把握住时机，通过选择自己的目标市场和对象，积极展开外部资源整合型战略投资，运用兼并、收购、租赁、托管、包装出售等多种资源整合手段，实现对单体饭店和分散的饭店集团的控股、参股和战略合作，在实现跨地区、跨行业的战略布局的同时，实现饭店业集团的超常规发展。

对新资源和老资源的有效整合，是资源整合最起码的方式，因为这些资源是一个企业得以正常发展的最直接的原料和动力。

第二节　有形资源与无形资源的有效整合

有形资源与无形资源我们在上一章节中进行了具体的介绍，

对于二者的有效整合是当前迫切需要解决的问题，因为它是一个困扰着大部分企业的问题，正确、有效地对二者进行整合，能使企业败中求胜、转危为安。

在此，我们以我国物流行业为例，对二者有效整合的方式进行阐述。

物流业在我国还属于一个新兴的行业，也就是因为这是一个新兴的行业，所以在我国物流服务市场上，还是基本处于分散、割裂、封闭和无序竞争状态之中，如果谋求物流业在中国的迅速、成功地发展，对那些已经或将要把未来发展战略目标定位于物流解决方案供应商的传统仓储和运输等企业来说，还有什么是比资源整合更重要的事情呢？客户资源整合，能力资源整合和信息资源整合一个也不能少。

著名的 UPS 公司对其所拥有的供应链管理服务资源的整合就具有非常典型的意义。

UPS 公司于 2002 年 1 月将原有为客户提供供应链管理服务的物流集团公司、货运服务公司（包括飞驰货代）、金融公司、咨询公司和邮件管理公司等整合，新设供应链管理解决方案事业部（UPS Supply Chain Solutions）。此举的目的是整合 UPS 所有与供应链管理有关的服务资源，使客户能够很方便的获得专业知识支持，即为客户提供"一站式"的供应链管理服务（战术层面的）。UPS 之所以要重新整合供应链管理服务资源，则是因为在 2002 年初该公司已经确定要从一个包裹递送公司转向"一个完全的供应链管理服务公司"（战略层面的）。

该事业部拥有一个由工程师，物流管理专家，技术集成专家，多式联运专家和投资分析家等组成的团队，为客户的全球供应链管理设计方案，然后交由各专业公司组织实施。其市场定位是全球化运作的大公司。主要是为高技术、通讯、健康产品、汽车、零售和消费品领域的客户服务。2001 年，参与整合的物流集团公司、货运服务公司、金融公司和邮件管理公司的营业收入总和就达 24 亿美元。

由此可见，目前在物流服务市场上受到普遍推崇的所谓向客户提供"一站式"服务的经营模式，实际上既是物流企业优化资源配置所追求的目标，也是物流企业优化资源配置的过程。UPS从 1995 年进入物流服务领域到设立供应链管理解决方案事业部就用了 7 年的时间。

显然，物流企业的资源整合是一个以客户需求为导向的不断演进的过程。

3.2.1 物流的要害就是资源整合

一、管理是物流的永恒主题

虽然物流的定义随着企业生产管理和营销组织方式的变化在不断丰富和扩展，但是，管理作为物流系统的运行过程和最终输出却始终没有变。物流始终是一个"计划、执行和控制的过程"。这是由物流管理运作的两个主要特点所决定的。

1、物流管理是跨边界的活动

在企业内部，销售部门与财务部门在存货水平控制方面的部门目标就是有冲突的。市场营销部门在仓库选址和存货配置方面的要求和企业储运部门的管理目标也会有冲突。如果不能借助于企业组织制度的安排来统筹协调，则在各部门追求各自的部门目标的同时，很有可能使得企业整体的利益受到损害。这就是为什么从上个世纪 80 年代中期开始，发达国家的企业纷纷设立综合的物流管理部门的主要原因。

在企业外部，供应商的供货方式或物流企业的服务必须与制造商的生产组织方式相协调。如与 Just‐In‐Time 方式、供应商管理存货（Vandor‐managed inventory）方式，供应链管理（Supply Chain Management）方式和精益制造（Lean‐Manufacturing）方式等相协调。如果客户企业产品的营销模式由分销改为直销，则物流企业的职能就可能要包括提供更快捷的多批次、小批量的发货组织，更多的售前装配（或配货装箱）和售后安装（或维修和技术咨询）等支持，更多的物流单证的管理，以及反向物流管理等增值服务。如果客户企业同时使用多家第三方物流企业（3PL）的服务，则3PL之间的协调运作就显得尤为重要。当客户的市场边界已经扩大到全球范围的时候，物流企业的管理服务就必须国际化。

2、物流管理是要降低物流总成本

降低物流总成本是物流管理的核心内容，涉及到一系列的成本——效益权衡。如运输成本与存货成本的权衡；采购批量与存货成本的权衡；集中采购与分散采购的权衡；减少承运人的数量与分散货运风险的权衡；实行集中存货管理与货运成本和脱销成本的权衡；增值服务与基础服务的权衡；物流自营与物流外包以及保持企业对物流运作控制权的权衡；信息共享与保持企业核心竞争力的权衡等。在客户服务水平确定以后，物流企业的管理运作就会围绕如何降低客户的物流总成本这个中心来展开。

常有在某个物流服务环节上运作的诸如从事单纯运输、仓储和货运操作的物流企业抱怨经营利润率太低。除了市场竞争激烈的原因外，是否考虑过自己在降低客户物流总成本中的作用呢？

物流管理是总体的策划和协调，而不是局部的操作。

二、物流管理是优化资源配置的过程

纵观物流管理的运作过程，从产品的包装，到托盘的堆载，到装箱的技巧；从单点仓库的选址和库内空间的分配，到仓库网络的设计和存货的分布；从运输工具的配载，到承运人的管理，到多式联运的组织，到货运路线的安排；从物流技术装备的应用，到技术和流程的标准化，到物流 IT 系统的上线；从具体物流运作环节的安排，到总体物流管理解决方案的设计等，无不包含以成本——效益为中心的技术经济分析。

实际上，对一系列不同性质的物流运作成本进行技术经济分析，并寻求总成本最小的物流解决方案，已经构成了物流企业日常管理活动的重要内容——服务报价。报价源于物流管理解决方案的设计。在客户的眼里，能否尽快报价——"一口价"——是反映物流企业资源整合能力的最直接的感觉和最直接的评价指标。当然，在具体实践中，这往往是以招投标的形式反映出来的，特别是对大型物流项目外包而言。

要谋求客户物流总成本的最低，就必须对跨边界的物流运作进行统筹的安排。不同的客户服务需求会提出不同的资源整合的要求。如货物的紧急发运就可能要求选择空运服务资源。客户的全球营销就可能要求选择在它国整合仓库网络资源。客户的物流系统改造可能要求选择咨询服务资源。客户要求物流过程的可见性必然提出选择 IT 系统资源的要求。等等。所以，物流管理过程实际上就是优化资源配置的过程。

显然，物流管理的范畴越宽，覆盖的环节越多，实行统一管理和统筹协调的可能性就越大，进而降低物流总成本的运作空间就越大。但同时也对物流企业具备的知识和技能提出了更高的要求。所以，在企业内部要设立统筹的物流管理部门；在企业外部要使用具有物流管理咨询能力的 3PL，甚至是专业的物流管理咨询公司和 IT 系统开发商的参与。

三、物流企业未来的发展方向——供应链管理服务

可以预见，随着经济全球化，产业链的延伸，信息技术的日臻成熟，特别是战略联盟和供应链管理竞争等理念的普及，将会有愈来愈多的物流企业将其未来的发展战略目标定位于供应链管理服务。因为即使是比物流管理系统更大的供应链管理系统的运行，也只是在更高的层次上和更大的范围内进行协调管理和资源整合罢了。

美国物流管理协会（CLM）于 2002 年 1 月首次推出的供应链管理的推荐性定义是："供应链管理是以提高企业个体和供应链整体的长期绩效为目标，对传统的商务活动进行总体的战略协调，对特定公司内部跨职能部门边界的运作和在供应链成员中跨公司边界的运作进行战术控制的过程"。显然，"战略协调"和"战术

控制"过程都是优化资源配置的过程。

四、运输企业和仓储企业不是物流企业

一直以来，对于单纯的运输和仓储企业是不是物流企业这个问题存在着不同的看法。

必须指出的是，正是在"跨边界的管理活动"和"降低物流总成本"的严格意义上，我们说单纯的运输企业和仓储企业不是物流企业。因为它们既缺乏对客户物流运作全过程的总体视野，也无法对客户企业以降低总成本为目标的物流运作进行总体的设计和管理。也就是说它们不具备物流管理运作的两个主要特点。

比如，在由 3PL 研究的权威机构 Armstrong Associates, Inc. 所做的 2001 年全球最大的物流服务供应商排名中，是 FedEx Services，而不是我们所熟悉的 FedEx Express 排名第 19 位。众所周知，FedEx Services 是 FedEx Corp. 所属的专业子公司之一，它是专门为包括 FedEx Express（联邦快递——空运），FedEx Ground（联邦包裹——地运），FedEx Freight（联邦货运——LTL），FedEx Custom Critical（联邦急运——紧急发运），和 FedEx Trade Network（联邦商务网络——客户经纪，咨询，信息技术和商务便利解决方案）等在内的兄弟公司提供组合销售、一体化营销和综合信息技术支持的。

再比如，美国《物流管理》杂志主持的一项面向发货人，已经持续了 19 年的物流服务质量调查，在 2002 年度所确定的对"承运人"的表现就是从其"对卓越物流至关重要的五个方面"来评价的，包括货运准时性、价值重要度、信息技术水平、客户满意度和装备及作业水平。而对"物流服务供应商（3PL）"的评价标准则包括承运人的选择和谈判、订单执行组织、货运或配送管理、存货管理和物流信息系统这五个方面。显然，运输企业与物流企业是部分与整体的关系，是管理与被管理的关系。

事实上，单纯的运输或仓储都只是物流管理过程中具体的功能性活动，相应的仓储和运输成本都只是物流总成本的一部分，

正是物流管理的对象。所以，运输企业和仓储企业都是要被物流企业整合的资源。这就是为什么 3PL 自己往往不直接从事运输和仓储作业，而是以合同外包的形式整合社会资源的原因。也是为什么在国外许多生产制造企业中同时设有物流管理和运输部门的原因。更是许多运输企业如中远公司（COSCO）或快递企业如 UPS 公司，甚至是中国邮政等要向物流服务供应商转型的原因。

但是，因为我国的物流服务市场才刚刚萌发，且运输和仓储又是物流管理的最基本的功能性活动，所以将运输和仓储企业暂时看作物流企业，将有助于这些企业在原有的基础上扩展服务的范围，向真正的物流服务企业升级，也有助于我国物流服务市场的早日形成。实际上，许多赫赫有名的物流企业也是从运输、仓储或货代等企业演化而来的，而且其原先的作业功能往往成为其服务能力资源的优势所在，如马士基公司等。

必须指出，承运人就是承运人。物流服务供应商就是物流服务供应商。运输和仓储企业没有必要也不可能全部转变为物流企业。否则不仅会破坏分工协作体系的基本规则，而且会造成社会资源的极大浪费。

就如同所谓"信息经济"不能取代"传统经济"一样，物流管理以至供应链管理同样不能取代运输和仓储等作业。

实际上，所谓跨国物流企业真正看重的就是与产品分销密切相关的，在我国尚未充分开发的传统运输和仓储市场。我们的运输和仓储企业为什么不能够通过学习和资源整合把运输服务和仓储服务做好、做精呢？要知道与行业先进水平相比，我们原先为市场所提供的服务是远远不到位的。

五、物流企业的资源整合要点

虽然兼并重组，合资合作，协议联盟，租赁托管，建立信息共享或交易平台等均是物流企业资源整合的手段，但资源整合的目的无外乎增强客户服务能力，提高客户服务水平，和获得更好的投资回报。所以，尽管不同的物流企业在实际运作中所采取的资源整合的方式方法不尽相同，但还是有一些共同的范畴需要纳入物流企业的视野。它们是客户资源整合，能力资源整合和信息资源整合。下面将展开对它们的更为详尽的讨论。

3.2.2　客户资源整合

一、服务——物流企业的产品

毫无疑问，物流企业的产品就是服务。确切的说，是管理服务。包括诸如承运人管理，货运组织调度，配送中心管理，物料回运管理，配送中心设计，信息流管理以及物流系统规划设计等。用时下流行的话来说，物流企业是提供物流管理解决方案的。

众所周知，服务产品的生产和消费是在供需双方的互动过程中完成的。所以，物流企业的资源整合不能没有客户的直接参与。事实上，一方面 3PL 要与客户一起研究制定物流管理解决方案，并确定相应的绩效考核指标。另一方面，客户在将物流管理外包后往往要保留自己原有的物流管理团队，并要在方案实施过程中与 3PL 建立互动协调机制。

二、客户——物流企业的重要资产

一般认为，客户资源整合主要是指根据客户价值为其提供差别化的产品和服务，并努力与客户建立长期合作的战略伙伴关系。因此，首先是客户价值的识别和判断。

那么，什么是客户价值呢？这里就有个评价标准的问题。如果把客户价值的评价标准定位在能够为物流企业带来利润的多少，进而把客户分成所谓"高端客户"和"低端客户"，这样的理念未免过于"功利主义"了。这与客户关系管理——谋求跟客户建立长期合作的战略联盟关系、培养客户的忠诚度、各得其所（win-win）——的理念也是不相符合的。

实际上，物流企业以什么样的标准来评价客户价值，取决于它对客户的基本看法。一般来说，企业对于客户的基本看法有两种：一是看作企业的竞争对手；二是看作企业的重要资产。

1、作为竞争对手，物流企业与其客户之间是纯粹的"一单一

结"和"价格博弈"关系。比如在现实中，除了公路运输乱收费的环境原因，运输企业普遍采用严重的超载运输方式作业，就与货主企业为了降低自身的运营成本而一味的压低运价有很大的关系。这必然造成服务水平的降低和环境安全的损害。

在"价格博弈"作为客户和物流企业之间唯一互动界面的情况下，物流企业不需要也无法考虑为客户规划设计整体的或延伸的物流管理解决方案，也就不会考虑与同行建立战略伙伴关系。因为客户仅仅把物流运作外包作为降低运输或仓储等环节成本的措施，而不是作为增强其竞争优势的战略手段，所以，物流企业也就无法参与客户物流成本节约的全过程。这在很大程度上制约了传统储运企业向现代物流企业的转型，也制约了我国物流服务市场的发展。当然，对于那些由于现行体制的原因而拥有一定物流服务资源垄断"优势"的物流企业来说，要求他们主动为客户设计并提供物流解决方案也是不现实的。

2、作为重要资产，物流企业必须善待客户。必须创建并维护良好的客户关系，延长客户的"使用寿命"。必须通过自己所提供的物流服务增强客户的市场竞争力，提高客户的经营绩效。所以，物流企业的客户价值是指客户所要求的物流服务对它自身的价值。这种价值往往可以用物流服务对客户市场竞争战略的重要度来衡量。

从长远的观点来看，物流企业的使命就是不仅要使客户的当前价值最大化，而且要使客户的寿命周期价值最大化。所以，物流企业实施客户关系管理，培养客户忠诚度是一个长期的投资行为，必须要有企业长期发展战略的指导。

当然，投资是要有回报的（ROI）。但这种回报是建立在双方对长期合作绩效预期基础之上的。正如物流企业是在帮助客户降低物流总成本的过程中获得自己的那份收益一样，物流企业也是在使客户价值最大化的过程中实现自身的价值和收取回报的。所以，就发达国家 3PL 的服务合同期来看，一般都在 5—7 年。日本的物流企业更是跟着客户企业全球走。所谓战略联盟关系在本质上就是长期合作。

物流企业对客户关系的基本定位将决定其客户资源整合的基本思路和途径。

三、老客户——物流企业客户资源整合的重点

客户资源整合，说到底是为了争取客户，扩大市场份额。但是，物流企业的"客户投资"与我们通常所了解的固定资产投资和研发投资不同。"客户资产"具有不可积累性，或者说具有不可储存性。一旦物流企业的服务不再满足客户的需求，客户就会"用脚投票"，以往的"客户投资"也就很可能荡然无存了。要把流失的客户再找回来，"投资"又必须重新开始。

因此，物流企业的客户资源整合在操作层面上就是两件事：一是留住老客户；二是发展新客户。由于开发新客户的成本常常是留住老客户的 5 倍，所以客户资源整合的重点应放在老客户方面。而且老客户的示范效应对新客户的开发具有促进的作用。有专家认为：如果企业的年客户流失率达到 20%，就要好好找一找自身的原因了。

那么；如何留住老客户呢？最根本的是要把客户服务理念融于日常的物流管理活动中。物流企业应当经常或制度化的问一问自己这样一些问题：

1、客户是否对现有的物流服务有不满意的地方？

2、是否有客户提出的物流服务要求企业现在做不到的？

3、现有服务能力与客户要求的差距在那里，原因是什么？

4、客户是否已经调整了自己的发展战略？

5、客户是否要进行营销渠道的结构调整？

6、客户的产品品种是增加了还是减少了？

7、客户是不是又开辟了新的市场？

8、客户的生产组织和营销管理方式是否已经改变？

9、是否对客户的物流服务需求有透彻的理解？

10、是否对客户产品的物流运作特性有充分的了解？

11、是否对客户所属行业的竞争态势有充分的了解？

12、是否了解客户的客户和其供应商的供应商？

13、是否对物流服务的法律环境有充分的了解？

14、自己与竞争对手的差距在哪里？

15、去年的客户今年还有多少仍然在册？

16、本企业是否有一个物流服务创新的计划？等等。

当然，这样的问答既要制度化，即所谓内部业务管理审计；也要个性化，即随时跟踪主要客户和特定市场的发展。

必须指出，虽然帕雷托（Pareto）的 20/80 的法则也同样适用于物流企业，但并不是说重点关注高价值客户就要把优势资源全部集中用于那些能够产生企业 80％利润的 20％的客户，或者说只为那 20％的客户服务。事实上，不管是"高端客户"还是"低端客户"，在市场细分的情况下，物流企业仍将面对其客户结构的帕雷托法则。因为 20/80 是物流企业经营的结果，是"有趣的现象"，而不是经营的准则和市场定位的依据。否则就本末倒置了。

所以，正确的做法应当是根据物流管理运作自身的技术经济特点，结合物流企业的服务能力，对物流服务市场进行细分，然后在特定的服务领域将市场再细分为高价值产品物流和低价值产品物流，或确定普通物流服务和特殊物流服务的分类。应当根据客户需求，在统一配置资源的基础上，对不同的客户提供不同的物流服务解决方案。当然，物流企业的专业化经营是不言而喻的。

四、全方位的服务——客户资源整合的最佳途径

虽然建立客户资料，分析客户的购买行为，经常走访客户，对客户实施分类管理，实施专家营销，帮助客户重整物流业务流程等都是整合客户资源的有效方法，但全方位的服务将是留住老客户和发展新客户的最佳途径，也是一个拓展空间极大的服务创新的理念。

如 FedEx 最近推出即时的网上关税和税收评估系统，向从事国际贸易的商家和有关物流企业提供是否采用空运的咨询服务。客户不仅可以查询运价，而且可以查询包括 42 个国家的关税、增值税、货物税、最惠国待遇条款和有关的政府收费等信息，并计算出货物的"落地价"。使得商家在把货物交给承运人之前就知道这笔交易是否赚钱。不仅方便了商家，也方便了运输代理人。

全球著名的重大件货物空运物流服务供应商 Emery forwarding 于 2002 年 8 月推出网上"继续教育解决方案"，为外贸企业的在职人员提供国际贸易培训教程。目前推出的课程包括北美自由贸易区（NAFTA）的规则和进出口程序。这实际上就是对客户进行长期投资。

UPS 甚至在 1998 年就专设金融公司（UPS Capital Corp.）为客户提供分销金融服务。包括应收账款和存货融资，保险代理等。对于那些将物流运作外包给 UPS 物流集团（UPS Logistics Group）的客户，甚至可以由 UPS 金融公司百分之百的收购其存货。这样就不仅加快了客户的流动资金周转，有助于改善客户的财务状况，而且为客户节约了存货持有成本和建立及运作物流服务网络的成本。

坦率地说，我国现阶段的物流企业在客户资源整合方面还有很长的路要走。显然，这也不是物流企业单方面能够决定的。

3.2.3 能力资源整合

一、能力资源整合存在偏差

对物流服务能力资源的整合可以说是我们最熟悉的，但也可能是我们最容易失误的地方。

所谓物流服务能力资源既包括物流服务所需的有形的实体资源，如必要的仓储设施和运输设备等；又包括物流服务所需的无形的技能资源，如货运组织方式和存货控制能力等；还包括物流服务的知识资源，如拥有丰富的物流管理知识和对具体产品的物流运作具有透彻的了解等。更包括一个有效的物流管理团队等。

但目前在物流企业能力资源整合方面所出现偏差是：过于看

重有形的实体能力资源的建设（不是重新配置），却忽视无形的组织管理能力资源的整合。最典型的就是在缺乏充分的经济技术环境依据的情况下，甚至在还没有搞清楚物流管理的科学意义的情况下，大搞所谓"物流园区"或"物流基地"或"物流枢纽"等的建设。据国家统计局 2002 年上半年的分析报告，2001 年，我国所谓物流中心的空置率高达 60%。这势必造成新一轮的重复建设和资源浪费。待到要纠正时还要花成本。

由于我们的企业不能在物流服务理念，客户需求分析，组织管理模式，横向协作联盟等方面下功夫，再加上一些政府部门的不恰当的参与和误导，所以很可能在盲目的所谓"物流基地"等物流基础设施的建设中，把发展物流服务市场的机遇都错过了。这当然是在加入 WTO 以后，国际物流企业非常希望看到的情况。

二、服务创新是能力资源整合的有效途径

目前，就物流市场发展的实际情况看，发达国家物流企业的能力资源整合方式，除了我们所熟悉的并购方法外，更多的表现在通过推出新的服务产品和建立广泛的战略联盟来建立和完善物流服务网络。

比如，FedEx 与柯达公司合作，于 2002 年 3 月在北京的 9 家快速冲洗店推出"自助服务专柜"。专柜内备有联邦快递的空运提单、商业发票、和包装等，让客户采取自助方式投寄快递文件。FedEx 与柯达合作，主要是为了整合柯达公司的服务网络资源。迄 2001 年底，柯达在中国的冲洗店达 7000 家。事实上，柯达公司在过去的 18 个月中也一直在研究如何更好地优化这 7000 家网点的资源配置，以便让消费者在柯达冲洗店能够享受到其他的服务——增值的服务。

美国著名的零担货运公司 Roadway 于 2001 年与联合航空，美利坚航空，Uti 全球货代，Unisys 公司和 G－Log 公司共同组成了一个物流联盟服务系统公司 Integres。并新设 Roadway 空运公司作为货运服务的"虚拟整合者"。Roadway 空运公司主要负责货物的集配，并利用自己全国性货运服务网络为航空公司提供地面运输服务支持。该系统将建立一个互联网门户，向客户提供实时的信息，为客户提供与运输服务供应商和合同执行人之间的联络。系统软件还将为发货人提供"空运过程全部的细节"和在线服务。这实际上就是道路运输公司与航空公司和货代公司等的服务网络整合。对每个合作伙伴而言，其自身的物流服务能力都得到了扩展，各自的服务网络都获得了延伸。

UPS 于 2002 年 8 月开始在中国和巴西针对出口到美国的产品推出名为"UPS 贸易直航"的包括海运服务在内的一体化物流解决方案。这项新的物流服务品种，是 UPS 推出的运输和物流服务项目中最大的整合服务项目，旨在进一步推动全球贸易的发展和简化国际贸易程序。新的物流服务项目由 UPS 货运服务公司（UPS Freight Services）负责实施，将由于减少海运货物的陆上停留环节和时间而极大的加速海运过程。该项合同服务比较适合大的服装、体育用品和电子产品制造企业，以及其他将海运作为经济运输手段并希望将产品直接送交客户的制造商。采用该项服务的客户价值体现在两个方面：一是直接的客户价值，即可省去若干分销或配送中心，发货人基本上可以不要仓库，因为物流过程中搬倒次数降到最少，降低了货损，也加快了交货的速度。目前使用该项服务的客户普遍反映交货时间节约了 2～20 天。二是间接的客户价值，包括存货周转率加快，企业现金流和应收账款周转率加快，存货维持成本下降。统一的单证也有助于减少物流运作管理的行政开支。该项服务的运作流程是这样的：客户把货物送到 UPS 的货运服务中心，发往美国客户的小包裹被挂上标签并装箱。然后，这些集装箱被送到港口并装船，舱位已经事先由具有无船承运人（NVOCC）资格的 UPS 海运服务公司预定好。货物抵达目的港之前，UPS 已经完成了清关手续。货物抵港后，将通过 UPS 的地面和空运网络将货物快速发往收货人。这时货主和客户均可在网上查询货物的状态。UPS 对货运全程进行跟踪监控。

该项新服务的推出，实际上是 UPS 把海运服务资源给整合了。UPS 借此进入了海运服务领域。

以物流服务创新来整合能力资源将有效地避免仅仅是为了"做大"所进行的整合和整合以后的貌合神离。所谓 1+1>2 的部分就源于物流服务创新。

3.2.4　信息资源整合

信息资源整合对物流企业资源整合的重要性无论怎样强调也不过分。实际上，IT 系统本身就是整合客户资源和能力资源的有效技术手段。具体来说，信息资源整合包括以下几个主要内容：

一、建立信息共享机制

众所周知，由信息共享（Information‑Sharing）而实现物流运作全程的可见性（Visibility），由可见性而物流服务全程的可控性（Controllability），由可控性而物流系统的适应性（Flexibility），由适应性而物流系统输出的一致性（Consistence）和产品的可得性（Availability），以至客户满意（Satisfaction）。这就是信息资源整合的基本逻辑。

可以说，随着信息技术的发展及其在物流服务领域的广泛应用，许多传统物流企业对配置 IT 系统的认识程度是很高的，但往往忽视了信息资源整合的另一个重要内容，即信息共享机制的建立。

如果在物流企业与客户之间，或供应链成员企业之间不能够建立起相互信任，相互依赖，长期合作和共同发展的战略联盟伙伴关系，则再先进的 IT 系统都不可能保证跨边界的物流管理的无缝性。所以说，信息资源整合的要害就是建立跨企业边界的信息分享机制。

说到底，物流企业的信息资源整合不是一个技术问题，甚至也不是一个 IT 系统设计问题，而是一个企业管理问题。

二、决策机制的变革

信息共享必然要求变革企业决策机制，往往意味着管理决策权的分散。这与 IT 系统整合物流管理信息的路径正好相反。从物流运作的总体来看，物流管理决策必须由参与各方共同来做；从物流企业和客户的个体来看，物流管理的决策必须分级授权。这是由客户物流服务需求的多样化和个性化特点所决定的。因此，以满足客户需求为价值导向的物流管理就要求决策权限的分散和前移，要求物流企业组织结构的扁平化，要求物流管理更多的采用例外管理（exception management）或随机应变（Just－In－Case）的管理模式。

无论如何，所谓企业管理组织结构的扁平化并不是简单的取消中间管理层，而是要让企业的决策层更贴近市场，更贴近客户，要让企业在市场一线营销的人员拥有充分的决策授权。

在信息整合的同时要求分散决策权限是有效管理的辩证法使然。IT 系统则为总体的协调提供了技术手段。

三、物流服务知识管理

知识就是力量。物流运作没有相应的管理知识支持是不能满足客户服务需求的。发达国家的物流企业之所以能够将其基本的物流管理模式在全球复制，就是因为拥有雄厚的物流管理知识。没有知识管理，就不能将企业在物流服务过程中获得的有价值的信息和经验转化为能够支持企业持久发展的资源。

尽管我们强调要加强对现代物流管理理念、技术和方法的学习，但我们必须充分注意到物流管理服务是一项实践性很强的活动。学习是要掌握基本的理念，规划设计只能给出基本的方案。要在对客户需求反应的一开始就能够比较全面的考虑解决方案，并有能力应对意外的变化，就必须重视实践经验的积累。所以，物流企业应根据管理服务的实践，逐步对特定产品或特定客户的物流服务运作建立规范的流程、标准和服务体系，并以《服务手册》的形式进行知识固化。在这种以实践经验为基础的物流服务知识固化的过程中，逐步分离出能够充分发挥企业资源配置优势和核心竞争力的基本服务和特殊服务，并逐步形成自己的物流管理服务模式。

如果忽视对物流服务知识的管理，将使得物流企业的服务创新失去真正的动力。

四、IT 系统的支持

物流管理信息系统的开发与银行管理软件或财务管理软件开发有很大的不同。表面上看，物流管理软件的开发是为物流企业做的，但实际上是为物流企业的客户开发的。如果不能够充分认识到这一点，物流企业的客户抱怨 IT 系统不好用就一点也不奇怪了。这也是为什么许多 IT 系统开发公司要与物流企业结成战略联盟，或者直接以 IT 软件系统投资于物流企业的主要原因——将各自的优势资源整合起来，共同为客户提供物流服务解决方案。

总之，物流企业的资源整合必须以战略调整方案为基本依据。物流企业的决策层在实施资源整合的时候，必须牢牢把握住两点：对企业内部，资源整合是利益的调整；对企业外部，资源整合是价值的交换。客户资源整合，能力资源整合和信息资源整合一个也不能少。我们要做的就是找到最佳结合点，并实现物流服务资源的优化配置。

纵观物流资源整合的全过程，我们就会发现，有形资源的整合与无形资源整合相比，无形资源的有效整合更具有决定性作用，从某种程度上讲，无形资源的有效整合能推动企业对有形资源的利用效率，从而更好的帮助企业发展。

第三节　国内资源与国外资源的有效整合

资源是经济社会发展和提高人民生活水平的重要物质基础，能否解决好资源问题，直接关系到我国现代化建设的进程。因此，我们要充分利用国内外两种资源、两个市场，立足于国内能源的勘探、开发与建设，同时积极参与世界能源资源的合作与开发。只有走资源整合国际化的道路，我们才可以弥补自身的不足，增强自身的力量，从而实现可持续、快速的发展。

下面我们通过中国石油天然气集团公司（中国石油）成功收购哈萨克斯坦 Petro kazakhstan 公司（PK）的事件来看国内外两种资源的有效整合。

3.3.1 中国石油资源的现状

一、中国石油安全的现状和趋势

作为战略性能源物资，石油安全是国家经济安全的重要领域。中国作为石油生产与消费大国，进入九十年代以来，原油产量逐步提高。然而伴随着国民经济的迅速增长，石油消费的增长速度远大于生产的增长速度。1993 年起，中国已成为石油净进口国，石油安全问题成为中国不可回避的现实问题。

客观地看，未来中国自产石油供给的缺口将不断增大。据预测，到 2000 年，中国国内石油供给量将在 1.59～1.63 亿吨；目前至 2000 年，年均增长在 1.34%～1.84%。到 2010 年，国内石油供给量将在 1.77～1.95 亿吨；2001 年至 2010 年，年均增长率将在 1.08%～1.81%。

根据预测，目前至 2010 年，中国石油需求量仍将以较快速度增长。估计 2000 年需求量将在 1.93～2.04 亿吨；目前至 2000 年，年均增长将在 4.3%～5.4%。到 2010 年，需求量将在 2.94～3.19 亿吨；2001 年至 2010 年，年均增长将在 4.3%～4.6%。

不难看出，中国的自产石油供给缺口逐步扩大。到 2000 年，缺口量将在 0.34～0.45 亿吨；到 2010 年，缺口量将在 1.17～1.42 亿吨。预计 2000 年前后，中国石油进口量将占到 20%；至 2010 年前后，约占到 40%。

二、决定中国石油安全的主要因素

客观地看，本世纪末、下世纪初，一些供给性因素和问题、需求性因素和问题，都将影响中国的石油安全状态。

1、供给性因素和问题

石油资源状况：据 1993 年全国油气资源评价，中国石油资源量为 800 亿吨左右，得到证实的储量极为有限。已探明石油储量约占资源量的 20％，约为 30 亿吨。据世界石油大会估计，中国常规可采石油总资源 114.9 亿吨，居世界第 9 位，但人均占有量仅 10 吨，居世界第 41 位。目前，剩余可采储量连年徘徊不前，1994 年"储采比"为 22.2，1995 年储采比降为 22，远低于世界平均 46 的水平。

石油生产能力：中国高产油田大部份集中在东北、中原一带，这些油田目前大多数处于油田开发的中后期，原油含水率高，自然递减严重。东部主力油田大部分都已进入递减阶段，开发难度增加，成本上升。海上和西部油区条件复杂，勘探开发难度都较大。石油生产有较大跃进的可能性不大。综合地看，中国 2010 年原油产量，将主要取决于东部能否稳产及延缓衰减期的到来，西部油区勘探发展工作进展程度，以及有关部门对石油勘探、生产所采取措施的力度。

值得注意的是，新疆油田、海洋油田增产幅度较大，但不够稳定。新疆油田目前已探明有 110 亿吨的地质储量。但是开发新疆油田困难重重，交通运输发展滞后以及恶劣的开采环境对其开发制约极大。2000 年前，新疆石油产量也不可能有大的突破。

海洋油田已探明地质储量 11 亿吨左右。然而海洋油田迄今为止还没有发现储量大到足以改变中国石油战略的大型油田。同时海洋勘探、开发成本高（是陆上石油开采成本的 3～5 倍）。

采油技术条件及勘探风险也均较高。同时，在某些区域，海洋石油涉及复杂周边关系，近期内很难解决。

总体上，"九五"及 2010 年，中国的原油产量不会有大的突破，国内的石油产量不能满足国民经济快速增长的要求。

2、需求性因素和问题

国民经济增长：正常情况下，能源消费总量的增长速度和国民生产总值的增长速度成正比例关系。2000 年～2010 年中国经济将保持年均 7％左右的增长速度。伴随着国民经济的高速增长，石油消费必将增长。

产业结构演化：根据中国产业结构的演化趋势，石油消费仍将以较快的速度增长。今后十几年，第二产业在中国国民经济中主导地位将继续加强，石油消费必将持续增长。另外，交通运输、特别是汽车等移动式用油机具有加速增长的趋势，民用石油消费量也会大幅度增加。

人口增长：据有关方面统计，二十世纪末，中国人口约为12.9亿，城市人口约占32%；至2010年，中国人口约为14亿，城市人口约占40%；到2030年，中国人口约为15～16亿，城市人口约占总人口的60%～65%，这必将增加人口对石油的需求。从趋势来看，人均GDP愈高，人均能源消费也愈大。参照其它国家的人均石油消耗水平，预计今后十几年内中国人均生活石油消耗水平仍然保持较高的增长速度。

3、调节性因素

能源替代：从全球的能源发展趋势来看，石油、天然气和核能在21世纪将发挥各自优势，石油将最终会部分地被煤炭、天然气和核能所替代；而新的能源包括生物质能、太阳能、风能、地热能、海洋能、氢能等，由于它们的资源潜力大、无污染、将日益受到重视，但短期内尚不能起替代作用。

节约能源与技术进步：80年代以来，中国节能工作取得了显著成就，单位国民生产总值能耗逐年下降。客观地看，中国仍有着较大的节能潜力。虽然中国经过十年来的节能工作，能源利用次序仍然平均比工业化国家低40%～50%，中国每吨能源创造的价值大大落后于国外先进水平，万元国民生产总值能耗比先进工业国家高得多。特别是节约石油的空间更大。

中国各个产业部门的技术装备和管理水平仍处于落后状态。1990年中国重点钢铁工业企业吨钢可比能耗为0.997吨标准煤，而日本钢的工业平均单耗仅0.6吨标准煤。中国供电煤耗1990年为427克/千瓦时，而国外早在八十年代就已降至330克/千瓦时。因此可以预计，今后十几年中国的节能潜力仍然是很大的。

三、中国石油安全对国际市场的依赖

据中国海关统计，1996 年中国原油进口量比 1995 年跃增 32％，达到 2262 万吨，原油出口量达到 2033 万吨。这是中国原油进口量首次超过出口，标志着继 1993 年中国成为石油产品净进口国之后，从 1996 年开始已由原油净出口国变为净进口国。1997 年石油进口量（包括原油和成品油在内）又有所增长，石油进口量达 5927 万吨，比 1996 年提的 3844 万吨跃增 54.2％。其中原油进口量由 2262 万吨增加到 3547 万吨，增长 50.3％。如果再加上石蜡、石油焦和沥青等固体石油产品，成品油进口总量为 6005 万吨。而同期石油出口量仅比 1996 年上升了 3.4％，由 1996 年的 2458 万吨增加到 2541 万吨。

自 1988 年的中国将进口原油作为解决国内资源不足问题的重要措施以来，进口量占国内原油加工量的比例由 1998 年的 0.8％上升至 1997 年的近 20％。净进口量约占国内油品消费总量的 20％。若考虑走私等因素，这一比例可能还要高。据估计，在本世纪末至下世纪初，这些比例将进一步增加，到 2005 年前后，中国对进口石油的依赖程度将达到 40％。

中国未来的石油缺口是客观存在的，因此能否弥补未来的石油供给缺口，进口将起着重要的作用。目前，中国已开辟了较为广阔的进口来源。1997 年进口的原油来自 35 个不同的国家和地区。在对华出口原油的国家中，除阿曼、印度尼西亚、也门和安哥拉等国家外，又首次增加了阿根廷、挪威和伊拉克，并首次从拉美地区大量购买石油。来自中东地区的原油进口量达到 1707 万吨，增长了 42.7％。来自亚太地区原油进口量上升 14.6％，达到 5941 万吨。来自非洲的进口量增长 192％，增至 562 万吨。来自拉美、欧洲和美国的原油猛增 557％，达 337 万吨。

从长远考虑，由于中国与中东各国一直保持着良好的国际关系，经贸合作不断扩大，并保持着较大的贸易顺差，中国有可能将中东地区做为主要进口地区之一。而中东国家也在努力寻找亚

太地区的石油贸易伙伴，以合资建立炼油厂等形式向亚太地区渗透。无论在石油资源量上，还是在地缘关系、交通条件上，中东地区将是中国石油进口贸易的主要供应地。但是，中东石油受美国控制是值得注意的问题。

非洲和南美地区对中国的出口潜力较大，随着欧美石油消费增长的减缓，他们必然要转向亚洲市场。非洲和南美地区的主要产油国政局相对趋向稳定，与中国关系友好，经贸往来不断扩大。中国与阿尔及利亚、尼日利亚等主要产油国保持着较大的贸易顺差，与南美的委内瑞拉、哥伦比亚、阿根廷、巴西、墨西哥等国的贸易也有很大增加，并有较强的出口换汇意愿。中国有可能在这两个地区寻找新的或更大的石油供应者，以弥补国内石油供应缺口，同时减轻对中东石油的过分依赖。

中国与东南亚国家保持着良好的石油贸易关系。尽管从长远看，该地区出口潜力下降，但 2000 年前后，甚至更远的时间内，该地区仍有较大的石油出口量。

前苏联地区石油储量丰富，与中国地缘相接，双边贸易不断发展，有条件进一步发展与该地区的石油合作关系。俄罗斯已多次向中国提出合作开发西伯利亚，并向中国出口天然气的意向，中国已做出了积极响应，并进行了实地考查。因此，积极与前苏联地区国家进行石油生产、石油贸易方面的合作，可为中国的2010 年前后的石油供给起到有力的保障作用。

从国际形势上看，如果不出意外，近年来中国外汇储备基本稳定，1998 年达到 1400 亿美元，故石油进口所需资金不会短缺。但在中国石油自给率不断下降的情况下，一个小的失误就有可能造成几亿、几十亿的巨额损失。到 2010 年，中国石油自给率将降至 60% 左右，占世界石油总贸易量的比重将升至 5% 左右，石油净进口额将达到 200 亿美元。按年进口石油 4000 万吨计算，油价或购买费用每桶增加 1 美元，中国就要多支出 3 亿美元。同时，在国内石油产量不能满足需要的情况下，到 2000 年，如少进口

500万吨石油，GDP就将损失4000多亿元人民币。因此，将石油进口作为石油安全战略的一部分考虑是十分必要的

3.3.2 我国石油资源的有效整合方式

一、保证石油安全是中国石油可持续发展战略的核心

面对我国是由短缺的现状，应对石油安全挑战是中国石油可持续发展战略的核心，中国应采取降低石油进口依赖，积极参与国际石油市场的竞争，加强国际石油领域的合作，确保国家石油安全的一整套措施和相应的对策。这一整套措施和相应的对策可以概括为"降低依赖，参与竞争，加强合作，确保安全"。

1、降低石油进口依赖

一是要转变能源发展战略。从以油气为主的能源发展战略转向以煤炭为主体，电力为中心，油气和新能源全面发展的能源发展战略。这一能源发展战略的转变不是对过去以煤炭为主的能源发展战略的简单重复，它是当前中国能源发展的重中之重，其核心内容是调整和优化能源结构，实现能源供给和消费的多元化。

二是要提高石油利用效率。中国在提高石油资源利用效率方面大有潜力可挖。

三是要加强石油资源的勘探开发。尽管中国主力油田已经进入中后期，但还有大量探明程度较低的地区，具有继续保持石油产量稳定增长的资源潜力。尤其是西部和海上，资源潜力较大，将成为国内石油产量增长的主要地区。

四是要加强石油替代资源的开发利用。石油的潜在替代能源是天然气。必须加强对天然气、煤层气等清洁能源的开发利用。针对我国石油资源短缺的现状，走煤炭液化合成油的道路是解决能源危机最有效可行的途径。此外，要重视油砂、油页岩等非常规油气资源的勘探开发，加强天然气水合物的基础应用研究，做好未来开发利用的技术储备。加快生物燃油的开发利用，加强生物原料型产品的研究和推广应用。

2、积极参与国际石油市场的竞争

一是要积极实施"走出去"的战略。利用世界石油资源主要有两种途径：其一，通过石油贸易，从国外直接购买石油及石油产品，即"贸易油"；其二，参与国外石油资源开发，建立海外长期的石油生产基地，稳定地获取"份额油"。尽管贸易油是主渠道，份额油只能是利用国外石油资源的辅渠道，但是海外份额油掌握得多，利用国外石油资源的主动权就越大。中国应积极向外投资，控制石油战略储备。

二是要争取国际石油定价权。中国参与国际石油市场竞争的根本意义，一方面要打破西方大国对资源控制权的垄断，另一方面要把国际市场上的价格风险尽可能多地释放在国际市场中，并能在国际石油市场的采购价格和采购规模上取得较大的主动权和发言权。开放石油期货市场，中国可以借此取得市场交易、交割规则的制定权，变国际价格的被动承受者为积极影响者。如果中国石油期货价格成为国际油价中心之一，成为国际油价的重要参考，中国石油的交易价格也就摆脱了国际资本的控制和操纵。

3、加强国际石油领域的合作

一是要积极而有步骤地参加国际性和地区性的经济和能源合作体系。

二是要积极开展石油外交。当今世界，石油外交在国际石油资源角逐中具有不可替代的作用。美国石油外交的特点是：确保既得油气利益，鼓励大公司抢占战略地区，最终以军事行动作后盾，通过军事实力来构建自己的石油帝国。日本石油外交的特点是：官商结合，灵活渗透，怀抱金条四处塞钱，以占有资源为最终目的。俄罗斯石油外交的特点是：手握油气资源左右逢源，谋建第二欧佩克。中国要用"双赢"的手段，以市场换资源，在中东、北非、中亚、东北亚和东南亚等地区的外交活动中强化油气资源外交，以有力的石油外交来提高获取国际油气资源的安全系数。

4、确保国家石油安全

一是建立形式多样、配置合理的石油战略储备制度，以适应不同层次的安全需要，并建立油田储备和产能储备制度；建立安全预警应对机制，按照石油短缺达到进口量的程度建立相应的预警应对方案。

二是构建"石油金融"体系。一方面，通过变换资产存在形态来提高金融资产质量和规避金融风险、汇率风险，有效地通过国际期货市场获取石油资源，增加国际石油的战略储备；另一方面规避与跨国公司因石油资源而发生硬冲突，通过内地金融支持来大幅度提高中国企业在国际风险市场中的竞争能力。

三是成立"石油基金"。其一是石油产业投资基金，主要目的是为建立石油战略储备库、风险勘探、重大项目评估等提供专项基金，为国家石油安全提供重大项目的启动资金；其二是石油投资基金，由专业投资机构利用各种手段在国际石油期货市场、石油期货期权市场、国际货币市场以及与石油相关的证券市场上进行石油实物、期货、债券、汇率、利率和股票等的投机操作，赚取价格波动差价，为"石油金融"操作起到保驾护航的作用。

四是兴建"石油银行"，使中国石油的战略储备得到多元化、多层面的安全保障，以期缓冲未来石油的进一步上涨或波动，减少对进口石油时间上的过度依赖。

五是实现石油贸易的多元化。从石油安全角度来看，今后中国油气资源外部供应路线必须是多元的，而决不是单一的和绝对的。中国的石油贸易应采取进口来源的多元化，进口方式的多样化，进口品种的多样化和供应渠道的多元化。同时，采取来料加工和合资、合作等方式获得石油资源也可以作为中国获得稳定石油供应的重要途径。

六是加强国防现代化建设。从新的战略全局高度，制定新的石油能源发展战略，采取积极措施确保国家能源安全。其中重要的一点就是需要进一步加强国防现代化建设，适度发展海空军力，尽快提升中国海空军的中、远程作战能力，震慑敌对势力对中国石油安全的威胁和破坏，预防和打击可能破坏中国石油安全的各种敌对行动，确保国家海上石油运输通道的安全，维护国家利益。

二、建立现代石油市场机制是中国石油可持续发展的体制保证

应深化中国石油市场化改革，尽快推进中国石油市场化进程，建立现代石油市场机制。必须在逐步放开市场的同时，抓紧建立和完善市场规则，使放开市场与建立和完善市场规则相辅相成、协调发展。

改革现有石油工业管理体制和市场准入机制，就是要在中国加入WTO后的过渡期内率先实现对内开放，放松进出口管制，打破石油供应方的寡头垄断。应鼓励民营企业投资石油行业，积极培育市场主体，促进有效竞争，在战略石油储备建设和管理中引入民间投资者，并逐步放开原油、成品油市场价格。应该说，放开原油、成品油的定价机制，由市场需求决定价格，对于稳定社会、促进企业发展、减少政府行政干预具有重要意义。

与此同时，要积极进行石油市场体系建设，逐步形成规范、有序、公正、透明的市场规则，力争以完整的市场规则来规范放开后的石油市场，并在相互磨合中使其尽快成长和完善起来。石油价格放开，没有期货市场不行。现阶段，可考虑从石油中远期合同交易市场建设入手，逐步形成既有期现货、中远期合同以及期货和期权等多种交易方式的现代石油交易市场体系，最终完成中国石油市场化改革进程。通过石油股指期货、期货期权交易，优化投资组合，提高收益和增强安全性，降低整个石油行业及石油制品的交易风险，增加企业赢利机会，从而为中国石油的可持续发展提供有力的体制保证。

新资源与老资源的有效整合可以看作是社会稳定、快速发展的基础；有形资源和无形资源的有效整合则是主要动力，而国内资源和国外资源的有效整合就是一种强有力的保障。

对资源进行整合的方式多种多样，这里我们只从这三个方面加以阐述，希望我们全社会都能关注这个日益迫切，而又与我们生活息息相关的话题。

参考文献：

［1］《锦江集团收缩申城战线》、《文汇报》王鹰，2003 年 03 月 20 日。

［2］《国际酒店巨头中国跑马圈地》、《国际金融报》，明军，2003 年 2 月 23 日。

第四章　资源整合与企业管理

资源作为企业的第一生命，需要有正确的管理方式，以避免资源的重复使用及浪费。在市场经济条件下，高效企业管理又是进行资源有效整合的必要条件，而有效的资源整合又会极大促进企业实现高效的管理方式。尤其是在当前世界资源紧缺，而国际竞争又日益激烈的情况下，企业要想在市场经济中生存、发展就必须依赖于先进、科学、合理的企业管理进行资源整合。本章我们主要探讨资源整合与企业管理之间的关系。

第一节　全球视野下我国的资源和企业管理

世界资源需求快速增长与现有资源有限性之间的矛盾将是未来国际冲突的重要原因。我国已成为世界煤炭、钢铁和铜的第一消费大国，石油和电力的第二消费大国。未来 20 年我国石油缺口约 60 亿吨、天然气缺口约 2 万亿 m^3，其对外依存度越来越大。严峻的现实要求我们必须进行资源整合，才可以让我国在未来的竞争中立于不败之地。实施能源安全战略要加强能源产业基础地位，加大投入和政策扶持，提高其竞争力；加强国际能源合作，"走出去"参与国际资源合作开发；规范国内资源开发行为，实行保护性开发等。[1]

一、世界能源资源争夺日趋激烈

进入新世纪以来，世界资源有限性和经济增长无限性的矛盾日益突出。尽管科技进步与生产力提高使人类可利用资源的前景越来越广阔，但世界资源需求的快速增长和现有资源的有限性以及分布不均，使世界资源争夺战愈演愈烈。以石油为例，目前国际石油价格已突破每桶 60 美元大关，2005 年 8 月甚至每桶超过 70 美元，为历史所罕见。与此同时，全球矿产资源逐渐形成垄断，致使矿产资源价格持续攀升。自上个世纪 90 年代以来，10家跨国矿业公司控制着全球 50％的铜矿资源，5 家跨国矿业公司控制着全球 80％以上的镍矿资源。

除经济因素外，国际政治因素也是促使世界资源形势严峻的重要原因。有的大国从自身利益出发，试图通过政治、武力等手段，控制世界战略性资源，导致世界资源争夺加剧，市场供求形势严峻。美国发动伊拉克战争的目的之一就是要控制中东地区的石油资源，其结果导致该地区政局动荡，石油生产和出口大幅下降。日本在中俄石油合作问题上搅局，亦有遏制中国能源供应的战略考虑，其结果是俄罗斯提高了能源合作的价码。这些因素对国际能源价格的走高都起到了推波助澜的作用，不仅加剧了产油国或地区的政治、经济动荡，而且影响了国际能源市场供求双方的心理预期，从而推动国际油价持续走高。同时，打乱了国际能源互利双赢的合作局面，引发了世界战略资源的恶性竞争。能源问题日益与政治、经济以及社会问题交织，这就增加了解决能源问题的难度和复杂性。在"国家利益"驱动下，世界各国争夺能源资源的斗争将日益加剧，能源问题将成为未来国际冲突和动乱的重要原因。

二、中国发展面临严峻的资源挑战

中国经济持续高速增长，加大了对各种资源的需求，资源供求矛盾日益突出。建国 50 多年来，我国 GDP 增长了 10 多倍，而矿产资源消耗却增长了 40 多倍。目前我国已成为世界煤炭、钢铁和铜的第一消费大国，世界石油和电力第二消费大国（美国为第一消费大国）；原油、原煤、铁矿石、钢材、氧化铝和水泥消耗量，分别为世界总消耗量的 7.4％、31％、30％、27％、25％和40％，而创造的 GDP 仅相当于世界 GDP 总量的 4％。我国单位产值能耗比世界平均水平高 2.4 倍，是德国的 4.97 倍、日本的 4.43倍。我国资源短缺，对外依存度较高，石油、钢铁、铜、铝对外依存度分别为 50％、44％、58％、30％。

从以上数据不难看出，目前我国的经济增长仍未摆脱"高投入、高消耗、高排放、难循环、低效率"的粗放型经济增长方式。世界经济发展进程的规律表明，当一个国家或地区人均 GDP 处于 500——3000 美元的发展阶段时，往往是人口、资源、环境等因素制约最严重的时期，而目前我国正处在这样一个时期。

从经济发展阶段看，目前我国处于工业化中期阶段。工业化中期阶段的特征是，资源和能源的消耗强度高，环境污染大。如果不优化产业结构和地域结构，加快转变经济发展模式和增长方式，实施可持续发展战略，那么我国的能源和资源安全将面临严峻考验。

中国地质科学院全球矿产资源研究中心提出的"未来 20 年中国矿产资源需求与安全供应问题的报告"显示，今后 20 年中国的石油、天然气、铜、铝等矿产资源累计需求量至少是目前已探明储量的 2~5 倍。未来 20 年中国石油缺口将超过 60 亿吨、天然气缺口将超过 2 万亿 m^3、铜缺口超过 5000 万吨、精炼铝缺口 1 亿吨，连目前供应较丰富的煤炭也将出现短缺，有色金属储量也不能满足经济增长的需求。美国高盛公司的一份研究报告显示，中国已经成为世界主要有色金属资源的最大需求国。其中：铜的需求年增长率为 17%、锌为 15%、镍为 20%。2002 年，中国铜产量 60% 以上、铝产量 40%、铅产量 20%、锌产量 15% 是靠进口原料生产的。2003 年，中国的铁矿石、氧化铝、镍对外依存度分别达 36%、47%、55% 以上。我国资源的这种对外依存度短期内不会根本改变，而且有继续增大之势。为改变资源短缺状况，笔者建议，根据我国资源需求和储量以及全球资源分布状况，加强国际资源合作，选择最佳投资点，加大投资力度，扩大国外资源来源，以弥补我国资源缺口。合作开发重点可考虑选择非洲地区。非洲的黄金、金刚石、磷酸盐、铁、铅、铝等资源储量十分可观，世界上最重要的 50 种矿产资源中，非洲有 17 种储量居世界第一位。非洲森林资源丰富，并盛产可可、咖啡、天然橡胶、棉花、棕榈油、天然香料等经济作物。加强与号称"世界原料库",非洲的合作,将有助于解决我国经济发展中资源不足的问题。

目前我国能源及其它资源企业规模较小,产业集中度低,竞争力不强。要改变这种局面,一是必须进行企业整合重组,扩大规模,以形成合力;二是必须实现产品的系列化和产品延伸。产品系列化是企业深加工能力的体现,需要拥有雄厚的技术实力才能达到。产品延伸分为纵向延伸与横向延伸,纵向延伸是指选采业向冶炼业、加工业、最终产品生产延伸;横向延伸是指由单一产品生产向多种产品生产延伸。产品延伸不仅体现企业以一业为主、多品种经营的经营方式,而且表明企业具有较强的技术延伸和资源综合利用能力。

三、处理好资源保护与经济发展的关系

社会经济的发展要靠企业发展来推动,因此,在当今资源日益匮乏的社会处理好资源保护与经济发展的关系至关重要。

重发展,轻视资源保护和环境保护是我国的现状,因此规划、政策、法规的调控和管理应该主要放在加强资源和环境保护的力度上。但是,对部分资源供应不足制约经济发展的趋势也是很明显的,在总体上强调资源与环境保护的同时,也要加强对某些资源供应的调控力度,努力满足经济发展的需求。这就要求我国的政府和企业共同来面对,进行资源整合以适应并促进经济的持续、快速、健康发展。

资源问题的严重性需要我们进行国际化的资源整合,但是在此基础上,我国企业也需要进行自我的资源整合。目前,最为关键的就是建立高效、先进、科学的企业管理制度,将企业管理的巨大促进作用体现出来。在某种程度上来看,企业管理也属于资源整合的一部分,因为企业管理就是将企业文化、上下级关系、环境、人力等资源进行优化配置。

随着我国社会主义市场经济体制的逐步建立和完善,企业在市场经济中的地位和作用越来越突出,企业管理也显得越来越重

要。但从我国的具体情况看，由于市场机制未完全到位，除少数企业与国外先进企业在管理上的差距在缩小外，大多数企业管理仍处于较低的水平，不能适应新形势的要求。主要表现在观念落后，人才缺乏，管理粗放，效率低下，组织结构僵化，科研与开发营销薄弱等。因此，企业应根据自己规模大小，所处的发展阶段等实际情况，不断强化和改善管理，提高管理水平，迎接时代的挑战。

市场经济条件下的企业管理重点应做好以下几个方面的工作：

一、树立义利问题的管理意识

面向新世纪的企业管理，首先要观念不断更新。根据企业管理发展现状，根据信息和网络技术发展对企业管理环境的影响，企业管理必须重视新的管理意识。[2]

市场经济是竞争经济，竞争造成优胜劣汰、优化资源配置，进而促进生产力发展。市场经济条件下，企业能否生存，能否发展，取决于企业是否在竞争中取胜。企业在竞争中总要面临很多问题，义利关系的处理是否得当，往往关系重大。

1、企业内部管理的义利问题

市场经济条件下，企业能否生存和发展，很大程度上取决于企业管理者能否调动员工的积极性，带领员工去创造更多的利润。员工积极性的调动，往往又在于管理者是否获得员工的尊敬和支持，员工的利益是否得到保障。

对于企业管理者，应作"君子"，在义利问题上，要先义后利、重义轻利。管理者有自己的"利"的追求是正常的，但由于企业管理者与一般员工相比，处于有利、主动的地位。他们手中握有权力，十分有利于他们个人私利的实现。因此，对他们来说，如果强调"利"、突出"利"，其后果，必然是私欲的膨胀，利欲熏心。这样的管理者，怎能带出好的员工，使企业步入健康发展的轨道呢？管理者注重私利，就会损害企业的利益，失去员工的尊敬和支持。管理者只有对利节制，先义后利，重义轻利，把公利放在首位，才会有兴业的自觉性，企业才有希望。

为了激发员工的积极性，就要充分肯定员工之"利"，先利后义，义利结合。物质是基础，员工的利益得到适当满足，才会对企业有感情，才能引导他们去为企业创造更多的利润，为社会作贡献。

2、企业经营中的义利问题

市场经济下，市场主体都是趋利的，趋利是市场主体的行为动力，企业经营追求利益最大化是无可厚非的。但是，企业在市场经营中不能单纯求利，必须义利结合，以义取利。因为在市场经济中，企业是社会的一个成员。社会环境是企业生存、发展的土壤。只有稳定、健康、有序的社会环境，企业才有可能稳定、持续发展。因此，作为一个社会成员，企业求利不仅求市场主体个体之利，也应追求整个社会的整体利益和长远利益，为社会做出贡献。这种贡献，从本质上看，和企业自身经济利益是统一的。

企业的生存和发展，只有通过顾客的购买才有可能实现。离开了顾客的购买，企业的自身经济利益就无从谈起。在市场经济中，市场主体在市场中的行为是自由平等的，企业要争取顾客，就要生产出符合顾客要求的产品。如果不顾道义，以次充好，以假乱真，最终将失去顾客，失去企业的利益。这说明只有在"利他"的同时，企业的自身经济利益才能实现。

企业经营成功与否，还取决于商业伙伴、金融界、新闻界、政府的理解、支持和合作。但是，这些理解、支持和合作不是企业欲取就有的，更不是企业用自身力量可以强制产生的，要靠企业有目的、主动、长期地去培植才能形成。这种培植过程是提高企业和企业产品的知名度和美誉度的过程，也是企业以其符合"义"的行为获得社会认可的过程。正是这个"义"，才能赢得企业所需要的宝贵的社会理解、支持和合作，从而为企业赢得市场、赢得经济效益这个"利"创造有利的条件。这样，先有义，后有利，利在义中。

3、企业分配中的义利问题

企业分配，从本质上来说，是国家、企业、资本所有者、职工四方面的利益关系问题。这四方面利益的具体处理，无不反映在义利问题上的价值取向。

企业是"纳税人"，依法纳税是企业作为经济法人应尽的义务，也是企业对社会作贡献的一个重要方面。税收代表的是国家利益，对企业来说是"义"的应有之义。是否诚实地、及时地依法纳税，实质上反映的是企业在分配领域中的价值取向。依法纳税，国家富强了，企业的生存环境更好了，企业的利益就更能保障。这是先义后利，利在义中。相反，如果偷税、漏税，重利轻义，必会受到法律的制裁，自食苦果，最终丧失利益。

企业在进行分配时，必须先从收入中扣除全部成本，以保证企业维持再生产的需要。然而，成本的扣除与资本所有者（股东）的分红数量和职工的奖金、福利必然产生矛盾。在这对矛盾中，成本（代表企业利益）和分红、奖金、福利（代表个体利益）相比较，处于"义"的地位；而股东的红利，职工的奖金、福利则处于"利"的地位。在处理这对矛盾时，必须"先义后利"，也即必须先满足生产的需要，再进行净收入的分配，决不能为了"利"而多分红利，多发奖金，少扣成本，以害"义"的手段去实现"利"。

二、塑造和实施能适应企业环境变化的经营战略

恰如其分的经营战略，再辅之于完满的贯彻实施，企业就能百战不殆，长盛不衰。但在现实的企业经营中，少有一成不变的完美的战略方案和实施手段同时并存。而战略的制定和实施，更多的是一种不断调整，不断完善的过程，甚至可以说是一个不断从错误中学习调整的过程。正如企业战略权威明茨伯格（Minzberg）所言：战略是塑造出来的，而不是制定出来的。

事实证明一个完美无缺的经营战略，如果执行不力，最后也会变得一文不名；而一个先天偏差的经营战略，无论企业领袖多

么卓而不凡，执行过程无可挑剔，最后也难逃失败厄运。企业的最终成功，并不一定要有一个出类拔萃的战略，而只要其恰当周详，无明显缺陷；同样，企业战略的实施也并非一定需要一个神通广大的领袖人物，关键在于保持清醒的头脑，避免犯低级错误。

在对诸多公司进行了广泛深入的研究后，按企业战略所涉的环境分析、战略制定及战略执行三个不同阶段，概括指出企业在经营战略方面面临的 7 大陷阱。那么，使众多企业马失前蹄的 7 大经营战略陷阱到底是什么呢？企业如何才能绕过这些暗礁险滩呢？

1、对竞争环境的错误判断

许多企业错误地认识和判断竞争环境中所发生的变化。尽管它们中有不少曾占据行业领先地位，呼风唤雨，但它们忽视或误解了竞争环境中变化的征兆，最后导致自身的竞争优势遭受严重侵蚀。要避免误判竞争环境，首先需要培育一种对环境变化敏感的企业文化。在竞争环境分析时，必须正确定义自己的竞争空间，不能只局限于现有竞争者，必须将潜在和新生的竞争者纳入视野。另外，必须构建一个行之有效的竞争信息系统，保证相关信息在组织内部的畅通，并使其能得到妥善的处置应用，能为经营战略的正确制定提供可靠有效的信息平台。

2、有失偏颇的假设前提

有些企业将自己的战略建立在一系列错误的前提条件之上，或者没有随着环境条件的变化而更新战略决策的前提假设。人们常言的"好药看错病"指的就是此类现象。企业要摆脱这种困境，必须时时对自己习以为常的一些假设、前提和理念缜密验证。一些被认作是理所当然的前提条件往往不经推敲便被采用，由此而来的企业经营策略潜藏着极大的风险。另外所有的前提假设应该有很强的一致性，在总体战略框架内彼此能相互映证。同时可以按照对于企业经营战略的重要性的差异，将不同的前提假设分门别类加于区分对待。最后不要忘记对于各种前提假设，随着时间

96

的推移和环境的演变，一定要重新界定以确保它们的有效性，企业文化贯穿于假设与实施的全过程。

3、竞争优势的自我削弱

源自于采用一成不变的企业战略，或者用静止的观点来看待战略，导致企业不能适应外部环境的变化，企业一时的强势不能成功地转化为可持续的竞争优势，在市场竞争中难免落人下风。就象美联储主席格林斯潘，用自己的智慧与经验，审视美国的动态经济，确立美元的世界地位。对此开出的药方是，企业主管必须树立一种全局和动态的意识，把企业活动建立在流程的基础上，注意力集中在企业的价值链上，并要拓展企业活动的范畴使它能涵盖客户和供货商。对于企业价值链的每个环节相对于竞争对手的优劣必须洞若观火，并环绕价值链以多种形式创造价值。应该设法整合企业的各种增值活动，注重竞争环境的动态进程，以创新方式为企业增添独特价值。只有这样，才能使企业在市场上保有可持续的竞争优势。

4、盲目扩张自损价值

企业往往屈从于不顾自身条件而一味多元化的冲动，盲目进入一些自己并不擅长的业务领域。结果经常是得不偿失，反而削减了企业的价值基础。在作者看来，要使多元化经营有所建树，必须时刻紧扣企业的核心竞争能力。企业的核心竞争能力是企业在市场中的立足之本，是企业竞争优势的源泉。所以在企业多元化的进程中，务必使新的业务领域能得到公司核心竞争能力的有力支持，并在市场上转化为相应的竞争优势，这样才能获取多元化经营中的协同效应。如果从企业价值链的角度出发，新的业务能否成为整个企业现有价值链的自然延伸或有效补充，应该成为多元化经营决策时的重要砝码。

5、受制于组织结构

在传统的企业组织中，不同部门间泾渭分明，承担不同的职能和责任。而在企业战略的实施过程中，组织结构上的条块分割往往演变为难于逾越的障碍。因此在传统的组织框架下，要跨越各个不同的职能部门，进而营建有效的协调整合体系，主导核心流程，几近蜀道之难。而要突破此类困境，作者的观点是需要对传统的组织结构进行脱胎换骨的改造，营造新颖的无边界的组织形态。在这里，同样需要沿用业务流程和价值链的概念和方法。首先要界定战略氛围，找出战略涉及的关键对象以及他们的相互关系。紧接着设计相对应的组织结构，再就是在同一组织内和不同组织间实现协调和整合。只有通过树立明确的目标，有效地沟通，并利用跨职能部门的组织机构，才能突破樊篱，使组织的各个部门珠联璧合，运转自如。

6、失控

企业失控通常有两个起因：一是企业盲目追求某些武断而刻板的目标；二是企业战略控制体系失衡，无法在企业文化、激励系统和行为规范三者之间达成平衡。传统的战略监控流程由三部分组成：制定战略并确定具体目标；实施战略；以既定目标为基准评估实际业绩。由此造成在战略制定和战略控制之间的时间延迟。这可以应付一个较为平稳的竞争环境，而在一个多变的环境中就显得捉襟见肘，甚至有失控之虞。要使战略实施处于受控状态，作者提出必须使用"双环路"的监控体系，对目标本身也要进行实时评估。在战略制定和战略控制间通过信息，在战略实施和战略控制间通过行为来完成整个战略的控制体系。并且要营建与企业战略目标一致的企业文化，完善相应的激励机制，并建立行为准则。同时必须促使它们三者间保持协调一致，并确保它们能随着时间的推移适应外部环境的变化，由此保持组织在变革环境中不可或缺的灵活性。

7、领导失效

在企业战略的实施过程中，强有力的领导对最终的成功起着至关重要的作用，领导统揽全局，站在一定战略高度监督战略实施也是企业文化的直接影响者。但我们经常可以发现不少企业的高级主管要么刚愎自用，要么优柔寡断，对一些基本原则置若罔闻，无法提供在企业实现战略规划时亟需的强有力的领导才干。如此企业往往陷于束手无策的尴尬境地，企业的战略规划也往往成为可望而不可及的空中楼阁。要成功地领导企业达成战略目标，企业主管必须在组织中创造变革的紧迫感，并迅捷果断地采取行动；必须塑造和传达企业的远景规划，以及达成远景规划的具体行动计划；同时要设定企业的奋斗目标，广泛授权给一线员工，使他们为实现企业战略目标奋力争先；另外，必须不断总结战略实施过程中的得失，使已经发生的有益变化制度化。只用这样，才能使企业上下同心同德，朝着既定的战略方向稳步迈进。

针对企业经营战略涉及的主要方面，是企业在战略方面需要倍加小心的领域。对正在接受市场经济洗礼的经理人有着特别的借鉴意义。在为期不长的市场经济年代里，我们已目睹了很多呼风唤雨于一时的企业，由于企业经营战略上的失误，其兴也勃，其亡也忽。大家熟悉的巨人公司即是一例，而它所犯的战略失误，许多方面和本书的描述不谋而合。

巨人公司的失误，首先在于陷入了文中所言的第 1 个误区，错误地判断竞争环境，在 90 年代中期中国经济过热的情况下，盲目乐观，认为房地产有暴利可图。从而不顾自身的核心能力，错误地把企业未来的筹码压在自己一无所长的房地产上。这就是盲目多元化，自损企业价值，正是文中点明的第 4 个误区。而且巨人公司在企业规模急剧膨胀后，没有调整相应的业务流程，仍沿用先前的管理方式，根本无法适应企业发展后接踵而至的管理上的复杂性，整个公司远不在一种正常的受控状态，职能部门和业务部门之间无法整合产生协同效应，而这恰恰是文中所述的第 5 和第 6 个误区。当房地产项目导致公司资金短缺时，巨人公司的决策层也仅仅是剜肉补疮，抽调保健品业务的资金来填补房地产的无底洞，而从来没有冷静地评估一下自己到底是否应该涉足其间。这恰是第 2 个误区的病症。结果是非但在房地产上无力回天，保健品业务也从此一蹶不振。如此种种的战略错误缠身，也注定了巨人公司后来的灭顶之灾。

三、重视以人为本的人力资源管理

在经济全球化和国际化日趋明显的今天，国家、地区和企业之间的竞争不再只靠资本投资和规模经济等传统方法，人力资本已成为企业竞争力的根本。对此，中国人民大学劳动人事学院院长、博士生导师、美国薪酬协会会员曾湘泉教授放言：商场如战场，企业如果不重视人力资源管理，没有先进的人力资源管理理念，没有一套与国际接轨的人力资源管理制度，没有一支职业化和人力资源管理队伍，将必死无疑。

由此可见，以人为本的人力资源管理已经成为左右企业发展前景的重要因素，对它的有效管理，已经时不我待。至于如何进行有效的人力资源管理和整合，我们将在后面的章节中再进行全面地阐述。

四、更新、充实基础管理，提高管理有效性

更新、充实基础管理，提高管理有效性已经获得了全社会的认可，但怎样把提高管理有效性的工作落到实处？本书认为重要的是提高管理者的素质，因为管理者的素质对一个单位良好风气的形成、工作效率的提高起着举足轻重的作用。管理者如不努力提高自身素质和工作的有效性，他将成为无效的管理者，单位将遭受难以预料的损失。要提高工作的有效性，管理者要有强烈的追求成功的愿望和意识，在工作中经常有意识地督促自己的行为向着有效性的方向发展，这是管理者提高工作有效性的决定性因素，也是提高领导素质的必由之路。我认为管理者要提高工作的有效性，应在以下五个方面下功夫：[3]

一、会用时间

要做到会用时间，必须了解时间。时间的特点是：一、不可能增加；二、没有替代品。所以，我们所能做的只能是珍惜时间。怎样更好地利用时间？简便易行的办法是：记录时间、管理时间

和集中时间。

1、记录时间

管理者要明了自己的时间是如何花费的，就要记录时间。工作日记必须做处理某一工作的当时记录，而不要事后凭记忆补记。管理者可以以三四个星期为一个时段，每天记录；一年内记录两三个时段。有了记录，自己便能自行检讨时间的利用情况。经过训练，管理者就会将时间更多地花费到真正需要解决的问题上。

2、系统管理时间

要做到系统管理时间，管理者就要经常自问以下几个问题："这件事如果不做，会出现什么情况？"（如果没什么，就不去做）"哪些事让别人办，效果也一样好？"（如果有，就安排给别人）"我是否浪费别人的时间做了无效之事？"（如果有，减掉这样的事）这些看似简单的问题对于提高时间的利用效率是极其有效的，也是管理者容易忽视的。对于因管理不善和组织不良而引起的时间浪费，管理者也应予以重视。这包括：a、制度不健全或缺乏远见；b、人浮于事；c、组织不健全；d、信息失灵。

3、善于集中时间

管理者要善于集中可供支配的"自由时间"。集中的时间即使较少也足以办理几件大事，因此管理者在安排日常工作时要有意识地给自己留下相对集中的时间。例如：一周可以给自己留一个上午，把这个上午的事情安排到别的时间，自己利用这段时间做只有自己能做且对单位至关重要的事，这对管理者来说并不难，但意义重大。

二、追求成果

追求成果是管理者提高效率的推动力。管理者不是为工作而工作，而是为单位发展而工作。在开始一项工作的时候，管理者首先想到的问题应是："我能为单位取得什么成果？"我们的许多管理者，仅仅关注工作本身，一开始就探究工作的技术和工具等问题，而有效性强调的是对潜在效率的挖掘。一个管理者如能经常检讨"我能有更多的贡献吗?"说明他仍在探索尚未发挥的潜力。事实上,许多工作看起来成绩辉煌,但是与潜在的可能实现的成果比起来,实属微不足道。

追求成果可以有效地解决管理者的"会海"问题,提高会议的效率和价值。管理者不可避免地要将大量的时间用在会议和报告上,不同的是,有效能意识的管理者会事前明确会议的目的:是为了某项决策?为了宣布什么?还是为了澄清我们该做什么?应该坚持开会必须有成果,否则就取消会议的效能原则。

三、发挥优势

讲究效率的管理者在开展工作时注重发挥人的优势,这包括其自身的优势、上级的优势以及其下属的优势。效率型管理者重视的是人"能"做什么,不会紧紧盯着"不能"做什么。

1、发挥自身优势

发挥自身长处的关键是了解自己能做什么,能做好什么。管理者只要能了解自己的优势,发挥自己的长处,就能够提高工作的有效性。对于自己不擅长的方面要虚心听取专家和群众的意见,不然,轻则可能使自己丧失优势,重则可能对单位的发展造成不良影响。

2、发挥下属的优势

管理者要用下属所长,而不是专挑下属缺点。单位领导要为下属提供发挥特长的空间与施展才华的舞台。管理者在用人所长的同时,必须能容人所短,这一点往往是管理者最难做到的。

3、洞察上级的优势

管理者要与上级保持良好的人际关系,了解上级的长处,支持帮助上级运用其优势开展工作,这不是对上级的阿谀奉承,而是一种主动适应的过程。在你支持上级时,上级自然会对你的意见予以重视,从而达到有效的沟通,营造有利于单位发展的外部环境。

四、重点优先

管理者经常要同时面对很多事情，要提高工作的有效性就必须坚持重点优先的原则，分清事情的轻重缓急，选择最有价值的事情做。确定工作的先后顺序有三条值得遵循的原则：

1、重将来而不重过去

管理者要以最快的速度从"昨天"的成功或失败中走出来，转到"明天"的新机遇上。否则，将是有效性的重大损失，而且，这种损失往往难以察觉，却足以致命。

2、着重于机会而非着重于困难

机会给人以希望，困难给人以打击。管理者若能着眼于希望，则很多看似难以完成的事都可迎刃而解；相反，若着眼于困难，则会有诸多借口使发展机遇付之东流。

3、以单位发展为中心

管理者的时间容易属于别人，容易被诸多表面看似重要的事所拖累，这与管理者本身所处的位置有关。要提高有效性，管理者必须跳出这个羁绊，以事业为中心，以整个单位的发展为方向。

五、有效决策

有效决策是符合单位实际的令人满意的决策，却未必是最佳的决策。管理者很难获得与决策问题相关的所有的信息，因此，以作最佳决策为目标的管理者往往难以做出有效的决策。怎样才能做出有效决策呢？

1、要作战略决策

身为一厂之长或一个单位之首要分辨何为战术决策，何为战略决策。管理者要作的决策应是下属不能做的最高层次的决策。

2、要准确判断单位环境

单位环境包括内部环境和外部环境。要了解单位内部环境就要深入调查，非正式的交流往往更有利于管理者获得真实的信息，由此构成管理者决策的内部依据。对于外部环境的认识包括对国家政策的变化，社区环境的变化，产品终端用户对生产要求的变化，以及对同类企业发展情况的认识等，由此构成管理者决策的外部依据。这就要求管理者积极与上级、社区管理部门、产品用户建立良好的联系，拓宽外部信息的获取渠道。

3、要博采众长，权衡利害关系

有效决策常常是建立在不同意见基础上的。这就要求管理者在作决策时站稳脚跟，从单位整体利益出发，分辨不同意见的差异，根据实际情况的需要灵活地做出决策，避免做出自欺欺人的折中性决策。

4、要制订可操作性强的决策

整个决策过程中耗用时间最长的不是决策本身，而是决策的推行过程。决策的有效性必须力求接近实际，力求简单，可操作性强，不然只能是空中楼阁、纸上谈兵，难以实现。

5、要建立信息反馈制度

管理者在推行决策的过程中应建立一套信息反馈制度，以便对预期的成果作实际的印证。即使最有效的决策也不免与实际有偏差。决策都是以几项假设为根据的，这些假设有没有变化，是否合时宜，管理者只有亲自检查才能获得真实的信息。

五、借鉴国外先进管理思想、管理方式，不断进行管理创新

吸取精华、弃其糟粕，不断进行自我更新与创新。改革开放20多年来，我国企业管理取得了较大进展，积累了一些成功的经验，但仍存在着许多问题和不足，如管理还比较粗放，管理现代化水平还较低，特别是与国际先进水平的差距还比较大。面对新的任务和要求，我国企业要有新思路、新方法、新举措，抓住发展的战略机遇期，积极开拓创新，全面提高企业管理现代化水平。[4]

1、不断更新观念，树立现代经营理念

进入21世纪，世界范围知识经济的兴起，全球信息化，科学技术迅速发展，企业结构调整，跨国公司兼并，企业强强联合，尤其是随着中国加入世贸组织，对企业造成强大的冲击和激励，现在全球五百强企业中已经有三百多家进入中国，入世适应期只有几年，机遇不会再等中国企业，中国企业只有不断更新观念，不断产生适应国际先进生产力水平的新思维、新观点，并落实在行动上，才能获得发展的机会。永无止境的观念创新，是企业持续成长的要诀，是企业各项创新的导向和关键。

经营理念是企业在经营中遵循的信仰、宗旨和准则，现代经营理念的内涵在于洞察时代的需要，建立前瞻性的经营意识、价值观和使命感。中国企业树立现代经营理念，主要应把握世界经济全球化趋势和国际企业管理发展趋势。经济全球化是指世界各国在全球范围内的经济融合，是各国之间在经济上越来越多地相互依存。经济全球化的主要趋势是：地区性和全球性的贸易、服务、金融等大市场正在形成；越来越多的企业跨越国界和地区界限进行生产和经营；信息技术日新月异，互联网络迅速延伸和扩展，一个新的"网络社会"正在形成。

与经济全球化趋势相对应，企业已进入无边界的竞争时代，那种凝固不变的常规型管理已不能适应，必将为创新型管理所取代。所谓创新管理，是指能快速适应科技发展、市场需求变化、国内外经营环境变化、政府宏观调控政策的变化，不断进行观念创新、战略创新、组织结构创新、管理制度创新，把创新渗透到管理过程之中。每个管理者都应成为创新者，企业要为全体职工充分发挥创造才能建立创新激励机制，善于运用企业外部创新成果，但一味模仿别人的企业是难于持续发展的，要创造自己的特色。

国际企业管理发展的趋势是：以创造、使用、保存、转让知识和智力为核心的知识管理正在兴起，创新、信息和知识成为重要生产要素；以批量化为核心的"产品中心主义"企业经营模式将被以个性化为核心的"客户中心主义"企业经营模式所替代，多样化、个性化的客户需求将得到充分的尊重和体现；企业与企业之间的竞争正逐步演变成不同价值链之间的竞争，企业管理的范围不但包括自身的各种人、财、物、信息资源，还要延伸到供应商和客户；企业组织结构扁平化、网络化、虚拟化；企业再造将成为一个动态、持续变化的长期过程；战略联盟成为企业之间竞争合作的重要组织形式；企业的市场半经由国内扩展到全球范围，企业的资源配置、产品开发、管理范围等都得从全球观念出发；从大而全转向业务外包；从重视有形资产转向更重视无形资产；由被动地适应环境转向主动地培养企业的核心竞争能力，等等。

2、积极运用国际企业管理标准

适应经济全球化和加入世贸组织的新形势，在更大范围、更广领域和更高层次上参与国际经济、技术合作和竞争，充分利用国际国内两个市场的要求，寻求更优的资源配置和市场环境，提高产品的附加值，我国企业必须熟悉和掌握国际通行规则，尽快与国际接轨。当前必须贯彻实施 ISO9000 质量管理体系、ISO14000 环境管理体系、OHSAS18001 职业、健康安全管理体系等一系列国际标准。

ISO9000 等一系列国际管理标准就其制度本身而言，浓缩了工业发达国家许多年来的管理经验，融合了当今诸多优秀的管理方法，并用最简洁的方式将企业运行过程加以概括，指明了企业管理的基本流程，同时本身还具有弹性，容许每个企业根据自身特点加以最大限度的发挥运用。

通过对国际标准的贯彻实施，企业可以消化吸收国外先进的管理手段与方法，并结合企业管理的实践，进行管理创新，使企业具有国际先进企业的管理现代化水平。在这方面，目前已不缺成功的案例，如海尔集团、联想控股有限公司、中国海洋石油集团等公司，就做得十分出色。

当然，我国企业在采用国际标准时，要密切结合我国国情，要有利于完善我国标准体系，要合理安排采用的顺序，既要注意国际上的通行需要，也要考虑综合标准化的要求。要实行各大国际标准体系的一体化，避免每个体系都单独建立，单独运行，造成重复劳动和资源的浪费，以形成适合国际市场通行规则的要求。

3、建立和健全管理创新的动力机制

创新是企业管理进步和持续成长的活力源泉。正如江泽民同志所指出的："创新是一个民族进步的灵魂，是一个国家兴旺发达的不竭动力"。本次大会上表彰的83项国家级企业管理创新成果，就是我国企业面对入世和经济全球化所带来的日趋激烈的竞争形势，与时俱进，积极迎接挑战，大力推进管理创新的杰出代表。多年来企业管理创新成果的积累，丰富了中国企业管理现代化的内涵，从他们的实践来看，由于不断进行管理创新，使企业获得了市场竞争的主动权，实现了经济效益的快速提高。

要推进管理创新，必须建立和健全企业创新的动力机制。企业创新动力机制，是能够推动企业创新实现优质、高效运行并为达到预定目标提供激励的一种机制。宇宙中任何能活动和运转的事物，都必须具有动力，否则，它就会停滞。动力机制的建立，有利于激发企业和职工的积极，推动企业创新的有效运行。要使企业创新有强大的动力源，首先要进行企业制度创新，这是建立创新机制的前提条件。只有在产权清晰、权责明确、政企分开的前提下，企业才有可能以市场为导向，自主地组织研究开发和生产经营。第二，要培育企业家的创新精神。企业家是创新活动的主要倡导者、决策者和组织者，企业家的创新精神是搞好企业创新活动的重要因素。第三，企业应建立激发创新意识的人事制度、分配制度和鼓励人们勇于创新的其他激励制度。党的十六大报告中明确提出，管理作为一种重要生产要素，也可以参与分配。这一理论上的重大突破为我国企业激励制度的建立创造了前提条件，企业在这方面要加大力度。第四，要搞好推动创新的企业文化建设。通过企业文化建设，创造一个良好的创新氛围。最后，国家和社会应对企业管理创新做出贡献的单位和个人给予表彰和鼓励。党的十六大报告已经明确提出对社会主义建设事业做出贡献的企业都要表彰，由全国企业管理创新成果审定委员会每年组织开展的国家级全国企业管理创新成果的审定表彰也是一种对企业管理创新的激励，将会继续坚持开展下去，为我国企业管理创新创造一个良好的外部环境。

4、推进企业组织结构的调整重建

组织结构被称为企业的"骨骼"系统，是企业生产经营管理活动正常运营的保证。企业组织结构的调整和企业重建主要包括企业的规模结构、管理结构、生产组织结构等方面，关系到企业整体管理水平的提高。

推进企业组织结构的调整、重建，一是企业组织规模结构的适度化和虚拟化。对关系国民经济命脉的重要行业和关键领域，要通过上市、兼并、联合、重组等资本运营手段扩大经营规模，形成一批拥有著名品牌和自主知识产权、主业突出、核心能力强并具有一定国际竞争力的大公司和企业集团。中小企业应向"专、精、特、新"的方向发展。二是管理组织结构的网络化、柔性化和扁平化。要着重减少管理层次，使管理重心下移；利用企业外部资源进行虚拟经营，与相关企业组成既有竞争又有联合的战略联盟等。三是生产业务组织的再造和结构的柔性化。特别是生产组织结构要适应消费者的时尚化、个性化的要求，做到小批量、多品种、多样化生产。有的企业还要实行大规模定制生产，既满足消费者的需求又使成本降到最低。

5、完善企业治理结构，提高科学决策水平

建立现代企业制度，企业治理结构是核心。只有健全完善企业治理结构并规范运作，才能真正形成企业决策机构、执行机构和监督机构相互协调、相互制约的机制，提高企业决策的科学化水平。在这方面，即使是上市公司也仍存在一定的差距。

完善上市公司治理结构，需要从逐步改变大股东性质入手，鼓励发展战略投资者，向一般法人出售国有股以推动国有股减持，积极推进控制权在公司内部的市场化，包括公司高层经理人员的选拔要通过内部竞争或通过外部经理市场来选择，推行经理人股票期权制度和员工持股制度，完善监管规则和法律环境，加快市场化监管体系的建立等等。党的十六大在解决国有企业出资人问题上有了新的突破，各级新的国有资产管理委员会正在加紧组建，各项配套改革将进一步深化，必将为我国企业建立有效的公司治理结构创造更加有利的条件。

目前，推动企业治理结构的规范运作。要在完善监督制约机制的同时，建立强大的董事会，发挥董事会对重大问题统一决策和选聘经营者的作用，建立集体决策和可追溯个人责任的董事会议事制度。坚持决策与执行机构分设，减少董事会与经理层交叉任职使董事会摆脱日常事务的纠缠，为做好企业重大问题决策创造条件；要构筑起以董事长和执行董事为主导、以办事咨询机构为链条的较为完整的董事会工作运行体系。

独立董事制度需要坚持和完善，改变目前企业董事会内部董事比例偏高的局面，增加具有相关专业知识、工作经验丰富、具有独立判断能力的独立董事；对独立董事所拥有的权利，需要推出相应的法律法规和公司章程做出具体规定。

6、加强风险管理，防范和化解经营风险

市场经济中的任何企业都可能遇到风险。企业风险主要包括：自然风险，如因天灾人祸造成的物质损失；技术风险，如技术设备过时或新产品试制失败；经济风险，如宏观经济衰退或原材料资源短缺等；政治风险，如国内产业政策调整，出口产品遭受进口国政府歧视；还有汇率风险、利率风险、战争风险等。随着我国市场经济的发展以及与国际接轨，企业的市场竞争不断加剧，我国企业受风险的影响会更大。目前我国企业要抓紧培育风险管理的能力，在激烈的市场竞争中，必须增强抗风险能力，必须加强风险管理。使企业能面对各种可能出现的风险，实现可持续成长。

风险管理是对潜在意外损失进行识别、衡量和处理。具体地说，风险管理是有目的、有意识地通过计划组织和控制等管理活动来阻止风险损失的发生，削弱损失发生的影响程度，以获取最大利益的过程。

对我国企业而言，要防范和化解企业经营管理风险，一定要高度重视企业的战略管理，增强企业对环境的长期适应性；一定要把效益目标置于增长目标之上，培育企业的核心竞争能力，从企业内部经营和外部交易两个方面，培育企业持续的竞争优势，推动企业健康发展。应对入世后面临的困难和国际形势的变化，中国企业不能盲目乐观，而要抓住时机，提高自己的适应和竞争能力。

企业肩负着推动社会发展和为国家创收的重大责任，搞好管理，向正确的方向健康发展是重中之重，我们国家的企业管理刚刚起步，任重而道远。

第二节 企业的资源整合之"道"

面对着资源的匮乏，企业的发展必须另辟捷径，资源整合是对现有的资源进行科学的管理，是指最大限度的发挥能量，以实现企业利益收入的最大化。从这个角度来说，资源整合是现今企业发展不可或缺的管理手段。但是企业资源整合有其自身的特点，他与企业管理中的每一环节都是有关系的。我们由此可以看到，资源整合与企业管理是密不可分的，它们不仅有一个共同的目的——促进企业的发展，而且它们还互相依存、互相影响、互相制约。在此，我们对企业资源整合的方式和方法进行探索，也可以说是对企业管理的新内涵与外延的探索。

4.2.1 运用 SWOT 分析法寻找合适企业发展的市场营销方案

SWOT 分析法的利用使企业认清自身的优势、劣势、机遇和挑战，可以根据市场导向，适时调整自身的资源战略。这是一种新型的资源整合方法和方式。下面我们通过中式速食的 SWOT 分析案例来研究企业如何制定市场营销方案来整合资源。

洋速食进军中国，迅速占领了极大的市场份额，中式速食却仍处于最初的扩张阶段。中式速食尽管有着"天时、地利、人和"三大优势，但要想茁壮成起来，还必须对自己的发展策略进行全新的思考。

运用安德鲁斯杰所提出的 SWOT 战略分析模型，我们可以对中式速食所面临的环境进行系统的、有目的的诊断，以便清楚地明确中式速食的优势（Strength）、劣势（Weakness）、机会（Opportunity）和威胁（Threat），为战略选择和实施提供依据、

优势

●有着深厚的文化底蕴：在博大精深的东方饮食文化基础上发展起来的中式速食，必然具有鲜明的中国特色。从皇宫贡品到民间小吃，数不胜数。

●有着广阔的市场空间：我国如果每人年均消费 100 元，就是 1300 亿元。中式速食的市场之大，不可低估。

●有着传统的特色品种：洋速食品种都较为单一。而在目前可称得上中式速食的有：上海的荣华鸡速食，河南郑州的红高粱速食，武汉蔡林记的热乾面、老通城的豆皮、四季美的汤包，天津的狗不理包子、煎饼果于，云南的过桥米线，兰州的牛肉刀削面、牛肉拉面，宁波的夹心汤圆，台北豆浆大王等等，可谓是：东、西、南、北、酸、甜、苦、辣、咸应有尽有。还有许多有名的小吃，稍加开发、形成规模，就能发展成为中式速食。

●有着较为低廉的价格、可口的味道。

●有着合理的营养搭配：洋速食主食以高蛋白，高脂肪、高热量为特点，而小吃和饮料则是以高糖、高盐和多味精为主。相反，人体所必需的纤维素、维生素和矿物质则很少，多吃对人的健康很不利。而中式速食则采用中国传统的烹饪方法，大多有着较为合理的营养和膳食搭配。

劣势

●缺乏高水准的企业形象管理：凡是到过麦当劳的人，无论走到天涯海角，只要你看到路边那 M 形的黄色拱门标志，你就知道，麦当劳在恭候着你；进入餐厅，世界各地的麦当劳服务员，一样的红白条相间的着装，一样的笑脸相迎，一样的殷勤服务使你顿时感到"宾至如归"。无论你走到哪里，麦当劳都是如此。然而，中式速食有哪一个品牌能像麦当劳那样拥有高水准的企业形象管理，成为世界级的名牌企业呢？

●缺乏高效率：目前的中式速食之所以无法与西式速食相媲美，手工操作导致效率低下是一个很大的原因。

●缺乏标准化和规范化管理：中国餐饮业经营者向来只注重对食物的外观形状和口味进行改进和完善，而对于提高其服务水平之类的"软性指标"往往有所疏忽，这是中国餐饮业普遍存在的问题，然而追求高档的服务恰恰正好是现代消费的显着特点。

●缺乏连锁经营战略：中式速食与西式速食的另一个明显的区别是：西式速食大多是全国甚至全球性连锁式经营，而中式速食一般都局限于本地区、本省区，较少有全国性连锁经营的，更不用说是全球性的了。中式速食由于一直停留在"小打小闹"的封闭式经营模式上，所以始终上不了规模，出不了大效益，成不了大气候。

威胁

洋速食依靠连锁经营这个武器，占领了广阔的市场。在亚洲，尤其是在中国，它们都创造了高于本土的经营业绩，发展势头有增无减。

随着中国加入 WTO，越来越多品牌的洋速食会把眼光锁定巨大的中国市场，陆陆续续进入中国，他们会带来先进的生产技术、营销思想、服务方式和独特的企业形象，又会对本来就很脆弱的中式速食市场形成巨大的威胁和挑战。

机遇

中式速食业还存在着巨大的等待发掘的潜在市场。据统计，

112

中国的速食业具有年消费 750 亿元人民币的能力。整个 20 世纪 90 年代，在国民生产总值（GDP）同比增长 7.8% 的情况下，中国的速食业以 20% 的年递增率迅猛增长。据专家分析，到 2010 年，全球方便食品在整个食品工业中所占的份额将由 20 世纪的 5% 提高至 13%。中式速食以其价格低廉、经济实惠，更符合大众口味等特色将占据相当一部分的市场份额。

据分析，未来 20 年，将是我国经济高速增长的黄金时代，我国将继续成为经济增长中最活跃的地区之一。到 2010 年，我国经济生产力发展水平将接近美、日等国当初速食业进入全面发展阶段的水平，同时，我国可望由低收入国家进入中等收入国家的行列，居民消费水平提高，消费层次提升，这些都将为中式速食业进入全面发展的黄金时期提供最有利的因素和条件。

中式速食的发展策略

中式速食要有较大的发展，必须引进现代化大企业的经营观念和管理方法。一方面要广泛吸纳社会资金，提高经济实力；另一方面在经营管理层要注入新鲜血液，要有工业企业，特别是食品加工业方面的管理人才参与经营管理。

●确定市场

中国有句成语：有的放矢。中式速食要想获得长足的发展，就必须选择好自己的目标市场，并针对自己的目标市场展开有效的营销活动。依据中国速食业的现状，中式速食尚不具备与洋速食正面交锋，争夺同一目标市场的实力，所以应该避开洋速食的锋芒，选择开拓洋速食尚未占领的市场。洋速食的目标消费群体主要是少年儿童和喜爱追赶潮流的青年人，但这只是中国速食市场中的一小部分，我们从另一个角度对市场进行划分，会发现还存在着以下几个消费群体：

▲中小学生的营养配餐。营养对少年儿童的生长和发育是十分重要的，如果针对青少年的特点和需求，研制开发中小学生的营养配餐，将解除双职工家长的后顾之忧。同时也为中式速食开

辟一个巨大的市场。

▲员工午餐。这也是中式速食一个很大的潜在市场。这部分消费者的特点是工作忙、节奏快，他们的要求是营养、卫生、快捷、方便。

▲计程车司机用餐。北京现有出租汽车6万余辆，这也是中式速食一个很大的潜在市场。他们最大的问题是解决停车场地与就餐的矛盾。

▲临时就餐。据资料显示，在流动人口中有相当一部分人将在正规餐馆或酒楼就餐。然而更多的人希望以一种快捷、卫生、便宜的方式解决就餐问题。这也是中式速食的潜在市场。中式速食应该走出厅堂发展多种就餐形式，如快餐车、速食配送等。目前洋速食尚没有占据这部分市场。我们认为中式速食比较明智的做法是采取差别战略，去寻找和占领洋速食尚未触及的市场。

●确定产品

洋速食虽以其独特的风味占据着一定的市场，中式速食也应深入研究中国消费者的特点及需求，开发出适合中国人口味和消费习惯的速食食品。如蛋炒饭、酥油火烧、小米粥等深受消费者欢迎的食品。应该在此基础上选出一批为大众所喜爱并适合工业化生产的速食食品。中式速食在注重口味的同时，还应加强对速食食品营养合理配比的研究，并制定量化指标，以便于实行规范化生产，向工业化发展，增强产品品质的稳定性和一致性，生产出中式速食的拳头产品。目前，一些中式速食店存在着经营品种过多、特色不突出等问题。经营的品种多，固然可以满足更多的消费者在口味上的差异，但多而不精，难以形成优势产品和特色。例如麦当劳提供的食品品种虽然不多，但基本满足了顾客享用一顿正餐的需求，从餐前的饮料到餐后的甜食均含其中，并对消费者具有独特的吸引力。

●摸索经验

中式速食必须在"管理软体"上下工夫：树立全新的服务观

114

念。许多中式速食的经营者认为，经营速食只要抓好两条，一是饭菜质量，二是快捷服务，其他的就不在话下了。其实这是一个很不全面的观点。当今速食市场的竞争十分激烈，仅靠"大概"是无法取胜的。中式速食应对就餐环境、服务态度、等候时间等细节予以真正的重视，从细微之处挖掘经营潜力，挖掘顾客更深层次的需求，创造出热情周到的高水准服务氛围顾客的高满意程度。

▲建立严格的卫生标准。作为饮食业，卫生是一大要素，因此也就是竞争的要点。目前，有相当多的快餐厅配有洗手池、洗手液和烘手机等先进的卫生设备，但在日常管理上仍存在着许多漏洞。这些漏洞会引起消费者的不满。因此管理者应从顾客的视角去消灭每一个卫生上的死角，让顾客感到充分的安全和卫生。

▲发展连锁经营，实行集团化管理。形成规模化经营是中式速食发展的关键。速食业与其他餐饮业的一个重要区别就是：速食业的毛利率较低，它必须实现大量的销售才能获得足够的利润。连锁经营方式使企业在短期内迅速扩大规模，开拓新市场，增加销售量成为可能。采用连锁经营的速食企业可以实行统一采购、集中储存制度，这样既保证了原料质量，又降低进货成本。连锁店总部还可以集中大量的资金和人力物力进行经营战略研究和技术软体发展，并将研究成果应用于各分店，实现技术共用。

走向世界

只有民族的，才是世界的，中式速食的民族性为其开辟国外市场奠定了基础。中国的饮食文化对西方人很有吸引力。有一些在国人眼已经是司空见惯的东西，在外国人眼则是稀罕物，就像中国人看"汉堡"、"炸鸡"一样。据调查，许多外企和合资企业中的外籍"白领"人士对中式速食中的盒饭情有独钟。如果我们在保留中式速食民族特点的前提下，针对国外目标消费群体的特点，充实中式速食的内涵，并借鉴洋速食在经营管理和营销战略方面的先进经验，就完全有可能把中式速食的连锁店开到国外去，使中式速食成为外国人喜爱的"洋速食"。

由此可以看到，运用新型的市场营销方案，可以将可掌握的资源进行很好的整合，从而促进企业的发展。

4.2.3 积极运用良好的资本运作手段

良好的资本运作能帮助企业充分利用外界资源来促进自身的发展，这就是当前情况下资源整合的新方法和方式。下面我们通过绍兴利用资本运作来发展城市经济的成功案例。

2003年12月30日，国内第一家台资上市企业，位于绍兴的国祥制冷在上海挂牌，这让绍兴股民们兴奋不已。国祥制冷在上海成功挂牌，无疑是"绍兴师爷"内外合作进行资本经营的又一佳作。

在2003年里，绍兴上市的股票在全国创下了令人刮目相看的业绩。绍兴市上市办主任夏九英介绍，"绍兴板块"2003年多了三个家。6月30日，宝业集团在香港上市，一个月后，浙江龙盛在上海挂牌，随后是国祥制冷。这三家上市公司共募集到资金10.51亿元。累计实现公司上市16家，募集资金达61.9亿元。而通过买壳或进行资本控股在海内外上市的远远超过16家。如精工钢构通过买"壳"上市，控股了长江股份，使精工集团业已控股了三家上市公司。

除了上市的，绍兴还有4家公司已顺利通过证监会发审会审核等待上市。3家企业已向证监会申报材料；4家企业通过辅导验收，5家企业正在接受上市辅导。目前绍兴累计已组建股份公司81家。

尽管"绍兴师爷"表面上对上市不作渲染，但私底下却运作不断：一些企业家看到资本市场的魔力，内心激情涌动，竞相上市。绍兴成为浙江省拥有上市公司最多的地区之一，并且绍兴企业上市势头之猛似乎无人能敌。毫不夸张地说，未来几年，绍兴将成为中国上市公司的一流强市。

上市无疑使绍兴尝到了资本运作的甜头。在经济迅速成长的同时，资本运作为绍兴企业的发展锦上添花，资本与财富迅速积聚，上市后企业运作模式的现代化，为绍兴民企的二次飞跃提供了新的平台。但这些直到2003年8月份才展现在众人的面前。

2003年8月，2002年度浙江非公（民营）企业100强正式公布，此次入围的100家企业入围"门槛"为年销售额7.19亿元。令人惊讶的是，谁也没想到一直默默无闻的绍兴竟然有35家民企入围，远远超过杭州的21家和温州的12家。

2003年的排行榜终于让闷声发大财的绍兴师爷走到了前台。绍兴商人做事含蓄低调和灵活机变的作风让人印象深刻。如浙江玻璃2001年12月在香港成功募集资金6亿港币，成为第一家发行H股的内地民营企业。有意思的是，对这一极具新闻性的事件，其老板冯光成从来没有在媒体做主动性的宣传。这与其他地区企业的做法，形成鲜明的对比。

几乎是同时，浙江省农村经济调查队公布了浙江最发达100个乡（镇）的名单，绍兴共有17家乡镇入围，数量居全省第二，以民企上市著称的绍兴县杨汛桥镇位列榜首。

2003年度浙江籍"中国经营大师"公布，绍兴十有其三。万丰奥特控股集团有限公司董事长陈爱莲、三花控股集团有限公司董事长张道才、盾安控股集团有限公司总裁姚新义3位企业家上榜。

2004年初，绍兴又传出好消息，2003年绍兴的GDP将达1070亿元，成为浙江第四个千亿城市，人均GDP超过3000美元。绍兴人均可支配收入10281元，在长三角居第三位。在经济高速发展同时，精明的"绍兴师爷"还未忘记生活质量，今年年初，绍兴以其优美的环境成为国家的园林城市。

位于大名鼎鼎的柯桥镇的绍兴县是浙江经济第一县，全国经济十强县。2003年11月，由国家统计局发布的全国社会经济发展综合指数前100强县（市），绍兴县排第二。这里，年产纺织面料20多亿米，连接起来可绕地球50多圈，是全国最大的纺织品生产基地。县城所在地的柯桥镇的中国轻纺城，是世界上最大的纺织品批发市场，去年成交额达 226 亿元，在全国十大市场成交额中居于第二位。

由此可见，成功的资本运作对企业在整合资源方面大有裨益。

4.2.3　全面的市场规划方案能提高企业资源利用率

市场规划对于企业来讲就是一种企业发展的计划，行之有效的市场规划能使企业的资源利用效率大大提高，使企业获得更快的发展速度。

2000 年，总部位于荷兰阿姆斯特丹的 ING 金融集团收购了 Relia Star 和 Aetna 金融服务公司，以拓展其在美洲市场的业务。随后，ING 便着手整合 3 家公司，目的是从一个被产品所分隔的组织，转化为整合的、灵活的金融服务机构。

这个整合为 ING 的 IT 部门带来了巨大的挑战。现有的 32 个不同的平台支持不同的业务，将这些平台整合到一起绝非轻而易举的事。同时，原有的基于产品和地域的 IT 模型却制约着业务的转型。

ING 认为，将 32 个平台进行完全合并将导致过高的成本。因此，ING 规划开发了一个创新的 IT 架构，将所有的平台一致地连接在一起，即用一个良好的、开放的外层架构围绕所有 32 个原有系统。

实质上，ING 的适应性 IT 架构保持原有的平台和系统的运作，同时用一个围绕在外层的架构将这些平台进行连接。这同时也使 ING 能够从不同的平台中获取一致的信息。比如，因为用户通过外层架构而不是单个数据库获取信息，信息通过标准的格式进行传递，即使这些信息来源于不同的平台。这使银行能够更好地服务于客户，也让客户能更方便地与银行开展业务。

按照规划，ING 正逐步将众多平台的功能进行转移，这意味着能够采用一个革命性的方式对原有平台进行整合。最终将逐步淘汰原有一些较老的平台，实现逐步集中，最后保留 5 - 10 个平台。

更重要的是，这种创新的架构使 ING 得以快速响应新的业务机会。以新产品开发为例，ING 能够通过对外层架构进行改变将新产品融入其中，而不需要对众多不同的系统进行改变，这大大缩减了新产品上市的时间。

在实施这些技术变革的同时，也对 IT 组织进行了相应调整。每条业务线都有相应的 IT 经理参与跨功能市场团队，他们的薪酬也与业务业绩部分相关。这种组织结构加速了决策，也促进了 IT 部门和业务部门的良好协作。

在此我们可以发现，全面的市场规划方案可以对资源进行有效的整合，提高企业的资源利用率，促进企业的发展。

综上所述，我们可以发现：在经济全球化、资源不足、竞争激烈的今天，资源整合对于企业来讲意义重大，只要合理的运用适当的方法和方式，就能够促进企业的快速健康地发展。在进行资源整合的同时，我们也应该注重企业管理的巨大作用，将两者有机的结合起来，这样我们才可以解决企业发展的瓶颈，从而实现持续、快速、健康的发展。

参考文献：

[1]《世界资源争夺形势及我国面临挑战与对策》来自于《中宏网》

[2]《孔、孟、荀义利观与市场经济下的企业管理》来自于《世界经理人》

[3]《如何提高管理者工作的有效性?》来自于《南街村报》

[4]《企业联合会理事长张彦宁主题发言》来自于《搜狐财经》

第五章　资源整合与市场营销

营销不是推销。营销工作早在产品制成之前就开始了。企业营销部门首先要确定那里有市场，市场规模如何，有哪些细分市场，消费者的偏好和购买习惯如何。营销部门必须把市场需求情况反馈给研究开发部门，让研究开发部门设计出适应该目标市场的最好的可能产品。有了良好的市场营销方案，就对企业成功的资源整合提供了一个坚实的基础。在市场激烈竞争的今天，企业熟练的把资源整合与市场营销相结合，无疑决定了企业战略的高度。

第一节　资源决定企业发展

企业资源是一个十分宽泛的概念，它既有内外之别，又有软硬之分。就内部资源来说，包括企业的人力资源、技术资源、资本资源等等，它是企业自身优势和特长的一个根本的反映。外部资源，主要是企业在对外联系中与别的企业、与政府部门等形成的关系。硬性资源主要就是企业能够看得见、摸得着的物质资源，如煤炭、铁矿石等，它是制造产品、搞好生产的基础。对于资源性企业来讲，没有硬性资源的存在，也就无所谓企业的存在。软性资源也就是除了硬性的资源以外的其他资源，它是搞好产品服务、完善企业管理的前提条件。企业每向前发展一步，其实质上都是企业内外各种优势资源相互融合、软硬资源相互促进的结果。资源决定着企业的发展。

因此，要想提高企业的核心竞争力，促进企业的不断发展，就必须根据企业的实际情况，对企业内外优势资源、软硬资源进行有效的整合，发挥好各种优势资源的作用，体现整体效能。

5.1.1　内部资源

一、关键人才资源决定企业竞争[1]

现代企业管理当中，有人事管理，有人力资源管理，也有人才资源管理，甚至还有称为人力资本的说法和人力资源管理会计等做法。实际上呢，人才资源的管理是人力资源管理中高端的部分，也就是对于企业核心人才、关键人才和骨干人才的管理，按照二八定律，这在企业中不到百分之二十的人，将决定企业百分之八十价值的创造与产出。因此，人才资源的管理是企业人力资源管理的重中之重，它管理的好坏与实际成效，将决定企业战略能否顺利实施和目标能否实现，关系非常重大，在全局的企业管理中具有战略核弹头的作用。

企业人才应该有高、中、低三个层次，高端人才他是贩卖思想和标准的人，整个企业运行框架及机制都在他的掌握和设计之中；中端人才则是能够准确理解高端人才意图，并且在服从于高端人才意志的前提下，敢于提出实施过程中的创意和备选方案；低端人才则是毫无折扣的执行者，当然他们也可以就执行中存在的问题进行探讨，但方案没有讨论或者没有要求停止之前，必须按原定程序准确执行。

当然，上述关于人才层次的划分，并非固定不变的，通过成长路径的设计与规划，再配合学习和进修，以及实际工作能力与工作业绩表现，人才可以有层次间的流动。人才是企业里最具增长潜力和价值的资源，如果人才资源没有实现增值的话，那么企业要取得进步和持续经营只能是痴人说梦。而且，对于不同领域和不同知识构成的高端人才，我们必须给予他合适的职位，各种人才都必须有合适的定位，在组织体系里都放到合适的位置上去。

还有，在企业发展过程中，企业内部环境在不断发生变化，企业外部环境也在不断发生变化，而企业人力资源或者人才资源也必须发生同步的变化和调整，才能够达到企业运营的全面和谐与平衡发展。这里的全面和谐和平衡发展，指的是企业如何适应客观竞争环境，并且在竞争中取得优势地位，企业在此过程中能够达到最优化的经营状态，在资源有限的大环境下能够达到最强的竞争能力与竞技水平。

在中国企业里，不论是国有企业还是民营企业，都会有浓厚的人际关系和人情味在运营中起作用。譬如：某个人在某个企业里混得好，那么他就会介绍与之有密切关系的人进入这个企业，并担任比较重要的岗位，或者是与之有较好关系的现有同事，当企业有空缺职位时，他们往往想到的是这些人，而不一定按照职位要求去招聘合适的人才进来，因为他们更好为他所管理。结果无形中企业内就形成了派系，或者说是朋党。

还有的企业老板，因为他的某些下属跟随他度过了最艰苦的创业，走过了企业曾经生死的门槛，或者说为企业的发展壮大曾经立下了汗马功劳，所以尽管他们会在公司做点什么小手脚，或者说安排几个人，都是没有什么问题的。但这样的操作，往往会造成企业组织的庞杂和人事关系的复杂，用于内部协调与沟通的成本非常之高，并且每个人都不满意，每个人都有话要说，每个人都感觉空间不够大，这样的企业，当然不可能具有极强战斗力的。

在中国企业做大后，对待企业干部骨干时，经常念的是劳苦功高这本经，让老板们下不了手。在中国的职业经理人，从原企业空降到其它企业时，总会因为这些问题，感觉改造一个企业真难，还不如自己去创办一个企业，因为白纸上好写字，白纸上好画最美丽的图画。要解决，需要动用相当的资源，而企业不一定愿意支付这些资源来改善企业人力资源的管理。赵匡胤当年采取"杯酒释兵权"的方式，将立下汗马功劳的功臣们替换下来，代之以文官体系来治理国家。对于企业，尤其是民营企业的老板，在面对客观市场竞争环境时，必须采取合适的方式，将横在企业面前的天花板摘掉，加快企业人才资源经营管理水平与能力的提升。

本书认为，企业老板最关键的作用，不在于对日常运营和流程的监控，也不在于每天签文件，关键在于核心人才的管理工作，尤其是引进满足企业未来发展的战略人才。在清楚了前面一系列问题和观念之后，我们还必须深刻认识到，企业人才对于企业的战略意义与作用。我们中国企业的人力资源管理，基本停留在人事管理和考勤管理方面，真正的人力资源管理还没有全面展开，譬如在人才培训、人才考评和人才培训制度化，如何做到更具针对性和目的性，这都是我们在打造企业顶尖人才团队不得不面对的问题。

人力资源管理，必须站到企业战略的高度，与企业目标保持同步发展，与外部同行保持同步并试图突破和超越他们。

二、技术创新是企业发展原动力

企业是技术创新的主体和获益者，技术创新是企业发展的原动力和核心竞争力。技术创新包括产品创新、过程创新、市场创新和管理创新。技术创新应该成为可学习和可管理的过程。营造有利于创新的文化和环境，制定恰当的创新策略、建立鼓励创新的管理机制和创新能力评价体系是提高企业创新能力的关键。企业还要充分认识技术创新遇到的阻力，制定可操作的实施方案，才能达到技术创新的预期效益。

1、创新是企业的核心竞争力

我国要成为新世纪的经济强国，必须通过各种形式和方法提高企业的技术创新能力，加快形成以企业为中心的技术创新体系。现代企业必须营造一个提倡、促进和鼓励技术创新的环境，才能在激烈竞争的环境中立于不败之地。

技术创新及其管理已经发展成为系统科学，使创新不仅取决于个人的创造力，而成为可持续发展和可管理的过程。每个企业都必须像管理生产过程一样管理创新，有激化、记录和评价技术创新业绩的方法和手段，并且使企业的日常运作也能基于创新过程去完成，做出更为合理和有效的决策。

认识到这一点并不难，难的是如何克服由于观念陈旧而导致缺乏有关创新的政策、实践、过程和管理方法。普遍存在的陈旧观念是：
   （1）员工不知道自己的创意是否会得到重视；
   （2）员工的创意极少能被管理者认同；
   （3）管理者不知道如何管理创新和知识；
   （4）没有意识到建立产学研联盟的重要性；
   （5）没有认识到因特网和互联网给创新提供的广阔天地。

为了改变这种状况，不仅需要宣传技术创新的重要性，研究创新的思维和方法，更要探索在企业的层面上如何激化和管理创新，创新的管理是企业管理中的新问题，也是组建网络联盟企业成败的关键。

2、技术创新和创造发明

人们容易把技术创新和创造发明两个概念搞混。技术创新是运用新的思想和技术、新的手段、新的方法，使企业得到发展和增加收益的过程。换句话说，创新是以技术创造性成果的生产实现和市场实现为基本特征的"技术——经济"过程。企业和创新者都必须理解，成功的技术创新是与商业竞争力联系在一起的，并在很大程度上取决于信息和知识的流动。

创造发明，包括新现象的发现、新的概念、新的原理和理论的形成、以及新工艺和新设备的发明，通常在实验室中进行。创造发明的经济目的不一定明确，有些发明是出自客观需要，有些发明则出自偶然的机会。

创造发明和技术创新有着内在的联系，发明是创新是源泉。但是，只有当创造发明转化为社会化商品时，才称为创新。例如，创造发明可以体现为专利，专利在新产品或新过程中的应用就是技术创新。也许由于创造发明的神秘性，人们通常把发明看作为极难得的事件，似乎一旦有了发明，科研成果转化为生产力的过程轻而易举，实际情况并非如此。重大创新虽然有赖于发明，但从创造发明到工业应用往往还有一段漫长的路程。技术创新是以企业为主体的，它的成功与否，还取决于企业内部的技术力量、知识储备、与外界的技术交流、以及投资力度和市场环境。技术创新与创造发明在行为目的、管理方法和实践方式上都有着明显的区别。

3、技术创新的分类

技术创新涉及企业活动的所有方面，根据其应用场合的不同，可分为四类：

（1）产品创新——目的是改善或创造新的产品和服务，进一步满足顾客需求。

（2）过程创新——目的是改善和创造企业活动中的某一过程，包括工艺过程和业务过程。

（3）市场创新——目的是改善和创造更好的方法，以利于企业与顾客（用户）交流和沟通，提高市场占有率。

（4）管理创新——目的是改善或创造更好的组织环境和制度，使企业的各项活动更有效。

例如，知识管理、创新管理和变革管理都是管理创新的范畴，管理创新会影响其他的创新。

4、企业的技术创新能力

企业的技术创新能力不是指创新者个人的创新思维、方法和技巧，而是激励员工参与创新的企业文化、内部环境、管理机制和评价体系，是创新管理的范畴、企业的绩效指标。企业的创新能力表现在信息和知识的流动性、企业内外的联系紧密性、以及对个人和群体创造性的支持。

（1）营造有利于创新的文化和环境

企业的技术创新能力不是自然形成的，持续和成功的技术创新，需要有计划、有目的地投资和管理，才能提高每个员工的洞察力和想象力，有效地发挥全体员工的能动性，形成一种创新的企业文化。因此，企业领导者应该对管理中的经济、组织、技术、人的行为和观念诸因素加以综合，保持与客户的联系和交流，充分利用全体员工的知识能力，开展技术创新活动。通过创新将企业的管理实践不断深化，提高技术和商务的集成程度，使企业的运作产生质的飞跃。

实际上，创新就是积极变革，变革意味着打破传统，管理创新需要驾驭变革。因此，技术创新首先要从企业现有的产品、技术和组织结构中寻找不足之处，加以改进或彻底变革。

但是，抵制变革是往往多数人的本能。人们习惯按照规章办事，虽说"失败乃成功之母"，然而在大多数员工的潜意识中并不愿意提出新建议或新思想。一般来说，按章办事，即使有错误，也不一定需要负什么责任，而新办法的失败却会导致被众人议论，甚至带来某种惩罚或取消奖金。也就是说，对失误虽不必一概宽恕，但至少应该分清动机，要鼓励和肯定负责任的"冒险"行为。不问青红皂白责备或惩罚违反领导意图的思维方式，必然会在政策上和行动上阻碍技术创新。只有高层管理者能消除群众对技术创新的恐惧心理，才能使大家畅所欲言。员工能无拘束地自由思考，方能激发创造力和创新意愿。良好的创新环境将赋予员工一种从自我压制或强制管理体制中解脱出来的、勇往直前的进取精神。

企业的技术创新能力还取决于每个人对从创意提出到商业化整个过程的理解。认识和理解创新过程，并将创新视为企业的价值系统和竞争力，是成功实施创新管理的必要条件。技术创新的依靠对象是柔性化和知识化的劳动力，他们创造力是知识和才能在一定时间内对客观环境和事物的深刻理解而形成的，正确的思维方法将帮助员工发挥创造力的本能。

此外，企业的创新能力在某种程度上更多地依赖于集体创新过程，而不仅仅是创新者个人的创造力。和谐的创新环境将使不同领域的专家或不同工种的工人融合成一个团队化的工作小组，利用高效率的信息网络，促进技术创新过程的发展。提倡团队精神和相互合作，特别是信息和知识资源的正确和及时传输，以及被有效利用和共享，将大大提高企业的创新能力。

126

（2）鼓励创新的管理机制

提高企业的技术创新能力，需要在整个企业中建立一个有效的鼓励创新的机制，广泛听取员工的合理化建议，拟订奖励和晋升制度，最大限度地激发员工的创新意识，增强企业的整体技术创新能力。企业应该在从财务管理到客户服务的每一部门中都物色创新管理的领导者，他们都面对着相同的挑战，即如何最优地集成企业的经济、行为和技术。创新管理领导层必须通力合作，使企业具有广泛的、持续的技术创新能力。

企业的性质和规模、产品的结构和业务过程不同，需要有不同的创新管理方法。从某种意义上来说，鼓励创新的管理机制可通过以下措施和途径初步形成：

①拟订企业创新的评价体系，制订评价创新的标准。为了激发创造性，增进沟通，促进创新思想的应用，应建立创新案例的档案，进行定期跟踪，提出关键指标和早期报警信号，注意哪些鼓励措施对激化创新最为有效。

②将信息管理部门改组成知识管理部门。目前，企业信息管理部门的任务是管理数据和维护计算机系统。为了尽快地将信息、数据优势转变为产品和管理优势，有必要将信息管理部门要改组成知识管理部门，将知识作为一种资源来管理，负责企业创新的整体规划和协调。

③将合理化建议制度化，列为企业的日常工作议程。在企业内建立合理化建议制度，如在企业内联网上公布企业面临的问题，张榜求贤，发表已采纳的合理化建议实施报告，最大限度地挖掘员工的创新潜力。

④定期举办创新研讨会和培训班。技术创新研讨会和培训班可使更多的员工学习最新的创新理念、工具和手段，孕育新思想，促使他们参与到技术创新过程中去。通过信息交流和学习，建立大家关心创新的气氛，增强企业的创新能力。

⑤建立创新奖励和晋升制度。表彰和晋升有突出创新贡献的

员工可以体现企业对技术创新活动的态度，并给创新者带来实际利益，这是调动员工创新积极性的最有效措施之一。

(3) 企业创新能力评价体系

建立企业创新能力的评价体系，有助于经营者认识本企业的创新潜力，以及需要从那些方面去提高企业的创新能力。以下 10 点可供测定企业当前创新能力的参考：

①新产品和新服务的推出速度是否超过业内平均水平？是否创造了占绝对优势的新市场？

②是否使用互联网络进行国内或国际的经营和运作，可否直接向顾客收集意见，及时了解新的需求？

③是否指定有职有权的部门来创建和管理广泛合作的创新过程？

④是否有绩效指标（数量上的和质量上的），来评价创新实践的效果？

⑤是否将市场调查研究提高到制定企业发展战略的高度来认识，是否有收集情报的策略和手段以跟踪当前和潜在的竞争对手？

⑥公司的市场形象是不是一个能将新思想应用于市场创新、使顾客满意的具有创造力的组织？

⑦是否已建立产学研联盟、企业技术创新中心或知识供应链？

⑧是否已建立员工继续教育体系，培训计划的内容是否有孕育和产生新产品和新过程的措施？

⑨公司知识资源的分配是否便于内部人员相互沟通，并有条件地使外部人员共享本公司的经验？

⑩企业计算机网络基础设施可否能作为内部通信和管理的工具和基于万维网的商业手段？

简单的做法是，对以上每一项给予 0～10 分，那么最后的总分就能在某种程度上体现企业的技术创新能力。

三、资本经营使企业发展充满活力

1、帮助企业筹措资本，使企业获得超常规发展以荣事达集团的资本经营为例，荣事达是集体企业，10年前资本不超过300万元，现在总资本10.5亿元，没有国家资本的投入，荣事达集团主要靠的是以下三条：

一是抓住机遇融进资金。在1985年企业只有300万资本的情况下，贷款2700万，引进洗衣机生产设备，资产负债率高达900％，这在今天看来是个吓人的天文数字。但正是抓住了这次机遇，在1987、1988年经济高涨到来之时，获得了超常的高额利润，不仅迅速还清了债务，而且使企业完成了原始资本积累。

二是引进外资。家电是规模经济比较突出的行业，日本的洗衣机年产量450万台左右，基本被五六家厂商垄断，属于典型的寡头垄断市场结构，因此，搞家电规模小了不行，必须不断实行资本扩张，增强竞争实力。荣事达根据自己的条件，选择了引进外资为主的扩张战略，1993年与香港合资，转让49％的股权，获得1亿多元的资金，利用这1亿多资金再与日本三洋合资，1994年又引进了1亿多外资，使公司资本在两年时间内番了两番，实现了资本的快速扩张，大大改善了资本结构，资产负债率下降到40％以上，资本实力上了一个新台阶。荣事达集团还注意把握合资的最佳时机，1993年合资之际正是荣事达的赢利高峰期，资本利润率高达20％。选择这样的时机进行合资，把49％的股权转让使一些人不能理解，而这正是资本经营的奥妙所在。在市场经济中，资本也是商品，也有价值，取决于资本的赢利能力。如果需要通过资本转让来实现资本扩张就必须选择本市场价值是最佳的时候，而不是相反。1993年荣事达的资本高达2.25亿元，根据当时的盈利能力，正是合资的最佳时期。

三是兼并联合。几年来，荣事达先后兼并了三个企业，联合了一个企业，基本都属于纵向扩张类型。虽然兼并的数量不多，但成功率高，扩一个成一个，都取得明显的效益，扩大了企业资本的规模。

除了通过以上几种资本经营方式筹措资本外，企业还可通过到境内外的证券和可转换债券市场发行上主市面上、配股以及发行公司债券和可转换债券、项目融资、融资租赁等方式筹划集到企业发展所需的资本。

2、帮助企业进行经营结构调整，盘活企业存量资产

以扬子集团的"关、停、并、转、租、撤、卖、换"资本经营八字经为例，扬子集团能在仅仅十几年的时间里从名不见经传达室的小厂，发展成为拥有数亿元净资产的名牌企业集团，资本经营的作用功不可没。1980年，扬子联合18家很不景气的企业，合力生产市场所需的电扇，赚取了第一份资本，随后，又开始生产冰箱，使扬子冰箱形成了雄踞市场的规模。1993年后，针对集团资金不足等问题，扬子果断决策，通过租赁、并购、控股等手段对几个项目进行了成功的资本运作，盘活了集团的资本存量，才使和企业度过了危机，并不断的向前发展。

一是冰箱生产。扬子租赁国外先进生产线，又上马模具、注塑和机械制造相关产业，自己动手制作了3条自动化冰箱生产线，使得产品质量和产量大大提高，并打进了国际市场。

二是空调生产。1994年扬子空调还只生产9000台，1996年扬子空调达到了100万台的生产能力。如此速度，不靠下，靠的是扬子的"八字经"。他们先是兼并市属3家亏损厂，分别生产温控器、热交换器和空调，随后又将客车厂迁出与外地厂家合股经营，腾出6400平方米的车间上马空调二期工程，资金是由扬子品牌换来的商家预付款4800万元，自己只投入2000多万元，产出却为2亿元。

三是将搬出的客车厂与大别山的一家客车厂合资，扬子以技术、管理和品牌等无形资产和部分资金相对控股，1994年一次出口200辆"扬子客车"到巴基斯坦。扬子从产品经营到资本经营，使得企业的经营管理进入一个更高的层次，也使得企业的发展进入快车道。

3、帮助企业进行机制转换，实现企业管理升级

130

经济体制由传统的计划经济向市场经济转变，经济增长方式由粗放型向集约型转变，这已成为现价段我国经济体制改革的主线。实现两个转变的实质是要由行政配置资源转化，使资本机制得以产生并在资源配置中发挥主导作用。资本经营的全面展开，将在企业和社会中逐渐形成资本的组合机制、竞争机制和增值机制，使企业增量资本的投向和存量资本的调整，按照市场经济规律进行运作，从而使企业的经济运行和发展进入一个全新的局面。

企业要实现资本经营，首先必须明确产权关系，拥有独立的法人财产权，以承担保值增值的责任；要实现资本在全社会范围的合理流动，企业必须走向市场，摆脱对政府的依赖以及政府对企业的过度干预；要实现资本的最大增值，企业必须进行科学的经营决策，进行科学的管理，从而推动现代企业制度在企业中的建立，促使企业管理体系的升级。

5.1.2 外部资源

一、合理的政企关系有助于经济腾飞

据调查显示，我国目前的政企关系还不是很稳定。相对合理的政企关系不仅关系着企业的发展计划，而且关系着整个国民经济的健康持续发展状况。在参照了众多的政企关系案例后，综合起来看，合理的企业与政府关系应该具备以下原则：

1、主体平等

在市场经济条件下，企业是独立经营自负盈亏的经济实体，是能够独立承担民事责任的企业法人；同样，政府是公共秩序的维护者，是依法行政的行政主体，是能够承担行政行为责任的行政法人。企业法人和行政法人之间不存在行政上的隶属关系，因而从主体资格上看是平等的。法律面前人人平等，任何人、任何组织都没有超越法律的特权。

2、法治原则

行政机关和企业是不同的主体，必然有不同的利益关系，调整这种关系的准则职能是法律。行政机关的活动是维护社会公共利益，必然会影响私人利益，因此，行政活动职能在法定范围内，依照本机关的职责和权限行事，所实行的行政行为必须有充分确凿的证据并且符合法定程序。当行政权力被任意行使侵害企业权益时，企业有权要其行政机关补救或赔偿。企业也必须依法进行经营活动。

3、权利、义务对等

政府的权利是征收税赋，义务是为纳税人提公共服务；企业的权利是获得政府的公共服务，义务是向政府交纳税赋。

4、平等保护原则

在职能部门面前，不论国有企业还是非国有企业，都是企业法人，因此，任何企业依法经营都要受到平的保护，任何企业违反法律都将受到相应的处罚。

5、高效原则

办事效率是行政机关及其公务人员的工作态度和业务能力的表现，是政企关系是否协调的重要标志。政府办事效率高可以降低企业交易成本，同时推动企业效率的提高。国际经验表明，高效、廉洁的政府是一个国家或地区经济起飞与发展的关键。因此政府的办事效率不仅是政府内部问题而且是关系国计民生的大问题。

6. 经济原则

经济原则适用三种情况：

（1）政府机构设置应遵循经济原则。一般来说，要实现政府的公共管理与服务职能，行政机构过小和公务员太少是不够的，但机构庞大人员冗肿也是不行的，因为会导致人浮于事、职责不清的问题，形成政府内部自我服务的恶性膨胀。因此，机构设置应考虑经费问题，尽可能的降低纳税人的负担或把有限的资源更多的应用于科学、教育、卫生等事业上去，造福于民。

（2）政府制定或实行某项法规、条例时，应综合对比该项实行所产生的社会效果或经济效益以及带来的负效益，当社会效果大于负效应时才能实施，反之则不应该实施。

（3）行政机构及其公务人员在具体实施行政权利过程中，也应坚持经济原则，不给公民、企业及其他组织增加额外负担。

符合以上原则的政企关系，是我国深化改革过程中所应该追求的企业与政府关系。只有建立起这样的关系，我国国有企业改革才有机会重振雄风，非国有经济才能为我国经济腾飞做出更大贡献。

二、企业与媒体应该实现"双赢"

最近几年，由于张海、黄宏生等又一批叱咤风云的企业家纷纷落马，企业家在很多人眼里简直成了弄虚作假、侵吞公共财物的代名词；企业一有什么风吹草动，媒体就会给予特别关注，各式各样的报道劈头盖脸而来。在这里，我们得承认的确有一些企业由于媒体报道失实造成经营动荡、损失不少。但是，那些蒙受"不白之冤"的企业是否想过，媒体报道失实是否是因为自己对待媒体失当呢？如果企业本身"行得正，坐得端"，而且与媒体建立起了良好的关系，媒体又怎么会平白无故地往你脸上"抹黑"？！

下面我们来谈谈企业怎样防止或减少负面报道：

第一，以开放的心态对待媒体。企业必须认识到，现在是信息高度发达的社会，任何企图封杀媒体的做法都是错误和愚蠢的。特别是上市的控股企业，实际上已不属于某一个人或某一家族，而是一家公众公司，它本身就有义务接受媒体的监督，让所有投资者、经销商、供应商等知道公司经营的真实状况。在一个突发事件、危机面前，如果你企业越掩盖，媒体就会越炒作；企业越拒绝媒体采访，就越证明它有不可告人的内幕。这个时候，只有企业主动向媒体传递正确的信息加以引导，媒体才有可能认为你有诚意解决问题，甚至是可以谅解的，那些传言、谣言甚至谎言才可能得到平息。

第二，建立新闻传播管理制度。可以借鉴国内外知名企业的做法，在公司成立专门负责处理社会关系的公共关系部门，建立新闻发言人制度，统一管理和发布公司重要信息。也就是规定如何与媒体打交道，企业当中的那些人有权利接受媒体的采访，谁能代表企业对媒体讲话等等。这样做的目的是，碰到企业发生重大事件时，统一企业对媒体的口径，也就是企业要用一个声音讲话，避免在媒体面前一个人一个观点，说法不一前后矛盾，陷自己于不利境地。

第三，构筑媒体通路。中国目前的国情决定，媒体对待一般的民营企业不可能像对国有企业那样谨小慎微。国有企业出了一些问题，记者一般不轻易去捅"马蜂窝"，因为它有一个主管部门的官员管着，一旦报道出了差错，自己的饭碗可能就没了；民营企业就不同了，由于没有官方背景，一些记者在写民营企业的报道时，毫无后顾之忧，对它们的批评也格外入木三分。碰到这种情况，民营企业走法律途径起诉媒体诬陷往往是得不偿失的，只有通过"心腹"媒体输出正面消息引导舆论，才是上上之策；此外，平时与媒体建立起良好的合作关系，本身就是防止负面报道的最好办法。

从理论上讲，企业挑选合作的媒体越多越好，但实际上，没有一家企业能"收买"所有的媒体。一般来讲，企业要视自身的规模实力、所在的市场区域来决定挑选合作的媒体。如果企业规模较小，是区域性品牌，选择当地一两家主流报纸就行了。如果是上市公司，那首先就要考虑挑选代表企业所在行业主流声音的报刊作为"战略合作伙伴"。其次挑选国家指定有权发布上市公司信息的证券、金融类报刊，以及在全国范围内有较大影响力的财经类媒体和综合类门户网站。

第四，坚持"两手抓"。企业要得到媒体的理解和合作，应坚持"两手抓，一手硬一手软"的原则。我们都知道，媒体的收入来源主要有两个：一是依靠企业投放的广告赚取广告费，另一来源是自身发行所得的收入。从目前的实际情况看，大多数媒体发行所占的收入比例在总收入当中都不占优势，有的甚至还需要广告收入补贴，也就是说绝大多数媒体都以企业的广告费为生，因此，通过投放硬广告与媒体结成战略合作关系，毫无疑问是所有企业惯用的手法。

从实际效果来看，企图通过投放硬广告达到完全控制媒体并不现实。这主要是因为几乎所有大的媒体的广告经营都外包给了广告公司，企业所接触的广告经理本身与媒体并无直接关系，也就是说广告经理通常不是媒体的人。虽然他们可以给媒体施加影响，但掌握发稿决定权的记者、编辑并不一定照办。记者、编辑的心里很清楚，你广告人员从企业拿广告越多，你的提成也越多，但是，这对我并没有好处；而且这也是对我不尊重，我一点真相都不了解，凭什么冒险给你发稿？如果协议规定必须发，那也只能以广告的形式，但这对企业来说，传播效果会大打折扣。因此，企业还必须对那些掌握发稿决定权的记者、编辑，尤其是记者部主任、编辑部主任等领导给予足够的重视。比如聘请他们作企业的顾问，企业举行重大活动时邀请他们来参观，让他们了解企业经营发展的情况。当然，顾问费、车马费、发稿费等等是必不可少的，这在业内早已不是秘密。

第五，求同存异。不少企业有这样的思维——"我给你投了广告或者好处，你当然一切得听我的"。这种完全把媒体当傀儡的做法，必然引起媒体的反感。企业从被媒体利用作为新闻题材充斥版面，到通过投放广告等手段变媒体为自己的传播工具，实际上只是在双方博弈中变被动为主动，但这不等于自己可以随心所欲地操控媒体。要知道，媒体的任务是揭示事实与真相，满足公众的知情权和信息需求。媒体如果明知黑白颠倒、指鹿为马，还来稿照登，将会使它的公信力尽失，也就失去了生存的根本。因此，企业与媒体要建立起长久的战略合作伙伴关系，必须要有求同存异的思维，要容许媒体有自己的原则和立场。

企业在策划新闻事件时，最好邀请媒体的记者、编辑一起来讨论从那个角度、以何种方式进行报道。一般来讲，如果民营企业能结合国家近期出台的政策、对社会发展产生哪些积极影响等等来做传播，是符合媒体报道的方向的。如果能够据此进行策划，同时融进有利于传播自己的信息元素，双方必定能够达成共识，实现"双赢"的目标。

第六，低调务实，不出风头。在当前的社会环境里，由于种种原因，不少人存在"仇富"心理，尤其是对于私有体制的民营企业，即使你是清清白白地追求财富，但如果行事张扬、财大气粗，也会让很多人在心理上难以接受，甚至可能会遭到别有用心的人无端批判，从而招来杀身之祸。因此，企业必须淡化个人或家族的色彩，将自己放到促进国家经济、社会发展的高度谋求自身发展。在对外举行新闻发布活动时，要不失时机地让媒体和公众知道，自己办企业并非仅仅是为了追求私人财富，而是为国家、为当地人们乃至全社会谋福利。尤其是在参与国有资产的处置过程中，一定要做到依法办事、低姿态介入，千万不要骄傲自大、沾沾自喜。一些民营企业家和民营企业本来没有多少问题，但由于风头过盛、自鸣得意，让人不由自主地联想到损公肥私、"侵吞国有资产"等罪名，这种感觉经媒体宣传报道放大后，给企业经营造成了灾难性后果。

总的来说，企业防止负面报道的方法很多，由于各企业的情况千差万别，本文所谈的是一些最基本的策略。各个企业在运用过程中，一定要根据自己的实际情况以及所面对媒体的特点灵活运用。

5.1.3 硬资源

物质资源也就是我们所说的自然资源中的大部分，它是企业正常发展的基础任何一个企业的发展都是以物质资源的存在而发生的，物质资源决定着企业发展所能达到的高度，自然资源的作用我们在前面都有叙述，在此不再详细阐述。

5.1.4 软资源

一、老板的思想高度决定企业的发展

我国最近几年来经济迅猛发展，经济发展的同时涌现出了大批的有规模、有实力的民营企业。可以说他们是市场发展的必然产物，也是经济发展的历史性见证。

民营企业在我国的社会经济生活中扮演越来越重要的角色，像广东、浙江等地区民营企业对国民经济的贡献已高达 70% 以上。从这个角度讲，民营企业的成长关乎我们国运的兴衰。党的十六大以来，对非公有制经济的成长从政策上提供了一个更宽松的投资环境。同时民营企业自身利润最大化的追求和民营企业家的抱负也赋予了民营企业成长的动力。

但就在这么一片大好的形势下，中国民营企业的发展却多有令人扼腕叹息之处，主要表现在：1、增长特别迅速。在中国特定的历史环境下，民营企业可以在创业头几年达到三位数以上的增长速度。2、成熟期较短。当企业进入成熟期后，在民营企业还没有时间总结过去时，已经开始衰退。3、衰退非常迅速。中国民营企业衰退较快，很多几乎一夜之间倒闭，企业好像是泡沫，一吹就破。比较典型的事例有：沈阳飞龙，巨人集团，三株集团等。

多数民营企业有规模缺少足够的核心竞争力。企业核心竞争力是企业独具的，长期形成的，蕴含于企业内质中的，支撑企业过去、现在和未来竞争优势，使企业长时间在竞争环境中取得主动的核心性能力。这种能力可以使企业不断对各种资源、要素进行优化配置、组合，从而使企业获得比竞争对手更高的市场份额和利润或更高的投资回报。而现实是目前的中国绝大部分民营企业看似规模很大，实际上经不起狂风暴雨（激烈的市场竞争以及突发的市场问题）的打击。

在这些原因中，人才的大量流失是最为重要的，也是最为关键的。员工跳槽数民营企业最频繁了，据统计，民营企业普通员工有 20%——50% 的年度流动率，中高级管理人员、技术人员每年也有 20% 在流动。民营企业员工的不稳定和频繁跳槽，已给民营企业发展带来严重的负面影响，不仅流失人才，而且涉及商业秘密，成了民营企业老板头痛的问题。

民营企业为什么难留人呢？原因有以下几个方面：

（1）民营企业的私有观念

民营企业的所有权和经营权均为业主个人或家族所掌握，实行的也多为所有权和经营权高度统一的家长式管理，个人利益或家族利益是民营企业老板的第一优先考虑，在他们眼里，企业只是个人或家族谋福利的工具，是从属于个人或家族的附属品。因此民营企业老板最信任的人多是具有血缘关系的亲人、服务企业有一定年限的"元老级"员工，并让他们占据企业的高级职位，所以民营企业中多兄弟伙、父子兵。这种企业私有观念在很大程度上影响了企业的凝聚力和整体感，企业中的员工很难跨越血缘的界限。于是私营企业员工打工心态"沉浮"日益严重，"合则留，不合则走"成为民营企业员工的择业标准，企业老板和员工的关系成了"你先对我好，我才对你好"的对立面关系。在这种情况下，民营企业的员工不可能有很高的忠诚度，频繁跳槽也就在所难免了。

（2）不规范的用人制度

民营企业的管理规范性较差，尤其是在人事管理方面。民营企业用人大多采用聘用制，而且据了解，有很大部份民营企业的用人制度极不规范，不与员工建立劳动合同，不给予员工办理社会保险。在一些民营企业中，只要同企业老板说一声，无需培训和办理必要的手续，同样也不必考核就可以到企业上班（即使办理入职手续也是很简单的走走形式）。同样，员工跳槽时也很少提前向老板申请辞职，更不用说等老板批准了，说走就走，有的甚至连招呼也不打。即使民营企业与员工签订了劳动合同也是非常的简单，主要还是为了应付劳动部门的检查。由于民营企业与员工之间聘用与被聘用关系过于简单和不规范，自然就为民营企业员工流动打开了方便之门。

（3）内部沟通严重不足

出于强化公司体制的集权化管理、员工对老板个人忠诚度的考虑，大部份民营企业老板习惯于或乐于建立所有员工与其直接联系，因而使员工与民营企业老板的直接联系机制成为民营企业上下沟通的主要渠道。对多数民营企业老板来说，社会交际、客户应酬等占据了他们的大部分时间，因而在企业内部沟通协调上时间精力的投入十分有限。民营企业虽然也基本上实行按劳取酬并给员工提供合理的报酬，但民营企业老板的发展期望与员工的发展期望之间存在着普遍的差距。在缺少开诚布公、建设性的沟通交流情况下，民营企业员工有着普遍的过渡心态和短期打工的想法。因此，民营企业的劳资关系在很大程度上是暂时的经济互利基础上的短期结合，高流动现象也就不足为奇了。

（4）民营企业的员工待遇不公

民营企业中的待遇不公有两个方面，从企业内部看，民营企业的内部分配不仅仅取决于员工个人的贡献，还存在许多不合理的因素，诸如与民营企业老板是否有血缘关系、给老板印象好坏、在民营企业工作时间的长短等等，这些因素引起的分配上的不公平常常造成员工心理上的不平衡，影响员工的工作情绪，从而导致员工的流动。从社会角度来看，民营企业员工也会在企业与企业之间攀比，在缺乏对自身清醒认识的情况下，员工在横向比较中，比的不是知识、经验、能力、技术、素质和敬业精神，而是职位和薪水。他们不考虑员工对企业的贡献，只注重给员工的待遇，从而极容易产生待遇不公平的心理失衡。这也是造成民营企业员工流动的原因之一。

另外，民营企业的薪资管理体系存在的很大弊端也是造成人才走失的原因之一。经常性地给员工灌输远景、灌输做事的思想；当然不是说这种做法不好，毕竟只有大家的目标一致时才能体现出团队力量的强大。但这种饼是要可做到并可实现的，不是给员工画出一个大饼去充饥的。在很多的民营企业无论是所谓的知名民企还是不知名的民企都存在这样的画饼充饥的现实故事，可能在知名民企这种故事发生的就更多。

我们从上面的情况就可以看出，民营企业不能取得持续发展的重要原因就在于，它的老板是不是具备一定的思想高度。如果它的老板可以有效地对企业的资源进行合理的整合，那么企业就会取得持续、快速的发展。

二、文化决定企业未来

在企业文化受到普遍重视的今天，企业文化正在从下意识地存在，到逐渐被人们所认知和研究，乃至自觉地加以修正和完善。这就为我们进一步完整认识和反映企业价值提供了条件。

事实上，无论是否自我察觉、是否刻意追求，企业文化就像人的思想和观念，只要生命存在，它就存在，并左右着企业的发展。就企业文化的概念而言，学者们所下的定义宽窄不一，但都将"所有组织成员共享的一组重要的假设/价值观"作为企业文化的基本内容。

企业存续的过程，实质上就是从主观上对其包括价值取向、审美取向等观念不断追求的过程，以最终实现其对自身文化的追求。在这个过程中，企业从客观上获得利益，为社会做出贡献（亦或造成危害）。有的企业为实现对其企业文化的追求，甚至可能会在短期或局部主动放弃某些物质价值和利益。而有的企业只盯住眼前利益，唯利是图是其文化的核心内涵，在这种情况下，其观念中根本没有法律、道德、审美的概念。从长远看，前者可能因其主观上对文化的追求，而在客观上获得更大的物质利益；后者则往往是不能长久的。从这种意义上说，企业文化是企业与生俱来，伴随企业生存和发展全过程的重要财富，无论企业物质价值的大小，企业都必然拥有其具有个性的文化。企业文化与企业的物质一起，构成企业物质与精神有机结合的统一体。

与企业自身条件和外部环境相适应，能够与企业物质形态完美结合的企业文化，是有助于企业物质价值增长的、对企业有积极意义的文化。反之，不适合于企业的文化，不但不能发展和壮大企业，还必将使企业原本拥有的物质基础被无谓的损失和消耗，则是对企业有负消极影响的文化。

在我们充分认识企业文化的存在和作用的同时，应当像量化企业的无形资产一样，把企业文化因素纳入企业的价值体系。那么，企业文化究竟是以一种怎样的方式对企业价值施加影响呢？鉴于企业文化的绝对存在，并且是企业价值体系的一个具有决定性的组成部分，在考虑企业文化对企业价值的作用时，就不应是一个简单相加的关系，而应将其作为一个系数（或变量），在与企业物质价值结合后，确定广义的企业价值（函数）。

一方面，在企业物质价值确定的情况下，企业文化值越大，广义的企业价值就越大。另一方面，当企业文化对企业的生存和发展有积极意义时，作为系数（或变量）我们认为它大于1，在这种情况下，广义的企业价值会大于单纯物质的企业价值；而当企业文化对企业的生存和发展没有积极意义，甚至有消极影响时，作为系数（或变量）我们认为它小于1，广义的企业价值则小于单纯物质的企业价值。

很显然，动态地、从企业存在的全过程看，企业广义价值的大小，一方面取决企业的物质价值，更重要地则取决于文化价值的大小。广义的企业价值最大化的实现，不仅要依赖于企业物质价值有条件的最大化，更重要的是依赖于企业文化的作用，以及企业物质条件与企业文化的完美结合。

三、企业形象关系企业战略实现能否顺利

企业形象是外部公众对企业的印象。这只是对企业形象简单的概括。具体讲企业形象是指社会公众及企业内部员工、企业的相关部门对本企业、企业行为及各种活动成果所给予的综合评价与一般认识。

企业形象有三个方面构成，即核心形象、内在形象、视觉形象。

核心形象是企业在长期发展过程中形成的、具有独特个性的价值体系。企业精神等是企业不断成长的根本动力。

内在形象是企业核心形象指导下逐渐培育起来的。企业全体员工自觉的工作方式和行为方法。其包括商品品质、服务特色、营销策略、企业管理特点等。

视觉形象是企业独有的一套视觉识别系统，它包括企业字号、企业标识、产品名称、商标名称、产品造型包装等一切外在形象。

企业形象是核心形象、内在形象、视觉形象的一个集合体，缺一不可，因此，树立企业形象是不可偏废。

企业形象对企业的发展影响作用是全方位的。首先，创造消费信心，增进市场销售。在现代社会中，消费者对商品的购买，不仅仅是对商品的购买，不单单是对产品功能价格的选择，更是对企业精神，经营管理作风，企业服务水准的全面选择，而企业形象的优良与否，又正是消费者选择的根据。其次，扩展销售渠道，建立长期稳定的供销关系。优良的企业形象不但可以提高消费者的购买信心和勇气，也可以增强供应商与消费商的供销信心，使企业建立起稳定的供销关系，不断扩大商品的销售和市场占有率。其三，促进企业不断创新，开发新产品。企业要立于竞争不败之地，只有不断开发新产品，消费者对新产品的认识，接受乃至形成一种新的消费习惯，都需要经过很长时间。优良的企业形象却可以为新产品的开发铺平通向消费者的道路，因为消费者对企业的信赖，使其对企业产品也打出了一种"信的过"的烙印，从而使形象好的企业轻易地实现了产品的延伸与扩张，慢慢走上了多品种的规模效益轨道上来。其四，增强企业凝聚力，使企业不断开拓进取。一个企业的职工如果没有生产积极性、事业进取心，那么这个企业必将是失败的企业，一个形象优良的企业，必然能提高员工的积极心和进取心，必然能增进它们不断开拓，不断创新的信心和力量，使企业不断向前发展。其五，提高企业的经营管理水平，促进企业经济效益的全面提高。优良的企业形象，必定以系统化、标准化、规范化的经营管理为基础，从而使管理得到优化，降低了企业的各项成本，同时良好的企业形象使企业

142

的产品和服务声誉价格提高，使企业获的经济效益。其六，良好的企业形象可以提高企业无形资产的价值。大家知道一个成熟的现代化企业，他的资产价值60%来自无形资产，像美国的可口可乐它的品牌价值（现无形资产）达300多亿美元。迅速发展的微软其高科技含量及无形价值也达300亿美元。我国的海尔、长虹、联想等品牌价值、无形资产也达到了较高的水平。

因此，一个良好的企业形象能使企业的战略任务更加顺利地实现。

第二节　企业市场营销的重点是资源整合

企业营销的重点是对资源进行整合，那么究竟什么是市场营销？弄清楚这个问题对于我们全面理解企业进行市场营销方式来整合资源有很重要的意义。

5.2.1　什么是市场营销？

"市场"是以人群为基本单位的，由于某个产品可以满足或者可以达成一部分人群的需要或者需求，这部分人就是这个产品的市场。这个概念其实很多人都很清晰，但对市场营销是什么就不那么清晰了，从字面上去理解应该是做这个人群的营销，也就是说如何让与之对应的人群有对这个产品或者品牌的需求，然后再满足这个人群的需求。

这里面有两个主要问题需要解决，一个是消费者是不是想要购买你的产品，另一个就是在消费者想要购买时，能不能买得到你的产品。"想不想买"需要首先解决产品的利益符合消费者需求利益的问题，这就是我们平时说的产品的企划问题，这个问题解决之后，还要让消费者知道你的产品的利益，并且对你产生好感，而更多地注重你的产品而不是其他的竞争品牌。解决了想不想买的问题后，就要解决"能不能买得到"的问题，这个问题就是我们说的产品的销售问题。为了让消费者能够买得到，我们需要利用渠道把产品送到消费者购买最方便的地点。以上的问题综合起来就是我们要做的市场营销。

目前很多人单纯地把产品的销售行为当作是市场营销，甚至把销售行为中末端的销售技巧作为市场营销来传达给我们国内的很多企业，使企业过多地注意自己在销售技巧上的对和错，忽略了营销环节中很多关键问题的处理，造成了企业虽然培训了很多销售技巧，加强了销售方面的管理，但企业的状况并没有什么真正改变的现状。

市场营销的培训到底都有哪些内容呢？根据以上的介绍，我们简单介绍如下：

首先是产品方面的培训。产品的培训包括产品的品牌、产品的价格、产品的概念、产品的包装、产品的服务等方面的内容，我们的企业要拿这些内容和消费者的需求进行对接，让消费者感受到你的产品和他们的需求之间的联系。举个例子来说明，就像两个人在搞对象，你要让对方喜欢你，首先要了解对方的需求条件是什么，如果对方需求的是一个美丽的外表，而你不具备的话，你们之间就没有可以对接的条件。但是，消费者的需求往往都是很多条件组合而成的，也就是说，她可能需要有一个很好的外表，虽然你不具备，但是由于你有很好的内涵和素质，有很白嫩的肌肤，有很好的学识等其他条件，可能那个只有美丽外表的条件综合对比起来就不如你的条件更加具备竞争的优势。所以我们营销环节的第一步就是把这些综合的条件整合好，并使消费者容易了解，这就是我们要说的产品方面的培训。

把自己的产品利益组合好看起来是一件很容易的事情，但由于这些内容涉及到的东西是方方面面的，主要关系到消费者对这些利益的感觉，比如：你的产品没有比别人更突出的利益和品质，也没有比别人更好的品牌，这个时候你想让消费者放弃别人的产品来选择你的产品肯定是不现实的。但我们存在的市场机会要求我们的企业学会告诉消费者你的特殊的利益，就是让消费者了解你的其他优点，这个优点不是我们随便可以自吹自擂的，而是通

144

过产品的企划，也就是我们对产品的各类优势进行整合，同时根据消费者的喜好，找出合适的包装和装饰方法，把自己进行一些修饰，以迎合消费者的需要。这些修饰有些是与生俱来的优点，有些是有意而为之的刻意装裱。总之，产品的企划是营销行为当中最基本的，也是首先要做的主要工作。所以，产品的培训不是一个简单的技巧性培训，它是观念的培训。

其次要谈的是推广方面的培训。推广培训是营销培训的第二个大的内容，因为，你把产品包装好了之后，要解决的就是把这个产品如何介绍给消费者的问题，而这种如何介绍的问题正是我们要说的推广问题。

推广需要利用载体，也就是我们经常说的媒体，要把一件事情介绍出去，需要利用什么样的媒体，这些媒体有什么优缺点，这些优缺点符合要传达的什么内容的需要，而接受这些媒体的时候，不同的消费者是如何反应的等等，这些都是需要学习的方法，是推广行为当中的媒体利用行为，也是推广培训的主要行为之一。但是推广行为不是简单地利用媒体和如何进行媒体的分配，以达到更加合理的利用目的，推广是企业需要利用消费者的接受行为，以一切可以迎合消费者的手段对他们进行启发，这里包括的内容很多，其中主要有告知性推广、好感度推广、卖产品的推广、卖品牌的推广等；推广的具体形式也是很多的，其中包括：产品上市的推广、产品促销型推广、品牌提升型推广等；根据产品的不同阶段进行的推广有：教育市场、拓展市场、建设市场等不同的推广方式；根据市场竞争的状况进行的有地面推广、空中推广、推拉组合式推广、渠道中的助销型推广、渠道拉动推广等；还有终端组合推广、人员导购、卖场活化等各种推广形式的配合等，总之，推广是一个综合的课题，而企业需要首先把市场启动，才能够达成市场对产品的需求和渴望，有了这样的需求和渴望，才能使销售行为成为需要和可能。推广的行为和销售的行为要在一个合理的空间中和谐地配合，才能使营销行为更有作用。

上面说了很多推广培训的内容，但企业在接受推广培训的时候，往往不知道应该让谁去接受推广培训，也不知道企业应该接受哪一类推广培训，这就造成很多企业让销售人员接受推广培训的现象。

在营销活动中，推广工作是解决消费者愿意不愿意购买产品的问题的，这个工作就是企业的市场工作，而销售工作是解决消费者能不能买到产品的工作的，这个工作在企业中是由企业的销售部门来负责的。这两个工作是有明确的分工的，在营销学当中是先有市场，后产生销售，而我们现在的企业之所以没有市场而存在着销售，是因为我们国家以前是需求一直大于供给，仅靠销售在以前的很长一段时间内是可以解决战斗的，而随着市场的发展，现在已经不行了，即使不行了，我们还是没有解决需求的市场问题，还是不知道推广是解决市场问题的，还是不知道推广是企业的中层以上的人员必须要学习的内容，还是用销售的方法在解决我们的市场问题，造成销售的力度越来越大，而对市场依然不起作用，更多的结果是各个企业的销售的力度都积压在终端，造成终端的拼杀和无序的肉搏，不知谁能最终生存下来？

营销活动不仅需要启发市场，还需要配合启发的工作把产品有效地送到消费者面前，这种配合送到的工作就是我们现在所说的销售工作。在销售工作中，为了有效地达成目的和扩大市场的规模，需要利用渠道成员把市场的有效面积做大，这种做大是市场需求结果的产物，不是我们自己想如何就能如何的事情。所以，销售的满足工作是在市场需求条件下的具体工作，而且，销售还要担负着面对消费者的地面的推广配合工作，也就是在销售的终端，销售人员需要利用地面的工具和人员自身在一对一、面对面的时候对市场进行启发和教育，这就是销售人员的工作和职责，而这些正是需要对销售人员进行具体的技巧培训的原因所在。

对销售的培训可以分两块内容，一块是如何把产品送到消费者面前的策略工作，这些工作包括：渠道的利用工作、渠道的管

146

理工作，而在渠道的利用工作中需要重点阐述的是渠道选择、渠道政策设计、渠道在产品不同阶段的利用方式选择等不同内容；而渠道的管理工作的重点是：客户关系管理、渠道的助销、渠道的物流管理、货款管理等内容。为了使渠道成员和企业的发展更加和谐有序，企业还要对销售人员进行管理。以上这些培训的内容都是企业的策略性培训内容，是企业配合推广进行的整合营销的内容，也是企业发展的核心部分。

上面我们谈到过销售人员的终端技巧问题，这些是属于销售行为中非常具体的个人化行为，这种个人化的行为在推销行为当中是非常重要的，但随着市场规模的扩大，整个的营销工作已经从个性化行为上升到集体化的行为，也就是说，某一个人已经不能够达成销售行为，而需要一群人共同完成销售的行为，其中有负责教育市场的，有负责渠道成员的，也有负责终端摆放的，总之，每一个人的工作都很具体，但整合起来就可以完成我们整个企业需要的营销工作，就能达成企业需要的市场结果。

5.2.2 企业市场营销的重点是资源整合

从市场营销的概念我们可以看出，市场营销就是对自身资源整合和客户资源整合的一种资源整合方式，从本质上讲，它还是企业最大化的享受一些公共资源和最高效率的利用已经拥有的资源。而这恰恰就是我们所说的资源整合。

一、利用合作关系整合资源

2005 年 10 月份，我国的第十届全国运动会成为商业运作上的一个亮点。据有关专节分析，除了得益于整体体育大环境的升温，十运会在商业运作上向奥运会靠近，更加强调社会的参与性和广泛性，十运会在平台营销的打造上也存在颇多亮点。[2]

1、四次火炬传递，覆盖更多人群，吸引更多眼球

通过华夏文明、科技文明等四次火炬组合传递，时间长、可观性强、覆盖人群广泛。

2、与中央电视台形成战略合作伙伴，资源整合提升平台的企

业营销

与以往任何的国内运动会不同，根据国内的传媒市场具体情况，十运会不用电视台的转播费，而是和央视形成战略合作伙伴，形成双赢，与央视广告费分成，提取20%。央视广告代理公司未来广告公司总经理张勇评价说，双方合作很理想。

3、借鉴奥运，与合作伙伴进行个性化合作

比如将全国火炬接力赞助卖给特步，将各场比赛的冠名权分别卖给不同的企业。陈然说，十运会坚持"少既是多"的原则，尽量满足赞助商个性化的需求。

4、整合时尚元素，增加十运会文化外延，以吸引更多品牌主题的企业

在开幕式中拉大赞助商的外延，吸引很多其他的快速消费品参与，制造更广泛的对接点，比如设置礼仪小姐评比，将冠名权卖给隆力奇。有机的组合赛事内、外的其他产品卖给有个性对接需求的企业。

5、在招商和市场开发过程中的走出去战术

在运动会一年前就开始与《中国经营报》同时等主流的财经媒体沟通、预热。是历届全国运动会中走出去销售最积极的一次，同时与CCTV－5一起出去推介客户。

十运会在商业运作上的成功给我们说明了一个问题，适宜的商业联合营销方案能提高资源整合的效率。这个营销方案的成功之处就在于，它整合了可以利用的多种资源。不仅仅是整合自身所拥有的资源，而且还将与其有合作关系的资源也整合在其中，从而实现了资源的最大化，这样就保证了它在商业上的成功。

二、品牌联盟实现资源整合

2003年11月25日，红牛维他命饮料有限公司举行了盛大的与NBA美国职业篮球联盟的赞助签约仪式，这是NBA首次在中国大陆单独寻求的战略合作伙伴，而且一下合作三年。

"困了累了喝红牛"，国际功能饮料第一品牌红牛的这句广告

词在中国一打就是 8 年，由于在品牌策略上的单一性，只强调功能性，而没有赋予品牌更深层次的价值，与近年来表现强劲的其他饮料品牌相比，红牛的表现一直不温不火。在中国市场变化迅猛的今天，随着媒体关注角度的调整、消费者消费习惯的调整、人们对品牌内涵及文化价值认识的调整，红牛面临着品牌老化的危机。

随着奥运脚步的临近，基于功能饮料与运动的天然联系，朱小明认为红牛品牌更加需要运动化的价值体现。上任以来，他进行了一系列体育营销动作，为红牛品牌增加了"活力、动感、时尚"的内涵。姚明加入后的 NBA 已成为在中国最具吸引力的运动，最能代表国际化、动感、时尚的潮流。

红牛以三年近亿元人民币成为 NBA 在中国的核心合作机构，并成为 NBA 中国区域指定运动能量饮料，以"我的能量、我的梦想"为中心，展开了一场在公关活动、广告宣传、终端促销、包装创新上全方位进行的整合营销攻势。红牛花重金抢得的这个头彩，无疑对红牛品牌和市场有着及其重要的战略意义。

在当前的世界经济全球化和一体化的浪潮下，许多知名企业选择合作，将自己的品牌与另一个品牌进行联合，从而将双方的品牌优势进一步扩大、实现两者的双赢。这就是对现有资源进行重新整合后取得的发展，也是当前资源整合的主要、重要方法和方式之一。这也是市场营销在资源整合上新的"发明创作"，体现了市场营销对资源整合的重要性。

三、创新实现营销整合

2002 年 4 月才诞生的音响新品牌威莱，通过将大家电企业的品牌推广、网络建设模式嫁接到音响行业，不到一年的时间，就将专卖店从零扩展到了 1300 多家，销售额也从零迅速上升到行业前列，在部分地区如北京、南宁和兰州等的销售业绩已经进入前三名。[2]

当初威莱提出"普及音响"经营理念时，个别传统音响厂家的资深人士评价"音响是奢侈品，威莱用做家用消费品的手法做音响肯定做不长"。但半年之后，认为"音响是奢侈品"的传统音响厂家也开始学习威莱的品牌战略，宣称"也要启动千店工程，进军二三级市场，普及音响"，甚至连品牌也取名为与"威莱"相近的"×威"系列，公开宣称要与威莱针锋相对地竞争。由于威莱的出现，整个音响市场被激活，威莱也被业内人士喻为"鲶鱼"。其实，在大家感觉生意越来越难做的今天，威莱只不过把其他更成熟行业的经营手法嫁接到还不大成熟的传统产业音响行业中来，可见，经营方法不一定要独创，善于借用也能事半功倍。

市场背景处于发育期，品牌产品少，增长潜力大

★整体规模不大。相对于空调、彩电等其他家用电器，音响行业的市场规模并不大。这几年每年的销售额为 100 亿元左右，年销售量 300 多万套，与空调、彩电约 3000 万台的年销售量和超过 500 亿元的年销售额相去甚远。同时据有关部门统计，最近几年我国音响行业的销量还呈现出逐年下降的趋势，1999 年国内组合音响销售量是 360 万台，2000 年则是 340 万台，2001 年也只有 340 万台，而 2002 年二三季度持续出现近 22% 的负增长。

★市场还处于发育期。处于霸主地位的市场领导者还没有形成，比如还没有像微波炉行业市场占有率超过 50% 的格兰仕那样的领导性的品牌，市场占有率达到 10% 的品牌业还没有出现，行业将面临重新洗牌。

★市场无序竞争，产品和品牌鱼龙混杂，品牌产品太少。产品有几十万元一套的，也有几百元一套的，价格之悬殊为其他行业罕见。但是从产品本身来讲，产品无论价格高低，音响对消费者来说都是专业性很强的产品，一般的消费者很难鉴别的出自己所购买的音响是否物有所值。尽管对消费者来说，不容易鉴别音响质量的高低，但对生产者来说，进入这个行业的门槛并不高，几十万元就可以投资生产，芯片、扬声器单元、显示屏等核心零部件都可以现成采购，要好一点的音响，这些零部件就用进口的，

所以业内的厂家非常多，最高时估计全国有 4000 多家音响生产企业。

★整体品牌美誉度低。由于识别音响对消费者的专业要求相对其他产品比较高，消费者更多地依赖产品的品牌和价格来判断音响质量的高低，众多的生产厂家就在品牌方面大做文章，尽管规模不大，一家企业拥有几个品牌却是很平常的事。其中利用音响的不普及和国内消费者崇洋的心理，起"洋名"，冒充洋品牌是音响行业最常用的方法，在音响行业很难听到几个不带洋味的品牌名称。但去年中央电视台"3.15"晚会将在东莞生产却自称"丹麦货"的香武仕音响曝光后，"假洋鬼子"将音响行业拖进一段风雨飘摇的日子，去年一年就有几百家音响企业倒闭。

★市场潜力大。虽然目前我国音响的市场规模还不能与彩电、空调相比，但威莱的决策者认为，音乐是消费者的一种心理需求，生活中随时随地都需要音乐，并且随着人们生活水平的提高，不仅对音乐的要求提高，对音质的要求也会提高，可以判断，影音系统特别是音响将成为继彩电、洗衣机、冰箱和空调之后家庭重要的家用电器，一个家庭在客厅、卧室、厨房甚至厕所拥有不同的音响从而同时拥有几套音响的情况也将出现。据统计，我国每百户家庭的拥有率，彩电是 110%，碟机是 90%，而音响只有 24%，音响的市场潜力是非常大的。

★目前音响的市场还不是很大，生产厂家和品牌虽多，但处于强势地位的行业领导者还没有出现，这就意味着这个行业蕴藏着巨大的商机。中美合资的知名音响企业 MG 集团在 2002 年 2 月成立了威莱数码（中山）有限公司，并在去年 4 月请来了原华帝集团总经理、我国著名职业经理人姚吉庆出任执行董事兼 CEO，希望威莱在三年内进入行业前三位，五年内成为行业的领导品牌。善于市场运作的姚吉庆将比较成熟的家电行业的市场操作手法移植到音响行业。使威莱成为 2002 年中国音响市场增长速度最快的专业音响品牌之一。

渠道策略样板店＋样板区快速大网络

★销售网络是实现销售的硬件基础，大网络不一定能够带来大销售，大销售却必须依赖大网络，深谙此道的姚吉庆提出了一个雄心勃勃的网络建设目标：三年内建立 3000 家专卖店。为了方便开展工作，他将销售总部设立在广州最知名的写字楼中信广场。

★特许连锁经营是建设大网络最有效和最快的办法，威莱拿来就用。为了更好地说服更多的潜在商家加盟，威莱不仅在全国多个地方成立样板店，而且首创样板区的网络建设模式，前者以点带面，后者更是以面带面。

★样板店并非威莱投资建设的直营店，产权归经销商所有，威莱除了在装修和经营方面给予其他加盟店一样的支持外，还给予样板店一定的优惠政策作为支持。威莱在新的 VI 系统出台以后，便开始着手网络的建设与扩张，许多经销商在推广威莱音响初期，为了降低风险，在建立样板店方面往往采用先建立店中店的办法，然后在二级网点建立专卖店，通过样板店的业绩引导二级经销商。

★威莱的网络层次是威莱、一级经销商、二级经销商。样板店的建立是帮助一级经销商吸引二级经销商加盟，而样板区为的是说服一级经销商加盟并引导一级经销商提高管理区内网络的水平，同时通过特许经营的办法吸引二级经销商加盟，从而形成合理的物理布局和规模优势。

★为了强化对经销商的管理和服务，威莱在全国各销售区域设立了管理中心。威莱并不要求加盟者一定具有经营音响的经验，而是通过管理中心规范和引导加盟经销商的行为，实行标准化经营。为实行标准化，威莱认为首先就要做到简单化，因为越简单就越容易执行，越容易复制。其标准化与简单化在店面专修方面表现尤其突出，绝大部分装修材料都实行了模块化，经销商选好店面地址后，只需将由威莱提供的装修模块按照施工图组装上去就可以开门营业。威莱在开店方面的速度是相当快的，不到半年时间就达到 1300 多家，最快的一天达到 10 家，总部供应的装修材料供不应求，经常空运装修材料。

★渠道策略的目的是启动"样板工程、千店工程"，以城市辐射农村，快速扩张网络。

、　价格和产品策略价值战以产品普及化培育市场

★威莱决心成为行业数一数二的领导者，并认为要成为领导者，首先就是要打好普及牌。威莱将六十年代就已经成熟的电声技术和现代的电脑技术结合起来，实现音响的智能化和操作的简单化，开发出"傻瓜"型音响，做到"纯真音色，一触即发"。这就是威莱方面为普及音响，在产品的专业水准与价格的大众化之间找到的平衡点。

★经过市场调查，中高收入的工薪阶层是音响最主要的潜在消费者，而单套价格 3000~8000 元的音响最受工薪阶层欢迎，其中 2000~6000 元的的中档音响约占 60％的市场份额。威莱决定主攻普及型中高档市场，产品的价格在 2000~10000 元之间。在销售网络搭建得有相当规模后，威莱开始正式发动大规模的促销活动"飓风行动"。"飓风行动"的促销效果非常明显，大大提高了销售额。

★尽管 9 月至 10 月是许多音响企业大规模降价的时节，但威莱打的是价值战，而非价格战。就像广州本田汽车，价格不是最低的，但卖得最好，原因就是性价比高。威莱推出低价和高价音响相结合的手段，以满足不同层次消费者的需要。这就是威莱低价抢眼球、高值争利润的低开高走的定价策略。

★"不打价格战，只打价值战"需要一个前提条件，就是需要通过技术创新开发出物超所值的产品，否则在激烈的同质化竞争中必然陷于价格战的泥潭而不能自拔。针对互联网迅速发展、人们的娱乐内容越来越多的来源于互联网的发展趋势，在奠定了自己的市场地位之后，威莱在 2003 年 2 月将几个月前就开发出的网络音响 e 代天骄 V90 推向市场，这是我国第一套自己研制生产

的网络音响，它可以在网上下载或在线播放音乐或电影，可以与网络游戏有效结合起来，实现了音响技术的升级。

由此我们可以发现，市场在发展，营销手段也在逐步升级，我们应该在不断的进行创新，从而实现资源整合的有效性。只有在创新中，资源整合的范围和力度才会进一步扩大和加强，促进企业的持久快速的发展，保障企业在日益激烈的竞争中立于不败之地。

参考文献：

[1]《关键人才资源管理决定企业竞争》来源：中国人力资源网 2005 - 10 - 1

[2]《十运会平台营销看点》来源：中国经营报 2005 年 10 月 22 日

[3]《嫁接就是创新　威莱音响市场营销案例》来源：中国本土化管理网 2005 年 12 月 21 日

第六章　资源整合与资本运作

中国企业经过二十余年的发展，涌现出一大批领袖企业，如海尔、联想、华为等领袖企业，但也有无数大家曾经非常熟悉的企业成为流星。从这些企业二十年成功或失败经历看，与他们对市场规律的把握匮乏、对经济形势的分析模糊、对营销手段的利用不当、对资本运作方式的无知有很大关系。在经济发展多元化的今天，企业的发展不能只凭借自身的资本进行发展，企业家要懂得如何进行有效、成功的资本运作，来使自己的企业做大做强。

第一节　资本运作与企业发展

6.1.1　什么是资本运作？

资本运作指的是如何有效的利用有限的一切可以产生价值的资源，从而达到资本创利的最大化，这里的资本指的不仅仅是钱，一切相关的都是资本如土地，设备，员工等等。主要为新的技术提供生长的土壤。或者扩大规模，降低成本。

资本运作是一个系统工程，其目的是为了整合企业的整个产业，提升企业的核心竞争能力，突破企业发展瓶颈，通过资本运作来推动产业发展，促进企业更加健康地可持续发展。

6.1.2　目前国内企业资本运作现状[1]

一、国内企业资本运作概念的起步：股市圈钱

九十年代以来，由于股市的快速发展，使资本运作成为企业管理者们炙手可热的话题。股市十几年的发展，为中国企业的资本来源带来的一条新路，但上市公司的资本运作成绩单却令人失望。14 年来，深沪上市公司创造利润 6965 亿元，却从社会公众股东手里融资 9675 亿元。曾几何时，上市公司被认为社会公信力高，盈利前景好，行业竞争力强，现在落到了冷眼相看的地步，都是圈钱惹的祸。

中国股市发展的最大因素是"圈钱"。圈钱导致投资者信心低迷，二级市场一蹶不振。"圈钱"行为不能说所有公司都存在，但股市的低融资成本使得许多上市公司都难忍拒绝其诱惑。因此，股市融资成为上市公司与市场、大股东与流通股股东间的博弈。上市公司把报表打扮得最漂亮，选择最好的市场时机，发行一个好价格。即便上市公司盈利能力毫无改善甚至倒退，但溢价发行肯定给大股东带来最大收获，大股东净资产的增值大多由此获得。再融资曾经是最典型的不平等"圈钱"行为，大股东可以放弃配股权或增发认股权，并将壳外的资产包装后让上市公司收购，而自己通过再融资获得净资产增值。

没有一家上市公司不在融资之前吹嘘已取得的业绩，及融资后的美好盈利。但往往配股后，配股资金的使用效率却不高。配股没有起到增加主业的效果。为了连续配股，上市公司不得不努力提高利润，但主业并无相应增长；"为取得配股资格做高利润"，是典型的"圈钱"行为。被做高利润后的报表成为配股价格的卖点，而投资者买入分享的却是那份"做高利润的报表"的后遗症。于是，有的在融资前业绩大幅增长的公司，"圈钱"后业绩表现平平；有的公司还为那份"做高利润的报表"付出财务调整上的代价，导致公司业绩出现倒退。某上市公司 2000 年增发前利润年年保持增长，增发前三年的净资产收益率均高于 12%，但再融资十几亿元后的利润连续三年下滑，从 2000 年盈利几亿元跌到 2002 年和 2003 年亏损十几亿元。也许并非是市场变化导致业绩由盈变亏。而是十几亿元再融资惹的祸，把企业套进去了，而且使得一批新股东套了进去。

"圈钱"现象一直以来存在，使得投资者对上市公司乃至证券市场缺乏信任，投资者信心日趋迷失，为今后股票市场的发展带来了极大的不利影响，促使投资者和融资者进一步的短期行为，从而给中国资本市场的未来主流方向带来一线危机。

二、圈钱带来的资本运作误区

我国第一起二级市场资本并购案从"宝延"风波开始，拉开了我国上市公司资本运作的序幕。此后，股权转让、兼并、资产置换等频繁发生，买壳、借壳上市更是达到趋之若鹜。许多企业开口必谈资本运作，并把它当成现代管理的真谛，直至现在，还有众多企业经营者把战略目标定位上市。

目前，国内上市公司主要存在以下认识：

1、为上市融资而融资。许多公司不是立足于自身产业的发展，而是片面追求上市，使上市公司成为稀缺的资源，加大上市成本。在资本市，连年亏损的上市公司成了未上市公司追求的"壳资源"，可以高价转让。而上市后，资金在自身产业没有投资机会，擅改募集资金用途，甚至挪用募集资金炒股。

2、认为发行股票筹集的资金成本低，不考虑长期获利性。目前众多上市公司大股东上市后，为了回收资金，不考虑上市公司的长期发展，竭泽而渔，把利润分光吃净，结果留给上市公司严重财务隐患和经营风险，形成了远期的筹资风险和成本。

3、融来资金后不是依靠自己的长处来通过业务经营获利，而企图通过简单的委托理财生利。不少上市公司通过资本市场融资后，直接通过委托理财方式、靠炒卖股票来进行创收活动，结果在自己不熟悉的领域失败了，使企业承受了不必要的风险。有的企业甚至为寻求资本的增值，不惜违规操作，参与坐庄。

4、以资本运作为幌子进行资产重组，实际是为二级市场炒作制造概念。部分上市公司通过兼并、收购或直接投资等手段来制造题材，竭力表现出企业蒸蒸日上的发展势头，并通过炒作这些题材使企业的股票价格飙升，从中谋取暴利，并以此作为企业的经营之道，而忽视企业的产业发展的持续性。

5、以为规模就是经济。许多公司盲目通过资本运作来扩大规模经济、多元化经营和低成本扩张。企业购并、资产重组，必然使企业的资产规模和经营规模扩大。但规模经济要求企业的经营能够成为一个整体系统地发展，简单地将两类资产业务叠加在一起并不能形成一个系统规模，因此规模效应无从谈起，反而易形成内耗。

要在上市公司运作中，资本运作是手段，企业竞争力的提高才是目的。上市公司以实业经营为主业，搞好生产经营才是企业发展的根本出路。在经营过程中，以企业购并、资产重组为特征的资本运作，只是在条件成熟时才能运作，不可能成为日常性的业务活动，否则将主要精力盯在这种资本经营上，必将直接影响企业的经营成效和竞争力。对于多元化经营、低成本扩张等，更不能盲目冲动，否则扩张活动非但不成，反而会使购并企业背上沉重的负担，并会葬送一个本来具有发展前途的企业。

三、国内非股票资本运作市场的运作

国内企业在股票市场外进行的资本运作也比比皆是，即有海尔吃休克鱼的成功，也有众多失败案例。

一类是资本运作在企业发展战略上的同步考虑缺乏。以健力宝频繁操作的资本运作中的一项为例，2003 年 11 月，广东健力宝集团健力宝宣布正式入主河南名酒宝丰酒业。一贯以饮料为主业的健力宝，进入并不熟悉的白酒业，看中的是白酒业的市场空间和宝丰酒的市场潜力，希望通过资本、营销网络优势重塑宝丰酒业的品牌形象，另一方面可能会在短期内主攻广东的中高档白酒市场，产生投资效益。健力宝的考虑是，饮料业的淡季正是白酒的旺季，健力宝入主宝丰酒，既可以利用部分固有的饮料渠道开拓白酒市场，同时又可以让经销商在饮料业的淡季、白酒业的旺季经营白酒。但实际运营中存在这样的问题：1、饮料本身市场定位与白酒消费群体不同。白酒的消费群体与饮料消费群体将有很大的不同，白酒更多时候是情感消费品，而饮料更多时候是因为生理需要而饮用。不同的消费市场定位，是健力宝销售网络无法支持宝丰酒的销售。2、饮料渠道与白酒渠道看似相通其实不同。饮料作为快速消费品本身对可以借助各种小店，商超快速铺货。而白酒则是需要借助餐饮，酒店等消费通路。3、面临的激烈的市场竞争。宝丰酒作为清香型白酒的代表，面临市场欢迎的浓香型白酒激烈的竞争。2004 年 11 月 16 日，广东健力宝集团股权转让签约仪式结束，北京汇中天恒和北方亨泰共持有健力宝集团股份 91.1%。这个仪式标志着健力宝一系列资本运作的失败。

另一类是，以资本运作作为财务杠杆来实现效益最大化，脱离主业运作。如果资本运作脱离实业，可能危及正在健康、有序发展中的实体产业。不久前，在新加坡上市的中航油（CAO）因违背套期保值原则，越权违规炒作，在石油衍生品交易中亏损 5.5 亿美元！目前，该公司正在极度痛苦中张罗债务重组。2002 年 11 月起，伊利股份便将数亿元资金用来购买国债。伊利股份 5 名高管被刑事拘留消息传出后，两天内伊利股份流通市值迅速蒸发掉 2.68 亿元。幸好这一事件未波及公司经营造成停产，否则伊利每天的销售收入将损失达 2600 万元。这些冰冷的数字令投资人坐立不安，挪用数额巨大的资金用于搞"资本运作"，便有可能导致资金链断裂从而危及实体经营。

6.1.3 企业资本运作如何管理

企业的资本运作关系着企业的发展，在此，我们把企业的资本运作划分为三个步骤:[2]

定格：你是一个什么样的企业

克隆：你需要一个什么样的企业

整合：你就是这样一个企业不论是规模经济、范围经济还是集成经济，其目的除了强化企业核心能力机制之外，其另一重要侧面是增大核心能力从而整合企业的实力、规模，而企业核心能力之实力赖以增大，企业赖以扩张的根本实力条件，是以市场结构为基础推进资本运作的战略管理。

凡兼并、收购大半为战略行动。这种以企业核心能力为主线实施的资本运作，一定要以总体的战略意图为导向，在总体战略思路精心设计、周密策划指导下进行，这是作为战略家的企业家实施资本运作必须给出的首位谋划。近些年来的资本运作实践表明，相当一大部分企业并购的失败，在于没有战略指导，更深层的剖析表明，人们根本不懂战略意图，当然也就无法做出同目标市场对接战略谋划。

贯彻四条导向原则能力学派管理专家提出：业务流程再造的关键是把企业的内部组织和产品——市场战略有效连结起来，就是变业务流程为战略性资产。所谓战略性资产亦可认定为具有（体现）企业核心能力的资产，因而以核心能力为主线。进行资本运作的主旨在于，透过各个层面将资本运作直接同市场结构联系起来。

要如此，就必须贯彻以下四个导向的原则：

1、产权重组以产业重组为导向。我们不能为重组而重组，产权重组只有按产业结构进行重组才能直接体现核心能力的要求；

2、产业结构重组以产品结构重组为导向。产业结构只能以产品结构为实施形式；

3、产品结构重组以市场开发结构重组为导向。如从产品的市场开发时序上说，每种产品的市场开发都存在有现实、潜在和未来三个层面；再如从市场开发可能性上说，都有忠诚度目标客户、满意度目标客户、一般客户等几个层面等等；

4、市场开发结构以居民消费结构、消费时尚重组为导向。国美敢于进军中国家电名牌密集的青岛市场，首要的因素是瞅准了青岛地区家电价格高于外区10％至15％的这一可能的利润空间。

三步曲：定格、克隆、整合成功的资本运作，在具体作法上，要实施一定格、二克隆、三整合的“三步曲”。

关于定格。资本运作中，作为兼并目标公司的公司，首先要对现时点上自己公司本身的管理模块进行定格，为“克隆”准备母体。海尔兼并红星，或德隆兼并汇源等等莫不是先以对自己管理模块进行定格为前提来实现的。这包括以下三个方面：其一，整体定格。这是整体思路、总体设计的定格。首要的是企业同客户在"价值、战略、价值曲线"上的"对号",这是前提,又是主要内涵之一。在此基础上,再做出以彼此忠诚度为核心指标的互动关系模式,由此做出以核心能力、核心价值观为主导的企业整体运作模式和战略发展的整体模块。联想培训新员工要求"入模子"的"模子",海尔对拟使用海尔品牌的合作者要求必须经过五道关卡的"控制条件组合"等等都是这样一些整体定格。其二,分项定格。这是指开发、营销策略、组织结构、人力资源开发、企业文化等等子系统的可操作性的总结、概括和精细的认定。其三,特殊定格。这是指对最能体现本公司个性特色的核心理念、关键技术的更为深层开掘性的定格。

关于"克隆"。实质上是指要进行三方面的制度创新。毫无疑问,首先要在已定格的三个层面上进行复制、拷贝。这本身是比较简单的,问题在如何进行由此引出的创新上,仅仅照搬是不可能达到目的的。这起码要进行三方面的制度创新。

这三种创新分别是:

1、公司管理体制基本定格性的创新。公司既要科学认定以往的经验,又要进而转向现实层面进行创新。无论是国际上的 GE、IBM 等等,还是国内的海尔、联想等等莫不如此。

2、"克隆"于购进公司的复制性创新。这即是本集团公司在其作为母体公司的管理基础上对子公司管理的创新。

3、基于"克隆"及其他有关方面的再造所引出更高层次上的大整合创新。这是指由并购新公司造成的整个集团公司基于更高层次的资源配置、市场整合要求,进行全方位、多层面、多视角的制度创新。例如整个业务流程扁平化改造之后集团领导体制的设计与再造;再如,组织结构再造、调整与重构;再如,企业业务的组合调整及其尔后行业的集团总部体制及相应的向下延伸,市场体制的调整与再造等等,都要作更加细致的考虑。这里最关键的一条是必须实行彻底的理念革命。

关于整合。整合,当然亦要在三个层面上进行,要掌握好技术、经济等等方面的相关度问题。要抓好核心能力机制再造、重构，要进行管理团队、企业文化整合等等。不过我以为，更为重要的不在对这些整合内涵的认定上，而在于对这些内涵整合机制上，即"如何整合"上。其关键点是整合的方向、标准、整合行动的坐标系统问题。尤其是在今天，人们更重视战略联盟，双赢格局的背景下面，更要求符合公司未来发展之趋势的要求，而非按一方意愿行事。由此可见，除了个别公司的个性化特质外，公司发展的一般趋势便成为整合的一般行为指向了。

参考学者周研关于未来公司发展趋势的描述，企业资本运作中的整合，必须把握好如下十个方面的特点：

其一，既要重视物质生产、货物配送等有形方面的价值创造，更要重视以研发、品牌经营、资产重组、产权经营等无形方面优势攻占利润制高点。

其二，既要重视固定资产或资本的实力，更要重视公司的技术创新、制度创新和管理能力创新，要让知识同资本所有者共同承担公司治理。

其三，既要重视企业现有生产能力和优势的发挥，更要把技术、管理和制度创新当作获得新优势的根本途径。

其四，既要围绕产业结构分析和全球化竞争策略分析来进行公司战略制定，更要紧紧以核心能力为主线，制定和实施公司战略管理。

其五，既要注重整个营销从 4P（商品、价格、渠道、顾客）向 4C（消费者、成本、便利、沟通）的过渡，更要突出以顾客信赖为中心，全方位、多视点地推进概念营销、网络营销、关系营销等多种策略形式。

其六，既要积极推进专业化分工、战略管理，更要以此为平台，加快企业向个性化、柔性化生产方式转变。

其七，既要大力强化产品生产（服务）质量、物流配送、资金核算等等流程机制，更要在此平台上，从更有效，更具体满足顾客需求的能力和速度方面获得竞争优势。

其八，既要继续抓好事后的、限于利润目标的战术性的财务管理，更要注重直接参与经营过程的、开放职能的、更注重公司未来价值（包括无形资产价值）的战略性财务管理。

其九，既要重视已有的显性的知识（信息、技术、产品、人才和理念、品牌、文化、声誉等等）资源的使用，更要注重其隐性部分知识向显性化转变的开发。

其十，既要重视按契约、规定进行工作情况都能毫无争议地被观察到的人力资源管理，更要在积极营造互相尊重、充分授权、发挥员工主动性、创造性的氛围中，更深入地发挥员工潜能。

6.1.4　国外企业资本运作发展之路

一、国际企业以资本运作作为发展的重要经营手段。

从国际企业的历史来看，资本运作成为已经成为众多企业过去十年来高速发展的必要因素。通过资本运作能够获得快速的发展。由于并购的是现成的公司，缩短了建设周期，又减少了市场风险。比如微软，1986 年在那斯达克上市时净资产仅 200 万美元，1999 年股票市值高达 2600 亿元，13 年增长了 13 万倍，创造了企业发展史上资本扩张的神话。此外，雅虎、英特儿等公司，都是成功的范例。2000 年，全球并购交易额超过 3.4 万亿美元，比上年增长 3.5%，连续第 8 年创下纪录。2000 年 1 月 10 日，美国在线公司和时代华纳公司宣布合并，组建"美国在线—时代华纳公司"，合并交易额达 1660 亿美元。而新公司的价值在合并后高达 3500 亿美元，成为世界第 7 大公司，年收入总额 300 亿美元以上，相当于墨西哥和巴基斯坦两个国家国内生产总值之和。这是迄今为止全球最大一起企业合并案，也是代表因特网和传统媒体的两大著名公司之间的一次"了不起的结合"。

这些资本扩张创造的企业神话，它完全改变了企业滚动发展的理念。为什么资本运作能够带来如此大的魔力呢？传统经济学认为，在理想的自由竞争的市场经济条件下，生产的各种要素能够通过市场得到最有效的配置。但是，在现实中市场是不完善的，表现为：（1）垄断的存在；（2）信息不充分；（3）市场中存在交易费用。这就为资本运作带来价值创造机会，其基础在于：（1）规模经济。当企业到过一定规模时，能对收益产生加速度的影响，随着市场的发展，专业化厂商会出现并发挥功能，对此规模经济是至关重要的，一个厂商通过并购其竞争对手的途径成为巨型企业是现代史上一个突出现象。（2）交易成本。通过一个企业支配资源，可以节约市场交易费用。（3）价值低估。企业的全部重置成本可能高于其股票市场价格总额。（4）市场控制。企业并购可提高行业集中程度，出现寡头垄断，从而凭借垄断地位获取长期稳定的超额利润。

另一方面，资本运作并非纯是扩张，也可以选择分析。如通用汽车公司资产重组，该公司是一直位居"幸福500强"之首、遥遥领先其它企业的美国最大公司。1995年其销售额达到1680亿美元，利润额为69亿美元，创下了通用汽车公司及其它美国公司历史最高纪录。为保持其竞争力，这家全美最大的企业决定将自己分拆为四个部分。由于企业规模过大时存在规模不经济，而且易引起政府反垄断关注，因此，企业分拆也是企业资本运作的一个重要手段。

二、资本运作不仅仅是融资圈钱，首先目的在于实现资源的优化配置

资本运作，是指以资本增值最大化为根本目的，以价值管理为特征，通过企业全部资本、生产要素的优化配置和产权结构、产业结构的动态调整，从而实现资本增值最大化的一种经营方式，是企业迅速实现低成本资本扩张的有效方式。

实施适度多元化资本运作组合，不仅能够为企业带来低成本外部融资，满足资金需求；更重要的是，能够实现企业资本的低成本扩张与增值，改善资本结构，提升资产管理效率。是今后国内电信企业应对国内外市场激烈竞争的必备能力。

资本运作一般划分为三个阶段：第一阶段，企业做大阶段，为了满足企业对于发展资金的需求，而进行外部资金筹措；第二阶段，企业改制阶段，即为了改善企业内部资本与治理结构，而进行的资本结构与产权结构调整；第三阶段，资本扩张阶段，为了达到低成本资本增值与扩张的目的，而组合使用多元化资本运作。这三个阶段顺序相连，不可分割，反映出企业由小变大、做强过程各阶段资本运作特征。

以国内电信运营市场上的资本运作为例，已经经历了第一阶段，如今处于第二阶段，资本运作的主体表现为四大电信运营企业进行的重组与上市，实现国有大型企业改制目的。整个市场的资本运作理念和水平正处于快速提升过程。但是，相对于国际大型跨国公司处于第三阶段——表现为成熟的多元化资本运作理念与技巧而言，国内电信市场上演的资本运作方式和融资方式仍显单一和落后。

以国际企业飞利浦为例，我们可以看到，通过资本运作在第三个阶段的运作，改变企业战略性业务结构，是使企业获得新生的重要途径。不少人习惯于认为，飞利浦只是一家生产消费电子产品的公司。其实，其产品种类曾经极其繁杂——从一般人所熟知的刹须刀、灯泡，到手机、半导体，甚至还有塑料厕所便座等。多元化的双刃剑带给飞利浦的不只是分散风险，也分散了公司资源。一方面，一批增长缓慢的业务未能及时退出；另一方面，增长潜力大的业务又未能分配到足够的资源。面对巨大的成本压力及严重亏损，收缩产品线成为飞利浦不可避免的选择。1990年，该公司曾走到了破产的边缘，主要是由于产品线过长的弊端，当时果断地从电信设备和电脑行业退出。1996年，出售了飞利浦旗下的宝丽金唱片公司，而宝丽金曾是媒体业务战略的核心资产。在当时手机市场美好前景的诱惑下，涉足手机行业。2000年之前，由于需求旺盛，飞利浦的手机业务还能勉强保持盈利。2001年，市场形势突变，该业务陷入巨亏。在些情形下，飞得浦公司

165

进行了一系列资产运作手段，30 种非核心业务被出售，手机和磁带录像机制造业务等被外包给其他公司，传真机业务则被出售。消费电子业务占飞利浦销售收入的 1/3，但在 2003 年前该业务却是亏损的。在世界上最大的消费电子市场美国，飞利浦亏损长达 15 年。向该产品部门发出"最后通牒"：如果到仍无法在美国市场实现盈亏相抵，该产品部门将被撤消。近几年时间里，飞利浦共剥离了约 6.69 亿欧元的不良业务或非核心业务，削减营业成本超过 9.45 亿欧元。十几家工厂被关闭，几乎所有消费电子、小家电和芯片的生产被外包出去。现在，飞利浦目标是将力量集中在增长最快、利润最大的业务，与此同时，推动产品由模拟技术向数码技术转变。调整后，飞利浦的经营重点放在五大领域：照明、消费电子、家庭小电器、半导体和医疗系统。其中，医疗业务已成为继消费电子之后的第二大业务，半导体业务也由原来的亏损一跃成为飞利浦利润来源的中流砥柱。最近几年，飞利浦推出的一些新产品如 Senseo 咖啡壶和可刻录 DVD 都很成功。该公司与韩国 LG 电子公司合作生产的大屏幕液晶显示器的市场已取代三星，市场份额跃居全球第一。飞利浦还通过与竞争对手加强合作是实现技术投资价值最大化。飞利浦与摩托罗拉和意法微电子公司在法国的格勒诺布尔成立了一个半导体研发设施，并与索尼公司在 DVD 刻录机方面进行合作。

从飞利浦的经验我们可以看到，资本运作时代关于企业经营的理念发生了巨大的变化，不再简单地立足于内部经营管理和竞争对手的竞争，而在于运用市场中所有资源，创造顾客需求。

国内企业进行的以产业调整和发展为目的的资本运作，近期联想集团进行的两项资本运作已经初显端倪。2004 年 7 月 28 日，联想集团与亚信科技在京签署协议，联想集团以其 IT 服务业务主体部分作价 3 亿元，置换亚信公司 15% 的股权。双方通过业务资产和股权置换的方式，实现了亚信公司与联想集团 IT 服务业务的合并。能过此举，联想集团实现了轻装前进，也为其后来收购

IBM 的 PC 业务解决了后顾之忧。2004 年 12 月 8 日，中国联想集团斥资 12.5 亿美元收购了美国 IBM 个人电脑业务。联想将以 6.5 亿美元现金及价值 6 亿美元股票，总计 12.5 亿美元拿下了 IBM 全球 PC 业务，IBM 公司将拥有 18.5% 左右的股份。这是国内 IT 公司最大的一笔海外并购。这一并购也将此前一连串中外企业并购、合资推向了高潮。通过这次并购，联想获得了国际市场渠道和国际市场 PC 高端品牌双重资源，同时，同于 IBM 股东的进入，将使联想在经营上更一步趋向于国际化。虽然这一资本重组，会为联想带来一定的经营风险，但中国的企业走出去是一个必然趋势，以资本运作的方式比联想自己走出去重建国际市场品牌和渠道的风险要小得多。

三、中国企业资本运作需解决的几大问题

1、公司管理层对资本运作的认识。要对企业发展的战略角度进行考虑，从企业资本运作的风险角度进行控制，从资本额度、所需费用、资金来源等角度进行充分考虑和安排。

2、不少企业在急剧膨胀过程中，常常带有浓厚的个人色彩，在创业初期，选用财务人员的标准往往是可靠的"自己人"，而忽视科学规范的财务准则的建立，因而造成历史档案资料混乱，无法进行正常的审计和评估。

3、要引入相应的有经验的专业人才。由于大部分公司缺乏有上市经验的人才，以致在资本运作过程中，不能及时准备及提供符合相关要求的资料，进而影响资本运作的速度。

4、要建立健全公司内部控制系统，以符合相关资本方的治理要求。

5、要加强对规范化资本运作的培训，使企业上下一致对资本运作有充分的准备。

6、要重视策略性投资者的作用。他们一方面能够为企业的资本运作提供资金和其它资源的支持，另一方面也能够使企业的治理结构处于稳定状态。

6.1.5 中国企业国际资本运作之路

一、中国企业的国际股票市场融资尝试

从近年来中国主要企业海外上市捷报频传，中国移动在香港和纽约同时上市，并且分别在 1997 年 10 月筹资 43 亿美元、1999 年 10 月筹资 20 亿美元、2000 年 11 月筹资 69 亿美元，目前已经成为香港市场上具有主导作用的蓝筹公司；中国石化 2000 年 10 月筹集 35 亿美元，在香港股票交易所和纽约股票交易所上市；中国联通 2000 年 10 月筹集 57 亿美元，在香港和纽约同时上市；中国石油 2000 年 3 月筹集 29 亿美元，在香港和纽约同时上市。这些公司在海外市场的成功上市，为中国企业进一步利用海外资本市场提供了经验。[3]

从目前环境看，国际市场利率市场仍然比较低，这使企业的融资成本很低。而美国经济已开始有复苏的迹象，而且通货膨胀很低，可能维持一个比较低的利率环境。存在较好的融资环境。当然，外资对中国企业也有一定顾虑，例如认为中国政策变动频繁，有关政策条文的解释及运用存在不确定性，在企业文化、企业估值等方面双方也存在差异。对于中国公司海外上市，对许多企业而言，是一个扩大企业规模、向国际化进军的机会，但对某些企业面言，也未必是一剂良药。海外上市最大的问题就是成本太高。成长中的企业必须贱卖其股份 25% 以上，才能筹得几千万港币，且在二板上市后流动性较差，影响再筹资。以一家集资金额不到 1 亿元的公司为例，单是支付上市费用就动辄 1000 万元至 2000 万元，其筹资成本巨大。为什么香港上市成本会这样高？主要原因是，国内上市与香港上市或其他上市地区标准差异极大。根据国际会计标准上市审计需要填的表有 2000 张，工作量差别可见一斑。此外，除了上市之际需要按照这样的标准执行，上市之后企业也要按照这样的标准去做。在这样的高标准之下，上市企业所在的市场未必能提供如此高的利润支持。

二、中国企业海外上市的几大注意问题

中国企业境外上市融资一般有四大步骤，首先是上市规划，其次是引进策略投资者、第三步是申请上市，最后是招股挂牌。目前境外上市有以下几种方式：境外直接上市、境外间接上市、境外买壳上市、A股发行H股，H股、S股、ADR/GDR发行A股、红筹股发行A股、多重上市（多地上市）、存托凭证（DR）和可转换债券（CB）。由于直接上市程序繁复，成本高、时间长，所以许多企业，尤其是民营企业为了避开国内复杂的审批程序，以间接方式在海外上市。间接上市主要有两种形式：买壳上市和造壳上

1、选择好有利于发行的交易所

证券交易所有其不同的战略定位。具体来说，上市公司可以按照不同的标准划分为不同的类型，例如按照企业的成长性可以划分为快速成长企业和成熟企业；按照产业可以划分为高新技术产业和传统产业；按照规模可以划分为大型企业和中小型企业。由于不同证券交易所的具有不同的定位，其在投资人心目中已经打下了深深的烙印，因此，交易所不同的特点导致融资成功的概率也会不尽相同。比如，美国纳斯达克主要为中小企业板，进入门槛低，该选择有利于发行的顺利进行。

2、根据企业的战略发展需要，选择好上市地点，为企业品牌增色

企业在选择上市地点时要选择市场收益大而需要付出的资源相对少的上市地点。一方面地点的选择要考虑维持挂牌费用和其它各项费用尽可能减小。但更重要的方面是，企业的上市地点的选择要有利于企业发展战略的配合。对中国企业而言，要选择在主要业务即将或者已经进入的所在地上市，这样就可以利用公司在市场上已经具有的知名度来便于吸引投资者的投资以及投资者对公司进行跟踪。中国企业在国际上缺乏品牌优势，而通过在国际市场的上市，则是一个将中国企业与国际企业并列的最好场所，

有利于提高公司的市场声誉，塑造一个国际化公司形象，改变国外客户对中国产品的看法。比如，联想选择美国上市，除融资因素外，国际化战略也必然是其重要考虑因素之一。

3、要选择有影响力和适应中国企业特点的投资银行

企业上市的成败，不仅是企业自身的努力，和投资银行的运作关系十分密切。中国企业运作上缺乏国际化同步规则的特点，要求投资银行对对中国企业有足够的了解，同时在融资地具有很强的运作能力和市场信誉度，如此才能顺利展开分销活动。此外，不同投资银行有不同的业务优势，他们往往会在建议上市方案时会根据自身的优势提出建议，这一点分根据上市企业特点进行整合。

4、选择合适的投资者群体，并做好足够的宣传沟通

好的投资者对于本行业的公司有良好的了解，对于公司的发展能够提供长期支持，避免因为短期性的因素导致公司股票市场价格剧烈波动，从而影响公司品牌形象。这一点在上市之前的发行定位中要充分给予考虑。同时，发行之前要将本公司的战略与投资者作充分的交流和宣传。在投资者加入一个有良好业绩的大股东，是一个很保险的做法。一个大股东沟通成本相比大众投资者为低，使大股东出于长期考虑会支持和理解公司的战略上的举措，遇到市场变动等因素不会轻易采取行动，从而对大众投资者起到定心丸的作用。

5、可以选择在几个海外证券交易所同时挂牌的方式

从理论上讲，为了吸引更多的投资者的需求，在资本市场全球化条件下，当前联网交易的发展，即使仅在香港市场上市，依然可以实现面向全球融资的目标，因为全球的投资者都可以购买到香港股市的股票。而且两地或者多个地点上市需要担负更多的上市费用。但近年来中国内地的企业在海外上市，许多是选择了在香港和纽约两个市场挂牌，这样做带来了明显的益处：

第一，企业如果能够进入纽约这样监管更为严格的市场，可

以将本企业同国际同行业企业拉到同一起跑线上，提高投资者对企业的认同。

第二，不同市场中的投资者往往易受本地需求的影响，通过两地竞争中可以实现更合理的价格。

第三，不同市场之间的股票的相互流通，能够稳定股票价格，从而提高企业的市场声誉。

第四，通过与不同地区上市企业的比较，企业在运作上向国际规则看齐，有利于进一步融入国际市场。

第五，各地交易所存在不同的交易规则，对企业而言，可能通过不同规则的运用寻求更大的资本运作的机会。

第六，股市是宣传公司的最佳地点，对中国企业而言，这是建立国际品牌的重要一步，通过在几个地点上市，能够为中国企业带来更大覆盖面的品牌效果，扩大品牌受众范围。

三、对目前几大海外市场的基本评估

企业在选择上市地点时，还需要根据自身的发展战略和市场定位对不同的交易所的比较优势进行评估。对于当前的中国企业来说，香港、纽约、伦敦和法兰克福都是值得重点考虑的主要的海外市场。

中国香港是一个活跃的国际金融中心，香港股票市场是中国概念的股票海外上市的重要集聚地，是亚洲除日本之外的最大的股票交易所，是包括恒生指数等在内的重要的国际性指数的中心市场，吸引了大量国际性的金融机构在此活动。对于中国内地的企业来说，香港市场作为本土市场的构成部分，便于投资者的了解，应当成为中国内地企业的首选。事实上，中国移动等以美国存托凭证等形式在美国上市、同时也在香港上市之后，在香港市场上的流动性更高，香港市场的交易量占据主导性的地位，因此对于上市公司来说，在本土市场上市相当重要。

美国纽约是全球最大的资本市场，是重要的国际性资金提供的市场，在纽约上市是大型公司的重要选择。不过，在纽约上市

需要根据美国证监会的要求进行相当严格的登记，需要遵循严格的信息披露等方面的要求。不过，研究表明，投资者对于信息披露严格的美国市场更为偏爱，通常愿意付出溢价，如果企业能够满足美国证监会的要求在美国上市，就能够在估价中赢得一个溢价，同时也有利于促进企业经营管理制度的国际化。

之所以说伦敦对于中国企业的上市是一个重要的选择，主要是是考虑到伦敦的上市程序与香港类似而且发行的费用较低，伦敦也是一个老牌的国际金融中心，因此一直吸引了不少亚洲的上市企业前来上市。

在欧元启动之后，法兰克福证券交易所的崛起日益引人注目。事实上，法兰克福证券交易所为了吸引外国公司上市，专门成立了名为"自由市场"的上市三部，这个上市三部的上市条件比较宽松，既没有公司最低成立年限的限制，也没有最低发行资本等的限制，甚至对于公司挂牌之后的年度和中期报告披露也没有要求，吸引了大量外国公司，上市公司目前已经成为法兰克福证券交易所的半壁江山。随着欧元的启动和欧元经济区的日趋整合，估计会吸引更多的欧洲和区外企业前来上市。

资本运作与企业的发展息息相关，作为未来的一个成功企业家，学习优秀的资本运作方式对企业的发展会有极大的好处。

第二节 成功的资源整合来自良好的资本运作

从本质上来讲，资本运作就是一种资源整合方式，利用市场和社会上的资源，来加快企业的发展速度，从过去的资本运作经验看，这种资源整合方式在未来的市场经济发展中大有可为。

但是在我国，上市是企业资本运作的主要特征。作为企业得以快速发展的主要动力之一，国内各大企业虽然在资本运作方面取得了长足的进步，但和国外同行相比依然显得单一和落后，因此实施适度多元化资本运作组合就成了必然。多元化资本运作组合不仅能够为企业带来低成本外部融资，满足资金需求；更重要的是能够实现企业资本的低成本扩张与增值，改善资本结构，提升资产管理效率，这是今后国内企业应对国内外市场激烈竞争的必备能力。结合中国市场特点和国内外资本市场发展状况，我们在这里主要选择的六种资本运作方式进行分析和探讨。[4]

6.2.1 资本资源的运作方式

一、债务筹资

1、银团贷款

银团贷款是指由多家银行或非银行金融机构，采用同一贷款协议，按商定的期限和条件向同一借款人提供资金的贷款方式。银团贷款主要集中于数额较大的中长期贷款。对获得贷款的企业来说，能够获得较大规模资金的长期融资，实现从固定资产投资到生产流动资金需求的解决方案，保证不会发生资金链的断裂，而且融资成本也比较低。

主要功能：

要满足借款人的大额贷款需求，提高借款人筹资效率，降低借款人的筹资成本。

银团贷款信息传播快、市场关注性高，有助于提高借款人的声誉，借款人可借此扩大往来银行的范围。

有效分散银行贷款风险，提高银行贷款资金安全性。

经典案例：

2005 年 5 月 26 日，"中芯国际（北京）12 英寸芯片项目 6 亿美元银团贷款协议"签约仪式在北京举行。国家开发银行、中国建设银行股份有限公司等 11 家银行，与中芯国际集成电路（北京）有限公司（简称中芯国际）共同签署了总额为 6 亿美元的银团贷款协议。这是北京地区跨国企业获得的金额最大的一笔美元银团贷款。

据了解，这 6 亿美元银团贷款将全部用于中芯国际 12 英寸芯片的项目建设，该芯片生产线项目是经国务院批准、北京市政府重点支持的高科技项目，项目工艺技术为国际主流生产技术，一直受到国家各部委和当地政府的高度重视。

12 英寸芯片项目于 2002 年 7 月启动，投资总额 12.5 亿美元，除注册资金 6.5 亿美元外，其余 6 亿美元资金全部通过银团贷款筹集。银团从今年 2 月正式筹组，到今天顺利签约，仅用了 3 个月的时间。

点评与分析：对于今后国内运营企业而言，将会面临巨额的信息网络建设投资以及运营支出，进行适度规模外部融资是最优的选择。选择低成本融资、保障企业的偿债能力应成为公司资金筹措时考虑的重点。银团贷款为中芯国际运营商提供了一个低成本大规模融资的途径。特别由于国内外资金借贷市场利率的差异，适时利用低利率的海外银团贷款融资将会是一条高效融资、改善企业偿债能力的捷径。

2、企业债券

发行企业债券的目的大多是为建设大型项目筹集大笔长期资金，适合财力雄厚、经营状况良好的大企业。与其他负债筹资方式相比，发行企业债券的突出优点在于筹资对象广、市场大。但这种筹资方式成本高、风险大、限制条件多，是其不利的一面。

经典案例：

2001 年和 2002 年中国移动两次发行企业债券 50 亿和 80 亿元，比联通在 A 股募集的资金还多，而且融资成本远低于银行贷款。2003 年 12 月中国网通发行总额为 50 亿元人民币的企业债券，是 2003 年发行规模最大的企业债券。该债券分 40 亿元 10 年期固定利率和 10 亿元 10 年期浮动利率债券两种，低于当时的银行贷款利率，融资成本远低于银行贷款。

点评与分析：在发行企业债券筹资方面，国内主要的企业已经有过不俗的表现。发行企业债券能够尽快在市场上进行融资，是企业走上快速发展的通道。

二、项目融资

项目融资是指为一个特定经济实体所安排的融资，其贷款人在最初考虑安排贷款时，满足于使用该经济实体的现金流量和收益作为偿还贷款的资金来源，并且满足于使用该经济实体的资产作为贷款的安全保障。在国外它是一种广泛应用的融资方式，在我国也已经有近二十年的历史，主要用于需要巨额资金、投资风险大而传统融资方式又难以满足、现金流量稳定的工程项目。

经典案例：

广东省沙角火力发电厂 1984 年签署合资协议，1986 年完成融资安排并动工兴建，1988 年投入使用。总装机容量 70 万千瓦，总投资为 42 亿港币。采用中外合作经营方式兴建。合资中方为深圳特区电力开发公司（A方），合资外方是一家在香港注册专门为该项目成立的公司——合和电力（中国）有限公司（B方）。合作期 10 年。合作期间，B方负责安排提供项目全部的外汇资金，组织注目建设，并且负责经营电厂 10 年（合作期）。作为回报，B方获得在扣除项目经营成本、煤炭成本和支付给A方的管理费后百分之百的项目收益。合作期满时，B方将深圳沙角B电厂的资产所有权和控制权无偿转让给A方，退出该项目。

此次成功的项目融资，被认为是中国最早的一个有限追索的项目融资案例，也是事实上在中国第一次使用 BOT 融资概念兴建的基础设施项目。

点评与分析：目前我国有很多企业采用项目融资方式，但是项目融资在风险分担和财务待遇方面通常具有独特的优势。一方面，当项目贷款人完全或部分丧失对借款人和发起人的追索权时，贷款人必须全部或部分承担在项目不能产生足够的现金流量情况下的风险。如果项目失败，不至于造成项目发起人破产。另一方面，一般的借款必须体现在资产负债表中，会造成项目发起人资产负债率的上升，影响其再融资能力，而项目发起人则不一定要将项目融资作为一项负债记录。而且项目融资往往可以结合融资租赁或经营租赁方式，能够为未来国内企业提供更好的资金支持，值得重视。

三、企业并购

企业收购和企业兼并合称为企业购并。企业兼并在《公司法》中是指一个公司被另一个公司所吸收，后者保留其名称及独立性并获得前者的财产、责任、特权和其他权利，前者不再是一个独立的商业团体。企业收购是指一家公司购买另一家公司的股票或资产，以获得对该公司本身或资产实行控股权的行为。收购的对象分为两种，一种是收购股权，即购买另一家公司的股权或发行在外的股份。另一种是收购资产，即购买目标公司的资产。

经典案例：

2000年8月6日，南方航空公司与中原航空公司正式签订联合重组协议。这是今年7月中国民航总局宣布组建三大航空集团之后的首宗并购事件，涉及资金高达15亿元人民币。同时，这也是国家骨干航空公司与地方航空公司的首次"联姻"。南方航空公司是目前国内三大航空集团公司之一，总资产超过300亿元。共有81架波音客机和20架A320型客机，机队数量居全国首位。中原航空公司则组建于1986年。共拥有波音737客机5架，运七飞机2架，经营航线32条，通达27个城市，资产总额14.6亿元，占郑州的客运市场份额的30%左右。两家企业重组后。新组成的南航河南公司将拥有波音737飞机9架，运七飞机2架。据有关部门预测，两家企业联合重组后，将占郑州航空客运市场份额的60%。

继8月6日，南航与中原重组后。8月30日，海南航空又以一架冲八飞机、部分航材及配套设备等实物出资两亿元收购长安航空26.5%的股权。海航参股长安航空顺理成章地接过了长安航空的48条航线经营权，为其后发展支线航空的战略奠定了基础。

青岛啤酒集团自1994年收购扬州啤酒厂以后，6年来共投入资金4亿多元先后兼并了西安、平度、鸡西、马鞍山、上海、广东等地的26家啤酒企业。今年，青岛啤酒集团继续南征北战，耗资约4亿元收购了全国各地的8家啤酒厂。即斥资1.5亿元收购

176

上海嘉士伯75％股权；以2250万美元的价格收购美国亚洲战略投资公司在"五星"62.46％的股权和在"三环"54％的股权；以5732万元成功收购垫江啤酒有限公司；11月份又从重庆传来消息，青岛啤酒集团在西南的首家生产企业——青岛啤酒（重庆）公司正式挂牌。至此，青岛啤酒集团通过并购使自己的生产能力达到180万吨，约占全国啤酒市场的8％。

目前，在深沪两地上市的啤酒生产企业共有5家，论产量青啤在去年就从燕啤手中夺回了"啤老大"的称号。但是论利润，以5家上市公司公布的每股收益为例，青啤为0.1元，列5家啤酒类上市公司之尾。看来如何进行并购之后的消化吸收是摆在面前的首要问题。

点评与分析：企业合并有多种形式，选择适宜的形式才能取得较好的效果。而"强强合并"已成为如今世界范围内企业并购的一个重要特征。购并方所选择的收购或兼并对象，往往是在行业中有一定竞争实力、经营状况良好的企业。这些企业愿意合并的主要动机在于通过合并实现优势互补，降低生产经营成本，扩大生产规模，增强企业的国际竞争实力。随着中国资源市场、资本市场与国际市场接轨步伐的加快，国内企业在本国市场站稳脚跟的同时必然要走出国门，参与国际市场竞争。在企业具有一定规模和实力的基础上，高超的企业并购技巧将成为国内企业拓展国内外市场、扩大自身规模实力的重要手段。

四、资产分割重组

在企业内部或集团公司内部进行资产分割重组，是指把企业的资产、人员按照不同业务进行分割，以形成多个专业化的生产基地，或多元化业务的子、孙企业。这种方式通常以股权为纽带，形成一个金字塔型的控股体系，组成一个庞大的企业集团。

经典案例：

1998年1月12日，长征机床股份有限公司（以下简称川长征）董事会发布公告：1、公司董事会与四川托普科技发展公司

（以下简称托普发展）达成股权转让协议，由川长征购买托普发展持有的成都托普科技股份有限公司（以下简称托普科技）1050万股法人股，购买价格为每股7．42元，川长征采用现金方式购买，共计支付人民币7791万元，收购完成后，川长征持有托普科技1.85％的股权，处于绝对控股地位；2、经自贡市国有资产管理局批准同意，从国有资产保值增值基金中借给川长征7791万元，作为本次购买托普科技法人股的资金来源；3、经四川省人民政府同意，川长征的主营业务由机床研究、生产、销售调整为计算机软件开发、计算机硬件、网络产品、应用电子技术产品、机床产品的研究、开发、生产和销售。

1998年4目8日，托普发展和自贡市国有资产管理局分别发布公告，自贡市国资局将其持有的川长征的全部国家股股权共计4262．43万股转让给托普发展，转让价格为每股2．08元人民币，转让完成后托普发展共持有川长征48．37％的股权，成为其第一大股东。

将两次公告结合起来阅读，不难发现这是一起通过资本运作达到借壳上市目的的典型案例。一般的借壳上市是先收购后注资，而本案例的特色在于托普发展先对川长征注入优质资产，再将其收购。

点评与分析：资产分割重组有利于集团内部进行资产调拨，加强专业化发展，提高各子、孙公司资产的运作效率，同时还可以灵活地开展有关业务的分拆和合并，进行资产和业务的优化组合。目前，国内主要企业都已经进行了较为成功的资产分割重组，提高了企业资产的运作效率。其中，2003年网通集团大刀阔斧、富有成效的资产分割重组已经为其近期的改制与上市打下了良好的基础。可以预见，在今后企业的发展中这种资本运作方式的优良效果必将逐步显现。

五、资产剥离

资产剥离是指将非经营性闲置资产、无效或低效的资产、已经达到预定目的的资产以及不适应公司长远发展方向的部分资产从公司资产中分离出来。从表面现象看，是公司规模收缩，但其实质是收缩后更大幅度、更高效率的扩张。资产剥离让公司选择适合自己经营的资本，剔除自己不善于管理的资本，可大大提高公司资本运作效率。剥离还可以将现有的某些子公司、部门、固定资产等出售给其他公司，以取得现金或有价证券的回报。从具体实践看，这种方式主要包括减资、置换、出售等形式。

到目前为止，中国四家主体电信运营商中只有中国联通拥有全业务运营牌照，但可以预见，在不久的将来其余三家运营商也会取得全业务牌照。尽管如此，四家运营商在业务发展上肯定有所侧重，差异化经营是各大运营商避免价格战、保持竞争力的核心所在。因此，未来的中国电信业，将会有更多的企业运用资产剥离这种资本运作方式，以精干主业，培育自身的核心竞争力。

2003 年末，中国联通上市公司同时进行九省收购与寻呼资产出售，共计支付两者差价 4.5 亿元人民币完成主业资产整合。这种资产出售，在优化公司资产结构的同时，有效降低了公司的收购成本与资金筹措压力，一举两得。在企业发展战略以及对不同资产收益性评估的基础上，按照企业利润最大化和价值最大化原则，对国内电信企业运用资产剥离方式，将不失为一条优化企业资源配置、提升企业竞争力的捷径。

六、融资租赁与经营租赁

融资租赁是一种通过短时间、低成本、特定程序把资金和设备紧密结合起来的资本运作方式。简单地说，融资租赁类似于分期付款，承租方付完租金后往往只需支付象征性的一点名义价格就可以获得物品的所有权。如今融资租赁已经成为世界上设备建设投资的主要方式之一。

融资租赁的好处是多方面的，对于企业来说，可以用较少的启动资金获得急需的投资设备来开展生产。融资租赁的运作也相对简单，且有效地规避了在金融运作中的信用风险，并且不计入公司的资产负债表，所以不影响公司的资产负债结构。而经营租赁同融资租赁的主要区别在于承租人不承担租赁物（设备）的残值风险。使用融资租赁与经营租赁等资本运作方式，不仅能够减轻企业巨额设备采购支出压力，加快基础建设的步伐，而且能够降低企业融资成本。国内企业基础建设项目中很多已经采取了这两种资本运作方式，收到了较好的效果。今后，在更大规模基础建设中更要充分发挥融资租赁与经营租赁融资融物的巨大作用。

6.2.2 资本运作引发竞争升级

2004 年，中国经济正处于全方位协调增长的转型时期。这一年，发生了许多重要的事件，诞生了一系列经济软着陆的漂亮数字，暴露了种种从高速增长到理性增长的现实问题。在这种宏观背景下，我们的行业、企业和企业家都发生了什么和做了些什么尤为值得关注。下面我们从家电市场的资本运作来分析企业竞争的情况。

同行相互兼并、家电资本跨领域外逃、中外家电资本联姻……资本运作，在 2004 年中对于家电行业显得尤其不寻常，无论是厂家还是商家都不再单纯地追求产品的促销和推广，取而代之的是通过更深层次的资本运作来提升企业在整个行业中的综合竞争力。这期间，有备受争议的顾雏军的一系列资本运作，有国美集团总裁黄光裕通过海外上市坐上了新一任"中国首富"的交椅，有 TCL、美的等内资家电巨头与汤姆逊、东芝等外资家电依靠资本合作建立全球最大规模的家电基地。

资本运作助阵价格战

一年来，在家电业内有"资本运作高手"之称的科龙集团总裁顾雏军把资本运作的大戏唱到了炉火纯青的地步。通过对同行和跨行企业的资本收购，顾雏军凭借自己驾驭的收购战车已经横扫冰箱、空调、洗衣机三大白电领域和与家电毫不相关的汽车行业。顾雏军是 2004 年备受争议的一个人，这个被称作"收购大鳄"的人在今年一年内使科龙迅速扩张，接连收购了美菱、吉诺尔等冰箱企业，迅速发展为中国冰箱业的巨人，产能和产量都在全球名列前茅。在顾雏军手中，高深的资本运作游戏最终又回到了家电业最基本的价格战上。

眼下，顾雏军再度通过资本运作收购威力洗衣机，跨入洗衣机制造业，并希望采取同样的资本运作方式把洗衣机行业做大做强。

对于顾雏军的举动，业内人士评价，在中国已经成为家电大国的时候，规模效益又成为企业间竞争的利器，因为对于家电企业来讲，产品上规模，不仅可以减少生产运作本身的费用，更关键的是对上游零部件的大规模采购时就更有与上游厂家讨价还价的筹码，零部件供应的成本对于家电行业的整体利润至关重要，甚至起到了决定作用，这也是中国家电行业的特色之一。因此，可以说顾雏军的做法是让企业经营中最高深的资本运作直接为家电行业最原始的价格战所服务。有人评论，中国作为全球最大的家电制造基地，整个产能其实已经饱和，在从家电大国向家电强国转化的过程中，关键在于如何对现有资源进行有效整合，换句话说，就是如何让现有的生产线属于最适合的品牌中。在这其中，资本整合就成了最便捷也是最有效的方式。以我国的冰箱行业为例，在完成了由"价格时代"向"品牌时代"的转型后，现已进入"资本竞争时代"。

资本合作铸造跨国家电巨头

像科龙的一系列资本运作一样，TCL通过与欧洲彩电巨头汤姆逊的资本合作诞生出全球最大的彩电生产基地；美的通过与东芝公司的资本合作创建了全球最大的空调生产基地。一系列的资本运作使得中国家电行业成长出一个又一个的巨人，并向着强人迈进。事实上，像这种资本合作，一方面使得中国家电企业有了与国外先进技术接触的机会，同时也给外资家电重新进入中国市场的战略提供了实施的机会。

业内人士评论，在成为世界家电业的大工厂后，中国家电企业正通过更高一层次的资本整合向着全球家电技术研发中心的目标迈进。

家电商借助资本市场跑马占地

除了资本的力量在厂家中频频显现，在业内掌控话语权的家电渠道商也开始体会到资本的力量。国内仅有的两家全国性家电销售连锁企业国美电器和苏宁电器都在 2004 年成功登陆资本市场——今年 4 月，国内家电巨头苏宁电器的股票首发申请正式获得中国证监会股票发行审核委员会审核通过，成为国内首家获得"股票首发权"的家电商，并于 7 月 21 日成功登陆深圳创业板。

如何满足庞大的资金需求已经成为今后家电销售商的一场新竞赛，而进入资本市场融资已经成为对家电渠道商颇具诱惑力的途径。记者注意到，两大家电巨头在上市融资时都宣布要把募集资金主要投向家电卖场和整个采销运营体系的建设。苏宁电器就表示，上市后所募集的资金将全部投向家电零售业，尽管苏宁集团旗下还有一些涉及家电制造和房地产的产业，但他们不会被注入上市公司，此次募集资金的主要投向将是增加店面，同时要通过对物流配送以及销售信息的网络体系建设最大程度地减少家电销售的中间成本，从而提高家电销售业的利润。国美上市后更是大有淡化此前的鹏润地产、强化电器销售之势，不仅直接把股票名称由"鹏润投资"改为"国美电器"，而且在发展规划中明确表示将重点发展电器销售业。

对此业内人士分析，因为在目前的竞争环境下，家电商要增加自身利润无非是降低采购成本和减少经营成本两条路，而这些都需要规模效应——只有实现规模化采购才有向供货商压价的实力，只有实现规模化销售才能降低销售成本。

家电资本出现外逃

与家电业热闹的资本运作相比，家电业的资本外逃则成为业内一个难以说清的话题，但资本外逃也正成为中国家电业的另一种现象。

一年来，国内家电大鳄们纷纷进行资本大转移，寻找新的"奶酪"。手机、汽车已经成为家电资本争相转移的两大目标，此外，金融、房地产等领域也成了家电企业瞄准的热点。海尔曾表示，在金融领域，海尔一年要投入 13 亿元。格力集团也出资 1 亿多元控股珠光财务公司。志高空调也投资了南华银行。

家电业资本外逃说明，家电业的利润空间已经越来越小，企业在家电上加大投入已无多大"钱途"，多元化再次成为家电企业寻求新发展的试验场。之所以选择资本转移，品牌无疑是家电大鳄们最大的资本，还有就是他们多年来积累的市场经验和营销知识。而如何把这些资源优势进行整合，将自身品牌顺理成章地延伸到其他产业中恐怕是家电企业家最为关心的话题。

6.2.3 成功的资源整合来自良好的资本运作[5]

通过案例分析可以看出，资本运作是实现企业战略和资源整合的一种手段和保障，需要强大的产业支撑。资本运作不是"空手道"，是一种非常规的、非例行的、非程序性的活动，需要企业内外配合协调。为了快速发展，企业在考虑资本运作时要注意：

1、增强对于企业战略重要性的理解和认识

企业的成功基于两个条件：企业的发展水平与发展阶段、发展规模相适应；企业所拥有的各种资源必须不断保持在有效的配置状态。而这些都是战略管理要解决的问题。企业的成功与创业者的魄力、机遇分不开，但保持企业的稳定、持续发展则须遵循更多的理性，更多的睿智、更深邃的思考和更具水准的企业资源运作能力。

2、奠定在一个行业领域内持续增长的基础

考察部分国内外成功企业的成长周期，在初始阶段，企业主要以较薄弱的资本从事产品的生产和市场经营。当资产达到一定规模，产生了剩余资源，受资本增值的自然属性的支配，必然产生系统资源整合的需求。当整合后的资本价值经过提升，创造了新的剩余资源时，又必然产生继续实行资本扩张的内在要求，直至成为不断扩大的产融结合的经济巨人。

根据经济学的观点，追求增值是资本的自然属性。然而在我国企业发展中，人性对于利益的欲望远远超越了资本的自然属性，大量出现与资本分离的以人的主观意志为中心的投机运作。企业要快速发展，要打造百年品牌，不能为眼前的利益而牺牲未来的发展，必须克服功利心态，有所为有所不为，奠定在行业内持续增长的基础。

3、审慎投资，控制规模和速度

首先，内部扩大再生产、对外投资的量化分析、论证、决策、实施等必须审慎。其次，企业必须注意控制发展的规模和速度，如果企业的发展阶段、发展规模和发展水平严重失衡，必然畸形发展，造成严重后果。再次，企业多元化的背后往往是资本的利益驱动。避免资源过剩或闲置，追逐收益最大化是资本的本能。但是必须关注资本的不同性质，区分资源剩余和借贷资本之间的本质区别，避免以赌徒的心态进行资本游戏。

4、关注财务成本与金融风险

我国企业普遍缺乏财务预警、风险防范和危机处理机制，特别是我国目前正处于市场经济体制刚刚建立，配套的社会服务监督体系尚未完全建立，经济运行的基本面不断做出调整，企业生存的社会环境不确定因素很多，在这样的内外部形势下，企业建立财务预警、风险防范和危机处理机制更成为亟待解决的问题。

良好的资本运作必然会是企业的资源得到有效整合，也希望国内企业家更能关注资本运作，关注资源整合。

参考文献：

[1]《中国企业第三个十年资本运作的挑战》来自：新浪财经作者：北大纵横管理咨询公司 副总经理 陈江

[2]《企业资本运作管理三步曲》作者：管益忻 来自：《中国商报》2002/2/26

[3] 《企业全面资源运营论》李维华著。北京：机械工业出版社，2003.9

[4]《电信发展与资本运作》来自：天极网 2005 - 07 - 08

[5]《突破不同阶段的资本创新问题》作者：袁钦玲 来自：《中国计算机报》2004 - 12 - 06

第七章　资源整合与战略规划

第一节　企业战略总体规划

一个企业的发展离不开整体的战略规划，虽然在企业进行总体战略规划时，还要考虑很多方面的因素，但是可以肯定的是一个好的企业总体规划会把企业的发展带上一个快车道。

7.1.1　什么是战略规划？

战略规划是一种管理工具，正如其他的管理工具一样，战略规划的唯一目的是帮助一个组织更好地完成工作，也即有效的利用其资源、整合资源，保证机构中的每个成员朝同一目标努力，对机构外部的复杂多变的工作环境的进行及时、有效的评估并调整机构的整体发展方向。简单地说，所谓战略规划就是一个组织通过律化的工作，做出重大的决策和行动方案，以此来规划和指导该组织如何以未来发展为核心，决定组织的工作性质、工作内容和工作目的。[1]

一、战略规划的特性

逐字逐意地对该定义进行剖析，我们不难发现该定义解释战略规划过程意义和成效的关键点：

1、战略规划过程具有战略性

其原因在于战略规划过程中要求机构适应其复杂多变的机构工作环境，无论这些环境是可预知或不可预知的，都应做好充分的准备。对于这些机构而言，他们通常必须应对激烈动荡甚至更为困难的环境。从这个角度来说，战略规划的过程具有战略性也即要求他们对其工作目标有明确的认识，对其机构资源有清晰的了解，并有意识的将此二者结合运用到其复杂多变的机构环境之中。

2、战略规划过程具有规划性

是由于战略规划过程涵盖了有意识的去设定发展目标（例如选择所憧憬的未来），并通过建立相应的途径去实现这些目标。

3、战略规划过程具有自律性

是因为战略规划过程需要以一确定的规则和形式来保证战略规划的集中和富有成效。整个过程通过提出一系列问题来帮助计划的设定者去审视以往经验，检验其假定，对当前的信息进行搜集和整理，并使之运用到其预知的机构未来工作环境中去。

战略规划过程涉及到机构发展的重大决策和行动方案，机构必须需做出相关决策来解决问题。

说到底，整个规划是关于机构"做什么"、"为什么做"及"如何做"的一系列决定。在这个世界上，并非所有要做的事情都能够实现，所以战略规划表明：就机构决策和行动方案而言，某些机构决策和行动方案相对于其他决策和行动方案更加具有紧迫性。同时，绝大部分策略是机构在决断对机构运作成功起着最重要作用的事务中所做出的坚决的决策。

某种程度上，战略规划可以是复杂的、富挑战性的、甚至是混乱的，但它总是以上面所提出的基本观点而有所明确和界定你随时可以通过回到这些基本点上来检验自己的战略目标过程。

二、战略规划和远期规划

尽管很多人对这两个概念不加区分，但战略规划和远期规划在"假设"的条件上还是有区别的。远期规划通常被认为是，在几年内的一段时间里，为了达到一个或一系列的目标所开展的发展手段。它假设机构对于未来的情况目前已掌握了足够的、有效的信息，并以此保证其决策在实施期间的可行性。举例来说，在五十年代后期和六十年代早期，美国的经济相对稳定，而且具有可预测性。从这个角度上而言，远期规划在当时既时髦又适用。

另一方面，战略规划假定了机构积极对机构环境的复杂多变进行有效的回应（而不是远期规划所假设的更为稳定的环境）。当然，非赢利行业中已经对其环境的不稳定性有所了解，并通常是不可预知的不稳定性。因此，强调战略规划决策过程的重要性将能确保机构有能力去成功应对环境的变化。

三、战略思考和战略管理

仅当一项战略规划支持战略思考并能够达到战略管理目的（这是一个有效机构的基础）时，这项战略规划才是有效的。所谓战略思考，也就是要求不断地去提出问题："我们这样做是否正确？"也许，更为精确的说法是指运用战略思考的三个关键要求来做出评估。这三个关键要求是：洞悉明确的机构目的；对环境的认识，尤其是对于那些可能影响或阻碍机构目的完成的阻力的正确认识；在应对这些影响时所展现的有效应对的灵活创造力。

因此，战略管理是战略思考在一个机构统领中的实际运用。关于对战略管理的理解，著名的市场营销及战略规划权威专家贾帝许·谢斯博士（Jagdish Sheth）提出了下面的模式：不断去问"我们这样做是正确的吗？"这种提问模式会将注意力集中到机构的"宏图"以及机构去适应多变环境的主动性上。它包括以下三个基本因素：

1、依照诸如规章、竞争、技术和客户等多变的外在因素，规划机构未来的宗旨；

2、拟订一个具有竞争性的策略，以确保该宗旨得以实现；

3、建立一个组织体系，以有效配置机构的资源并成功实施其竞争性策略。

战略管理是合适的则能使一个机构具有适应性。在当今灵活多变的时代，这种方法比传统的"没坏就别修"机构运作方式更具有成功的可能性。

7.1.2 我国企业战略规划存在的误区

中国经济的市场化已经有一段时间了，相信中国企业的决策者们对于"战略"一词一定不陌生，早晚收看电视、收听电台、翻阅媒体，论及企业战略的，比比皆是，百家争鸣，金玉沙砾，混杂其中。

"战略"一词，并不是舶来品，早在上古时代，我们的祖先就以其辉煌的战略思想辉映史册，《孙子兵法》不仅是一部兵书战策，从中体现出作者的战略战术思想，今天正在国外企业家手中如获至宝，继续发扬光大；《隆中对》就战略的精辟阐述，为后来的"三国鼎立"奠定了基础，为人们留下了精彩的历史一页。

然而，在中国加入WTO，即将完全投入全球竞争的今天，企业决策者们对战略的认识仍存在一些的误区，主要表现在以下几方面：

一、战略决策层面

误区一：没有战略，按指示办事

这点体现在带有计划经济体制经营色彩的国有企业或刚刚转制的国有企业身上，是最明显不过的了。很多企业以前的经营根本就没有战略可言。束缚在浓厚的计划经济体制下，使得企业经营根本就是"按照上级的指示"进行经营。企业仅仅是一个执行的工具，基本不用动用思考能力和能动性。然而，一旦失去了上级的指示，企业经营立即出现了茫然，面对市场，仿佛孤立无助。

所谓企业战略，有一个非常重要的前提条件：必须是在市场经济的经济环境下。那么，在此前提条件下，企业拥有较强的主观能动性，以超越对手，谋取最大利益而进行的谋划，才能称之为战略。在计划经济的困局中，企业是没有真正意义上的战略可言的。

误区二："假、大、空"的战略

常常可以在媒体上看到这样的消息：某某企业的领导人提出，要在多少年之内将企业做到行业第一、中国第一，甚至进入世界500强。追英赶美，比肩"GE"，叫板"微软"，似乎又让我们看到了"大跃进"时期的豪情！然而，常常的结局是，喧闹过后，一切又回归平静，见不到任何500强的影子，甚至企业反而走上了下坡路。诸如此类"假、大、空"的所谓"宏图大略"，我们已经习惯了从钦佩——惊诧——不屑的思维转变了，更多的时候，仅仅是作为供一种茶余饭后无聊时咀嚼的谈资了。

追求最好本没错，伟大的军事家拿破仑不是说过："不想当元帅的士兵不是好士兵"吗？问题是，战略是一定时期内可实现的目标，而不是放在那里供企业摆设的花瓶。光会喊口号是解决不了任何问题的，企业的发展，还得埋下头来，脚踏实地、扎扎实实的做，海市蜃楼永远解决不了沙漠中缺水的问题。

战略自有其客观性、科学性蕴涵其中，任何"假、大、空"的战略均于企业无益，反而危害不浅。当然，为了做秀，而期望达到另一个目的的原因除外。

误区三：随意性强，科学根据不足

战略的制定，是关乎企业长远的发展方向，是有着其严谨的科学根据的，一方面是建立在事实、现状的基础上，另一方面也要求有很强的预见性。企业和人一样，是一个有着复杂系统的个体，同样会生老病死。因此，反省自己：你现在处于生命周期的什么期？自身有什么样的优势和劣势？如何继续发扬优势？劣势又如何转化？外界环境有什么机遇和威胁？机会如何把握？风险如何规避？达到设置的目标，已经存在有了哪些资源和条件？还欠缺哪些？……一系列的问题，焦点只有一个，就是关乎企业的战略：目标是什么？怎么走？能走多远？怎么量力而为？

然而，在国内的企业领导人中，在制定企业战略的时候，还存在非常随意的现象，科学根据不足，因此也产生了许多拍脑袋的"战略"，带有强烈的个人主观色彩。事实上，制定战略的科学根据不足是有其历史原因的：一方面也是和我国发展市场经济时间不长，企业领导者的思维刚从计划经济体制转变过来；第二，国内的企业还没有建立一个科学合理的决策机制，许多企业仍然是靠"能人管理"，靠一两个能干的领导者的个人思想来管理企业，带领企业前进。这种"能人管理"在企业规模尚小的时候会发挥巨大的作用，然而，随着企业规模的增大，"能人管理"的局限性也就逐渐显现出来，个人的能力毕竟有限，如果没有建立科学决策机制，逐渐取代能人管理，则企业不仅经营风险将非常大，发展空间也会受到限制。一旦战略决策失误的话，则企业将会遭受重大损失。

误区四：造势、做秀成分多，落到实处少，实际意义不大

这种误区通常有两种心态：潮流心态和做秀心态

潮流心态：企业领导人能力有限，对企业经营方向心中无数，不知道企业该往那里走。看到人家有企业战略了，好歹自己也弄一个，充充门面；这种心态常常存在于一些计划经济色彩比较浓厚的企业中，企业领导人由政府行政委派，企业管理带有强烈的政治气氛，对管理企业属于外行。

做秀心态：为了博取股东好感，或争取融资……等等多种目的，对企业进行精心的包装，以获取短期利益。这种心态纯属投机取巧，已经完全背离了企业发展的目标，对企业长期的发展根本无实际意义。

无论是出于什么样的心态，于企业都是有弊无利的。尽管你把你家的猫装扮成老虎，如果它不会抓老鼠，始终也不能算是一只好猫，充其量也是一只供人观赏玩弄的"宠物"而已。

二、战略执行层面

误区一：缺乏保障措施

战略是属于企业的决策层面的东西，常常是相对抽象和高度概括的，具有强烈的方向性和目的性，是企业经营管理思想的统帅，其与操作层面是相对独立的。因此，在完成了决策层面，还必须进一步明确操作层面的内容，要制定具体的保障措施。总体战略分解到操作层面，可分为如企业市场战略、人力资源战略、资本运作战略、企业文化战略等等。

许多企业常常是制定了总体战略，却没有将其进行进一步分解，具体分解到企业的各个操作层面上去。这样，决策的实际功效还是等于零：没有明确的市场战略：是采取进攻型战略？还是防御型战略？还是撤退型战略？不清楚；没有人力资源战略：企

业的目标实现需要什么样的人才？人才的结构如何根据企业目标进行调整？不清楚；没有资本运作战略：企业目标实现需要哪些资源条件？如何获得？不清楚……。

太多的不清楚、不明确，最终的结果只能是企业的战略成为一纸空文，目标成为泡影，而无论你的战略做得是多么科学、准确！目标是多么宏伟、富丽堂皇！

误区二：保障措施不同步、不配套

许多企业制定了企业的发展战略，也将其进行了分解，制定了许多保障措施。然而，实施起来，还是不是很顺利，总是感到有许许多多的不协调。或者是员工的素质跟不上了，或者是企业功能存在缺陷，或者是内部流程出了问题，总之，存在某一方面的瓶颈，影响了企业的正常发展。

战略制定了，保障措施也明确了，但这并不意味着企业的战略目标就可以比较顺利的达到。撇开外部市场的因素，就企业内部而言，还存在保障措施是否与企业总体战略配套的问题。一个木桶，其容量的大小是取决于其最短的那块木板，企业战略执行的道理也相同。

企业作为一个系统，其战略目标的实现，实际是这个系统整体提升的过程。企业整体竞争力的培育和提高，也是其内部各项能力的培育和提高。因此，企业的战略实施，并不是仅仅改进某一方面就可以达到的，需要企业各个层面功能的系统提升，全面推进。

误区三：一致性、连贯性差

之所以称为战略，是指其在一段时间内企业经营发展的主要方向和目标。其有两个特点：一致性，企业所有的经营决策、操作方法、战术选取，都是围绕战略而进行的，都必须以实现企业目标为目的；连贯性：在实施战略的一段时间内，企业的经营目标和方向是保持稳定的、连贯的。

然而，"一朝天子一朝臣"，国内常见的一个现象是：换了一个公司老总，立刻换了一班人，企业也换了一个面孔：企业目标推倒重来，重大经营方针重新确定，人事重新安排，计划重新制定……推倒重来的目的，仿佛正好印证了"新官上任三把火"：不把火烧起来，怎么显得出你企业管理者大刀阔斧改革的魄力呢？怎么树立创新的形象呢？

企业的每一次重大调整，对企业都是一次伤筋动骨的考验，动得好了，企业焕发出无穷活力。本来好的企业，稍有不慎，一动就从此一蹶不振。

看看这个数字吧：据统计调查显示，国外著名大公司 CEO 平均任期为 15 年，而 GE 的杰克·韦尔奇做了整整 20 年，GE 也成了企业中的巨无霸；而国内一些上市公司，一年就换了 4 个总裁，业绩越换越差……

三、战略审视层面

误区一：缺乏战略审视

战略在一定时期内有其相对的稳定性和连贯性，但更重要的是，企业战略一定要保持一定的灵活性。稳定和连贯并不是等同于一成不变。市场瞬息万变，企业的生存环境每时每刻都在变化，企业策略不保持一定的灵活性，想要"以不变应万变"几乎是不可能的事。麦当劳其企业总体战略基本是保持稳定的，但其在不同国家、地方的口味是有差别的，由此也可以看出其市场战略的灵活性。

保持企业战略灵活性的方法是不断对企业战略进行审视，因为在一定的时期内，对未来市场和企业发展做出的预见，是不可能绝对准确的，随着市场环境的变化、企业发展的状况，企业必须调整、完善甚至重新制定其战略，使其更加适应市场环境，提高抗风险能力，把握市场机遇。

但是，很遗憾的是，国内的企业在此方面还表现得非常欠缺，常常在战略审视和调整上走了极端。主要有如下两方面的表现：一是"战略"调整太频繁（缺乏稳定性和连贯性，是否将之称为战略，有待探讨）。虽然说"船小好掉头"，但也不能老在那里"掉头"，打转转呀！今天搞一下家电，明天搞一下金融，后天投资一下房地产，浮躁的心态，结果是什么都没有搞好。二是"以不变应万变"的心态，任凭风吹雨打，我自巍峨不动，对市场状况不关心。这种状况常常出现在一些还是以生产、销售为导向，而不是以市场、客户为导向的企业中。

误区二：战略调整不规范

已经感觉到市场环境变化了，也意识到该调整企业战略了，却不知从何下手——这也是国内企业管理者常常碰到的问题。

事实上，企业战略的调整和制定是同样重要，同样是有着操作规范的，是建立在对自身和市场进行分析后做出的判断。

国内企业战略调整不规范主要表现为调整过于随意，根据不足，甚至是仅凭个人的判断。究其根源，是企业没有建立市场调查、分析和决策功能。战略调整主要取决于两方面：市场发展状况和企业自身发展状况。一般来说，如果两者不协调、不同步了，或者想超越市场发展，才需要做出战略调整。而对于此两者关系的判断，有赖于企业建立市场调查、分析功能，提供正确的市场信息，供决策参考。

企业战略的制定是关乎企业发展的重大举措。其具有长远性、全局性、系统性等等特征，决定了企业在一段时期内的发展方向和发展目标，具有重要的意义。因此，建议国内企业的决策者们，在制定企业发展战略的时候一定要慎重从事，从尊重事实的角度出发，客观认识市场，认识自身，做出科学合理的决策。

7.1.3 如何建立企业战略规划

一、做好战略规划应该遵循的原则

1、制定战略规划的思路[2]

如何制定战略规划？有一个基本的思路是必须遵循的，那就是先有目标，然后根据目标制定实现目标需要采取的战略，最后就是制定实施战略的具体的规划。循着这样的思路来进行管理，会养成一种战略思维的习惯，也会使自己的工作更加理顺。

这里还有一个问题是值得探讨的。我们知道战略分析是战略管理的基础。那么在制定战略管理的过程中事先有目标，然后根据目标来进行分析，还是先有分析，然后根据分析来制定自己企业的目标呢？有的人认为是先确定了企业的目标，然后进行战略分析。这种观点认为企业必须首先确定了自己的目标，然后根据却情的目标，来做分析，来找出实现企业的目标的机会。这种观点也有一定的道理。但是缺点在于这样制定的目标只能是根据企业的上一年的经营业绩或者是往年企业经营业绩的发展趋势来确定的，缺乏对行业环境或相应的竞争对手的分析。这样也就让人感觉到目标的制定略显盲目。所以笔者认为，企业在制定战略规划的时候，可以先有一个心理预期的目标，但是这个目标不是确定下来的。然后进行战略分析，在充分的认识了行业的发展趋势和市场潜力，以及自身的资源能力后，再对心理预期的目标做出调整，最后确定企业的经营目标。因为企业的经营目标一旦确定，在一个经营年度期内是不可以随便进行调整的，除非是遇到了像SARS这样的影响企业经营的重大事件。所以笔者认为战略规划应该遵循这样的思路，就是战略分析是整个战略规划的基础。

2、战略规划要具有可操作性

目前很多企业都在作战略规划，但是却流于形式。这主要是因为对战略管理的理解不够，总是认为战略时很空很玄的东西，所以导致了战略管理不能落到实处。另外还有一个原因，就是下面制定战略规划的部门对战略规划的重视不够，好像做战略规划是给领导看的，而不是为了企业的长远发展来做的，所以这样的结果也使战略规划流于形式。所以战略规划一定要遵循可操作性的原则。

那么如何使战略规划具有可操作性呢？

第一，战略分析不要生搬硬套教科书上的模型。企业在作战略分析的时候，要在信息获得能力的基础上，做出切合自己企业特点的分析模型。但要获得这样的模型不是一天两天可以完成的，要结合书本上的理论知识，做大量的行业研究工作，然后才能完成。

第二，做好年度计划和战略规划的结合。既然我们要求战略规划耍有可操作性，而年度计划是当期的东西，具有很强的操作性，那么年度计划和战略规划的结合就显得更为重要。所以企业在制定3~5年滚动战略规划的时候，要包括最近一年的年度计划，年度计划根据滚动战略规划第一年的分目标来制定，要说明具体的完成时间和主要的责任人。

第三，以财务预算管理和目标责任制作为年度计划的支持。经过多年的企业管理的实践和建立现代企业制度的努力，目前我国的企业普遍在财务预算管理和目标责任制管理方面做得比较规范。随着企业管理理论的发展和市场竞争的日趋激烈，战略管理越来越被企业所重视。今后企业管理的发展也必将从职能管理向战略管理转变。这里我们强调战略管理的重要性，并不是说以前的一些职能管理不重要了，相反财务预算管理和目标责任制的管理，仍然是我们企业管理的基础。所以笔者认为企业在作战略规划的时候，一定要以财务预算管理和目标责任制的管理来支持企业的年度计划的实现，从而保证战略规划的可操作性。

二、建立企业面向未来的新战略能力

在二十一世纪已经过去的几年中，越来越多的国内外企业发现它们正在面临由于内外部环境迅速而剧烈的变化所造成的一系列艰巨的挑战。以往制订企业战略的方法，即通过预测企业未来的发展状态来制订并实施所谓"正确"的战略的作法，已经变得不再适用。企业必须开发出能够帮助企业建立面向未来的新战略能力的工具和方法，即通过对若干可能的未来发展都做出相应的准备，并帮助企业有效而成功地应对这些挑战。

1、变化的关键力量和因素

包括经济、政治法规、技术和环境四个方面在内的众多相关领域中的关键力量和因素的变化，既为企业的生存和发展造成了挑战和威胁，同时也为企业提供了新的机遇。这些关键领域包括市场自由化、全球化、经济发展、能源/原料供应、地缘政治、环境保护、信息和通讯技术、行业技术、客户需求以及恐怖主义和有组织的犯罪等。

以往公司战略的制订通常基于一系列对未来的基本假设基础上的。然而，这样的企业战略制订方法已经不再适用，而且此基础上制订出的战略会将企业引导到错误的方向，这主要是由于以下的原因造成：

这一系列的基本假设本身存在着不确定性，即后来的发展证明某些假设是错误的；基本假设的组合存在着不确定性，即在选择某些假设来作为建立战略基础时，做出了后来被证明是错误的选择；

在选择某些进行假设进行组合以制订战略时，忽略了其它几种假设组合发生的可能性。例如，在以上提到的十个关键领域中未来的力量变化存在着巨大的不确定性和复杂性，不同的企业和人员对这些关键力量和因素的未来变化发展的假设会大相径庭，在此基础上制订的战略也会迥然不同。

2、面向未来的战略需要考虑的问题

经济发展状况、相关政策和法规、技术进步及环境保护因素等方面的各种力量和因素都会对处于不同行业的企业的发展产生深远影响，因此，长期的预测几乎是不可能也是不准确的，企业除了采用传统的战略制订方法解决非常近期战略问题，还必需建立应对可能的未来的战略能力。

处于不同行业、不同国家地区和不同发展阶段的企业，其所受到的社会经济发展状况、政策和法规、技术进步及环境保护等方面的影响因素和造成的效果是不同的。因此，企业首先找出哪些是针对本企业最相关和最重要的关键变化力量和影响因素。然后对这些相关力量和因素做出各种可能的假设，进行适当的组合，并采用先进的战略分析决策工具和方法为企业制订出能适应于未来不同情况的适用战略。

例如，以下十个关键领域的未来力量和因素变化对于国内外大多数的企业来说是至关重要的：

市场自由化：政府在进行以市场为导向的政策时会有多快和多有效？各种管制解除、私有化和自由贸易是会进一步加快速度，还是由于发现存在一些问题而回到更多的政府干预的状态？

全球化：全球一体化或融合度会有多大？或是在多大程度上存在着分裂和不和？欧盟、亚太经济组织和北美自由贸易区等区域是否会进一步促进全球化，还是会将世界分隔成几个相互对立的贸易壁垒？

原材料和能源供应：全球、国内和本地区原材料和能源供应是否会供需平衡？替代原材料和替代能源会有什么发展？原材料和能源的价格会有什么变化？是否会出现诸如石油危机、长期或短期停电或原材料供应中断等特殊情况？

地缘政治：全球和地区间的能源、原材料、产品将会面临哪些包括安全、地缘政治和关系方面的挑战？重点的原材料和能源（油、气、煤、电）生产地区、运输路线和运输设施、管道及输电线的状况以及是否会受到中断的威胁？

经济发展状况：全球、地区以及国内的经济增长是否会持续？或是会有危机或衰退？国际和国内重要贸易伙伴或政治伙伴会对本国、本地区的经济政策和经济发展产生多大的影响？新技术和新的业务模式会对现有的经济模式和周期产生多大的影响？

环境保护：由于对空气和水源所造成的污染，气候变化造成的影响，以及生产安全事故等产生的结果，是否使企业所处的行业受到更为严格的政策法规的限制？或是只会有很小的政策和法规调整？

信息及通信技术：信息技术和通讯技术的进步会带来多大的变化？按照新的经济模式运做的新的竞争者会在多长的时间内将

198

整个行业完全改变？还是由于泡沫、宽带限制、黑客、网络欺诈和标准之争拖住了信息及通讯技术进步的步伐？

行业/专业技术：行业新技术、新原料和新能源能够多快和多大程度上替代现有的技术、材料和能源？原材料和能源的供应技术、供应设施和供应方法会有什么新的改进？产品技术、原材料和能源的质量标准会有什么改变？

客户需求：客户对新技术、新产品、新供应方式的接受程度有多大？哪些与产品相关的服务最受客户的欢迎？电子商务市场和互联网公司是否会吸引主要的产品批发和零售交易从而完全改变传统的交易方式？

恐怖主义和有组织的犯罪：政府和国际组织是否有能力制止在主要的原材料和能源供应地区的恐怖主义和犯罪活动，保证原材料和能源产地、运输和使用消费国基础设施的安全？

3、几种可能的未来

对于未来的状况，不同的人在不同的时期会作出不同甚至相反的预测。例如对于市场自由化就会有以下几种可能的预测：

（1）市场自由化将势不可挡：无论在国内还是在国际上，政府将抛弃对经济和市场的干预，而市场化和自由化将成为主导政策。私有化、政府管制放松和解除、自由贸易将到处开花结果

（2）市场自由化将受到限制：政府在积极推进自由竞争的同时，仍将监管整个市场，并推行大量的社会福利计划，积极参与基础设施建设、教育和研究发展等领域。

（3）市场自由化将受到抵制：市场自由化方案造成的问题及失败将导致政府重新实行基础经济公有制、直接干预经济运行和权力的垄断。

4、全球化可能会有以下几种可能的预测：

（1）紧密的全球一体化：由于经济、政治、社会体系和商务运做方式的日渐融合统一，跨国公司将主宰统一的全球市场。

（2）多重壁垒：世界将被分割成若干个相互对立的国家集团，

这些集团或者是建立在地缘接近的基础上，如欧洲、北美、亚洲，或者是建立在文化和宗教的基础上，如西方、伊斯兰、俄罗斯东正教、中国华裔等。

（3）全球分裂化：国家民族主义和保护主义抬头，取代国际间的合作，导致一个无序和相互对抗的环境产生。

重要的是，以上的各种未来可能都是有充分的支持和合理的证据，可见未来将是如此的变幻莫测，而我们又是多么容易犯选择上的错误。对于企业来说，把战略制订在只选择某一种可能的基础上会是多么不明智和危险！

5、建立企业面向未来的新战略能力

未来的复杂性和不确定性为企业提出的严峻挑战的应对原则是：在有效地应对现状的同时，建立起能够有效和成功地应对各种可能未来的能力。我们提供的方法和工具可以帮助企业确定各种选择和规避各种风险，从而比那些只将战略定义于某一狭隘的假设的公司更具战略适用能力和灵活能力。

建立应对各种可能未来（包括潜在的威胁和机遇）的战略能力采用了情景分析、真实选择（Real Options）和财务选择（Financial Options）等先进技术和方法。用价值选择计算代替现金流折现（DCF）计算，从而充分建立了在不确定情况下的战略适用能力和灵活能力。在此基础上建立的战略充分考虑了所有可能的未来情况，并对多种潜在的威胁和新的业务机遇都做好准备，使企业始终具备战略灵活应变的能力。当随着时间的前进和情况的逐渐明朗，企业将能够迅速采用相应的战略来应对挑战和抓住机遇。因此，这些企业既能在今天进行有效的竞争，又能在未来的竞争和发展中取得成功。

企业的管理人员应该认识到：战略的制订和实施在应该是在相对不确定和复杂的条件下进行的，而正视这一现实是应对各种未来挑战的第一步。

6、建立面对未来的新战略能力的步骤

（1）确定未来可能的威胁和新的机遇

调查在一段时间内可能影响市场的趋势和发展因素，并将它们组合成若干可能的情形和若干可能发生的结果。通过了解各种潜在的威胁、挑战和潜在的新业务机会，企业可以明确自己拥有哪些不同的战略可供选择。

（2）制订出可以应对多种未来可能的战略

制订出包括各种行动方案的核心战略，这些行动方案将在不同可能的情形或条件下实施，以及应对各种特殊情况的应急战略。

（3）建立未来所需的战略能力

建立和获得实施这些可能采用的战略的能力，例如与具有潜在价值的公司结成联盟，向拥有前景的创业公司投资，采取各种风险规避措施防止由于经济、技术、社会等领域力量和因素的变化对企业产生的不利的影响，等等。

（4）按照制订的面向未来的战略实施行动

将制订的面向未来的战略付诸实施。根据逐渐明确的新发展和新信息执行或放弃某些战略选择。同时，企业的管理层要根据新掌握的情况不断对各种可能发生的情形和可能的选择进行修改。

由于做好了事先的调研和在战略和组织机构能力，执行能力及应急方案等方面的准备，具有面向未来的新战略能力的企业能够有效和成功地应对未来的威胁和新机遇所带来的各种挑战。

然而，企业还要同时意识到，同时为未来的多种可能都做出准备，可能意味着需要建立与企业现状并不完全兼容的投资项目、组织机构和管理风格，此外，一些计划由于实施条件未出现而被放弃，使情况更加复杂化和具有挑战性。另一方面，有时尽管未来的发展需要实施某些战略，而具体付诸实施时会需要更加灵活或与往不同的组织架构、业务流程和企业文化，这些都会对企业本身提出挑战。

我们确信，成功的企业会积极地建立面向未来的新战略能力来应对各种未来的挑战。如果不这样做的后果是企业将承担更大的风险。大量的企业在剧烈变化的环境、竞争和突发事件面前变得如此的反应迟钝、判断错误和不堪一击以至走向衰落有力地证明了这一观点。

第二节　企业资源整合与战略规划

7.2.1　区域资源整合与战略规划

区域资源的规划主要是为了发挥地区优势，对具有相同经济性质的地域内的资源进行有效整合，使它为当地的经济发展做出更好的贡献。

区域资源规划不仅包括国家宏观上的经济区式的资源规划，也包括企业开发市场式的微观资源区域规划，有效的资源区域规划对于一个国家和企业的发展都有着重要的作用。

一、宏观区域资源战略规划

宏观区域资源战略规划主要指国家为了发挥区域优势，对某一地区内的资源进行的规划，它能使当地借助国家政策和地域性的资源优势，在对资源进行有效整合的条件下，去促进经济发展，提高人民的生活水平。下面以我国"中部崛起"战略来看我国区域资源规划战略。

"中部崛起"是我国继特区建设、沿海开放、西部大开发和东北等老工业基地改造之后的又一个区域发展战略，在某种意义上可能也是最后一个区域色彩鲜明的发展战略。从目前的势头来看，"中部崛起"有可能成为"十一五"时期处于主导地位的区域发展战略，位置突出，意义重大，制定切实可行的"中部崛起"战略规划和发展模式十分重要。

1、实现中部崛起具有战略意义

国际经验表明，一个国家连续保持20年左右的经济快速增长虽然有难度，但完全是有可能的，且已有先例。在连续保持20多年快速增长的基础上，再持续增长10－20年左右的难度则非常大，也没有过先例。改革开放以来已经保持了26年快速增长的中国经济，目前可以说来到了一个十分重要的转折时期。能否再保持20年左右的快速增长与发展，举世注目。

从经济学原理来看，一个国家要保持持续的经济增长要么需要保持持续的生产要素投入，要么通过技术创新来实现生产要素组合方式的改变，或者二者同时实现。从中周期角度来看，一个国家要保持持续的经济增长主要取决于保持持续的生产要素投入。由于资本是不断积累的，劳动力成本优势能否保持往往成为一个国家持续快速增长的关键。东亚的一些小经济体，正是因为无法做到劳动力投入的持续增长，最后在不可避免的劳动力成本上升压力下出现了产业外移而使高速增长难以持续。

从中国经济发展轨迹来看，过去20多年的高速增长主要是在沿海地区的带动下完成的。当沿海地区不可避免地出现"边际递减"现象的时候，如果西部地区、老工业基地和中部地区进入快速发展轨道，中西部地区的后发增长再促成全国20年的持续快速增长，就可以有效地克服东亚小经济体持续高增长过程中面临的劳动力成本上升、土地紧张等约束，依靠丰富的劳动力资源优势，中国经济高速增长再持续几十年，完成"三步走"战略，实现现代化目标。正是从这个意义上来看，中部崛起不仅是关系区域经济均衡发展、实现区域统筹协调、建设和谐社会大局的重大战略部署，是全面建设小康社会、实现可持续发展的重大举措和保证，也是关系国家长治久安和中华民族伟大复兴的客观需要和战略选择。

2、认识上避免陷入四个误区

作为国家的又一个或者说最后一个区域发展战略，"中部崛起"战略具有一定的后发优势，可以在充分总结前几个区域战略经验教训的基础上，制定切实可行的发展模式和战略措施。中部崛起战略一定要认真研究，周密安排，避免走弯路。实施"中部崛起"首先要避免陷入认识上的误区。

一是不要把"中部崛起"问题复杂化、理想化、情绪化，甚至政治化。要避免"中部崛起"战略成为区域之间优惠政策的轮流坐庄行为和带有补偿心理的情绪化要求，成为地方与中央之间的又一场讨价还价，成为与其他地区尤其是不发达地区的区域政策的简单攀比。汲取西部大开发政策出台初期的一些经验教训，政策宣传和鼓励人心是必要的，但不能止于宣传，需要实干，更不能进行非理性的过分煽情言行和概念炒作。要防止无限吊群众胃口、最后难以兑现、甚至误导地方和群众的现象发生。

二是要避免把"中部崛起"概念地理化，画地为牢，人为限制。能够作为经济梯度转移和政策扶持着力点的中部不能局限于地理位置和行政区划上的中部地区，而应该是作为第二梯度的中等发达地区即经济上的中部，除了地理上的中部外，还应该包括东部的西部（河北等东部较不发达地区）和西部的东部（陕西、四川和重庆等西部较发达地区）。

三是要避免把"中部崛起"政策孤立化、与其他区域战略割裂。应该从国家全局利益最大化和整体发展的角度，而不仅仅是中部地区区域发展的角度来考虑、设计和具体安排"中部崛起"战略步骤和政策措施，应该与东部地区的产业结构升级和低端产业的区际转移相结合，应该与西部开发的第二步安排和老工业基地的第二步战略结合起来，使各种区域战略和措施政策之间形成良性互动、发挥合力，构建整体效率最优化的区域政策组合。

四是要避免把中部发展道路简单化，忽视或轻视体制改革和机制转换，变成向国家要投资、要政策，加大政策扭曲，造成国家财政资金的极大浪费。中部地区除了老工业基地和资源枯竭型城市外，大部分地区属于"普区"，给予政策优惠不仅难以从经济学原理上取得支持，对于"普区"的政策支持能否与世界贸易组织的《补贴与反补贴条例》兼容也需要具体分析研究。因此，作为以"普区"为主的区域，中部崛起应该多在体制改革、机制转换和新的发展机制和增长方式的探索方面下大功夫，探索出真正符合中部地区特点的发展模式和发展机制。

3、实现三个结合，组合三种模式

从各地经济发展的经验来看，作为一个地域广阔的大国，改革开放以来在我国经济突飞猛进的发展过程中，逐渐形成了珠江三角洲、长江三角洲和环渤海地区等经济相对发达的高增长区域。

珠江三角洲、长江三角洲和环渤海地区等高增长地区在我国经济总量中的份额越来越大，对我国经济快速发展做出了极大的贡献，在一定程度上代表着中国经济的三种主要成分和产业结构的不同组合。

珠江三角洲是以三资企业为主、民营经济和国有改制股份制经济为辅的轻工和电子产业密集区域，长江三角洲是民营经济、三资企业和国有改制股份制经济三足鼎立的轻工、电子和装备工业密集区域，环渤海地区则是以国有改制股份制经济为主、三资企业和民营经济为辅的装备、电子和轻加工工业相对密集区域。

从经济发展的战略模式和发展机制来看，可以说基本形成了"外资密集开放地区"、"内生性高增长地区"和"改造再生的老工业基地"等三个经济发展比较快、形成了具有一定特色的经济发展区域，以及"外部投资密集推动的外生性发展模式"、"民营中小企业带动的内生性发展模式"和兼具前二者特点的"改革推动的老工业基地改造更新模式"三种重要模式。

外部投资密集推动的外生性发展模式，就实质而论，在相当程度上是一种新的"嵌入式"的经济发展模式，由跨国公司和国外企业主导，与国际产业发展和技术创新基本保持同步发展。由于其"嵌入式"特点，外资密集开放地区经济发展模式对全国大部分地区来说可学习性比较差，其成功经验难以大面积推广。内生性高增长地区主要依靠国内民间资本、走的是以轻型制造业为主的低成本扩张道路，形成了一定的产业集群和区域特征。

内生性高增长地区的经济发展进程内生于我国的具体国情环境之中，在一定意义上比较接近工业革命初始阶段的发展模式，对全国其他地区具有一定的可学习和可模仿性。就改革推动的老工业基地改造更新模式而言，全国许多地区在计划经济时期通过国家投资布局和自身积累方式，发展了一定的工业基础和国有企业，在一定程度上有拥有规模不等、水平差异的传统产业基础，通过传统产业和老工业基地改造方式加快经济发展的模式也具有一定的普适性和可推广性。

以中部为主的中等发达地区以农业大省为主，又是除了东北之外我国老工业基地相对密集的地区。作为经济发展比较慢、地理位置相对不利、人的思想观念相对落后的内陆省份，中部地区既没有充满活力的民营企业群体，也不可能有大量、集中和持续的外商投资，现有工业基础以传统国有或国有控股企业为骨干的加工业为主，相对缺乏技术优势、体制优势和机制优势。因此，中部地区发展进程中需要有效地选择发展模式，要根据各地的比较优势和具体特点，有效组合以上三种模式特点，并与国家的东部地区结构升级、西部开发和老工业基地改造战略相结合，选择复合型的发展战略模式。即"实现三个结合，组合三种模式"。

短期来看，需要更多地借鉴老工业基地发展的成功经验，以现有的老工业基地发展为依托，与国家老工业基地振兴改造战略相结合，走改革推动的老工业基地改造更新道路。尤其是在启动阶段要依靠已有的包括中心城市在内的各种区域和产业发展级的带动，依托武汉、洛阳、西安、重庆、成都等具有一定比较优势的老工业基地，率先在局部突破，带动全局。

中期应该重视发挥吸引包括国外和发达地区资金，外部资金、技术和管理的辐射带动作用以及西部地区人才东流的推动作用，与东部地区结构升级和产业转移、以及西部开发战略相结合，走"外部投资密集推动的外生性发展模式"道路。要充分利用靠近东部地区的地理优势，与东部沿海开放战略结合，利用东部地区结构升级、产业向中西部地区剃度转移的机遇和中部作为全国梯度转移过程中的接力站或二传手的优势，实行梯度转移对接战略，吸引国内外尤其是东部地区的资金、技术和管理人才，在中部地区迅速形成一定的聚集效应，形成以长沙－武汉－郑州－洛阳－西安－成都－重庆为内环的腹地经济圈，使国家经济地理的中心区域逐步发展成为经济地理的重心地带。

长期来看，中部地区稳定可持续的发展模式必须依靠体制改革和技术创新，与体制改革和科教兴国战略相结合，走更多地依靠民营中小企业带动的内生性发展模式。中部省份尤其要依托农业地区的优势，发展现代农业和农产品加工业，延长产业链，形成以当地丰富的劳动力和农产品资源为依托、以中小企业为主体的现代农业和农产品加工产业集群。

从以上三点可以看出，宏观上的区域资源规划理论都是在整合资源的基础上提出的，中部崛起是关系着我国能否实现全面小康社会和社会主义现代化目标的重要手段之一，而根据目前中部几省的形式，经济发展高度比不上东部沿海、资源优势比不上西北、经济基础比不上东北。怎么样实现中部崛起中的资源供应？进行资源有效整合是唯一而且有效的方法。

二、微观资源区域战略规划

微观资源区域战略规划指的是企业为了利用自身的优势对所在的市场进行开发，一方面实现自己的产品销售利润的增长，另一方面带动当地其他企业的发展，以更大范围的利用宣传、发展自己。[3]

互联时代到来，使远程资讯触手可得，新经济现象令经典的寡头经济的竞争显得苍白无力，集约化经营、区域化产业，更是以成行成市规模化发展，形成了区域经济的新概念。区域资源经济现象古之有之，很多传统产品在区域的原材料生产优势中凸现出来，如中国的茅台镇，作为传统的酒业生产基地，已有几百年历史，近代又因名酒"茅台"名声在外，使茅台镇更是占尽先机。目前，注册的酒业公司有2000余家，生产酒的厂家也有近400家，一个区域经济资源——酒业生产的配置已逐步完善。茅台也成为了区域品牌形象，并且还带动了茅台镇周边区域的酒业发展。

改革开放使区域资源整合更为得力，特色镇、专业镇、专业化区域产业更是层出不穷，但很大程序上是自发性形成，地方政府在规划中也做了相关工作，但作为一个新型的"产业群聚区"还做得不够，政府体制也在适应区域资源经济发展过程中不断完善。

区域资源与区域经济区域资源经济分两种类型：一种为资源自有型经济；一种为资源创造型经济。广州从化地区拥有大量地藏温泉，自古以来都以温泉的保健作用而闻名，解放后政府也十分重视自然资源的开发利用，50～60年代就已成为国家领导人会议、疗养的重地。随着改革开发及经济体制的变化，从化地区的温泉资源给以了更大开发利用的空间，作为广州市的后花园，温泉资源逐步衍生和带动更多的产业，其中包括保健业、旅游业、娱乐业、房地产业，当然最大受益者是地方政府，税收增加了，国民收入增加了，地价增值了，劳动力增值了，房地产旺了，就业问题得到缓解，地方经济相应激活……从化区域资源经济是建立在自然资源温泉的基础上而形成的特定的温泉资源经济。

南海市南庄镇是较为典型的创新资源形成的区域经济——专业建陶特色镇。南庄毗邻佛山石湾，改革开放，房地产业的高速发展，建筑陶瓷需求量急剧上升，石湾借助改革开放之势，在闻名遐迩的艺术陶瓷基础上创新建筑陶瓷，作为土地资源丰富的南庄镇，更是借石湾的发展而大力发展建筑陶瓷业，使建筑陶瓷业成为了南庄镇的支柱产业，南庄也由一张白纸迅速成为了中国建筑陶瓷的最大的生产基地。南庄政府在建陶业方面大做文章，又规划建造中国最大的建筑陶瓷集散地"华夏陶瓷博览城"，南庄政府形成了以新中源、新明珠等国内大型建筑陶瓷企业为龙头，以华夏陶瓷博览城为枢纽，以景德镇陶瓷学院为技术支持创新建陶资源，形成了区域扩张至石湾和西樵山一带的建陶产业生产销售新格局。创新资源形成区域资源经济，起决定性因素的是地理环境和政府的创新能力。在区域资源经济的发展中，政府永远是最大的经营者、投资者和管理者，整合优势资源，创新价值资源是地方经济发展的必由之路。

资源配置与立体产业链区域资源经济中，最核心的部分便是资源创新及配置。硅谷可以说家喻户晓，美国硅谷更是全球成长最快，以神话般创造奇迹的区域资源经济。在硅谷，政府已极其战略的眼光进行基本建设，借助于原有电子信息技术发祥地的优势——高等学府密集，IT天才众多，软硬件企业毗毗皆是，政府更是提供优良的环境鼓励个人企业，只要你花一元钱注册公司，只要你有好的商业计划书，你就可使用政府提供的一切设备设施，政府还创造了风险投资的最佳环境，一时间风险投资人满为患，人们俗称：只要你吼一声"我有好的商业计划"，马上从天而降上百个风险投资商……这就是硅谷，这是美国政府造就的硅谷。虽然纳斯达克的神话破灭，但作为区域资源经济的发展，硅谷的确是成功的。

资源区域规划无论对政府还是对企业，终极目的都是一致的，充分利用当地资源，实现经济快速发展。

7.2.2 资源整合的国际化战略

过去全球性的国际经济组织在讨论世界经济问题的时候，往往着重讨论美、日等国的经济，而并没有将中国经济作为世界经济的范畴看待，它们并不认为中国是世界经济大国。中国经济是在讨论区域经济的时候才被提到，属区域经济这一档次。但是，现在这些组织在讨论世界经济的时候，则将中国的经济同美、日等国的经济相提并论，中国已被视为世界经济的重要组成部分，属于世界经济大国。应该说，这是中国改革开放的巨大成就，是值得我们骄傲的。但我们也应该看到，中国迅速成为世界经济大国，成为世界经济的重要组成部分，其速度之快是我们始料不及的，因而我们现在还没有极为有效的应对战略，尤其是有些深层次的问题需要我们认真思考。

一、中国面对世界经济的挑战

1、中国企业竞争力与其世界经济地位形成反差中国经济已经上升为世界经济，这已是全球的共识，但中国企业的竞争力却非常低下，甚至没有全球性的大企业，这一点我们连印度都比不上。也就是说，虽然中国经济在世界经济中的地位正在快速上升，但中国企业的竞争力却并没有随之上升，同中国经济在世界经济中地位的快速上升相比，中国企业竞争力却明显与其不相匹配，这两者形成了巨大的反差。这种反差表明，中国经济仅仅是以市场广阔和劳动力便宜而成为世界经济的重要组成部分的，而并不是因为中国企业竞争力的增强，并不是因为核心竞争力的增强，因而中国并没有充分享受中国经济及世界经济发展的太多好处，这是非常不利于中国经济的持续高效发展的，对此我们要有清醒的认识。

为什么中国企业的竞争力不高，尤其是核心竞争力不强，从而没有形成全球性的大企业？我认为主要有两个方面的原因：

第一，我们现在还存在着严重的企业性质歧视，有些效益好的有希望走向全球的民营企业得不到应有的支持，而有些亏损严重甚至应该破产的国有企业却受到各种保护，浪费了我们非常稀缺的资源，从而使有希望成为全球性大企业的企业没有发展起来，而那些本应破产的企业却仍然负效益地存在着。

第二，没有良好的能促使企业快速发展和扩张的环境，主要表现为：一是没有一个发达的融资体系，企业无论是间接融资，还是直接融资，都比较困难，尤其是存在着行政性货币资源的配置体系，从而严重地阻碍了市场对货币资源的高效益配置；二是没有一个高效的产品流通贸易体系，产品无法快速的流通，不仅传统服务业和现代服务业都不发达，而且营销团队、营销机构、营销物流等都不发达，尤其是信用制度非常缺欠，阻滞了产品快速流通的行政性及非行政性壁垒严重存在，企业无法在市场扩张的基础上快速发展；三是没有一个良好的技术创新体系，企业无法获得作为核心竞争力的重要构成因素的原创性技术，从而导致企业无法通过技术创新而快速扩张，使得企业失去了快速扩张的技术基础。

从上述分析可见，我们要使中国的企业提升竞争力，尤其是使得一些企业成为全球性大企业，从而使中国企业在世界经济中的地位，能同中国经济在世界经济中的地位一样不断上升，我们就必须做到这样几点：一是放弃各种形式的歧视民营企业的法律和政策，把效益作为评价支持企业的惟一标准，全力以赴支持那些有希望成为全球性大企业的民营企业快速发展；二是推动融资体系的创新，形成快速和高效的融资体系，使企业能够顺利地获得资金要素；三是形成快捷和顺畅的产品流通贸易体系，使企业的扩张和发展拥有雄厚的市场基础；四是建立高效的技术创新体系，使企业能够顺利地获得技术创新的支持，具有扩张和发展的内在核心竞争力。

2、经济资源边界约束制约中国经济增长

中国经济虽然已经成为世界经济的重要组成部分，但中国经济的粗放型增长模式并未根本改变，属于高耗性经济，即经济增长以对资源的高消耗为代价，例如 2003 年中国电的消耗量占到世界耗电量的 13% 以上，石油的消耗量占到世界耗油量的 26% 以上，钢的消耗量占到世界耗钢量的 30% 以上，煤的消耗量占到世界耗煤量的 30% 以上，水泥消耗量占到世界耗量的 55% 以上，等等，中国经济虽然各种资源消耗都非常之大，但中国经济对世界 GDP 增长的贡献，却仅仅为 4%。这种高耗性经济增长，不仅会受到中国资源边界的限制，而且也会受到世界资源边界的约束，因而必然会引起世界的关注和抑制。这种以资源高耗性为基础的经济增长，虽然已经使中国经济上升为世界经济的重要组成部分，但是很难以较长时期维持的。

因此，我们必须清楚地认识到，中国经济虽然已上升为世界经济，但是我们很快就会受到资源边界的约束，资源短缺将成为中国经济发展的重要瓶颈。为此，我们必须要做到两个方面的应对：一是尽快改变高耗性的粗放式经济增长模式，提高资源效率，以较小的资源消耗而换取最大的经济效益；二是把资源战略作为重要的国际化战略，经济国际化必须以资源国际化为基础，从而实行多国化和多元化资源开发战略，而且增强中国有效使用世界资源和保护资源的能力，维护中国应有的公平使用世界资源的权力，从有效使用世界资源的角度调整和完善中国的外交战略和贸易战略。

二、建立资源整合国际化战略

从上面提到的我国经济发展主要受困于资源环境上可以看出，面对国内资源严重不足的情况下，充分开发利用国际资源对我国实现现代的建设和能源安全战略非常重要，而在最近若干年里，中国企业的国际化战略也进行得如火如荼，并且有很多都取得了显著的成绩，这对中国将来的发展和现在国内的企业都有借鉴和启发意义。

而企业资源整合的国际化战略一个明显的标志就是企业战略规划的国际化，即企业要走出国门，利用外国资源把企业做大做强，利用外国的资源发展企业，这其中也就关系着企业如何制定国际化战略，并且克服在走出去战略中遇到的挑战和威胁。

1、人力资源规划是企业国际化战略的重点

众所周知：我国企业要迈向国际化，首先要建立企业在国际化市场上的竞争力、影响力和品牌知名度，而要做到这一点，必须强化发展战略规划、核心竞争力提升（核心技术）、资本运作多元化、营销策略全球化、品牌经营国际化、人才开发超前化、企业管理规范化、信息资源共享化等八个方面的有效、高速和可靠运作。然而，要促成这八个方面的协同运作和企业的快速成长，一定要有充分适当的人力资源作为支承和保障体系，否则不易发挥功效，达成目标。国内企业在这方面普遍存在应变性较差，战斗力较弱，资本运作不力，品牌形象不高，技术能力不强，管理功底不扎实，缺乏可资运用的国际化人才。在没有合适的人力资源支撑下，国内企业迈向国际化的进程必然受阻。对于这一点我们必须有清醒的认识，因此，如何建立和运作合适的人力资源策略，就成为我国企业迈向国际化成功与否的关键一招。

企业国际化战略的方向决定了我们的人才结构，规模决定了人才的总量，发展的快慢取决于人才的综合素质与潜在能力，这是我们加快国际化战略必须认

真对待和慎重考虑的人力资源策略中的三个关键要素。

每个企业都有进入国际化的良好愿望，希望融入世界经济大循环，参与国际经济技术间的分工、合作和竞争，并想占有一席之地。尤其是中国的电子企业。

这个愿望更为强烈和迫切，如海尔集团、华为公司和联想等企业都采取了一定的举动和策略，在国际化方面进行了有益的尝试，有些企业收到初步的成效，有些企业则遇到困难，走了不少弯路。那么究竟是什么原因？又如何迈出这关键性的一步？到底要具备哪些条件和功能才能在国际化的市场竞争中出奇制胜？其出击的利器是什么？

纵观世界上成功的企业，我们可以从中找到一个共同答案：那就是成功的企业都有正确的人力资源观念，认识到人才资本和知识经济的价值（即人才资本增值优先于资金资本），并懂得妥善、合理和有效地运用人力资源，方能避免公司的老化衰退，进而保持旺盛的生命力和强大的战斗力。它已成为现代企业日后不断突破、创新，进军国际市场的最有效资源。

中国企业要进军国际化，必须重视人力资源策略，主要分为四个方面：

（1）重视团队建设。注重培养核心人才和骨干队伍的强烈责任心、历史使命感，形成一种敬业诚信，团队创新的企业精神，积极倡导大家养成与企业同舟共济的价值观，增强企业的凝聚力、向心力、强化集团的经营理念，给员工营造一个温馨、和谐的工作生活环境，这与公司未来的发展息息相关。

（2）加强人才的战略性开发培训。依据战略要求，以加速与

国际市场接轨为目标，加大人力资源开发的力度，进行前瞻性、实战性和针对性的培训开发，大力造就一批适应国际化经营与竞争的各类人才。培训开发的方向和重点应是全力着眼于集团未来的发展与需要为前提。

（3）进行人力资源战略规划。对全集团现有人力资源做个盘点，并就人力资源与战略的匹配进行评估，以迈向国际化为起点，推进全球化为终点，进行整体性、全方位、多角度的人力资源规划，抓好"引智"和"育才"两大工程的建设，全面促进集团人力资源开发超前一步，集中体现在总量上的开发、素质上的提高和配置上的合理三个环节，极大限度地发挥人才整体效能，实现人才的配置优化，依靠人才的整体优势加速企业的国际化进程。

（4）建立完善、科学和高效的人力资源管理平台。建立健全一套符合国际化要求，具有竞争激励、公正规范和科学高效的人力资源管理平台。

2、由本土化到国际化是必由之路

企业走出去不是一个简单的过程，其产品、经营理念、营销方式的转变都是一个很重要的环节，在这里我们提倡企业在走出去的战略中沿着本土化向国际化慢慢过渡的道路，以实现企业因文化和地域资源差异而造成的不适应赢得缓冲时间。

在这方面，海尔做得十分出色。

海尔创本土化海尔名牌的过程分为三个阶段，即本土化认知阶段、本土化扎根阶段、本土化名牌阶段。这就是海尔走向世界的"三部曲"：

第一步，按照"'创牌'而不是'创汇'"的方针，出口产品开拓海外市场，打"知名度"；

第二步，按照"先有市场，后建工厂"的原则，当销售量达到建厂盈亏平衡点时，开办海外工厂，打"信誉度"；

第三步，按照本土化的方针，实行"三位一体"的本土发展战略，打"美誉度"。第一步是播种，第二步是扎根，第三步是结果。

"三部曲"是实践的发展,与此同时,海尔人对国际化经营的认识也在不断深化。

(1)"先难后易"达到认知——靠质量让当地消费者认同海尔的品牌。

首先,海尔认为必须在观念上转变传统出口的误区,出口是为了创牌而不仅仅是创汇,用"海尔—中国造"的著名品牌提升创汇目标。

在进入国际市场时,海尔采用"先难后易"战略,先进入欧美等在国际经济舞台上份量极重的发达国家和地区,取得名牌地位后,再以高屋建瓴之势进入发展中国家,并把使用海尔品牌作为出口的首要前提条件。海尔冰箱能摆在自己的老师家门口——德国,靠的是揭下商标、打擂台的形式建立起的海尔产品高质量的信誉。

(2)"三位一体"扎根——海尔于海外三位一体的结构已在当地深深扎根。为了实现海尔开拓国际市场的三个三分之一(国内生产国内销售三分之一,国内生产国外销售三分之一,海外生产海外销售三分之一)的目标,海尔在海外设立8个设计分部,专门开发适合当地人消费特点的家电产品,提高产品的竞争能力;96年开始,海尔已在菲律宾、印度尼西亚、马来西亚等地建立海外生产厂。1999年4月份,海尔在美国南卡州的生产制造基地的奠基标志着海尔集团在海外第一个"三位一体本土化"的海外海尔,即设计中心在洛杉矶、营销中心在纽约、生产中心在南卡州。立足当地融智与融资,发展成本土化的世界名牌。张瑞敏首席执行官把海尔的这一思路概括为"思路全球化、行动本土化",思路必须是全球化的,即使你不去思考全球,全球也会思考你。行动的本土化目的在于加快品牌影响力的渗透过程。海尔的本土化表现在广告上都应本土化,如海尔在美国的广告语是What the world comes home to,在欧洲则用Haier and higher。

（3）超前满足当地消费者的要求创造本土化名牌。海尔实施国际化战略的目标是创出全球知名的品牌，要创名牌，仅有高质量是不够的，必须和当地消费者的需求紧密结合，而且要超前满足当地消费者的需求。海尔超级节能无氟冰箱就是一个典型的例证，它既解决了国际社会对于环保的要求，又考虑到消费者的切身利益，在开发无氟冰箱的同时实现了节能 50% 的目标，不但发明了一项世界领先的成果，还取得了巨大的市场效果。海尔超级节能无氟冰箱达到德国 A 级能耗标准，德国消费者凡购买海尔超级节能无氟冰箱均可得到政府补贴。在美国，海尔冰箱提前达到美国 2006 年的能耗标准。

海尔已经成功的实现了从本土化到国际化的转变，这就是海尔进行正确的战略规划的结果。在这个成功的案例中，海尔的战略规划中有哪些是值得我们学习的经验呢？

3、本土化关键是融智[4]

美国海尔是第一个三位一体本土化的海外海尔，海尔认为美国海尔的本土化关键一点是能否融智，即如何使海尔文化得到美国海尔人的认同。因此海尔没有采取派出人员的做法，而是聘用当地的美国人来经营当地的海尔。

如美国海尔贸易有限公司的总裁聘的就是美国人，他叫麦考，年薪 25 万美金。先让这个总裁认同海尔文化，再通过他的言传身教影响其他美国海尔人。这些工作是中国总部派去的海尔人无法做到的。

实践证明这种做法特别符合美国市场和美国文化。海尔产品在美国市场的迅速发展更坚定了麦考的信心，他认为海尔是一个充满朝气，非常有发展潜力的企业，他说有信心使美国海尔在最短的时间里占到海尔全球营业额的 1/3。

为了开拓美国市场，他经常加班工作，特别是在美国人看来星期天工作是不可思议的，麦考经常把软件和笔记本电脑带回家工作。麦考经常来青岛海尔总部，他认为是接待他的海尔业务人

216

员的敬业精神和高效率工作作风给他留下深刻印象，并影响了他。他说他要把海尔作为终生追求的事业。

4、国际化的海尔

美国海尔是海尔集团从海尔的国际化阶段到国际化的海尔阶段的标志。除美国海尔外，海尔还于96年起，先后在印尼、菲律宾、马来西亚、伊朗等国家建厂，生产海尔冰箱、洗衣机等家电产品。在世界主要经济贸易区域里都将有海尔的工厂与贸易中心，使海尔产品的生产、贸易都实现本土化，不仅有美国海尔，还有欧洲海尔，中东海尔等。在融资、融智的过程中，使海尔真正成为世界的名牌。海尔的国际化是国际化海尔的一个基础，只有先做到了海尔的国际化才能去做国际化的海尔。国际化是海尔的目标。海尔的国际化，就是要海尔的各项工作都能达到国际标准，如同参加一项比赛，先要具备参赛的资格。对海尔来讲，主要是三方面：一是质量；二是财务；三是营销。质量要达到国际标准，财务的运行指标、运行规则应该和西方财务制度一致起来，营销观念、营销网络应达到国际标准，海尔自身具备这种素质就可以进入国际市场去，所以"出口"是针对海尔的国际化而言；但国际化的海尔就不同了，"海尔"已不再是青岛的海尔，设在中国的总部也不再仅仅是向全世界出口的一个产品基地。中国的海尔也将成为整个国际化的海尔的一个组成部分，美国海尔、欧洲海尔、东南亚海尔等等也势必成为国际化海尔的重要组成部分。

5、今天的海尔

2004年1月31日，海尔入选世界品牌实验室评选的"世界最具影响力的100个品牌"，成为世界级的强势品牌。这一点同样来之不易，从最初出口的"先难后易"策略到本土化的"三位一体"和"三融一创"，创自主品牌的理念和实践，先后经过了十几年国际市场的磨练，一步一个脚印，踏踏实实。专家分析认为：最有可能在海外市场成功树立自有品牌的中国企业，首先是那些在国内已有低成本、高质量制造经验，并在当地层次上展现出市场营销才干的企业，而目前只有海尔等少数中国企业在美国开办了工厂，可以对当地客户喜好的变化更快地做出反应，抵消因海外生产而增加的制造成本。

产品质量和服务是品牌的两大基石，海尔在海外继续发扬在国内成功的服务理念，力争比当地的同行做得更好。例如在美国，美国海尔贸易创新性地开设了 24 小时免费服务电话，美国公司一般 1 分钟以内接电话，而美国海尔贸易公司要求员工 5 秒以内接听电话，使海尔的服务变成了美誉。

我国经济还处于高速增长时期，企业的发展还有无限的上升空间，如果可以制定出良好的战略规划，就可以充分利用国内、国际资源，这些都是我国企业在现在和将来很长一段时间内需要关注的问题。

参考文献：

[1]《战略规划是什么?》来源：布瑞森（Bryson）《公共和非赢利机构中的战略规划》

[2]《做好战略规划应该遵循的原则》来源：利高网 2005-7-30

[3]《从思想到方法》王吉鹏 北京企业管理出版社 2003.11

[4]《从海尔集团美国建厂看海尔国际化战略》来源：《财智》杂志 2004-11-03

第八章 SWOT 分析的资源整合

我们已经了解到，在当前的世界全球化和一体化加剧的境况下，还由于资源的稀缺性的日益加重，那么随着中国履行入世协定日期的日益临近，中国企业在世界市场内的竞争也就越发激烈。如何能使中国企业在中国全方位向世界开放的同时保持不败之地？这还是得依靠企业自身的努力。如何正确地看待自己、分析自己，进行有效的自我检测，从中找出自己的不足和优势，企业全方位的市场营销是不是有针对性，SWOT 分析法为中国企业认清自己、认清世界形势提供了一个自我检测的平台。从而实现资源的重新整合，使中国企业能够立足于世界，并在激烈的竞争中取得发展。

第一节 自我检测

8.1.1 什么是 SWOT 分析法？

SWOT 分析的主要目的在于对企业的综合情况进行客观公正的评价，以识别各种优势、劣势、机会和威胁因素，有利于开拓思路，正确地制定企业战略。

SWOT 分析是把企业内外环境所形成的机会（Opportunities），风险（Threats），优势（Strengths），劣势（Weaknesses）四个方面的情况，结合起来进行分析，以寻找制定适应合本企业实际情况的经营战略和策略的方法。下表列出的是在 SWOT 分析中一般所需要考虑的因素。[1]

	潜在外部威胁（T）	潜在外部机会（O）
外部环境	市场增长较慢 竞争压力增大 不利的政府政策 新的竞争者进入行业 替代产品销售额正在逐步上升 用户讨还价能力增强 用户需要与爱好逐步转变 通货膨胀递增及其它	纵向一体化 市场增长迅速 可以增加互补产品 能争取到的用户群 有进入新市场或市场面的可能 有能力进入更好的企业集团 在同行业中竞争业绩优良 扩展产品线满足用户需要及其它

内部条件	潜在内部优势（S）	潜在内部劣势（W）
	产权技术	竞争劣势
	成本优势	设备老化
	竞争优势	战略方向不同
	特殊能力	竞争地位恶化
	产品创新	产品线范围太窄
	具有规模经济	技术开发滞后
	良好的财务资源	营销水平低于同行业其他企业
	高素质的管理人员	管理不善
	公认的行业领先者	战略实施的历史记录不佳
	买主的良好印象	不明原因导致的利润率下降
	适应力强的经营战略	资金拮据
	其它	相对于竞争对手的高成本及其它

SWOT 分析还可以作为选择和制订战略的一种方法，因为它提供了四种战略，即 SO 战略、WO 战略、ST 战略和 WT 战略，如下图所示。

	内部优势（S） 1.…… 2.…… 3.……	内部劣势（W） 1.…… 2.…… 3.……
外部机会（O） 1.…… 2.…… 3.……	SO 战略 依靠内部优势 利用外部机会	WO 战略 利用外部机会 克服内部劣势
外部威胁（T） 1.…… 2.…… 3.……	ST 战略 依靠内部优势 回避外部威胁	WT 战略 减少内部劣势 回避外部威胁

SO 战略就是依靠内部优势去抓住外部机会的战略。如一个资源雄厚（内在优势）的企业发现某一国际市场未曾饱和（外在机会），那么它就应该采取 SO 战略去开拓这一国际市场。WO 战略是利用外部机会来改进内部弱点的战略。如一个面对计算机服务需求增长的企业（外在机会），却十分缺乏技术专家（内在劣势），那么就应该采用 WO 战略培养技术专家，或购入一个高技术的计算机公司。

ST 战略就是利用企业的优势，去避免或减轻外部威胁的打击。如一个企业的销售渠道（内在优势）很多，但是由于各种限制又不允许它经营其他商品（外在威胁），那么就应该采取 ST 战略，走集中型、多样化的道路。

WT 战略就是直接服内部弱点和避免外部威胁的战略。如一个商品质量差（内在劣势），供应渠道不可靠（外在威胁）的企业应该采取 WT 战略，强化企业管理，提高产品质量，稳定供应渠道，或走联合，合并之路以谋生存和发展。

SWOT 方法的基本点，就是企业战略的制定必须使其内部能力（强处和弱点）与外部环境（机遇和威胁）相适应，以获取经营的成功。

8.1.2 SWOT 分析法在企业管理中的具体应用

在现代企业管理中，通过 SWOT 分析，可以结合企业所处的环境对企业的内部能力和综合素质进行较为客观的评价，弄清企业相对于其它竞争对手所处的优势、弱势、机会和威胁，提醒企业制定相应的竞争战略，使企业永远立于不败之地。

一个企业的优势是指该企业相对于竞争对手而言所具有的良好的企业形象、完善的服务系统、先进的工艺设备、独特的经营技巧、稳定的市场地位、与买方、供方和企业员工之间诚信的协作关系以及企业所拥有的优势资源、技术、产品以及其他特别的核心竞争力。

一个企业的弱势是指影响该企业经营效果和效率的不利因素和特征，诸如公司形象较差、内部管理混乱、缺乏明确的企业战略、缺少某些关键技能或能力、研究与开发工作滞后、设备陈旧、产品质量不高、成本过高、销售渠道不畅、营销技巧较差等，它能使企业在竞争中处于弱势地位。

一个企业的机会是指企业经营环境中可以获得的重大的有利形势，诸如出现新的细分市场、获得较快的市场增长、企业产品线的扩展、出现较多的新增顾客、竞争对手出现重大决策失误或因骄傲自满而停滞不前、企业实现纵向一体化、绕过有吸引力的外国市场的关税壁垒以及政府调控的变化、企业经营环境的变化、竞争格局的变化、技术的变化、客户和供应商关系的改善等因素，都可以视为机会。

一个企业的威胁是指环境中存在的重大不利因素，构成了企业经营发展的约束和障碍。诸如新的竞争对手的加入、市场发展速度的放缓、产业中买方或供应方的竞争地位的加强、政府政策的变化、关键技术的改变等都可以成为企业未来成功的威胁。与机会无处不在一样，企业中永远存在有对企业发展具有威胁作用的因素。

企业是动态的，永远处于不断的矛盾之中，企业所处的环境随时都在变化，这些变化对于一个企业来讲可能是机遇，也可能是威胁。比如，"家庭影院"的出现对于"家庭影院"生产企业来讲是机会，人们足不出户就可以欣赏到电影或音乐；但对于电影院来讲就是威胁，由于"家庭影院"的问世，使得人们去电影院看电影的几率大大减少，电影院的收入自然就会减少。对于一个民营企业来讲，在当今的市场经济条件下，他可能存在以下机会：宽松灵活的经营环境、广阔的市场空间、国家以及当地政府的支持和扶持、十六大以后在中国经济中的地位得到明确和加强、庞大的受过良好教育的人力资源的买方市场、半透明市场的利用和把握、没有历史包袱等。同时也面临有诸多挑战：现代企业管理机制、家族利益的平衡、职业经理人的选用、融资、投资渠道、监督约束机制的建立、放权与集权的平衡，理性的、平和的、科学的决策机制等。一般来讲，一个成熟企业所面临的市场发展机会少，环境威胁较少，发展潜力小；困难企业面临较大的环境威胁，营销机会也很少；理想的企业具有较多的发展机会，环境威胁较少，然而，这样的企业在现实中是很少存在的；冒险企业的机会与挑战并存，成功与风险同在，这样的企业应在尽量抓着机会的同时，积极寻找避免威胁的对策。

在分析企业"机会"和"威胁"的同时，还应积极寻找与企业"优势"与"弱势"有关的问题加以解决。只有这样，一个企业才能做到知己知彼，对资源进行整合，达到持续、快速、健康的发展。

一般来讲，企业应当分析以下内容：谁是关键的竞争对手？竞争对手的竞争战略是什么？在相互竞争的企业间，市场是如何划分的？竞争对手占据什么样的竞争地位，谁是领导者？谁是挑战者？谁是跟随者？谁是拾遗补缺者？竞争对手有那些核心资源和能力？其核心竞争力是什么？核心竞争力如何与其他资源相匹配？竞争对手有可能采取那些竞争行动？竞争对手的可持续能力如何？竞争对手的立场如何？竞争对手的行动和反应快慢如何？竞争对手的进攻性有多大？趋势如何？

因此，在现代企业管理中，如何认清企业所面临的机遇与挑战、优势与弱势；如何将威胁转化为机会，把弱势转化为优势是每一个企业和企业管理者所必须认真思考并随时准备付诸行动的一个不容忽视的问题。

8.1.3 SWOT 分析的步骤：

1、罗列企业的优势和劣势，可能的机会与威胁。

2、优势、劣势与机会、威胁相组合，形成 SO、ST、WO、WT 策略。

3、对 SO、ST、WO、WT 策略进行甄别和选择，确定企业目前应该采取的具体战略与策略。

SWOT 矩阵：

	优势	劣势
机会	so 战略（增长性战略）	wo 战略（扭转型战略）
威胁	st 战略（多种经营战略）	wt 战略（防御型战略）

竞争优势（S）是指一个企业超越其竞争对手的能力，或者指公司所特有的能提高公司竞争力的东西。例如，当两个企业处在

同一市场或者说它们都有能力向同一顾客群体提供产品和服务时，如果其中一个企业有更高的赢利率或赢利潜力，那么，我们就认为这个企业比另外一个企业更具有竞争优势。

竞争优势可以是以下几个方面：

●技术技能优势：独特的生产技术，低成本生产方法，领先的革新能力，雄厚的技术实力，完善的质量控制体系，丰富的营销经验，上乘的客户服务，卓越的大规模采购技能

●有形资产优势：先进的生产流水线，现代化车间和设备，拥有丰富的自然资源储存，吸引人的不动产地点，充足的资金，完备的资料信息

●无形资产优势：优秀的品牌形象，良好的商业信用，积极进取的公司文化

●人力资源优势：关键领域拥有专长的职员，积极上进的职员，很强的组织学习能力，丰富的经验

●组织体系优势：高质量的控制体系，完善的信息管理系统，忠诚的客户群，强大的融资能力

●竞争能力优势：产品开发周期短，强大的经销商网络，与供应商良好的伙伴关系，对市场环境变化的灵敏反应，市场份额的领导地位

竞争劣势（W）是指某种公司缺少或做的不好的东西，或指某种会使公司处于劣势的条件。

可能导致内部弱势的因素有：

●缺乏具有竞争意义的技能技术

●缺乏有竞争力的有形资产、无形资产、人力资源、组织资产

●关键领域里的竞争能力正在丧失

公司面临的潜在机会（O）：

市场机会是影响公司战略的重大因素。公司管理者应当确认每一个机会，评价每一个机会的成长和利润前景，选取那些可与

公司财务和组织资源匹配、使公司获得的竞争优势的潜力最大的最佳机会。

潜在的发展机会可能是：

- ●客户群的扩大趋势或产品细分市场
- ●技能技术向新产品新业务转移，为更大客户群服务
- ●前向或后向整合
- ●市场进入壁垒降低
- ●获得购并竞争对手的能力
- ●市场需求增长强劲，可快速扩张
- ●出现向其他地理区域扩张，扩大市场份额的机会

危及公司的外部威胁（T）：

在公司的外部环境中，总是存在某些对公司的盈利能力和市场地位构成威胁的因素。公司管理者应当及时确认危及公司未来利益的威胁，做出评价并采取相应的战略行动来抵消或减轻它们所产生的影响。

公司的外部威胁可能是：

- ●出现将进入市场的强大的新竞争对手
- ●替代品抢占公司销售额
- ●主要产品市场增长率下降
- ●汇率和外贸政策的不利变动
- ●人口特征，社会消费方式的不利变动
- ●客户或供应商的谈判能力提高
- ●市场需求减少
- ●容易受到经济萧条和业务周期的冲击

由于企业的整体性和竞争优势来源的广泛性，在做优劣势分析时，必须从整个价值链的每个环节上，将企业与竞争对手做详细的对比。如产品是否新颖，制造工艺是否复杂，销售渠道是否畅通，价格是否具有竞争性等。

如果一个企业在某一方面或几个方面的优势正是该行业企业

应具备的关键成功因素，那么，该企业的综合竞争优势也许就强一些。需要指出的是，衡量一个企业及其产品是否具有竞争优势，只能站在现有潜在用户角度上，而不是站在企业的角度上。

企业在维持竞争优势过程中，必须深刻认识自身的资源和能力，采取适当的措施。因为一个企业一旦在某一方面具有了竞争优势，势必会吸引到竞争对手的注意。一般地说，企业经过一段时期的努力，建立起某种竞争优势；然后就处于维持这种竞争优势的态势，竞争对手开始逐渐做出反应；而后，如果竞争对手直接进攻企业的优势所在，或采取其它更为有力的策略，就会使这种优势受到削弱。所以，企业应保证其资源的持久竞争优势。

资源的持久竞争优势受到两方面因素的影响：企业资源的竞争性价值和竞争优势的持续时间。

评价企业资源的竞争性价值必须进行四项测试：

1、这项资源是否容易被复制？一项资源的模仿成本和难度越大，它的潜在竞争价值就越大。

2、这项资源能够持续多久？资源持续的时间越长，其价值越大。

3、这项资源是否能够真正在竞争中保持上乘价值？在竞争中，一项资源应该能为公司创造竞争优势。

4、这项资源是否会被竞争对手的其他资源或能力所抵消？

影响企业竞争优势持续时间的主要因素有三点：

（1）建立这种优势要多长时间？

（2）能够获得的优势有多大？

（3）竞争对手做出有力反应需要多长时间？

如果企业分析清楚了这三个因素，就可以明确自己在建立和维持竞争优势中的地位。当然，SWOT分析法不是仅仅列出四项清单，最重要的是通过评价公司的强势、弱势、机会、威胁，最终得出以下结论：（1）在公司现有的内外部环境下，如何最优的运用自己的资源；（2）如何建立公司的未来资源。

8.1.4 SWOT 分析法在中国企业中的成功运用

SWOT 分析法能使企业认清自己的优势和劣势、机遇和挑战，对企业在未来的发展起着至关重要的作用，下面我们通过 SWOT 分析法对中国联通的外部环境分析成功运用，来进一步分析我国企业如何应对尺长的激烈竞争。

联通公司成立于 1994 年 7 月 19 日，经营的电信业务包括移动电话（GSM 和 CDMA）、长途电话、本地电话、数据通讯（因特网业务和 IP 电话）、电信增值以及与主营业务有关的其他业务。从全球来看，无线通信市场的迅速发展，为联通公司的发展提供了很好的机遇。据国际电信联盟统计数据，2000 年全球共增加了 2.34 亿移动用户，占过去 4 年移动用户的新增数量的一半之多，eMarketer 则预测到 2001 年底移动用户总数将有接近 11 亿之多。从中国移动通信市场来看，截止到 2000 年 10 月底，GSM 交换机总容量达到 976.853 万户，成为全球第一大网。

一、政治环境分析

联通公司自成立之初，国家就给予了许多扶持政策：

（1）联通产品的定价可以比电信和移动便宜 20%，增强了产品的竞争力；

（2）将 CDMA 的建设与经营统一交由中国联通负责，以提高其技术优势；

（3）批准联通开展国际电信业务，拓展了发展空间；

（4）在融资方式上给予了直接支持，使其于 2000 年 6 月在纽约和香港两地挂牌上市。

这些都是联通公司自身的优势，有了这些优势，联通在资源整合方面就可以有了更多的主动权和发挥空间。

二、经济环境分析

近年来，我国经济一直处于高速发展时期，电信业务更以高于当今任何行业的速度在发展，但随着中国加入世贸组织及全球经济一体化进程的推进，中国电信业将向外资开放，竞争将进一步加剧，中国电信企业将面临着巨大的压力。这些表明，在未来的一个阶段里，联通公司要面对国内和国际两方面的强大压力，但是机遇与挑战并存，只要做好资源整合那么联通公司就可以取得一个长足的发展。

三、技术环境分析

目前我国大部分移动电话使用的是第二代移动通信标准的GSM网络。目前从使用的新技术来看，竞争主要体现在移动的GPRS和联通的CDMA上，联通处于有利于地位，主要体现在以下两个方面：联通推出CDMA，媒体对其进行了全过程追踪报道，在舆论声势上占据优势；CDMA具备多种技术优势，预示着未来移动通信的发展潮流。在技术上来看，联通的CDMA既有GPRS的竞争和挑战，但是也有自己的优势和机遇。

四、竞争情况分析

联通目前面临的主要竞争对手来自中国移动通信市场，但是也有诸如铁通、电信等老牌电信企业，还有一些像吉通等高科技电信企业。

中国移动于1999年开始从中国电信剥离，2000年4月成立中国移动通信集团公司，具有中国最完善的移动通信网络，有优秀的人员配备，是世界第一大GSM运营商。1999年开始，中国联通与中国移动之间开始大规模的价格战，双方在有些地方开展GSM移动电话租号业务，对用户不收租金，只收取少量抵押金，并可随时退网；在有的地方推出"打接一分钟，各赠一分钟"的收费方法；在山东市场上出现了移动的"齐鲁亲情卡"对"联通亲情卡"；甚至在某些城市，双方还推出了减免入网费、月租费、通话费等竞争活动。

中国铁通于2001年获得有关部门的批准正式成立，独立经营，进入电信市场，总资产136亿元。在全国4个直辖市和25个省会城市设有分公司，具有完整的技术装备和成熟的通信管理、生产、维护体系，有员工6.5万人。专门从事固定电话、互联网、数据通信、IP 电话等业务。铁通公司拥有覆盖全国 6.5 万千米铁路沿线的通信网络和 12 万千米长途 28 个城市的 IP 电话网，还将覆盖范围扩大到 100 个城市；开通运营覆盖 36 个城市的互联网以及覆盖 700 个城市的无线寻呼网，采用最新技术的电视电话会议网，覆盖全国 70 个大、中城市。它也是中国联通的有力竞争对手。

吉通是一家高新科技企业，致力于提供先进的网络通信及综合的数据通信服务，目前已在集团用户及个人用户中树立了自身强有力的品牌，也是联通不可忽视的一个竞争对手。

近几年来，中国电信推出的"小灵通"也对移动通信业务形成了巨大威胁，"小灵通"的用户在享受移动方便的同时，又享受固定电话的实惠，一经问世就受到广大用户的普遍欢迎。

此外，互联网也在争夺话务量，消费者可以通过发邮件、上网聊天等方式进行交流。

在与这些同类型企业的对比中，联通公司有着自己的优势，也存在着一定的劣势。这就表示联通公司机遇和挑战并存，做好自身的工作，并利用好自己的资源，进行整合，就可以在竞争中不断发展壮大。

五、分析评价

由于中国正处于一个转型期，市场环境也表现一定的特殊性、复杂多变性。不同行业、不同地区、不同企业的营销水平差别很大；企业在营销过程中有很多非经济因素起到了关键性作用；政府对企业的经济活动的影响远远大于人们的预料，如地方保护主义、行业垄断之风肆虐横行；市场特别是消费者存在着诸多不成熟的方面；关系、权力、感觉在中国营销活动中有着举足轻重的作用。在对中国市场环境进行分析的时候，既要注意其特殊的一面，更要考虑其共同之外。这样才能认清自己的优势、劣势，才可以进行相对应的对策。

1、宏观环境分析是前奏

联通公司对自身的宏观环境进行的分析把握得十分准确。特别是对政府政策的分析，联通在整个发展过程中始终得到了政府的大力支持，不仅在其产品价格（通话费用）方面得到优惠，最近还获得了 CDMA 的独家开发权。当然，中国电信市场的迅猛发展也给联通带来了巨大的商机。这些情况表明，联通公司对自己的优势和机遇看的比较清楚，很好的利用了自己的优势，并抓住了很好的机遇，从而在此基础上进行合理有效的资源整合，使公司在面对激烈竞争的情况下，依旧取得了可喜的成果。

2、竞争对手的分析是关键

分析竞争对手的首要步骤就是找出潜在的竞争对手。中国联通能够意识到面临的替代品的竞争十分重要，并且在全国范围开通"联通在线"等业务，提供网上服务，主要有在线网上电话服务、联通优秀网站推荐、165 注册帐号信箱入口、165 如意邮箱入口、联通手机网上短信中心、联通手机网上查话费、165 拨号用户服务、165 卡用户服务、宽带网小区用户服务、数据中心用户服务、企业信箱用户等多项在线服务。这就是联通公司在对竞争环境中的过人之处。在市场经济中，竞争无处不在，而且有着越来越激烈的趋势。在这样的市场环境下，一个企业要想生存并取得发展，除了对自己的生存和发展环境有一个清晰的认识，还必须对自己的竞争对手有充分的了解。在了解竞争对手的基础上，对竞争对手进行彻底、深入地分析，发现自身与竞争对手的优势、劣势等，作到知己知彼，这样就符合了《孙子兵法》中的"知己知彼，百战不殆"的要义。

第二节　SWOT 分析下的资源整合

分析了企业自身的优势、劣势、机遇、挑战，有利于企业进行战略规划，以寻求有效的资源整合方式。我们通过 SWOT 来分析企业的自身情况，了解了自身的资源状况，从而进行有针对性地资源整合，达到企业生存和发展的目的。

8.2.1 让优势更加优秀

优势是企业规划中的一种不可忽视的资源形式，面对激烈的市场竞争，企业要想立于不败之地，最好的做法就是让自己的优势变得更好，所谓"人无我有、人有我优、人有我变"，保证自己在经营领域处于领先的地位。而要做到这一点，就要适时的、有针对性的进行资源整合，还要盘活企业经营的头脑和手段。

2004年9月18日，在"跨区域媒体品牌建设——东方卫视现象研讨会"上，上海文广新闻传媒集团黎瑞刚总裁发表感慨说："一年来东方卫视的管理人员和员工投入了自己的感情，投入了心血，这可以用四个字来表达，就是'甘苦自知'"。文广新闻传媒与东方卫视的联合，正是强强联合、资源整合的一种有效方式，二者的结合是一种双赢的结局。[2]

一、寻找平衡点

"激荡传媒风云，改变电视格局"，东方卫视这种强烈的忧患意识与长远的大局眼光，使其具备了一种勇于进取的气度。一年来，东方卫视这艘乘风破浪的巡洋舰在高速航行的同时，也面临着来自自身和生存环境的挑战，它正在处于一个转换期中。

复旦大学新闻学院李良荣教授认为："开播一年来东方卫视面临着制约其发展的一些矛盾，如何处理好这些矛盾，东方卫视需要掌握'度'的艺术，在钢丝上寻找到平衡点。"如何在宣传上海与市场化商业化运作、满足全国观众与上海地区观众收视、与央视的合作与竞争、新闻与非新闻节目等四方面寻找到平衡点，成为东方卫视需要掌握的艺术和需要突破的矛盾。

东方卫视在开播时上海市委市政府希望把它打造成一张新上海的"名片"。但作为一个媒体机构，仅仅有名片意识显然是不够的，在发展中它必将回归作为媒体本身的意义。唯有这样，才能真正成为新上海的"名片"，真正成为一家具有超越地域限制的有影响力的媒体品牌。

二、新闻如何立台

东方卫视选择了主打新闻的全国定位，如何发掘与利用上海、全国、世界的新闻资源，是东方卫视致胜的关键所在。从近阶段的现状来看，尽管东方卫视在新闻数量和质量上已走在省级卫视的前列，但新闻的不可替代性尚不突出。从新闻来看，央视和凤凰卫视可以成为参照系。和央视相比，没有央视的政策、资源和区位优势，央视新闻频道占有独特新闻资源；和凤凰相比，凤凰卫视资讯台以宽松心态切入新闻报道，东方卫视相比之下劣势明显，如何生存和发展值得关注。

尽管娱乐性节目能够提高收视率，增加广告收入，但"乍看以为是香港的电视频道"的评价（南方电视台朱剑飞）显然与东方卫视"新闻立台"的初衷相距甚远。因为娱乐性节目即使做的最好，也无法影响主流社会主流人群的主流价值观。研讨会与会专家关注的焦点就是东方卫视如何才能"新闻立台"，这既是对这一关键问题的忧虑，也是对目前东方卫视新闻节目"内容不精、视野不宽、收视偏低"的关注与期待，是对把新闻作为主攻方向的支持与肯定、谋划与思考。能否把新闻做精、做强、做出影响力，是一岁的东方卫视能否从省级卫视中傲然独立和成为"主流大台"的关键所在。

事实上，著名的国际电视传媒都是以新闻立台的，一个大台必定有处于强势影响力的新闻节目，而新闻节目的影响力则决定了这个台的权威性。在最近揭晓的中国电视新闻奖和上海电视新闻奖上，东方卫视提交的"现场直播神舟五号飞船上天"的新闻均获得一等奖，这表明东方卫视在重大新闻题材上报道具有强大的突破力。

复旦新闻学院童兵教授认为："一年来，东方卫视打造新闻大台已经很不容易了，有了一个较清晰的轮廓和锻炼了队伍。省级卫视做新闻不容易，需要拓宽视野坚定不移地沿着这个方向走下去。"孟建教授提出了一个思路："解决这个'新闻立台'的困境可以采取'生产方式的革命'，从财经新闻的角度来做大做强新闻。简而言之就是'从经济新闻的角度观察时政，从时政的角度来看经济'。上海是全国最有影响的是财经和商业的中心，占据有经济的优势。"

而要超越上海的地域影响，必须跳出上海地域眼光的限制，以市场化的语言和表述方式来描述、观察、评论新闻事件，这样才能真正吸引上海以外的观众。用陆地的话说，就是"首先要去本地化、去上海化，接着国内化，然后才能国际化，才可能产生国际性的品牌影响力。"

但与此同时，又有相当数量的观众渴求"纯上海新闻"，认为东方卫视新闻的价值恰恰在于"上海"，这对矛盾如何协调统一？

三、SWOT 战略分析

从 SWOT 战略分析来看，东方卫视自身具备优良的资源条件和素质，但对一个怀有"新闻个性、文化追求、历史情怀"的志向的电视频道而言，东方卫视需要克服的缺点仍然很多，一些节目收视率差距较大，栏目的编排存在不合理之处，受众偏年轻化，优秀的影视节目不多，而且关键的是新闻的影响力和主持人的魅力还有待彰显，"东方卫视亮点不少，但是大亮点不够"。

一年来东方卫视海派、主流、时尚、亮丽的频道形象已经形成，《东方夜谭》等一些节目受到好评，吸引了一大批年轻受众，但节目品质存在不均衡现象。从外在的环境来看，东方卫视的机会与威胁同在，成长期也会面临着一系列的挑战。总体而言它已经具备了进一步发展和崛起的强大基础。随着卫星电视产业的快速发展，市场空间的进一步扩大与挖掘，东方卫视前景应该说非常广阔。

四、未来之路

东方卫视唯一不变的就是不断在变。在完成阶段性目标之后，东方卫视正在整合资源，集聚力量，向着新的目标进发，而最终是要打造成为文广集团的强势旗舰频道，成为海派电视传媒业的领头羊。而目前，东方卫视新一轮的改版计划正在紧锣密鼓的进行中。东方卫视将在一周年之际再度起航。

"做新闻投入大，靠的是硬功夫，长期锻炼一支队伍，培育一个采访的网络，做出新闻的品牌来，这样采访对象才会乐于接受采访。"东方卫视总编辑助理谢力说。据介绍，东方卫视为了更好的新闻立台，完善节目架构，明年初计划开出一档新闻人物访谈节目，甚至于开出一档国际新闻人物访谈，另外肯定会开出一档自己制作的深度报道节目，这需要联手新华社来共同制作。深度报道需要做出特色，获取自己的话语权，该节目的定位是"表现世界的复杂性，反映中国社会发展各种特征、展示非常环境下人们心态、行为的变动、社会热点的多元阐述等"。

东方卫视要获得大的改观的话，要把优势发挥得更强。首先，要学会打'组合拳'。其实东方卫视一直是打直拳，一直在这儿挥，很少使用钩拳和摆拳。虽然可以保护自己，但是直拳很难把对手击倒。直拳最大的好处就是快速，但是可以把别人击倒，给别人造成巨大的影响力震撼力的没有。除了组合拳之外，他们还准备着力抢占新闻的"第二落点"，学会拆解新闻，解读和挖掘出新闻的原因和背后的故事等。

要实现"新闻立台"目标，首先需要时政新闻上获得突破，同时可以扬长避短发挥上海财经与体育资源丰富的特点，在财经、体育两个领域提供更专业的新闻资讯和分析。不是简单的把第一财经频道的新闻实行"拿来主义"，两个频道的受众还是有着很大区别，应该可以制作一些"实用化"的财经资讯。2004年到2010年，上海举办F1比赛，NBA季前赛，还有网球大师杯赛，这些都是东方卫视树立"体育新闻特色"的利好因素。

五、文广布局打造旗舰

2003年，文广传媒集团开始了扩张的三部曲，首先是上海电视台财经频道和全球最大的财经电视媒体美国CNBC达成初次合作，这被称为文广集团向外的第一次"扩张"。7月6日，文广集团推出了"第一财经",这是中国第一个囊括电视频道、广播频率、报纸甚至网络等在内的跨媒体财经资讯平台。东方卫视是上海文广集团改革的突破点,是集团第三次扩张。2004年,文广传媒又以一连串重大合作项目而成为国内广电业的焦点。2月27日,与环球唱片公司签署合资协议,共建上海上腾娱乐有限公司;3月23日,与维亚康母共建国内首家中外合资媒体公司,共同制作青少节目。6月6日,文广传媒同上海移动和江苏移动签署了战略合作框架协议,成为两家移动公司的内容提供商。8月,广电总局正准备向文广集团的子公司发放中国第二张综合平台许可证,这是文广大规模进军数字电视领域和转型为内容提供商的信号。北京广播学院教授胡正荣指出,这是走向全国战略的重要契机,也是控制渠道的重要机会,更是进军并掌控内容瓶颈的绝佳时机。

黎瑞刚把集团的新定位概括地很清楚,"一个媒体与娱乐集团,一个致力于内容产品开发、生产、播出、发行,以及多种娱乐产业运营的产业机构"。为此,集团必须"全面提升内容产品的生产能力、原创能力、集成能力和营销能力,致力于多媒体的覆盖和产业链的延伸"。同时,要实现两个转变:"一是努力实现从为播出而制作节目逐步转向为市场制作节目;二是从一个地方广播电视台,逐步转变为一个面向全国,乃至整个华语世界的内容供应商和内容发行商。"而东方卫视就是文广集团面向市场、面向全国的战略下的产物。其娱乐特色之所以如此突出,和集团转型为偏娱乐的传媒集团有很大原因。

东方卫视也是集团体制创新和资源整合的结果。文广集团自成立之后,还存留着很多遗留性问题,集团内部体制层面的问题一直是困扰集团改革的难题。从东方卫视的企业化运营、集团对其广告经营以及节目经营权利的下放,可以看出这个难题的松动。通过东方卫视以及体育频道、第一财经频道、生活娱乐频道的改革,上海文广集团"资源合力有余而活力不足"的形象正在得到改变。

从市场面来看，当前文广集团已经是全国第二大传媒集团，但和央视近百亿元的广告收益相比，传统的本地电视广告收益增长缓慢，寻找新的产业增长点成为集团当务之急。东方卫视实现多元化的广告经营，立足上海，跨越全国，与全国所有卫星频道和央视争夺广告市场。文广现在所做的事情，背后只有一个目的：进行战略性调整。面对国内广电产业的竞争升级和国外传媒巨头的纷至沓来，文广传媒要走出上海、走向全国。东方卫视是文广战略布局中极为重要的一枚棋子，肩负着文广集团打造自己传媒集团旗舰的重任。

而要达到这一目标，需要有关管理部门以及文广的领导继续抱有鲁迅先生"我们现在怎样做父亲"的勇气："肩起黑暗的闸门，背起因袭的重负，放他们到宽阔光明的地方去，这是一件极其艰难困苦的事。"否则，让东方卫视扛着一个大沙袋参与没有终点的赛跑，是不可能跑远的。

8.2.2 让自己的劣势变成优势

企业进行管理，就是要克服企业发展过程中出现的一些不利于企业发展的因素，改变企业落后的方面，使企业更具有竞争力。要想做到这一点，企业就必须在洞悉自身劣势的情况下，转变思维方式，努力让自己的劣势转变为自己的优势。而这就必须依靠企业自身的力量，最自身的资源进行有效的资源整合。而进行资源整合的前提，就是首先要分析出企业自身的现有状况以及现在所处的环境。

我们就以佛山童装业为例来说明。佛山童服业现在可谓"成就大业"，聚集大小企业千家，产品辐射全国各地。通过改革开放以来的飞速发展，目前全国最大的童服生产基地已在环市镇一带形成。但是，随着童装市场竞争的日趋激烈，特别是国际品牌进入中国，新的企业理念、新的经营思想也开始渗入童服业。佛山童服企业感悟到，只有创自己的品牌，才能占有市场份额。环市镇镇委、镇政府积极采取各种举措，因势利导，将企业整合起来，共同打造"佛山童装"区域经济品牌，使其打入国内国际市场。[3]

我们先对佛山童服业的现状进行 SWOT 分析，来了解他们目前的实际状况，从而明确我们如果要进行资源整合要注意的问题和解决的方法及方式。

首先来看优势：

目前，佛山童装生产力水平、企业规模产量和销量在全国童装行业中都名列前茅。佛山童服今后的发展前景还是很乐观的。佛山童服的发展具有四大优势，这些优势形成了佛山童装在全国的核心竞争力。四大优势将托起佛山童装明日的大发展：第一个优势就是佛山张槎镇有国内最大的针织城，这个针织城与佛山童装业形成了产业链，因为童装的面料主要是针织面料，针织面料保暖、吸水性能好，有利于儿童的健康，因此，佛山童装在原材料上占有极大优势。

第二个优势就是佛山毗邻港澳，获得信息快，世界各地童装最新流行面料、款式、设计风格的信息会很快传递到这里，使佛山童服始终紧跟国际潮流，引领童装时尚。

第三个优势是佛山地处珠江三角洲，交通发达，毗邻的港澳是中国面向世界开放的地区，借助这一优势，佛山童服占有一定的国际份额，这主要表现在许多国际品牌通过各种形式，或来料加工、或来样定做、或直接购买，与佛山童服企业建立了合作关系。也正是因为佛山特殊的地理位置，佛山能通过香港、澳门很快销往世界各地，如美国、俄罗斯、沙特、科威特、南非等。佛山童装的出口，不仅代表了中国童装的生产水平，同时，也代表中国服装走向世界。

第四个优势是佛山环市镇政府积极搭建平台，提供了很大的商业空间，建成了全国最大的童装生产基地和厂家直销物流中心——佛山环市镇童服城，这里配套设施齐全，厂家和商家可充分利用生产和经营的规模效应，减少流通环节、降低经营成本。

接着看劣势：主要有以下两个。1、缺乏优秀的设计师队伍。环市镇童服企业普遍缺乏童服设计师，优秀的设计师更是难以寻觅。企业产品开发更多的是一种借鉴和组合。大型企业借鉴和组合欧、美、韩、日、港、台的童装设计，中小型企业则多是盯着大型企业的新产品出笼，等着借鉴和组合。2、劳动力成本相对较高。由于环市镇地处佛山，靠近广州，并且技术工人供不应求，导致环市镇童服企业劳动成本，相对于其它地方（如浙江湖州织里）较高。

机会：1、童装行业面临重新洗牌。2、至今中国"名师"中尚没有童装设计师。

威胁：1、其他区域童装经济品牌的威胁。近几年，童装企业集群地浙江湖州在打造当地童装产业区域经济品牌上，有很多动作，在宣传推广上力度很大。如果当地政府及行业协会，不能成功引导当地童服企业走出家庭作坊式生产、价低质次的局限，湖州织里将直接对佛山环市镇童服构成严重威胁。

另一个童装企业集群地福建石狮已开始觉醒，正准备整合并打造当地童装产业，树立区域经济品牌。东莞也是一个不容忽视的区域竞争对手，这里外资童装企业较多，它们规模大，管理规范，熟悉国际上品牌运作的各种手法，产品要定位于高档童装市场。

在日益激烈的童服市场竞争中，佛山童服在定位中档市场的格局之时，上有各种洋牌高档童服的阻挡，下有价廉物美、走大众化道路的低价童服所压挤，不采取以我为主，形象鲜明的竞争策略，将难有更大的发展。

2、童服出口的绿色壁垒。所谓绿色贸易壁垒，是指进口国以保护生态环境、自然资源、人类和动植物的健康为由，限制进口的措施，这就为世界各地的产品或服务的出口构成了绿色壁垒。国际环境公约、WTO 协议中的环境条款、国际环境管理体系系列标准（ISO14000）、绿色标志制度、进口国国内环境与贸易法规、进口国环境与技术标准等,一方面有利于环境保护和可持续发展;另一方面又可能构成绿色贸易壁垒的渊源。

我国加入WTO后,童服出口的主要障碍将是绿色贸易壁垒。90年代以来,工业发达国家已相继出台了相关的环保法规和纺织品环保标准,对进口纺织品实施严格检测。如欧盟对进口服装的100多种有害物质含量进行限制。

21世纪世界环境保护浪潮的兴起,必将影响到国际童服市场,特别是欧、美、日等发达国家通过制定各种环境标准、环境法律、法规,建立起一道道限制和阻止外国商品进入本国市场、保护本国服装市场竞争力的"绿色贸易壁垒"。

这就要求以出口为主要分销渠道的企业,注重各类绿色认证,从整个供应链上把关,主动适应并顺利通过各国童服出口的绿色壁垒。

通过以上的分析,我们可以发现,针对佛山童服业的现状,只要经过合理的资源整合就可以在现在的基础上继续发展。我们单从如何将劣势转化为优势这个方面来说,就可以利用一些策略来进行资源整合。

首先,我们来看佛山童服业的劣势之一就是缺乏优秀的设计师队伍。我们都知道,在服装业只要有了优秀的设计师,那么企业就可以成为独具特色的品牌企业,这样就可以在竞争中占据有利的地位。而佛山童装业之所以受困于国际发展的瓶颈,很大程度上就是因为这个原因。但是,我们也应该看到,现在我国都没有童装设计方面的"大师",这就是佛山童装业的机会。因为一旦佛山童装业具备了自己的知名设计师,那么它将会成为一个知名的品牌,也将会在童装行业中出类拔萃、鹤立鸡群。这就是名师、名牌、名企的互助互长原理,也是资源优化整合的方法和方式之一。而这将使该品牌能在童装行业中树立设计、销售、生产的威望,使品牌的文化内涵更加丰富,使创造名牌的时间和费用大缩减。

至于佛山童装业的第二个劣势，就是劳动力成本过高，我们也可以通过合理的资源整合而很好的解决。众所周知，我国的一个重要的也是最多的资源就是人力资源。劳动力成本过高，是因为靠近广州这个先进的大城市。而人力的流动是随着企业所在区域的发展而来的，古语说："熙熙攘攘，皆为利来，皆为利往。"如果当地政府可以实施一些优惠的政策，比如解决户口问题等，再加上企业进行合理的企业管理，对员工的待遇进行科学化的分配，那么就可以吸引大量的技术工人的到来。

　　综上所述，佛山童服目前已具备较好的产业集群基础，在生产方面已成为全国最大的童装生产基地。目前欠缺的是：在全国缺乏童装区域经济品牌的知名度和知名度基础上的美誉度。而童装行业相对于男装、女装来说还很不成熟，知名品牌企业的规模和市场占有率都很小，地位尚不稳固。现在童装行业面临重新洗牌，谁能够抓住机遇，练好内功，做好推广，谁就能在今后的2到3年内胜出，"浮出水面"。因此有识之士呼吁，佛山的童服业要提升档次，需要向品牌生产方面发展，堂堂正正让市场认识和接受，也就是说把"佛山童装"在市场中叫响。这个发展方向既需要业者努力，也寄望政府的引导。在两者的共同努力下，对现有资源进行整合，使佛山童装业屹立于世界童装市场。

8.2.3 抓住机遇促进发展

　　在变幻无常的经济社会里，企业抓住机遇促进发展，也是一个企业走向成功的重要因素。现在我国国有企业的改革、中国即将加入WTO、和我国实施西部大开发就为中小企业发展提供新的历史性机遇，中小企业应利用这种机会使自己进一步发展壮大。

　　党的十一届三中全会以来，中国实行了以公有制为主体，积极发展多种经济成分的政策，民营经济得到了蓬勃发展。目前非国有经济的工业产值，占工业总产值的一半以上，所创造的国民生产总值占整个国家国民生产总值的70%以上。1997年党的十五大，更指出了新时期的发展方向和道路：要继续调整和完善所有

240

制结构，进一步解放和发展生产力，确立了把公有制为主体、多种所有制共同发展作为我国社会主义初级阶段的基本经济制度。可以说，在进入新的世纪，我国民营经济的发展政策更宽松、条件更成熟、前途更广阔，我国中小企业和民营经济面临着新的发展契机。

契机之一，是我国国有企业的改革为中小企业和民营经济的发展提供了良好的机遇。

在我国，民营企业以中小型企业为主，也有少部分发展成为大型企业，但毕竟数量有限，有待进一步发展。反过来说，中小企业并不都是民营企业，国有企业中也有相当一部分是中小企业，这就是"抓大放小"中的"小"，即放开、搞活的那一部分，形式可以是多样的，绝大部分国有小企业也要民营化。别小看这个放小，实际上是一个促大的过程。小企业搞活了，大型企业的改革就有了更好的条件。

实践证明，中小企业和民营企业的发展和壮大，吸纳了相当一部分国企下岗分流人员，不仅满足了社会和市场的需要，还为大型国企的改革与发展起到了依托的作用。世界各国的经验也证明，中小企业在提供就业机会方面的作用特别大。

我国的民营企业绝大多数是中小企业，它们的经济活力很强。我国沿海地区发达程度高，与民营企业（包括乡镇企业）的发展，是紧密相关的。因此，民营企业和中小企业的发展，对中国宏观经济和社会发展的影响，将越来越大。随着我国国民经济战略性调整加快和国有企业改革的深入，我国民营企业和中小企业的发展条件会越来越好。

契机之二，是中国即将加入 WTO 后面临的新的改革开放形势。最近，中国和美国、欧盟等就中国加入世界贸易组织的谈判达成协议以后，这就意味着中国加入 WTO 日益临近。

加入 WTO 后，中国产业将会产生一些积极深远的变化。

WTO 所带来的挑战，主要是在产业组织，企业经营战略，产业重新定位，引入现代管理诸方面。同时对于各种所有制结构的发展，必将产生重要影响。加入 WTO 后，新的国际经济环境和全球化国际生产，带来了新的机遇，但各国从全球化的获益程度是不同的。这样，企业竞争往往成了国家之间的竞争，因此，必须在国家层面上做出努力。因此，在扩大对外产业开放的同时，有必要尽快实行广泛的对内开放。这个过程中中小企业和非国有企业的发展领域将大大扩展。

因此，中小企业和民营企业要努力通过按照现代企业制度的规范化来提高自身的竞争力。更要通过这个过程来培育和造就我国的民营企业家。

目前，我国的中小企业和民营企业发展有一个良好的契机，国家正在制订政策，放宽民企自营进出口的审批；允许民企通过并购、控股、参股等形式参与国企改革；一般竞争部门的投资由审批转为登记；允许外资进入的产业同样向民企开放，民企上市融资等问题，都将有新的规定出台。

契机之三，是我国实施西部大开发提供的新的历史性机遇。

在西部大开发中，政府主要负责基础设施的改善；制造业的投资，主要由企业在市场经济基础上进行。西部大开发也将促进西部的产业结构和所有制结构的深入改革，相当一部分省区都提出大力推进国有企业改革和发展的同时，放手发展非公有制经济。西部大开发，为西部的民营企业的发展创造了良好的政策环境，为东部的民营企业创造了更为广阔的市场机会。但是，中小企业和民营企业的发展也存在一系列的问题，如果我们不加以重视和着力解决，对我国下一步的国企改革与国民经济的发展会产生不利影响，这些问题主要表现在：企业效益普遍恶化，亏损面加大；吸纳就业的能力下降；发展资金短缺，融资和融资担保没有体制保证；技术装备水准普遍落后，研发和市场开拓能力薄弱；管理水准低下，中高级管理人员和技术人员缺乏；财务、技术、信息等服务体系很不健全；社会保障等配套改革的进展有待加快等。

8.2.4 面对挑战积极应变

有机遇必然会有挑战，同样的道理有挑战也就暗藏着机遇。我们从当下最流行的一些娱乐节目可以看出，在面临一项挑战的时候，如果你挑战成功，自然就可以得到"奖励"。在市场经济中，这个道理同样适用，关键就在于如何挑战成功。这就要求我们，在面对挑战时我们要积极应变，利用合理的战术策略来获得最后的成功。

我们下面就以电信企业业务中新兴的流媒体业务来探究一下，如何在面对挑战的时候来积极应变，从而获得最后的成功。

流媒体业务是电信企业发展增值业务的新领域，把握优势与机遇，克服劣势与威胁，建立可持续发展的流媒体业务价值链，电信企业将走出宽带发展的新道路。面对流媒体这个潜力巨大的市场，电信运营商开始把注意力转移到宽带实时数据业务发展上来，为自己寻找新的利润增长点，因此视频（VOD）、音频等流媒体业务将成为电信运营商发展宽带应用的重点。

我们首先对电信运营商发展流媒体业务进行一下 SWOT 分析，简单了解一下这个新业务的情况。

宽带流媒体业务市场前景广阔

由于宽带的发展，占据更高带宽、更丰富的互联网内容将更加普遍，其中又以流媒体内容和技术的发展为迅猛。

从市场规模来看，英国调查机构 Analysys 预测，2006 年西欧流媒体市场规模将从 2001 年的 2500 万美元扩大为 2 亿美元，传输量将以每年 90% 的速度增长，营业额将以每年 50% 的速度增长，规模将扩大 10 倍。IDC 对日本影视及音乐流媒体信息内容的市场调查结果显示，到 2006 年将达到 1680 亿日元的规模，是 2001 年的 84 亿元的 20 倍。

从流媒体业务内容的数量看，目前有 7 万多 streaming Page；每天可提供 1 万个不同内容的流媒体业务；每星期创建 6000 小时新的流媒体节目；互联网上每周约有 45000 小时的广播节目；每月大约有 6000 万人看或听流媒体内容。

从在网上访问流媒体的人数上看，去年访问人数增加了 65%，西方发达国家访问流媒体的人数已达到 1.8 亿，约占网民的 1/3，在亚洲则已达到 3500 万人，将近网民的 1/6。

运营商开展流媒体业务的优劣势并存

虽然宽带运营商和电信运营商都看到了发展宽带交互视频的机会与美好前景，希望通过流媒体业务和宽带网络的发展，来巩固原来的网络通信市场，并以此进入网络多媒体娱乐市场。到目前为止，世界上虽然提供流媒体业务的企业很多，但只有韩国和日本等少数几个企业盈利，大多数还处在提供免费服务、培养消费者消费习惯阶段。面对这种情况，中国电信企业要提供流媒体业务，首先要对自身的优劣势进行分析，结合外部的机会与威胁，最终确定发展流媒体业务的各种策略。

电信运营商发展流媒体业务的优势体现在：

首先，电信运营商在宽带网络接入方面具有绝对的网络优势，网络覆盖面广，规模和范围效应显著，可以在全国范围内提供流媒体业务。虽然原中国电信被拆分为中国电信与中国网通，但是经过将近两年的建设，都拥有自己的骨干光纤网络；同时中国电信和中国网通在南北方各自范围内仍然具有本地网优势。中国移动和中国联通则拥有覆盖全国的无线网络，并在大城市推广 2.5—2.75G 的数据传输业务。在网络传输技术上，电信企业还可以利用 CDN 技术来提高流媒体的播放效果，从而提高用户的满意度。

其次，电信运营商目前基本上都建立了可以提供流媒体业务的平台，同时还拥有完善的计费认证系统和后台管理。中国电信建立了互联星空平台，中国网通建立"天天在线"平台，中国移动建立"移动梦网"平台。这些平台目前主要是向用户提供电信其他增值业务的门户，运营比较成功，为以后开展流媒体业务创造了条件。

电信运营商发展流媒体业务的劣势体现在：

一方面，缺乏丰富的流媒体业务内容。流媒体业务成功的关键在于能向用户提供丰富的教育娱乐内容，而电信企业自诞生以来就是以网络运营为主，向用户提供各种接入服务，基本不向用户提供各种增值服务的内容。由于体制和业务特点等原因，虽然电信企业也做过一些增值服务的内容，但基本都没有成功过。而在人们生活需求多样化、个性化的今天，谁拥有丰富的、适合顾客口味的内容，谁就将赢得市场。

另一方面，缺乏内容的运营经验。电信运营商虽然提供各种电信增值业务，但其中的内容基本上都是由内容提供商提供运营的，电信企业只提供一个接入手段。而流媒体业务不仅要有丰富的内容更需要灵活的运营，从各个方面满足消费者的需求。

电信运营商发展流媒体业务具有很大的机会，这体现在：

第一，中国宽带用户增长迅速，为开展流媒体业务创造了条件。CNNIC发布第十四次中国互联网发展统计报告显示，截止到2004年6月30，我国宽带互联网用户数量增长到3110万，比去年年底增加1370万，上半年增长率高达78.7%。我国互联网市场的巨大潜力为流媒体业务的发展创造了良好的发展环境。

第二，广电的网台分离使电信企业可以获得电视台丰富的影视内容。广电的网台分离，即各地将有线电视台和有线电视网络分离，成立有线网络传输公司。电信运营商将与广电的有线网络传输公司在平等竞争的基础上与电视台进行合作，向用户提供视频内容服务。贵州移动与贵州广电的合作则是一个很好的说明。

第三，流媒体技术日益成熟，选择多样化。随着人们对流媒体业务需求的增加，开发流媒体技术的公司不仅数量增多，并且投入也不断加大，加快了流媒体技术的发展。目前流媒体技术主要有 Real Networks 公司的. rm 视频影像格式和. ra 的音频格式、Microsoft 公司的. asf 格式、Apple 公司的 QuickTime、Macrome-dia 的 Shockwave 技术和 MeataCreation 公司的 Meta Stream 技术等。

电信运营商发展流媒体业务也并不是没有困难，这体现在：

首先，盗版、FTP、BT 等灰色资源严重影响了流媒体业务的推广发展。盗版是制约中国流媒体业务发展的重要因素。目前中国仍然存在比较严重的盗版问题，由于盗版的价格比较低廉，使得流媒体业务跟盗版相比根本不具有价格优势。同时互联网上存在大量的免费的 FTP、BT 等灰色资源也对流媒体业务的开展带来了不利的影响。

其次，具有较强吸引力的流媒体业务内容相对匮乏。电信企业和内容服务提供商提供的内容还都缺乏特色和吸引力。韩国电信 KT 是在运营流媒体业务方面少有的赢利的运营企业之一，其能够赢利的原因除了教育节目、电视剧点播外，更重要的是在于其"3G"（Game、Gamble、Girl）业务的发展，但这种"3G"业务在中国是根本不允许的。

最后，外国传媒巨头加快进入中国宽带内容市场的步伐。美国在线-时代华纳、迪斯尼等国际传媒巨头，不仅拥有丰富的内容资源，同时也具有运营流媒体业务的经验。随着中国电信市场的逐步放开，国外传媒巨头的进入不仅会给中国流媒体业务内容提供商构成威胁，同样也会对电信运营商开展流媒体业务造成不良影响。

我们在此可以发现，电信企业在开展流媒体这项新业务时，就遇到了很多的挑战。不仅自身存在着缺乏经验、内容的劣势，还面临着盗版、灰色资源、国际传媒集团等一系列威胁。但它也存在着一些优势和机遇，通过建立一个完善的可持续发展的价值链将会弥补自身的不足和降低或消除威胁。

可持续发展的流媒体业务价值链在以"内容为王"的宽带时代，电信运营商要开展流媒体业务必然要与各种内容服务提供商合作，共同推动流媒体业务的发展。因为电信运营商虽然拥有网络和技术等方面的绝对优势，但是缺乏开展流媒体业务成功的关键因素——内容。

此外，电信运营商提供流媒体业务存在巨大的市场潜力、大量宽带用户等机会的同时，也面临盗版、潜在竞争者等威胁。因此电信运营商在提供流媒体业务时就必须把内容制造商、内容运营商、软件开发商和系统集成商等整合到一起，充分利用自身优势，把握住流媒体发展的大好机会，避免或减少各种威胁，形成一个共赢的可持续发展的流媒体业务价值链。

一是内容制作、编辑则是由应用提供商、内容提供商来完成。应用提供商是宽带流媒体业务的直接提供者，对内容提供商家提供的各种内容进行加工整理和应用。其中宽带流媒体内容包括音频、视频、FLASH 等格式的电影、电视剧、电台节目、歌曲、多媒体视频文件。内容提供商是流媒体内容资源的拥有者，负责节目的制作，包括流媒体文件的生成、编码、压缩。国外的较为典型的宽带 ICP 有 GOLD PASS 等。

二是内容引导和内容整合由业务支撑系统运营商来完成。业务支撑系统运营商提供一个独立的可运营的管理和传输平台，为宽带流媒体应用提供支撑环境内容。在这里，业务支撑系统运营商需要整合流媒体软件、系统集成开发商，为用户提供最佳的播放软件。目前这部分的工作基本上是由电信运营商来完成，随着价值链的成熟，这部分功能也将逐步从电信运营商中脱离出来。

三是网络接入由固网运营商提供，电信运营商是流媒体业务发展初期价值链的核心环节。目前电信运营商在整个价值链中处于主导与核心地位，是价值链的核心环节。其主要作用是平台提供、接口提供、计费认证提供、后台管理、收费渠道等，因此电信运营商的合作姿态与合作模式将直接影响到整个价值链的活跃性。电信运营商提供了宽带接入服务，为流媒体的应用提供了物理平台基础。铺好了路，却没有车跑，这不能不说是一个令电信运营商感到尴尬的情况。在这种情况下，有的运营商就自己提供内容，但由于版权、播映权、用户认可度、费用等问题，使这一业务很难发展起来。因此电信运营商在提供流媒体业务时，要整合大量的内容提供商，来推动流媒体业务的发展。

四是用户最终获得宽带流媒体应用业务，并为之付费。用户通过电脑、企业网等客户平台最终享用各种流媒体业务，因此流媒体业务的发展还有赖于客户终端平台——上网电脑的普及率。在付费上，用户根据对业务量需求的不同选择适合自己的计费方式（电信运营商向用户提供按次和包月两种相结合的计费方式）。

电信运营商已经意识到，打价格战只是一种短期战术手段。在流媒体业务将成为宽带业务主要应用这一大趋势下，通过业务创新，发展宽带增值内容服务，开辟新的盈利点才是企业可持续发展的根本，也是宽带市场长久健康发展的惟一出路。但任何电信增值业务的成功都要受到国家、文化氛围、网络技术、用户教育程度、时尚和潮流、计费模式、内容特色、甚至其他政府部门的支持度等多个环节影响。因此中国电信运营商们和SP在借鉴国外一些成功企业经验的同时，更为重要的是要真正地把这些经验转化为符合中国国情的有利条件和创新的思路，打造一个共赢的价值链。

由此我们可以看到，面对挑战，只要我们认真分析自身和环境的因素，并在此基础上对资源进行整合，就可以挑战成功。而这正是SWOT分析的作用，它可以帮助企业了解到自身和环境的优劣，在了解自己的基础之上，进行合理的战略规划，然后辅以针对性的资源整合，就可以帮助企业在激烈的竞争中立于不败之地。

参考文献：

[1]《SWOT分析概述》来源：中国资料网 2005 - 10 - 20

[2]《海派再起：东方卫视一周年之梦想与未来》来源：中记传媒网 2004年11月3日

[3]《佛山童服业现状之SWOT分析》来源：博锐管理在线网站 2005年

1月16日

[4]《电信运营商发展流媒体业务的 SWOT 分析》来源：通信信息报 2005 年 1 月 16 日作者：沈永锋

第九章　信息资源整合

未来学家托夫勒把人类社会的发展过程划分成三个阶段，即"三波"或"三次浪潮"，其中第一个阶段是以农业经济为基础的农业社会，第二个阶段是以工业经济为基础的工业社会，第三个阶段用现在的话来说，则是以知识经济为基础的信息社会。

近代中国一直处在从农业社会到工业社会的过渡，即工业化的过程中。就工业社会所需要的经济制度结构而言，中国经过二十多年的改革努力总算是入门了，但市场制度的建立还远远没有完成，在有些重要方面甚至还处于"过大关"的过程中。但信息社会已经到来了。

虽然我们属于发展中国家，现阶段工业化的任务远没有完成，但这并不意味着我国必须等到工业化任务完成后才可以实施信息化战略。相反，我们不仅可以，而且必须把工业化和信息化结合起来，抓住当前国际信息化的有利时机，利用发展经济学所揭示的"后发优势"，在某些方面实现跳跃性的发展。

21世纪已经注定是知识的时代、信息的时代，在市场经济的浪潮中，各个行业对所拥有信息资源的整合程度决定着企业能否更进一步发展，各个国家对信息资源的整合程度也决定着国家的发展状况。本章我们就我国目前的信息产业状况来探讨一下如何进行信息资源整合。

第一节　全球视野下的中国信息产业

9.1.1　中国信息产业发展的状况

中国信息产业是随着以计算机技术、网络技术、通讯技术为代表的信息技术在生产、流通领域的应用而兴起的现代产业部门，它的出现已经、正在和继续对人类社会产生极其深刻的影响。20

世纪90年代信息产业一直是增长最快的产业部门，也将是未来的一个朝阳产业。

改革开放20多年来，中国信息产业的突飞猛进，信息基础设施建设不断加强，信息技术的推广应用逐渐深入，为进一步加快信息化奠定了良好的基础，具体表现在：

第一，信息产业高速发展，产业规模迅速扩大。电子信息产品制造业总体规模已进入世界前列，其中彩电、音响、电话机等产品产量跃居世界第一。在科技兴贸方针的指引下，中国电子信息产品出口快速增长，电子信息产业成为中国最大出口行业。计算机、软件、集成电路和通信装备等高科技产品的出口持续快速增长。软件产业已开始迈向国际市场。

第二，信息基础设施建设已具有相当规模，互联网迅速发展。到1999年底，全国光缆总长度已达到100多万公里，其中长途干线光缆24万公里；局用程控电话交换机总容量已达到1.6亿门，电话用户总数达1.52亿户，其中移动电话用户4324万户；电话普及率达13%，其中城市电话普及率达到28.4%；有线电视用户达1亿户，已成为世界第一大电视网络。

第三，信息化工程建设取得显著成效。"金桥"、"金卡"、"金关"、"金税"等重大信息化工程的建设，对加快电子信息、外经贸、金融、税务等领域的现代化步伐做出了显著贡献，为推进国民经济和社会信息化发挥了良好的示范带动作用。

中国是世界上最大的信息商品市场之一，也是最有利可图的重要市场，因此世界许多电子信息企业都把信息产业争夺的重点转向中国。在中国市场上，几乎能够找到所有的世界著名的信息企业和国际知名品牌的信息商品。信息产业的激烈竞争，一方面推动了信息产业的发展，提高了信息产业的效益；另一方面，也促进了信息企业的兼并联合和信息产业结构调整。这些就是信息社会中资源的重新整合，也只有这样的整合才可以适应瞬息万变的信息社会的发展。

从世界范围来看，信息产业是当前最为夺目的朝阳产业，在它的带动下，其它智能商品和智能服务也大放异彩，成为带动知识经济时代经济增长的龙头。在未来中国经济中，增长最快的同样也是信息产业，也正是信息产业的大跃进，才能推动国民经济的飞速发展。

因此我国的"十五"计划纲要重点指出，要按照应用主导、面向市场、网络共建、资源共享、技术创新、竞争开放的发展思路，努力实现中国信息产业的跨越式发展，加速推进信息化，提高信息产业在国民经济中的比重。

新世纪，中国人们对信息产业已基本达到共识：没有任何一门高新技术产业，能像信息产业这样广泛渗透到社会的政治、经济、军事、文化等诸多领域和人们的工作、学习、生活、娱乐等各个方面，对它们已经、正在和将要产生重大影响。欣欣向荣的信息产业，如一轮朝阳，正照亮整个中国。

9.1.2 中国信息产业发展存在的问题

一、中国信息产业"空心"现象严重

据新华社报道，中国的信息电子产品制造业近年来得到快速发展。2003年销售额已超过18000亿元人民币，居世界第3位。近几年来每年以20%至30%的速度增长，在外贸中的比重越来越大，2003年已占外贸出口额的近1/3。

改革开放前期，以电视机为代表的消费类产品发展很快，占据了最大份额。但近十年来，以计算机和通信设备为主要代表的生产类产品突飞猛进，在速度和总量上已超过消费类。具体产品类型上已做到基本全覆盖，产品档次上也由低档向低中高档全面发展。

一批有相当规模、较强实力的龙头企业目前已在我国形成，如通信领域的华为、中兴、大唐，计算机领域的联想、方正，电视机领域的长虹、TCL等。一些企业已打入国际市场，有的已与国外著名大企业集团开展直接竞争；有的已形成若干产业集聚地，如珠三角、京津地区、长三角等，形成了一定的产业集中度，其中有的地区已形成相当规模的产业链。

我国信息电子产品制造业虽已达到相当规模，但也不是没有问题，甚至说问题还很多、很严重，如行业整体技术含量不高，附加值低，效益差；软件薄弱，与硬件不成比例。而且绝大多数企业没有核心技术、加工贸易比重超过80%……在举行的中国科协2004年学术年会上，著名邮电专家、中国工程院前副院长朱高峰院士指出，对于我国最大产业之一的信息产业出现的"空心化"现象，必须给予高度关注。什么是"空心化"现象呢？简单来说，就是缺乏自己独立的核心技术，在技术领域更多地是依靠国外的先进技术。而且，朱高峰院士还一一列出了我国信息产业的四大问题：

——行业整体技术含量不高。除少数企业外，绝大多数企业没有核心技术。效益也不高，全行业工业增加值率只略高于21%，低于全国制造业的水平。而且对新技术的研发重视不够，全国电子百强2003年的研发投入占销售额比重平均仅为3.6%，整个行业研发投入水平还要低于这个数字，远低于国际上10%左右的水平。

——软件比重低。2003年为1600亿元，在整个行业中比重不到10%，而且其中软件产品只有一半左右，缺乏核心产品。对嵌入式软件的认定上还有待研究，软件国内市场占有率还很低，只有30%。

——集成电路仍然薄弱。近年来集成电路设计业有较大发展，尤其是不少主机厂开展了芯片设计，但高档芯片的加工仍大量到境外进行，中低档产品则品种严重不足，导致国产集成电路国内市场满足率只有不到20%。

——企业整体实力仍较弱。国有企业改制还远未完成，活力差，创新能力弱，已形成的少数龙头企业与外国大公司比较仍有数量级的差距。大量中小企业与大企业之间尚未形成合理的产业

253

链结构。大量企业生存发展主要靠低价劳动力，主要竞争手段是价格战。

"我国的信息电子产品制造业必须认清自己的现实。"声音略显沙哑的朱高峰院士说，要想在这一领域真正占有一片天空，就必须在继续发展加工贸易的同时增加行业的研发投入，大力扶持有较高技术含量的企业发展，加大对引进技术的消化吸收，形成一大批具有自主创新能力的龙头企业，改变行业整体技术含量低的现状，把产业做实。

二、由日本信息化发展历史看中国信息化发展今天

信息产业已经成为日本第一大产业，并成为日本经济复苏的引擎。考察日本信息产业发展历程中的教训，对于"以信息化带动工业化"进程中的我国来说不无启迪。

1、基础研究薄弱

引进消化赶超的技术模式，确实使日本迅速改进了技术装备，节约大量研究开发费用，缩短了与国外先进技术的差距。但是，进入20世纪90年代后，日本从美国等发达国家获得先进技术的难度空前加大，日本难以再引进所需要的尖端技术。原来的模式已经无法为日本经济参与国际竞争和实现持续增长提供动力。

日本虽然意识到解决技术自主问题的重要性，但实际上日本技术自立问题并未得到真正解决，至今仍停留在跟踪阶段。计算机芯片竞争的失败更清楚地暴露了日本技术根基的脆弱。到20世纪80年代中后期，日本半导体产量虽然超过了美国，但在需要丰富创造性的CPU的开发上仍然是美国的一统天下。

究其原因，在于日本信息技术领域基础研究能力的薄弱。据1995年－1996年日本学术情报中心的调查，在与信息技术密切相关的电气与电子工程、计算机与控制、电气工程等学科领域，日本的基础研究论文数量都排在美国之后列第二位。但是，从绝对数量来看，日本只有美国的1/3左右。

从大学或国立研究所的研究水平来看，日本比欧美存在一定

的差距，从企业的研究水平来看，研究开发体系仍然以商业为导向，以转化科学成就为具体商品化产品为目标。日本企业在改造生产工艺方面的研究开发投入超过对产品创新的投入，应用技术与基础科学研究畸形发展的局面，创新显得后劲不足。对于信息技术这样的高新技术来说，缺乏创新无疑是致命的错误。

2、缺乏风险机制

信息产业领域伴随着因特网、移动通信、广播电视数字化等媒体的高度化和多样化，产生的新形式的多种服务，与信息技术飞速发展相对应，市场也在急剧扩大，风险企业在这个领域将发挥巨大的作用。但是日本信息产业界的风险企业未必就能顺利发展。与美国相比，日本在通信业、软件业、信息处理服务业的风险投资不足10%，而美国却超过50%。

在美国有像微软公司等大批技术水平高、首创精神强的风险企业，硅谷地区的研究成果得到风险资本的资助，进而形成产业。网景、雅虎等高科技公司就是在这种机制下发展起来的。而日本则极度缺乏这种富有活力的企业，一般的电子产品制造商尤其是东芝和日立，喜欢同时生产多种产品，这样反而妨碍了自身的发展，样样都做，却无一精通。

3、产业结构不合理

日本在信息产业结构上也有值得吸取的教训。具体表现在以下几方面：

第一，重"硬"轻"软"。日本从20世纪80年代起信息技术发展的重心向计算机的大型化、高速化和半导体芯片的大容量化、微型化等硬件技术等方面倾斜，可是对于软件业缺乏重视。

第二，重"大"轻"小"。从80年代后期开始，日本通产省在计算机发展方面判断失误，把主要研究力量投入到大型计算机的开发上，注重发展第五代计算机，还有所谓生物计算机、神经计算机等，放弃了日本企业最擅长的大众产品的制造和开发。

虽然日本在笔记本电脑方面有一定优势，但由于日本没有参与竞争，世界个人电脑生产格局将日本排除在外。因此可以认为，日本未能将个人电脑作为像家电和汽车一样的主流产品推向世界，是日本发展信息产业过程中的一大失误。

第三，重"旧"轻"新"。信息技术的发展日新月异，新技术不断涌现，旧技术逐渐淘汰。由此造成信息产业不断出现新的研究领域、新的技术手段和新的产品市场。如在移动通信领域，松下、索尼等公司直到1997年才在全球推出自己品牌的移动电话和基础设施，早已失去了在移动通信市场的国际地位。同样的例子还体现在对计算机网络建设和有线电视网络建设的态度上。

4、日本信息产业发展的启示

综观日本信息产业的经验和教训，我们可以得出如下有益的启示：

（1）建立健全信息产业发展的政策法规体系

日本信息产业的发展是以各种政府政策和法规为基础的，因此建立健全信息产业发展的政策法规体系是我国信息产业快速、持续、有序、健康发展的根本保障。这就要求政府既要对信息产业建立宏观政策调控体系，又要完善信息产业发展的法律体系。

目前应该以加入WTO为契机，在财政、信贷、税收、价格、贸易等方面制定优惠的经济政策；在软件、微电子、移动通信等技术领域制定专项产业政策；同时加快信息产业立法和执法工作。

（2）建立适合我国国情的信息技术发展模式

日本信息产业是在工业化之后逐步发展起来的，而我国目前尚未完成工业化，因此要发展我国的信息产业，只能走中国式的超常规的发展道路。

党的十六大报告中明确提出，信息化是我国加快实现工业化和现代化的必然选择，要坚持以信息化带动工业化，以工业化促进信息化。为此要优先发展信息产业，在经济和社会领域广泛应用信息技术。在这一方针指导下，需要建立适合我国国情的信息技术发展模式。

在短期内，可以借鉴日本采用的技术发展模式，走引进、消化、吸收、赶超的路子，重点发展市场需求大的适用技术和产品，通过技术改造、资本积累和市场开拓的互动实现信息产业水平的滚动发展。但从长期来看，我国应加强基础研究投入，掌握关键技术，推进技术创新，加快新品开发，增加拥有自主知识产权信息技术产品比例。否则难以形成真正意义的中国信息产业。

9.1.3 中国信息化产业的挑战和前景

一、中国信息化的四个关键[1]

推进信息化的关键是应用，带动应用的关键是领导；促使领导应用信息系统的关键是简单，简化信息化系统应用的关键手段是门户。

进入 21 世纪，世界各国政府和企业的信息化正在悄然进行着一场划时代的转型：从"信息资源建设"阶段转入"信息资源管理"的新阶段。人类进入信息资源管理阶段。

回首国内 20 年的信息化历程，信息化建设如火如荼，然而广大政府和企业用户并没有充分享受这些信息资源所带来的益处，甚至反受其累，抱怨声此起彼伏。

任何一项新技术总有其两面性，都是双刃剑。以往信息化建设解决了很多局部的应用问题，但是大量分散异构的硬件设施、软件环境、应用系统直接导致了大量分散异构的信息孤岛，严重影响了信息化的整体成效。信息孤岛湮没了信息资源的价值。

在过去的若干年中，我们研究开发的各种应用系统都是解决具体的独立应用，虽然解决了很多现实问题，但是距离信息资源的价值实现还相去甚远。

随着高速信息网把信息服务带进了家庭和办公室，人们已经可以像使用自来水和煤气一样方便地使用全球信息资源。在信息资源管理时代，政府、企业同样可以享受到信息资源所释放出的无穷威力，而我们为此付出的代价不必是放弃原有的一切成果，而仅仅需要一个支撑的平台，整合信息资源是撬动未来社会的支点。

我们现在来看一下，中国信息化的四大关键：

1、推进信息化的关键是应用

在过去的若干年中形成了若干信息孤岛，这些信息孤岛逐渐成为了进一步信息化的障碍，为了消除障碍，实现信息资源的开发利用，使大量的信息资源的价值得以实现必须整合。

在过去的 20 多年的时间里，我国政府和企业购置的硬件设施总投入超过了万亿元，购买的应用软件系统价值也已经超过了千亿元。但是，众所周知，所有信息化系统的价值只有不超过 10% 的被利用了，大部分的价值被长期雪封在原始状态，并且在快速贬值。举个简单的例子：我们企业里的个人电脑使用情况，有 99% 的功能是闲置的。不仅是硬件设施，更为严重的是管理软件系统，不少企业和政府花重金购置的管理软件 90% 以上的功能长期闲置。如果不能把应用水平提升上来，信息化的推进工作还将更加难做，无论是企业还是政府。

2、带动应用的关键是领导

我国信息化工作有一个常常被人提到的原则，就是所谓的"一把手原则"，也就是说党政一把手要对推进国家信息化负责的原则。这一原则是综合考虑了国内的实际情况和我国所处的发展阶段后确定的，它强调了党政领导对推进信息化所负的责任。

虽然说信息化工程是一把手工程，但是真正能够做到一把手工程的并不多。原因何在？所谓一把手工程并不是让一把手负责，而是说一把手来推动信息化建设。但是我们看看现在的情况：80% 的企业一把手基本不使用电脑或者是很少使用电脑，因为所有需要使用电脑处理的工作都有秘书处理了。况且领导同志工作很忙，忙于应酬，基本上不会有时间学习 IT 技术，所以如果给他们提供的应用系统复杂程度太高，自然他们就不爱用，如果领导不用，其后果就是他根本不知道信息化能够带来什么好处，让他给予支持自然也就困难了，所以目前无论是政府还是企业的信息化都存在这样的问题，领导不用信息系统，对信息化工作的支持只是停留在口头上。

如果企业领导自己使用了以后他能够亲身感受到信息化所能够带来的好处，那么，他推动信息化建设的动力就有了。另一个原因是，企业信息化管理归根结底还是管理的问题，管理的问题没有可以从下往上做的，一定是自上而下的管理，领导的示范作用和强制性要求是管理的根本。

3、促使领导使用信息系统的关键是简单

问题的症结找到了，但是并不是各级政府和企业的领导对信息化系统抵触，关键的原因其实还是在信息系统本身，现在我们看看企业和政府实施的管理信息化系统，大部分是从企业操作层面来考虑设计的，所以操作起来大都相当复杂，并不是我们的中高层领导可以掌握的，本来我们的领导就没有时间学习 IT 技术，我们的系统设计的再复杂点，领导们连续点击几下，希望看到的信息看不到，希望操作的功能出不来，相信我们的领导就不会再玩下去了。所以促使领导使用信息系统的关键是简单，所谓简单就是让领导们一点击就能够得到他们希望看到的信息，一登陆就能够使用他可以操作的信息系统。对于领导来说简单的就是最好，适用的就是完美的。

4、简化信息化系统应用的关键手段是门户

为了解决领导快速享用信息资源的问题，长期以来很多人都在探讨一种简单的办法，比如很多应用系统都开发了综合查询功能，有的企业开始实施决策支持系统，但是综合查询系统只能是在一个系统内实现信息的查询，而决策支持系统的工程量又太大，往往企业里的数据的准确性和数量级不能够支撑决策支持系统的正常运营，所以真正能够正常运行的决策支持系统并不多。在这两者之间如何能够找到科学的解决办法呢？

门户技术的出现给人们带来了希望，门户技术是近几年刚刚兴起的新技术，通过这一技术可以使企业和政府的信息系统在保持原有状态的情况下，快速提高应用效率，使得各级信息系统的使用者能够快速看到各自需要的信息，能够快速进入到需要使用的信息系统的关键功能模块中，大大简化了信息化应用的过程，提高了信息化应用的效率。能够帮助政府和企业快速找回过去多年投资的回报。

很多人认为门户就是网站。绝非如此！门户和网站区别在哪里呢？网站主要是实现内容的管理，实现对信息的采、编、校、审、发等工作。而门户是能够将若干的数据、报表、信息、内容、应用等各种分散异构的信息资源统一提供给使用者的一个平台，是一个通往各种应用系统的快捷通道。两者针对的用户对象有着明显的区别，处理的对象也有着明显的区别。

二、中国信息技术产业的发展趋势分析

中国电子信息技术产业的发展，取决于国内和全球两个方面的条件，及信息产业本身的发展规律。

从国际上来看，中国信息产业发展的总形势将趋好。

1、全球经济从底部回升

2001年全球经济增长速度仅为1.2%，比前几年3.9%的增速有明显下降，但2002年根据世界银行预测的全球经济增长速度为1.3%，虽然仍然在最低谷徘徊，但已经从最底部开始走出，预计2003年的增速将提升到3.7%，回复到前几年高速增长的水平。而且发展中国家的增速明显高于发达国家。

同时，根据Gartner预测，全球信息产业的周期在2000年末达到了高峰，然后开始迅速的下降，到2002年初的时候正好达到谷底，以后将逐步走向稳定的回升。而这个回升不是建立在前几年投机资本疯狂炒作的基础上，而是建立在对于行业发展前景与应用进行仔细评估后，以产业发展资本的形式投入的基础上的，这样的增长将是可以持续的稳定增长。

2、亚太地区的信息产业走势较好

2001年全球经济的调整对亚太地区的影响相对较小，亚太依然是全球经济增长速度较高的地区之一，自 1997 年东南亚金融危机以来增长已经持续了 3~4 年的时间。可能是上次经济调整已经清除了一些经济发展中的不利因素，调整了产业的结构，形成了新的增长优势，所以 2001 年的调整对于亚太地区来说还带来了一些新的发展机遇。随着全球经济的逐步回升，亚太将继续扮演经济增长主角的作用。

3、中国成为投资热点，信息产业将向中国转移的规模进一步扩大

中国稳定的社会环境和良好的经济表现，成为了全球吸引产业资本的最佳场所。中国在产业运营成本和产业发展环境方面的综合优势，目前还无任何一个国家或地区可以匹敌，随着市场环境的改善和进一步开放，中国的吸引力将更强，今后必将成为全球性的信息制造基地。而且随着信息制造业配套体系的建立与完善，信息制造业基地的地位将更为稳固，甚至会影响到今后信息产业的全球布局和总体走势、结构调整。中国也将利用这一机会，发展民族的信息产业，实现新的突破。

从国内看，支持信息产业持续增长的动力有：

（1）中国经济的持续增长和国内需求的继续扩大。2001 年中国经济保持了 7.3% 的增长速度，2002 年中央政府确定的经济增长速度为 7%，继续维持在一个较高的水平。2002 年年初 1~2 月份，中国经济表现出了强劲的增长势头，工业增加值同比增长达 9.5%，高于 2001 年的同期水平，从月度走势看已经出现了从低谷反弹的走势。2002 年是中国经济发展的关键一年，如果能够继续稳定保持 7% 以上的增长的话，将为"十五"期间中国经济的持续稳定增长打下扎实基础，增强中国经济增长的信心。

"十五"期间，中国国民经济和社会信息化的进程将进一步加快，国家对于信息化的投资继续扩大。根据信息产业部信息产业"十五"规划，到 2005 年，全国将在信息产业领域投资 17000 亿元，其中电信 12500 亿元，电子信息产品制造业 4000 亿元。同

时，信息化的应用和推广也会产生另一方面的巨大投资。"十五"期间国家用于信息化的投资总量将达到 10000 亿元以上，对于信息产业的拉动作用将是十分显著的。

（2）政府对于信息产业的大力扶持。针对信息化工作，现在国家和各部委已经成立了国家信息化领导小组、全国企业信息化工作领导小组、国务院金卡工程领导小组，以及下属办公室的领导机构。建设部也组建了建设部信息化工作领导小组和办公室，归口领导和协调行业信息化工作。现在全国 8 个省市级建设主管部门成立了地方信息化工作领导小组及办公室，另有 22 个省市设立信息化工作专项负责机制。

信息化建设也已经渐渐纳入了规范化、标准化、法制化轨道，《促进集成电路和软件产业发展的政策》已经起到了积极的作用，它在成为可操作的地方政策以后，将继续对这两个产业的发展起到积极的作用。政府的作用还体现在对于产业发展基础条件的创造和寻求部分行业的突破性发展上。

（3）新的产业有望取得突破。国家正在制定包括光通信等一系列的产业发展计划，争取在未来几年在这些技术方面取得国际一流的具有自主知识产权的技术成果，并以此推出产品。这是国家战略层面信息产业发展的重头戏，国家的重点投入和市场化的运作，也将会拉动相关普的积极发展。新的产品如果成功推出，那么将会改变我国信息产业目前缺乏核心技术的不利局面。在这个领域取得了突破，那么我国的信息产业将会取得一个惊人的发展。

（4）市场体制的完善随着中国加入 WTO 和对国内市场秩序的治理，中国的市场环境将得到根本的改变。这种改变直接得益的是中国的软件产业和信息服务业，也将改变信息产业发展中的畸型结构。由于国内市场巨大，中国软件市场如果能够治理得当，将产生十分可观的市场需求，拉动软件业和服务业的快速发展，并为扩大软件出口、在国际市场中竞争产生重要影响。

随着各种金融服务机构的建立和风险资本的培育，信息技术创新和产业发展所需要的金融支持条件将逐步完善，中国在信息技术产业方面的创新将更多地体现为产品市场份额的扩大和企业竞争力的增强。中小企业的创新能力明显增强，中国信息产业也将从制造业为主向制造业和软件、服务业并举的格局转变。

随着市场体系的完善，一系列激励机制的引进，也将给技术人员和管理人员带来更多的激励，中国信息产业的创新将更为踊跃，技术创新创造的财富也将更为丰富。

总而言之，今后中国信息产业增长的前景较为乐观。但由于全球经济尚未完全走出低谷，中国的不少业内人士还对中国的信息产业存有一些疑虑。在《IT经理世界》对中国信息产业界作的"2002年度IT产业发展趋势调查"中，认为2002年产业发展速度略微低于2001年的有25%，认为稍高的有42%，认为维持不变的为33%。在受访者中没有一个人认为增长速度会明显高于2001年。总的来看是"谨慎乐观"。但无论怎样，乐观仍然是主流。

预计今后三年中，电子及通讯产品制造业增长速度仍将保持在25%以上的水平，其中投资类产品（通信设备、计算机等）年均增长速度要达到40%以上，电子元器件年均增长速度达到22%，消费类产品年均增长速度达到18%。该行业还将继续充当工业增长的领头羊。

由此我们可以发现，我国信息产业的总体发展趋势还是比较良好的。只要我们做好自身的资源有效整合，就可以在激烈的世界市场经济竞争占据有利的位置，就可以在信息时代确保我国经济在世界经济中的地位。

三、中国信息技术产业的"十五"发展目标

按照信息产业部的计划，中国"十五"期间，信息产业仍将保持3倍于国民经济增长速度的发展，到2005年，信息产业在全国工业中保持增加值的第一位，成为带动国民经济增长和产业结

构升级的支柱产业和增强综合国力的战略性产业。产业规模在保持世界信息产业大国地位的同时，整体技术水平将显著提高，国民经济和社会信息化水平迈上新台阶，我国与中等发达国家的信息化差距将缩短为 5 至 10 年。

"十五"期间，电子工业系统内工业总产值将达到 2.5 万亿元，年均增长率在 20％左右；工业增加值 3200 亿元，年均增长率在 22％左右；销售收入 1.5 万亿元，年均增长率 20％左右；出口创汇额 1000 亿美元，年均增长率 15％左右。电子信息产业全员生产率（按增加值）达到 18 万元/年，固定资产投入产出比达到 1：4。

在技术方面，"十五"期间，将在软件、集成电器、新型元器件、专用设备仪器等集成类产品等制约电子信息产业和国民经济发展的瓶颈方面进行突破。

在产品方面，"十五"期间，电子信息产业在投资类、消费类、元器件三大门类的比例，将调整为 45：25：30。到 2005 年，软件产品销售和系统集成及信息服务分别是占电子产品销售收入的 7％和 10％。各主要产品产量将达到：集成电路 200 亿块、微型计算机 1800 万台、移动通信手机 0.8－1 亿部、彩电电视机 4000 万部、电子元器件 5000 亿只（其中片式元器件占 80％以上）、软件业及其相关服务业销售额 2500 亿元。

未来 5 年——10 年，数字电视产品将逐步取代现行的模拟电视产品。企业的集中度将在 5 年之内达到每年企业年产 300 万台以上，全国形成 5 家——10 家集中生产电视产品的企业。

在企业方面，"十五"期间，企业结构进一步向专业化、规模化、集成化方向转变。通过实施大公司战略和企业间的联合、兼并和重组，培育和形成一批在国内外均具有竞争力的大型公司和跨国公司；结合企业专长，形成一批实力雄厚的专业化公司；发挥小企业机动灵活优势，围绕大中型企业周围，形成一批高度专业化的小型公司。

在与传统产业的结合方面，"十五"期间，中国将大力推进信息技术和产品在能源、交通、机械、冶金、轻工、建材、化工等传统产业的应用。重点发展能源电子、汽车电子、交通电子、航管电子、金融电子、医疗电子等量大面广的电子应用产品、软件与系统，积极推进 IC 卡及相关产品和系统的应用；进一步提高电子信息产业为国民经济建设服务的能力。

同时要推进信息技术与信息系统在第二、三产业的应用；推动信息技术在企业中的广泛应用。将信息技术与管理技术和制造技术相结合，在企业产品开发、生产、销售和服务的全过程中，通过信息集成、过程优化、资源配置，实现物流、信息流、资金流的集成和优化，提高企业市场应变能力和竞争能力。

第二节　直面全球竞争的信息经济发展

对信息资源进行全方位的认识，并进行信息资源的规划，然后对信息资源进行整合，利用这一种新的资源推动企业发展才是硬道理。因此，在新的世纪，我们所有的企业都应该直面全球竞争中的信息产业的发展。下面我们就从企业内部和世界范围内的信息资源整合来进行分析，从中发现我国信息产业在全球竞争中，如何进行信息资源的整合已达到生存、发展的目的。

9.2.1　规划信息资源

在电子政务和企业信息化建设中，许多单位的信息系统开发没有达到预想的目标，引进的应用系统只能用上一部分，形成的许多"信息孤岛"不能整合，信息资源不能共享。这些问题的存在，极大地影响了信息资源的开发利用。理论与实践都已经证明，解决这些问题的关键，就是搞好信息资源规划，采用基于信息资源规划的信息系统开发技术——信息资源整合（IRI）技术。[2]

信息资源规划（Information Resource Planning，简称 IRP），是指对政府部门或企事业单位的信息进行采集、处理、传输和使用所做的全面规划，是侧重数据流分析，为整合信息资源，实现信息共享的总体规划。

以企业信息化为例，不论企业的产品设计、材料配件采购、加工制造和总装，还是销售和客户服务等过程，无不充满着信息的产生、流通和运用。要使每个部门内部，部门之间，部门与外部单位的频繁、复杂的数据流畅通，充分发挥信息资源的作用，不进行统一的、全面的规划是不可能的。

再以省市政府的电子政务建设为例，为加快政府职能转变，提高行政质量和效率，增强政府监管和服务能力，必须对政务系统中所涉及到的"左右"、"上下"、"内外"的复杂数据流做好分析工作，搞好统一规划，建立统一的数据标准，这样才能开发出集成化、网络化的信息系统。所谓"左右"数据流，是指政府内部职能域之间的数据流，例如农委、科委和经贸委之间的数据流，这些数据流支持着政府部门之间的业务协同；"上下"数据流是指省政府部门与国家部委之间，省、地市、区县政府之间的数据流，以及政府部门与企事业单位之间的数据流；"内外"数据流是指本省地市与外省地市，以及与国外政府部门、经济贸易组织和企业之间的数据流。"左右"数据流实现自动化的最简洁、最高效的交流机制，是存取共享的数据库；"上下"数据流的自动传输和自动汇总的前提条件是统一数据标准；"内外"数据交换的有效途径是内部数据统一归口与外部交换，即变"多对多"为"一对多"的交换。所有这些信息共享和畅通目标的实现，都应建立在统一信息资源规划、统一数据标准建设的基础之上。

信息化建设的信息资源规划，不同于通常的信息化建设总体规划。信息资源规划注重数据流的分析，从信息资源整合与应用系统集成的角度来制定信息资源开发利用的具体方案。长期以来，许多单位所做的信息化建设总体规划，往往侧重通信—计算机网络的规划；应用系统的规划则只有功能描述，没有数据集成的规划，到具体开发实施或软件引进时，不论是内部的开发人员，还是外部的开发商，仍然进行着分散的、孤岛式的开发。信息资源规划将从根本上改变这种状况，它要求规划分析人员与业务人员密切合作，所有规划的中间结果和最终结果都要经过各级业务领导的复查和确认，因此，它的需求分析能真正全面地反映用户需求，而基于需求分析所建立的新的信息系统模型和统一的数据标准，就能切实地指导开发人员进行集成化的开发实施工作。

由低档次数据环境（数据文件和应用数据库）向高档次数据环境（主题数据库和数据仓库）的转变，是信息系统发展的质的飞跃，而实现这种飞跃的基础与核心工作，就是信息资源规划。我国目前的许多电子政务和企业信息化工程，由于缺乏数据环境改造提升的理念，没有进行正规的信息资源规划工作，致使数据环境仍然处于低档次的水平。这是应当引起我们高度重视的问题。

9.2.2 企业内部信息资源整合方案

在我们对信息资源进行了规划以后，我们接下来就是要对信息资源进行整合。而要进行信息资源的整合，我们就要有一个整合的方案。这就标志着信息资源的整合已经开始进入了实际操作中。

一、概述

企业信息化是企业应用信息技术（包括先进的计算机、通信、互联网和软件等技术和产品），使企业的生产、经营、管理等各个层次、各个环节和各个方面水平得以提高，不断提高企业的决策能力和竞争力的过程。而这个过程其实际上就是对企业资源的一种整合。[3]

然而，现实情况是，在企业投入大量资金搞信息系统建设以后，发现信息系统总不能完全满足企业的需求。很多信息系统建成以后都在自己的领域内独立运转，形成了众多的信息孤岛（如财务系统和销售系统，利用它们可以得到财务和销售方面的具体信息和综合信息，但不能得到综合生产、采购、库存、财务和销售等信息的信息）。企业的信息系统建设主要集中在生产过程自动化和管理信息化上，解决具体工作人员日常工作电子化的问题，很少进行经营决策信息系统和战略决策信息系统的建设。企业信息系统不能有效管理企业零散信息；不能使信息系统间协同工作；不能综合利用企业的数据资源；不能有效组织企业的信息资源；不能为电子商务服务。

为了解决以上问题，近几年、在数据集成、系统集成、工作流程、非格式化信息管理、信息利用与个性化等方面出现了很多解决方案，如：

●推翻部分已建信息系统，全面实施 ERP

一些软件企业提出了全套 ERP 解决方案，即利用同一开发商的软件产品同时大规模实施 ERP，由开发商解决各功能系统间的集成问题。但是，这种方案投资巨大，需要废弃已建成的应用系统，造成资金浪费，而且在近几年实施 ERP 的企业中，只有少数获得成功。因此，企业对此方案持谨慎态度。

●开发中间件，实现应用系统协同

还有一些企业采用开发中间件的方法，在信息系统间利用中间件传递信息，实现应用系统集成，但每增加一个应用系统就要开发与原有的每个应用系统的中间件，使得应用系统集成的成本越来越高。

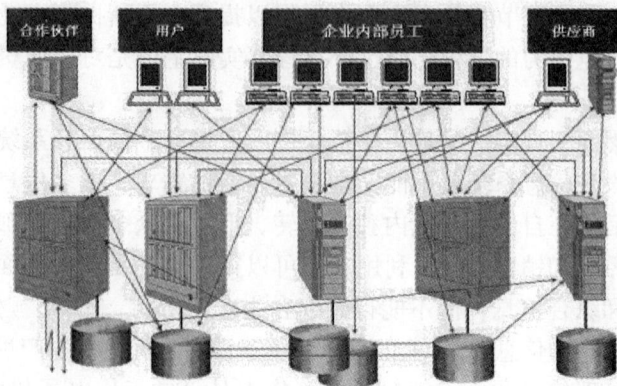

●建设企业数据仓库，实现商业智能

为了实现信息系统对企业决策过程的支持，有一种"数据仓库"的解决方案。如果用户有大量的历史数据，这些数据比较稳定，需要长期的、系统的保存，并且有明确的使用目的，这时数据仓库是一个很好的解决方案。但数据仓库的使用也有一定的局限性，如保存的多是历史数据，信息的维护成本较高，对实施人员的技术要求也较高。

根据长江数据公司对企业信息化的深刻理解，基于我们的平台产品系列，我们公司提出了企业信息整合解决方案。信息整合是对于分散异构信息资源体系，在兼顾信息资源现有配置与管理状况的条件下，实现无缝集成，在新的信息交换与共享平台上，开发新应用，实现信息资源的最大增值。它是将异构分散的非结构化数据（文件、图纸、图片、录像等）、异构的结构化数据（数据库等）管理利用，集成不同应用系统（SCM、ERP、CRM等），为所有者提供更高的资源管理、挖掘、展现手段的过程和方法，信息整合的目标是消灭信息孤岛。信息整合将提供内容管理、内容整合、数据整合、应用整合、流程整合等功能。

二、整合方案

整合方案的主要特点是在不改变原有信息系统的条件下实现信息集成，原有信息系统仍然可以按固有方式运行，建设一个信息资源整合平台整合企业信息资源，提高信息的价值。这就是资源的整合，利用合理、有效的手段对现有资源进行一种重新的组合，经信息资源的价值和作用发挥到最大化，以实现企业发展的需要。

1、企业应用系统整合平台逻辑结构图

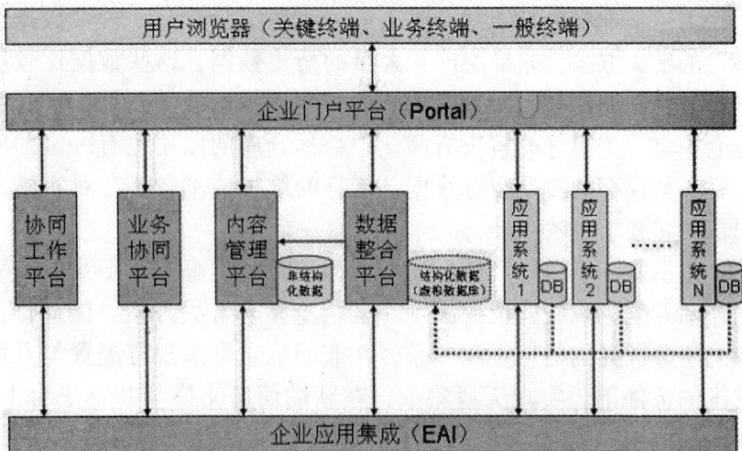

2、主要功能模块

（1）企业门户平台

企业门户平台是指在 Internet 的环境下，把各种应用系统、数据资源和互联网资源统一集成到通用门户之下，根据每个用户使用特点和角色的不同，形成个性化的应用界面，并通过对事件和消息的处理传输把用户有机地联系在一起。简单的说，门户平台为特定的用户用高度个性化的方式，交互访问相关信息、应用软件、以及商业流程的软件平台。

在正格资源整合平台中，通过企业门户组织、展现各种结构化、非结构化的信息内容和应用系统页面，为最终用户提供了统一的信息访问渠道。

（2）数据整合平台

数据整合就是对分散异构的多数据源实现统一的访问，实时地、智能地将有价值的数据传递给分析系统或其他应用系统进行信息的进一步加工。

数据平台从不同的应用程序和数据结构提取数据源，并完成

270

在线转换和分析。数据平台实现对分散异构数据源（如：数据库、XML文档等）的访问并形成统一的虚拟数据库（虚拟数据库：对分散异构数据源所产生的映射）。

数据平台整合企业收集的各种外部信息数据库和内部应用系统数据库，可综合利用企业的数据资源，提供灵活的数据展现方式。数据平台与门户紧密集成，可以实现全面、统一的权限管理和灵活的报表调用。对于一些需要编辑的报表，可以输出到内容管理系统进行编辑、审核、授权、发布。

（3）内容管理平台

内容管理平台提供对非结构化信息和部分结构化信息的管理功能。公司的文件、图片、多媒体等办公信息；搜索软件搜索整理的信息；翻译系统翻译的信息等非结构化信息进入内容管理系统。数据平台定期发布报表等结构化信息进入内容管理系统。内容管理系统对各类信息进行编、审、校等步骤，对各类信息进行分类管理，并控制信息的发布与访问权限。信息在栏目中展现，将栏目封装后发布到门户平台。

（4）应用集成平台EAI

应用集成平台EAI为不同的应用系统互通提供了基于工作流引擎（Workflow Engine）的统一可靠的实时消息通信平台，突破了横贯于异构不兼容应用或数据库之间的障碍，通过消息和智能路由机制实现异构应用之间的松散耦合。支持Web Service，XML/HTTP，EJB，RMI，JMS，IMB MQ等接口，实现应用系统在统一工作流下的协同工作。企业应用集成平台提供多种可供选择的通信模式如发布/订阅、请求/应答等等，实现同步/异步的消息传送，以及多种消息传送质量的保证如可靠传送，确保消息传送等等。

（5）办公自动化平台

办公自动化平台提供员工间信息传送和个人网络办公的工具，包括公文流转、电子邮件、任务派发、会议管理、网络短信、事务提醒、日程管理、计划管理等。

3、利用 Goldge 应用资源整合平台进行企业信息整合的途径

Goldge 应用资源整合平台是一个模块化整合平台，其中包括了满足信息资源整合所需的平台产品系列，可以根据用户的不同需求进行组合，满足各层次整合需求。

（1）内容级整合

如果企业处于"管理信息化"阶段，或企业信息化资金不充足，可以进行内容级整合，组合 Goldge 应用资源整合平台中的内容管理、协同工作和企业门户平台，满足企业最基本的整合需求，可以实现如下功能：

①有效管理非结构化数据。

②为员工提供短信、任务、会议、公文流转、电子邮件、BBS、聊天室等协同工作工具。

③为员工提供个性化信息服务，方便员工有效组织、利用信息资源。

（2）数据级整合

信息化水平较高的企业，应进行数据级整合，组合 Goldge 应用资源整合平台中的企业门户平台和数据平台，为企业战略经营决策提供支持，可以实现如下功能：

①为员工提供个性化信息服务，方便员工有效组织、利用信息资源。

②综合利用企业数据资源，为企业领导的战略决策提供数据支持。

（3）应用级整合

如果企业的管理信息系统已建设完善，应进行应用级整合，组合 Goldge 应用资源整合平台中的企业门户平台和应用集成平台，为企业经营决策提供支持，可以实现如下功能：

①为员工提供个性化信息服务，方便员工有效组织、利用信息资源。

②整合各应用系统页面，为管理人员经营决策提供参考。

③应用系统协同工作，使决策执行自动化。

4、集成应用对企业的意义

①使企业的零散信息成为企业资源

进行信息整合以后，企业内分散的文件、技术资料、工程图纸、设备图片、新闻素材、音像资料、日常宣传资料、规章制度等信息资源都被有效的管理起来，经过不断的积累将成为企业资源，供企业员工方便的查询。

②提升现有信息系统的综合效能

企业通过信息整合，使企业对有用信息资源实施了有效管理；实现员工协同工作、应用系统协同工作；综合、统一利用现有信息资源，提高数据使用率；为每个员工提供个性化信息平台管理自己需要的信息，提高工作效率。在不增加应用系统的前提下，提高信息系统的综合效能。

③规避风险、保护投资

由于使用了整合技术，企业不必担心不同应用系统、异构数据库间的集成问题，可以分步推进企业信息化建设，在此进程中逐渐提高企业自身的信息技术水平，进而增加对企业信息化建设的操控能力，选择优秀的产品和资质信誉好的集成商不断推进企业信息化建设。避免一次性大量投资给企业带来损失。

利用信息整合技术可以将企业已经建成的应用系统与新建成的应用系统集成到统一的企业信息平台，不必因其软件技术落后而淘汰他们，不必因更换应用软件而再进行培训，保护原有投资。

（4）为企业提供决策支持

利用信息整合技术，可以将企业的信息资源有效管理和综合利用，例如为企业领导提供定制信息、提供综合经营报表、提供多种数据展现方式，为企业领导决策提供依据。

9.2.3　世界范围的信息资源整合

我们在以上分析了企业内部的信息资源整合，我们接下来分析世界范围的信息资源整合。由于我们现在处于一个世界经济全球化和一体化日益激烈的时代，而且可以说是信息时代，在世界范围内的信息资源整合也显得十分普遍，而且意义更重大。而要对信息资源整合进行分析，就离不开对信息产业的分析。

信息产业是建立在信息资源基础上，在知识经济时代到来后形成的一个新兴产业。它具有高知识、高投入、高增值、高效益、高渗透等特点，而且还是战略性产业，是变化迅速、发展奇快的产业。由于信息产业的高就业、低消耗优势，它正在快速地改变着世界的面貌。二十一世纪是信息产业全面发展的时代，中国已经步入了信息产业发展的轨道，信息产业将影响和改变中国经济的面貌。

在人类进入文明社会后，材料、能源、信息是构成社会物质生活内容的三大资源。而在这三大资源中，信息是最重要的开发资源或者说是启动资源，特别是在人类进入信息化社会以后，信息的地位将更显重要。社会信息化、信息现代化是知识经济社会的基本标志。

信息高科技是知识经济的先导，信息产业的崛起是知识经济时代最重要的特征。而未来注定将是知识经济的时代。信息产业的生产不仅满足了人类精神生活的需要，而且还对人类开发物质资源产生巨大的推动力，随着人类社会经济的不断发展，信息产业已经成为国民经济的主导产业。信息产业已成为一个国家众多产业中最有生命力的先导性技术产业。它是知识经济形成和发展的先导和支柱产业，对人类社会的发展有着决定性意义。

一个国家的信息产业的发展，不仅涉及政策、战略、指导思想，也涉及到具体的基础设施、操作手段、资金、投入、技术管理等等内容。我们必须把信息产业看成一个从宏观到微观的系统工程，才可能获得真正的成功。这就要求我们对信息资源的进行整合，而且是要面对国际化的竞争，那么整合也将会是世界范围内的。

我国为什么必须要进行信息资源整合呢？不仅仅是因为信息产业将会是未来的支柱产业，还因为积极发展信息产业，将对我国的社会和经济产生巨大影响：

我国长期以来实行粗放式经营，经济增长和社会发展虽快，但为此投入的成本也很高。因此，我国经济增长和社会发展必须由粗放型转向集约型，而全面推进信息化，正是实现这一转轨的有力手段。

信息产业作为具有战略性的新兴带头产业，对国民经济发展具有明显的先导作用。由于信息资源已成为现代社会第一战略资源，促进和实现社会信息化的信息产业自然就成为今天和未来社会发展中最大的战略产业。在信息产业的带动下，其它智能商品和智能服务也大放异彩，它将成为带动知识经济时代经济增长的龙头。

在未来中国经济中，增长最快的同样也是信息产业，也正是信息产业的大跃进，才能推动国民经济的飞速发展。信息产业的发展，是我国经济发展的驱动器和倍增器，将擎引中国经济发生骤变。它将成为中国经济发展的火车头，将导致经济增长要素的信息化，将促使经济资源得以充分利用，将推动国民经济更快的发展，将是经济增长方式转变的催化剂。

总之，信息产业的发展是迅速的，信息产业的发展对中国经济的影响是全面而深刻的，信息产业正在改变我们的生活，改变我们的理念。

从上面我们可以看到，信息产业化对我国将来经济发展的重要性和必要性。那么，为了在知识经济时代不落后于西方发达国家，我们就必须对现有的信息资源进行整合。这种整合还要建立在世界竞争日益激烈的基础上，而信息产业本上就具有的国际性，更是提高了信息资源整合的难度。面对这样的挑战，我们又该怎么办呢？只有迎难而上。有挑战就有机遇，只要我们抓住机遇，运用合理有效的整合方法和方式，就可以赢得挑战，走向成功。

在当前的世界经济中，我们究竟如何做到信息资源的有效整合呢？我们下面就以一些企业成功的信息资源整合案例来说明。

第一，购买。运用到企业之间也就是收购、兼并。

2004 年 12 月 8 日，我国最大的电脑制造商联想集团在北京与美国 IBM 公司正式签约，联想将以总计 12.5 亿美元收购 IBM 全球的台式、笔记本电脑及其研发、采购业务，IBM 公司将拥有 18.5% 左右的股份。

联想集团董事局主席柳传志在发布会上宣布，联想付出的 12.5 亿美元是以 6.5 亿美元现金和 6 亿美元的联想股票构成，联想控股将拥有联想集团 45% 左右的股份，IBM 将拥有 18.5% 左右的股份，届时联想集团将成为年收入超过百亿美元的世界第三大 PC 厂商。新的联想集团在 5 年内有权根据有关协议使用 IBM 的品牌，并完全获得商标及相关技术。

以双方 2003 年的销售业绩合并计算，此次并购意味着联想的 PC 年出货量将达 990 万台，销售额达 120 亿美元，从而使得联想在目前 PC 业务规模的基础上增长 4 倍。

联想集团近 3 年来实施的多元化发展战略屡遭挫折，"信息化的联想""国际化的联想"虽经多年努力但效果并不理想。03 年在报告弱于预期的业绩后，联想集团宣布重新将重点转回到其核心的电脑业务上。目前，虽然联想已是国内 PC 的第一品牌，但在国际市场上仍缺乏有力影响，迫切需要一个新的突破，以实现其国际化的发展战略。显然，联想是看好 IBM 在国际上的影响力和优秀的技术、管理资源。有业内人士认为，此次并购，将为联想集团走向世界提供一个极好机会。

我们可以从联想的这次并购中发现，联想真正看重的是 IBM 的信息资源优势，在对 IBM 个人电脑业务收购后，联想不仅提高了自己的国际影响力，还可以学习利用 IBM 先进的技术和管理制度等。可以说，联想通过收购达到了自己资源整合的目的。

第二，交换。在信息产业中，双方的优势资源都是自己的核心科技或者是技术机密，交换一般都建立在双方合作的基础上，或者是共同出资建立合资公司，或者是互相入股。

华为3Com有限公司就是华为公司与3Com公司的合资公司。基于华为和3Com在网络产品市场的既有优势，华为3Com公司致力于数据通信产品的研究、开发和生产，能提供从核心骨干网到桌面终端的全系列IP产品和解决方案，包括路由器、交换机、防火墙、无线局域网、IP语音、网卡和业务系统。华为3Com公司服务所有企业和公共机构，并聚焦于政府、教育、金融、电力和制造业。站在数据通信领域两大巨人的肩膀上，华为3Com公司是一家世界领先的网络公司，她的独特优势在于：完善的IP网络产品系列；高性价比的、创新的、业务特性丰富的产品和方案；为客户量身定制的方案；快速响应市场的能力；强大的销售网络和服务能力；完善的培训认证体系。

"合力智慧创新无限"，华为3Com公司为广大客户提供更多更好的选择与服务，帮助行业用户、企业用户和个人用户实现随时随地的信息交互。

我们看到华为通过与3Com公司进行合资建公司的方式，实现了与3Com公司的资源交换，从而实现了信息资源整合的目的。

第三，合作或者合并。

2005年8月9日阿里巴巴收购雅虎中国全部资产，同时得到雅虎10亿美元投资，以打造中国最强大的互联网搜索平台。阿里巴巴和雅虎9日在中国、美国、日本三地同时宣布了这起中国互联网史上最大的一起并购。虽然说是收购，但是在战略意义上来看，却是阿里巴巴和雅虎的合作。

阿里巴巴收购雅虎中国的资产包括雅虎中国门户网站，雅虎的搜索技术、通讯和广告业务，以及3721网络实名服务。双方还计划将一拍在线拍卖业务中雅虎的所有部分并入阿里巴巴。阿里巴巴公司还将获得领先全球的互联网品牌"雅虎"在中国的无限期独家使用权。

据介绍，雅虎将向阿里巴巴投资 10 亿美元现金，用于从阿里巴巴及其他股票持有者手中购买阿里巴巴股票。根据此次达成的协议，雅虎将获得阿里巴巴 40％的经济受益权和 35％的投票权。雅虎因此成为阿里巴巴最大的战略投资者。

收购雅虎中国后，阿里巴巴旗下将包括阿里巴巴中国网站，阿里巴巴英文网站，淘宝网、支付宝和搜索门户"一搜"、在线拍卖网站"一拍"、中文上网服务 3721 以及雅虎中国门户。

雅虎公司酋长杨致远认为，与阿里巴巴公司的结盟，将极大增强并支持雅虎公司的全球战略和其在中国的影响力。阿里巴巴公司 CEO 马云及其团队将能领导中国互联网的电子商务、搜索的长期发展。

阿里巴巴公司目前拥有全球领先的 B2B 业务以及亚洲领先的拍卖和网上安全支付体系。业内分析人士认为，此次并购完成后，阿里巴巴将获得雅虎领先的搜索技术和平台支持，以及强大的产品研发保障。

我们可以看到，通过与雅虎的这种战略合作，阿里巴巴对信息资源进行了新的整合，提高了自身的实力，并在未来的发展中占据了有利的位置。

参考文献：

[1]《中国信息化的四个关键》来源：《中关村周刊》

[2]《企业信息化理论与案例》游战清著．－北京：机械工业出版社，2004.4

第十章　无形资源的整合

从前面我们对无形资源概念的阐述了解到，无形资源是不具有物质形态但能对企业发展起重要作用的资源形式，充分的利用无形资源能使企业的发展事半功倍。在新的历史条件下，我们应该看到硬性资源的利用空间已经基本饱和，那么要想在这种情况下取得激烈竞争的胜利，就必须对无形资源进行有效的整合。

21世纪已经开始进入知识经济时代，在知识经济时代无形资源的开发和利用将获得更大的发展空间，而且还将成为决定一个企业是否可以走向成功。所以说，在知识经济到来的时代，我国的企业要想生存、发展、壮大，就必须对无形资源重视起来并对其进行有效的资源整合。

第一节　问题与答案的有效整合

新的历史条件下，竞争越来越激烈。每一个企业在发展中都会存在一定的问题，面对问题我们就要找到答案，然后依据答案来解决问题。经济全球化的今天，我国的企业面对的问题很多，我们就要找到答案来解决它。这就需要我们对问题和答案进行有效整合，下面我们就举例说明。

10.1.1　发现问题，找出答案

一个企业在发展过程中，不可能是一帆风顺的，总会出现这样那样的问题。如果不能发现问题，那么这个企业就会在不久的将来出现生存危机，更不要说发展了。所以，我们首先要发现问题，接着带着问题"顺藤摸瓜"找出答案。

以我国的国有企业改革为例，现在我国大部分国有企业大都存在着这样一个问题，那就是面对市场经济的激烈竞争，企业缺乏现代企业管理制度。这已经成为了制约我国国有企业的发展壮

大的主要因素之一。而企业管理制度也就是企业无形资源的一个重要方面。我们下面以美兰机场的重组和改制为例来说明。

海口美兰机场于 1999 年 5 月 25 日通航，是按国际 4E 级标准设计建设的国内干线机场，总投资 23.04 亿元人民币。美兰机场的建成，大大缓解了海南航空运输的紧张局面，促进了海南地方经济的发展，成为展示海南省形象的重要窗口。

可是随着机场的运营，负债率高、经营亏损、管理落后等深层次的矛盾渐渐凸现出来。由于资本金偏少，机场的建设和经营不得不依靠大量的银行贷款，债务居高不下，造成财务负担过重；机场用于工程建设的 18.44 亿元人民币的贷款，每月的利息就高达 1100 万元，用于改善机场设施的资金难以为继；规模效益萎缩，利润增长空间和幅度变小，2000 年 1 至 7 月，机场亏损 2000 多万元；管理体制落后，粗放经营，效率低下，经济效益不佳，发展后劲不足，企业发展举步维艰。

问题既然出现了，作为管理者就要想办法解决它。在解决问题之前，我们首先要做得就是找到问题的答案。可以看到美兰机场的问题是比较多也是比较复杂的，那么我们在寻找答案时就要抓主要矛盾。通过分析，可以发现美兰机场问题的主要矛盾就在于管理制度，所以美兰机场问题的答案就是：按市场要求来重塑美兰，也就是要建立起一套适应市场经济要求、符合现代企业制度的"美兰机制"。

2000 年初，民航总局和海南省政府为进一步推进民航企业改革，将美兰机场作为民航系统现代企业制度改革的试点单位。几经研究之后，将美兰机场经营管理和发展的重担交给管理先进、善于国际化资本运营且业绩卓著的海航。这是国内第一家由航空公司控股经营机场的改革案例。美兰机场由此成为中国民航机场管理体制改革的先行者。

而海航先进的现代企业管理制度、中西合璧的激励机制、以市场为导向的经营理念和科学高效的运作模式，是促使民航总局、海南省政府决定由海航集团重组美兰，进行改制试点的重要因素。

10.1.2 依据答案，解决问题

问题的答案找到了，我们就要依据答案来解决问题。这就好比一个医生给病人看病，病根找到了，就要"按方抓药"来治病。

于是在民航总局和海南省政府的领导下，2000年8月，以市场为导向、以资本为纽带，海航集团对美兰机场进行重组改制，实现海航航空运输、机场管理上下游产业链联合发展。

两年来，美兰一年一大步，年年上台阶，发生了脱胎换骨的变化。一，资本结构明显改善。通过增资扩股有效地改善了资本结构，资本金不足的状况得到了扭转。二，综合实力逐步增强。如旅客吞吐量2001年达508万人次，较1999年增长42.7%，客流量在全国143个通航机场中位列第八。三，经济效益成倍增加。2001年，美兰机场在上年减亏为盈88万元的基础上实现利润2560万元，增加29倍。四，运行品质稳步跃升。机场安全保障差错率大幅下降，改制前后差错率下降了52%，未发生事故征候以上的安全事故，安全形势良好。五，品牌优势初步形成。

重组后的美兰机场后，海航成为第一大股东，牵头对美兰机场进行现代企业制度改革。这是一次以市场为导向，以资本为纽带，以现代企业制度为载体，优势互补、资源共享的改革实践。

美兰机场转换经营机制、创建现代企业制度，形成了"美兰机制"。"美兰机制"的核心内容包括法人代表负责制、自主经营管理权、科学的决策机制、规范化的管理机制、严格的监督制约机制、责权利统一的分配机制以及"干部能上能下、机构能设能撤、职工能进能出、工资能高能低"的动态调节机制。

美兰一举改变以往国企的传统机制，严格按照现代企业制度的规范要求，进一步理顺了股东大会、董事会和高级管理人员的委托代理关系，加强了股东大会、董事会与执行层之间相互制衡、职责清晰的管理体制，实行董事会领导下的首席执行官负责制，对高级管理干部实行聘任制，合同期满根据业绩确定是否继续留

用，形成了决策、执行、监督之间相互制衡、相互约束、责权分明、各行其职的法人治理结构，有效地实现了责、权、利的统一，充分调动了经营者的积极性，确保了公司资产的有效运营。

本着"因事设岗、提高效率"的原则，按照海航的管理模式和组织体系对公司机构进行全面的改革，按工作流程及生产调度、实施、辅助与监控等不同功能对生产单位工作职能进行重组，以达到资源配置的最优化。对非主营机构进行了整合，将原有14个二级机构调整为10个，原有4个二级独立法人机构调整为1个，将部分机构、职能、人员划归海航集团管理，海航集团部分项目划归机场管理，实行集团内部资源优化配置，使机构更加精简，布局更加合理。调整后，理顺了关系，减少了环节，形成了一个层次清晰、责权明确、反馈灵敏、运转高效的组织体系和管理流程。

按照现代企业管理的要求制订了一系列的规章制度，实行规范化管理。整章建制工作为美兰顺利改制建立了制度平台，为现代企业正规化管理起到了有法可依的基础性作用。

先进的企业管理制度也提高了人力资源的利用。人是生产力中最关键、最活跃的因素，"美兰机制"的关键是根据市场经济的要求，以优化资源配置为目的，彻底实行责权利的统一，通过委托代理机制建立起严格的责任体系，根据市场要求进行人才配置，建立适应市场经济的企业激励机制与约束机制。

为彻底改变以往僵化封闭、人浮于事的状况，美兰参照海航的标准对原有人员结构、工资制度等人事管理的核心内容进行了根本变革，为美兰机场的可持续发展提供丰富的人才储备。一整套严格的竞岗、晋职、晋级制度，使员工在增强紧迫感、危机感的同时，充分激发员工勤奋学习、努力工作、求真务实、无私奉献的精神。现在美兰内部竞争上岗、择优聘用、能者上、平者让、庸者下的用人机制基本形成，一些不思进取、难以胜任岗位要求的中层以上管理干部被解聘，调整到一般工作岗位。经过调整，一大批年富力强、业务素质高的管理干部脱颖而出，初步实现了管理干部向年轻化、知识化过渡，达到了提高公司管理干部队伍整体素质的目的。

重组以后，美兰建立起灵活、有效的绩效工资制，打破传统的、单一的等级工资界线，套改海航集团工资制度，推行按管理、经营、技术、生产分系列，根据能力定岗位，按层级岗位定标准，依据业绩定工资，向重点岗位倾斜的员工薪酬制度。这一制度拉大了不同岗位之间的收入差距，充分体现了责与利的关联性，有效激发了全体员工的工作热情，提高了工作质量和效率。

改制以来，美兰迅速与集团管理制度中的干部考核、员工考核、干部任免、员工招聘、劳动纪律、培训管理等人事管理制度接轨。按照现代人力资源管理的要求，建立起一整套责权明晰、考核严密、奖罚分明的人事劳动制度，明确了岗位责权，细分了岗位规范，实现了工作标准有章可循，奖励、处罚有法可依的管理模式。

海航在重组过程中采取"两手抓、两手都要硬"的模式，资产业务整合与企业文化培训同步进行，充分发挥企业文化的辐射力和亲和力，借助精神、文化柔性管理的力量凝聚人心，有效地解决了员工思想融合的问题，妥善地处理了改革与稳定的关系，为美兰成功改制提供了可靠的思想保障。

但是解决了问题的美兰并不满足于这一点成就。面对严峻的市场竞争，海航的决策者提出了品牌战略的发展思路——将美兰改制后的体制、文化、管理优势转变成品牌优势，形成品牌效益，提高核心竞争力。

从改制开始，美兰制定了高起点的品牌战略，按照清晰的战略蓝图实现发展。战略分为三步：用一至两年的时间，健全完善现代企业制度，完成上市工作，扩大经营规模，初步树立服务、管理、效益一流的国内机场品牌。在此基础上再用三至五年，完成二期开发，不断完善各项服务功能，利用上市板块的资本市场和其他融资方式，适度进行规模扩张，初步形成以美兰为龙头，以产权为纽带的机场企业群，发展成为中国机场概念的上市板块。再用三年左右的时间，打造具有国际先进机场管理水平的品牌企业，进而发展成为专业化管理的机场产业集团。

改制之初，美兰开始对不良资产进行剥离，不断注入盈利业务，并由美兰机场有限责任公司（母公司）等几家股东发起成立了海南美兰机场股份有限公司（上市公司），为推向市场做好了准备。

美兰积极促成与有关国际组织的合作，努力提升机场的国际和地区定位。2002年初，海航集团与世界著名的咨询公司美国PA集团签定了项目合作协议，对美兰机场进行总体发展战略规划，将其打造成为区域性枢纽机场。

2002年11月18日，海南美兰机场股份有限公司H股在香港联交所挂牌交易。国际战略投资者丹麦哥本哈根机场，认购了美兰机场20％的股份，获得两个董事会席位，并将直接参与机场的日常经营管理。国际资本介入内地机场管理，这在国内尚属首次。美兰上市后，将成为海南省第一家境外上市企业，也将成为继北京首都国际机场之后，第二家在香港上市的内地机场。美兰H股挂牌上市标志着美兰机场的现代企业制度改革试点工作取得了重大阶段性成果，企业赢得了新的发展机遇。

美兰的发展模式，对于中国机场普遍存在的因资金短缺，技术、管理、赢利模式落后，非航空业务收入份额过低所导致的经营亏损、生存困难等问题，提供了一套可供借鉴输入的模式，这将对中国机场体制改革起到巨大的推动作用。

在美兰机场成功重组和改制的案例中，我们可以发现当代世界经济的竞争中，无形资源已经成为了竞争中成败的关键。在企业出现了问题时，面对问题管理者应该冷静下来，仔细地分析问题出现的原因，找出问题的答案，然后依据答案来解决问题。这就需要企业的管理者拥有较高的综合素质，需要面临重大问题时临危不惧、冷静客观的心理素质，以及解决问题时的综合能力。而这一切都是一个企业的无形资源，所以对无形资源的整合在现在和未来的市场经济竞争中显得更为重要。

第二节　优势与劣势的有效整合

根据市场经济"适者生存"的原则，我们可以就得知，只要能在市场经济中生存下来，这个企业就有适应市场经济的优势。但是每一个企业都不是完美的，必定也会存在一定的劣势。那么面对变幻莫测的市场经济，企业应该怎样做才可以做到持续的生存和发展呢？那就要对自己的优势和劣势进行有效的整合。

我国加入世贸组织后，企业面对的竞争更加激烈。怎样和国外的知名大企业进行竞争，怎样在这种竞争中生存发展呢？我们下面以我国的纺织服装业为例，来探讨一下从事纺织服装业的国内企业如何面对世界竞争。

10.2.1　自我分析，辨清优劣

在我国古代的《孙子兵法》中曾有这么一句话："知己知彼，百战不殆。"兵法家孙子将对自己的认识放在了认识的第一位，可见对自身的分析认识是很重要的。而在市场经济中，对自我的分析和认识也很重要。如果一个企业对自身都不了解的话，那么在面对竞争时，往往就会错误的判断形势、做出错误的决定，从而导致企业自身的危机。

我们平常所说的自我分析、认识，往往是要求我们认清楚自己的优势和劣势。在武术中讲究"以己之长击彼之短"，即使对手的综合实力在自己之上，也完全有机会将他击败。所以说在面对竞争时，我们首先要进行自我分析，认清优劣。

加入世贸组织以后，我国的服装业面对世界范围的竞争，到底有哪些是优势，而哪些又是劣势呢？首先来看我国纺织服装业的现状，在现状中进行优劣分析。

中国服装纺织品行业的现状可以概括为四大特点：[1]

1、大而不强。"大"是指量大。中国服装纺织品的生产总量在世界上居于绝对优势。中国纤维加工总量 1000 万吨以上，占世界的 1/4。中国服装、棉纺织、毛纺织、丝绸、化纤生产能力居世界第一位。中国服装纺织品的出口量居于世界第一位。2000 年，中国纺织品服装出口总额 520.8 亿美元，占世界纺织品服装贸易额的 13%。从 1994 年开始，我们已经连续六年保持生产量上和出口量上居世界第一的地位，全世界每三件衣服，就有一件是中国人生产的；1999 年，我国服装产量超过 100 亿件，出口总额超过 300 亿美元，约占全球服装出口贸易总额的 1/6。

"不强"是指整体水平不高。主要表现在产品结构上，中低档产品所占比重大，高附加值产品占的比重小。中国产品出口价格只相当于法国和意大利的 1/4。2001 年美国公布的服装进口数字表示：来自欧洲的服装为 12.37 美元/平方米，来自日本的为 6.33 美元/平方米，来自中国的为 4.72 美元/平方米，世界平均值是 3.51 美元/平方米。

2、实而不名。名实不"对称"，在服装纺织品上充分表现了中国是一个"制造大国"，同时又是一个"品牌小国"的矛盾。缺少知名品牌是一大弱点。国内市场上品牌的集中度不够，更缺少世界知名品牌。虽然我国出口的最终产品已经占到 2/3，中间产品、初级产品降到 30%，但最终产品出口中，加工贸易占 50%，大多数还是给外国品牌做加工。

3、跟而不领。服装的设计能力比较弱，纺织品面料缺少新品种，没有领导时尚和潮流的能力，市场竞争过分依赖劳动力成本比较低的优势。有的机构为各国的设计能力打分，中国 2.4，日本 4.6，台湾地区 4.5，韩国、美国 4.3，泰国、印尼 2.8。

4、广而不聚。我国服装纺织行业，特别是服装行业，企业数量非常多，但规模普遍偏小。以涤纶企业的规模为例，西欧是我国的 3.5 倍，美国是 12 倍，日本是 13 倍，韩国是 30 倍，台湾是 35 倍。更重要的是，行业的组织程度低，企业管理水平低，交易成本高，内耗大，没有形成良好的企业生态。

通过我国现在纺织服装业现状的了解，我们可以进行分析，得出哪些是我国从事纺织服装业的优势和劣势。

中国服装业在国际市场中的优势地位归根结底是由中国服装产业的全球比较优势决定的，而全球比较优势的最终确立是现阶段我国所处的国情和特定的发展阶段等因素综合作用的结果。总的看来，中国服装业的全球比较优势体现在以下三个方面：

1、原料供给及纤维加工能力的优势：服装业的最上游原料是以棉、羊毛为主的天然纤维和涤纶、腈纶等为主的化学纤维。中国的棉花产量、加工量及化学纤维的加工量占世界比重都超过25％，均居世界第一，强大的上游原料供应及生产能力为下游的服装生产提供了坚实的物质保障。

2、劳动力供给数量和质量的优势：从劳动力的数量来看，中国占世界人口的比重达20％，具有世界上最丰富的劳动力资源，近乎"无限供给弹性"的劳动力资源可以将劳动力成本始终控制在较低的水平；从劳动力的素质来看，尽管与南亚的一些国家相比，在人工成本上不占优势，但中国服装工人的劳动技能、熟练程度、勤勉程度足以弥补工资上的差距。综合起来，中国服装业的单位产品劳动力成本仍然是最有竞争力的。

3、基础设施建设及生产设备的优势：中国在基础设施的投资规模和速度上是其他发展中国家望尘莫及的。中国优良的基础设施，包括发达的高速公路体系、优良的深水港口设施，大大缩短了运输时间；在纺织工业技术、设备的更新换代上，中国也是不遗余力。2001－2002年，中国新增的无梭织机数量占同期世界新增总量的57.5％，产能扩大和设备更新速度不断加快进一步增强了我国纺织工业的国际竞争力和市场份额。

我们的劣势主要有：

1、行业缺乏顶尖大师。我国服装设计教育更多地趋向综合化，对专业化细分的重视程度不够。本土设计师在开创自身品牌时，对市场结构分析不足，过于关注"大众化"，却忽视了消费者需求的细分。

2、服装缺乏独特个性。服装产品的共性有余，个性奇缺。长久以来，我国将服装消费市场划分为高档市场、中档市场、低档市场，而在国外，服装从设计和加工属性上被划分为高级定制服装、高级成衣和普通服装。显然，国内服装生产企业对最能体现个性化需求的高级定制服装重视不够，造成产品缺乏鲜明特色，同质化现象严重。

3、企业的品牌意识及品牌营销能力普遍缺乏。尽管在中低档服装市场具有相当的成本优势和竞争优势，但不少国内服装生产企业满足于贴牌加工，忽视对自有品牌的塑造和培育，同时也缺少专业的品牌设计与营销人才。

4、过分依赖劳动力资源成本优势，忽视了产业升级对劳动力资源优势的放大作用，相反在国际国内买方市场条件下，过度竞争的局面逐步加剧，产品创新能力不强，劳动生产率上不去。

5、专业人才匮乏，无论是从生产技术管理还是产品设计、品牌经营都缺乏专业人才，导致企业对新技术、新时尚、新理念接受速度慢，对市场的快速反应和掌握时机的能力不强。

6、整个行业社会化、专业化水平不高，企业间、区域间相互协作配套不紧密，缺少产业链的内在活力，企业综合实力不强。

通过上面我们的分析和得出的结果来看，我国服装业的主要优势几乎都在于有形资源，如原料等；而几乎所有的劣势都是无形资源，比如品牌等。由此我们可以看到，我国的服装企业要想取得生存和发展，就必须在无形资源这方面下功夫，对优势和劣势进行资源整合。

10.2.2 扬优避劣，整合发展

面对竞争，企业要想生存和发展就必须扬优避劣，发挥自身的优势，避免自身的劣势，将自身的资源进行有效的整合，发挥最大的功能。

我国从事服装业的企业面对自身的优势和劣势，又该如何进行资源整合呢?[2]

一、打造一流的质量，做到品质国际化

有品质，才有未来。要打造一流的质量就需要我们从面料的选购、生产工序、款式设计、人员管理、设备购置、质量检查等方面下狠功夫，切实做到把产品的质量放在头位来抓，从根源上杜绝低品质服装的出现。

在这方面国内已经有一些企业做的比较优秀了。比如罗蒙西服。在质量管理上，罗蒙提出的口号是"追求101%的完美"。罗蒙西服从面料采购到成品出库，要经过诸多关卡的严密监控，同时导入上道工序对下道工序的内部质量管理监督制度。同时，罗蒙还通过了ISO9000等多项国际质量管理体系的认证，最终获得了销往欧美市场的权利。

二、以市场需求为导向，切实做到以销定产

1、提高生产运转效率

雅戈尔在这方面就做的很出色。该企业把面料与服装的生产都放在了自己的工厂来做，这样虽然在生产运营等方面加大了风险，但是在物流配送上则节约了费用，从而减少了中间环节，提高了生产运转效率。

2、扩大销售渠道，使销售网络与国际接轨

中国的企业要学会用多条腿走路，在销售的渠道上应不满于现状，勇于开拓国际销售网络。通过与国外服装企业的合资生产或其他合作，利用或建立自身在国外的销售渠道，有效开拓国际市场，以达到规避生产风险的目的。

3、加强信息化管理，落实以销定产

美特斯?邦威集团通过引进电子商务信息网络化，建立了管理、生产、销售一体的"信息化高速公路"，实现了内部资源共享和网络化管理。据说，美特斯?邦威的老总周建成能在下午便得知上午在全国的销售情况，然后通过对库存进行有效分析，切实的落实以销定产，最终达到化解盲目生产的目的。

三、加强品牌意识，树立国际知名品牌

有这样一种说法：一流企业卖标准；二流企业卖品牌；三流企业卖产品。在服装业这样一个特殊的行业内创标准并不是一件容易的事情，所以国际服装巨头们都把目光投向了品牌。强大的品牌是国际服装巨头们笑傲江湖的不二法宝，众多国际服装巨头，如贝纳通、鳄鱼恤、花花公子、欧迪芬、袋鼠等，无一不是品牌塑造的典范。市场是认知的战场，而不是产品的战场。在消费者的心智模式中，花花公子等这些世界名牌是品牌名，是地位、时尚、个性的代名词，而不是产品名。所以，我们也要加强品牌意识，树立国际知名品牌。

1、树立品牌意识，做大品牌、做强品牌

在服装行业，提升产品附加值的最好方法就是提高品牌力。品牌效用能有效提高产品溢价能力，并能为产品销往外国奠造基石。

广东恒威集团，在80年代创业初期便提出了打造国际牛仔品牌的口号。20年来，该企业始终以做大品牌、做强品牌为己任，不断更新品牌文化，并使企业的一切行动均围绕品牌核心价值来运做，最终在国内树立了牛仔第一品牌的形象。

2、聘请国内外知名服装设计师

通过聘请国内外知名设计师不仅能使款式上有所保证，同时更可以借著名设计师之名，来提高服装的品牌价值，达到"借鸡生蛋"的目的。

庄吉服装有限公司通过与国际著名服装设计大师巴达萨合作，将服装的款式设计达到了近乎完美的地步。同时，借巴达萨之名，有效的提高了产品附加值，增强了品牌力。

3、多品牌战略，通过副品牌有效提升品牌价值

罗蒙西服在树立了品牌声望后，又相继推出了ROMON经典高级女装、罗冠高级商务休闲男装、XLMS时尚女装等诸多品牌，

不断加大产业多元化，巧借副品牌之力塑造公司整体品牌形象，达到了有效提升品牌价值的目的。

四、培育中国服装品牌独特的民族文化内涵

服装品牌的差异在于给消费者的心里感受不同，服装对于消费者而言，是自身个性、展示自身形象的载体。消费者的品牌消费，其实质是文化的消费，是一种个人心理的消费。

一个优秀的服装品牌，应该是一种民族文化精神的体现，一个区域经济与文化风情的体现，应该是一个时代时尚文化的缩影。而中国服装品牌缺乏结合中国的传统文化与自身品牌的内涵深度挖掘，只有科学地制定出品牌的市场定位并不断满足市场需求，才能丰富品牌的文化内涵。近几年"唐装"在国际上盛行，中国民族文化在国际服装市场上的号召力可见一斑。只有民族的才是世界的。所以说在服装的设计上，我们国家就要突出自己独特的民族文化内涵。因为我国的文化和西方的文化是大不相同的，如果我们一味的跟在西方服装设计后面，我们永远也不会取得超越性的进步和发展。而且随着中国经济的快速发展，世界对中国以及中国文化的关注也越来越多，这是一个很好的摆脱西方服装文化的契机。

五、打造强势产业集群，创立中国服装之都

既然我们存在服装行业集中于某几个地区的现状，我们就要想办法发挥行业的聚集效应，在具备服装行业优势的地区率先突破，这是落实战略的关键所在。

一个好的区位品牌，可以最大程度的吸纳资源。服装业越发达的地区，分工也越细越复杂，相关的行业也越发达。要打造强势产业集群，只有当产业集群的优势和能力被业界认可时，区位品牌才能形成；而相应的，一旦区位品牌形成，又会对产业集群产生更大的助推，最终相辅相成，成为品牌的集中地。

就目前中国而言，做的较为出色的要属深圳。目前，深圳的服装品牌有：马天奴、梁子、天意、影儿、菲尼迪、歌力思、淑女屋等多个国内知名品牌。据不完全统计，仅深圳的女装品牌就已经占到了国内的 60%，品牌达 400 多个，有国内外知名品牌 30 余个。而深圳品牌服装之所以做的好，则得益于深圳企业的市场化程度较高，能够有效的抓住市场机会进行拓展，并根据市场的需求及时调整生产经营模式。同时，深圳服装的企业家们都有一种自发的学习能力，他们常出国进行考察，使自己的知识体系得以更新，保证了他们能在最短的时间内掌握国际流行趋势。

当然，就目前来讲深圳较国外一些服装品牌之都还有较大的距离，但是它毕竟在国内带了一个好头，为深圳成长为中国服装之都打下了良好的基础。

六、发展国际之路

服装业是全球化程度最高的产业之一，在我国纺织服装的产业链中，国外企业控制了上游的织造开发以及下游的服装设计，在市场上形成了强有力的品牌效应。由于没有国际品牌的支持，中国服装企业的订单价格因此缩水七成以上。

如果要真正确立中国服装品牌的优势，那么长远之策即是发展国际化之路。当然这个国际化并不是指单纯的品牌国际化，同时还包括品质国际化、市场国际化、资本的国际化。

有效的与国外企业合资、合作，一是能使扩大企业规模、增强企业实力；二还可以借助国外企业先进生产技术，提高产品档次和企业现代化管理水平；三更可以内销、外贸双管齐下，打造销售渠道的国际化，提高企业竞争力，从而真正使中国的品牌服装走向世界。

我国的服装业要想取得飞速的进展，就必须对自身的优势和劣势进行整合，合理有效的进行资源整合，将中国民族文化等无形资源融入到服装设计和生产技术中，形成独具中国民族文化内涵的服装品牌。

第三节　机遇与挑战的有效整合

在市场经济的浪潮中，每一个企业在谋求发展的同时都还会有着危机感和警惕性。因为在市场经济中，一个企业的生存状况可以说就是不进则退，而且每时每刻都是机遇和挑战并存。企业要想发展壮大就必须解决好机遇和挑战这一矛盾，并对二者进行有效整合。

我国加入世贸组织以后，我国企业面对的市场竞争的范围和强度加大，随之而来的机遇和挑战也加大。我们又该如何面对？下面就以我国文化产业为例，来说明入世后如何将机遇和挑战进行有效整合。

10.3.1　发现机遇，认清挑战

既然机遇和挑战并存，那么我们面对市场经济环境时，首先就要认清哪一些是机遇而哪一些是挑战。这就好比是出于一个战场，首先要分析谁是敌军、谁是友军。如果这都没有分析，那么就会错误的估计形势，失败是早晚的事情。所以，首先我们就要发现机遇，认清挑战。

近20年来，随着高新技术的发展及其在文化领域的推广和应用，文化产业已被国际学界公认为朝阳产业，并且在许多发达国家已经由国家经济体系的边缘走向了中心。据报道，英国文化产业的年产值将近600亿英镑，从业人员约占全国总就业人数的5％。日本娱乐业的年产值早在1993年就已超过汽车工业的年产值。美国的文化产业更加发达，其视听产品出口额仅次于航空航天等少数行业，在国际上占据了40％以上的市场份额。在许多发达国家和地区，居民文化消费已占据总消费额的30％以上。

我国文化产业虽然起步晚，但在短时间内就获得了长足的发展。据统计，截止2000年底，仅文化部门主管的文化娱乐业、音像业、演出业、艺术品经营业等门类的产业单位已达22.3万个，从业人员91.9万人，年上缴各项税金20.2亿元，创增加值118.9亿元。我国图书出版单位500多家，出版业总资产已达

700 亿元。《国民经济和社会发展"十五"计划纲要》中明确提出要"深化文化体制改革，完善文化经济政策，推动有关文化产业发展"。文化产业已经深刻地改变了并将继续改变我国原有的文化发展模式和文化发展的前景。

但相对于欧美、日本等发达国家来说，我国的文化产业还属于弱势产业，还缺乏国内市场的整合能力和国际市场的竞争力。中国加入 WTO 后，中国文化产业和国家文化市场将会全面碰撞，我国文化产业将面临着入世的机遇和挑战。[3]

WTO 和有关的协议文件强调无歧视原则、互惠互利原则、最惠国待遇原则和国民待遇的原则，强调各缔约方之间应该在无歧视的基础上进行贸易，从而扩大了文化产品的市场准入。我国加入 WTO，对文化产业有着不可多得的机遇：

加入 WTO，有利于我国文化产业利用外国的资本优势和管理优势发展自己。中国广大的文化市场将吸引境外企业集团前来投资，并带来先进的科学技术和管理经验。国际文化企业的高品质资本，具有强大的融资能力，具有国际化的文化营销能力，若我国适当放开文化产业和文化市场经营权，使跨国文化集团在我国境内从事文化产业的合法经营，则可以引进国外在文化产业经营方面先进的管理技术，利用其全球文化市场网络，缩短我国文化产业深度融入世界文化市场体系的进程。

加入 WTO，有利于我国文化产业单位的市场化改革和产业结构调整。目前，中国的文化产业单位多是事业建制，市场主体地位也不明确，不利于文化产业的发展。加入 WTO 后，我国文化产业面临着开放的竞争，要同西方的文化产业集团在统一的国际规则中参加全球化的竞争。要想取得主动权，必须增强自身活力，而活力来自于自主经营、自负盈亏、自我发展的市场主体地位，因而，加入 WTO 将促使我国文化产业单位尽快转换角色，确立市场主体地位。同时，文化产业根据市场需求来组织自己的生产，也有利于文化产业结构的调整，有利于文化资源和社会资源向大众喜闻乐见的文化产业领域配置，可以减少不必要的资源浪费。

加入 WTO，有利于激活我国的文化创造，促进国际文化交流。中国是文化资源大国，这儿有着深厚的文化土壤和丰富的文化积累，有着众多的名胜古迹和文化名人，有着古朴豁达的民风和深厚的民间艺术……有一句话，是"越是民族的，越是世界的"，也就是说，愈具有浓郁的民族特色和地方色彩，就愈能为世界所承认。我国加入 WTO 后，文化产业对外交流的机会将更多，渠道将更加通畅，这肯定会激活我们对已有文化资源的开发和创新，并使我国民族文化资源走向世界文化市场，丰富世界文化宝库。

加入 WTO，有利于我国的知识产权保护，并促进文化法治建设。WTO 在知识产权协议中，引入了透明度原则，把 WTO 在知识产权协议中，引入了透明度原则，把 WTO 的各个缔约国家对于知识产权的保护和相互市场的开放程度置于国际的监督之下，这有利于增强全国各文化产业单位对文艺艺术无形资产的保护意识，也为彻底杜绝文化产品走私、盗版、非法出版物提供了良机。目前，我们的文化法制建设比较薄弱，还存在一些与世贸规则不一致的地方。加入 WTO 后，我们的管理规则要同世界接轨，这就要求我们清理不一致的法规，掌握统一的世贸规则，加强文化法治建设，提高我国依法治文的水平。

有机遇就会有挑战，这是一个事物的两个方面。文化产品的进入对我国文化市场、文化产业及价值观念和传统文化都带来极大的挑战：

首先，文化市场秩序面临挑战。中国的入世对早已瞄准巨大中国文化市场的外商来说无疑是提供了推销其文化产品的捷径，随着中国文化市场的逐步开放，大量的外国文化产品将涌入中国。一些外国文化产品运用现代科技成果，其产品的娱乐性、观赏性都比较高，会开阔我国观众的欣赏视野，丰富群众的文化生活，受到广大消费者的欢迎。因此，在一定时期内会占有很大的市场份额。外国文化产品、文化服务的适度准入既为优秀的精神产品的生产和传播提供了便利的渠道，也为精神垃圾的流传提供了便利的手段，一些宣传暴力、色情及政治反动的文化垃圾会一道涌入我国，污染我国文化市场，造成我国文化市场的暂时无序状态，这向文化市场管理部门的管理提出了新的挑战。

其次，文化产业的发展面临挑战。我国是一个文化资源大国，改革开放以来，文化产业有了蓬勃发展，但和美国、日本等发达国家相比，还存在着巨大的差距。如：电影业是美国的出口支柱产业，90年代后期，就占据了全世界电影市场总票房的2/3，达105亿美元。在与美国的谈判中，我国政府承诺，入世后三年内，允许外国通过合资、参与经营的方式对影院投资改造（股权不超过49%）；允许以分账形式每年进口20部外国影片，用于影院放映。为进一步打开中国电影市场，美国还委派人员对中国放映、上座、欣赏等状况进行了调查。美国电影的大量进入，对我国电影的生产、发行无疑是一个冲击。音像业也面临着冲击，美国的音像业已超过航天工业，居于出口贸易的第一位，而我们的音像出版单位在人才、资金、管理、信息、技术等方面都有明显不足，存在硬件脱离软件、技术脱离市场的现象。另外，一些规模小、效益低的幼稚文化产业如某些剧团、博物馆、展览馆等更是面临着压力。

再次，价值观念和传统文化面临挑战。文化是涉及民族传统、文化品格、思想认识、生活方式、人生立场的一个精神领域范畴。文化产品作为精神产品，不仅担负着文化成果的积累与传承的责任，而且对人们思想观念的形成有着不可低估的影响。国外文化产品涌入我国的同时，国外生活方式、价值取向、审美情趣以及一些带有政治和意识形态色彩的东西也会强劲而至，对消费者，尤其是青少年起着潜移默化的影响，对我们原有的价值观念和传统文化造成冲击。

总之，加入WTO对我国文化产业既有挑战，又有机遇。我们要推进文化企业改革、调整文化经济政策，培养文化人才，迎接入世挑战，并在入世的良好机遇下，在"文化全球化"的大背景下，弘扬中华文化，为现代世界文化的共同繁荣做出贡献。

10.3.2 抓住机遇，回应挑战

机遇和挑战并存，面对这样一种情况，我们就应该抓住存在的机遇，对应并存的挑战，对机遇和挑战进行有效整合。

今天我们在全球经济一体化和加入世界贸易组织的机遇和挑战面前，只要有清醒的认识和必胜的信心，有切实可行的方针和措施，一定能在学习和吸收外来优秀文化的基础上建设好有中国特色的社会主义文化。我国不仅有中华五千年不衰的文明史，而且中华民族勇于吸收外来文化，经过不断筛选和融化，使我们优秀的民族文化愈益丰富发展。如汉唐时代对印度佛教文化、阿拉伯文化、波斯文化的吸收，明代和清初对一些西方文化的吸取，都表明了中华民族的伟大气魄和中华文化的博大精深。[4]

"入世"带来的问题归根到底是经济全球化条件下综合国力的竞争，竞争的主体是企业而不是政府，政府制定竞赛规则，企业则是运动员。因此，应对"入世"需要两手抓，即政府的政策法律准备和企业的产业发展准备。一是政府要营造有利于保护和发展民族文化产业的政策法律环境，包括限制外方的法律屏障和有利于我方的法律支撑两个层面。二是产业界自身的建设，即竞争主体的建设。这两个方面是紧密联系的，需要协调推行，但最终的落脚点还是企业。

从目前情况看，文化产业界对"入世"的思想和实际准备都严重不足。在思想上对国际规则、国际市场的情况缺乏全面深入的了解和认识，因而在实际工作中缺乏有效的应对措施，特别是国有单位的状态落后于民营企业。经过二十年的发展，我国文化产业有了一定的发展，企业总量增长较快，但缺乏有品牌、有核心产品以及能有效控制市场的企业。即使是行业中的龙头企业，其竞争力也不强，地位也不稳固，行业垄断与无序竞争并存。文化产业仍然处于散乱弱小的初级发展阶段。如果不尽快改变这种状况，"入世"后外资的进入，特别是具有强大竞争力的跨国公司通过几年发展立稳脚跟后，将对民族文化产业带来较大影响，就可能出现"短期死不了，长远活不好"的局面。

为了解决这个问题，除了建立法律屏障外，应当下大力气在法律政策支撑方面做工作，并为企业的发展创造良好的条件，充分调动企业的积极性投入到产业建设的应对工作中来。

根据党的十五届五中全会精神，结合文化产业的实际，应对工作中应当达到使文化企业"短期内能快速扩大，长远里可持续发展"的目标，就要解决三个方面，第一是扩张企业规模，第二是改革企业机制，第三是深化事业单位改革。

第一，扩张企业规模。企业成长的途径有两条，一是靠内部积累，二是通过外部扩张，即企业并购。企业并购是市场经济国家企业规模扩张的主要途径。美国学者研究表明，没有一家美国大公司不是靠某种程度和方式的兼并发展的。当前国际上的企业并购正成为一股强大的浪潮，搅动世界经济格局。

在我国，由于条条块块的制约和利益驱动力不足，国有文化单位并购存在许多障碍。而民营企业还习惯于单干，加上缺乏完善的法律规范，也极少存在并购行为。因此，当前要采取政府主导和政府引导两种方式，推动文化企业进行规模扩张。对国有文化单位，可采取政府主导方式，但必须充分运用市场规律如建上市公司等手段，进行资源的优化配置和资本扩张，避免简单的捆绑造成的空壳式"集团"。对于民营企业，主要通过放宽市场准入政策，打破行业垄断，吸引社会资本进入文化产业，推动文化产业与其他产业的融合，促进文化产业多元化经营；通过结构调整和规范市场秩序，挤压和催化企业间的并购。

第二，改革企业机制。在解决了企业规模即"大"的问题后，必须解决确保企业可持续发展的"强"的问题，机制是企业提高效益不断走强的保证。首先要转变政府职能，改革管理体制，依法管理，减少行政干预，充分尊重企业的经营自主权。其次，推动文化企业进行现代企业制度改造，不断加强管理，积极采用新技术，培育经营人才，增强创新能力。

第三，深化事业单位改革。要把那些能够进入市场竞争的事业单位赶进市场，把不能进入市场的单位好好地"养"起来。这些年的情况表明，国有文化事业单位已成为我国文化产业的人才库和资源库。过去讲这是人才、资源的流失，现在看来，尽管这种流失对文化事业单位确实带来了冲击，但堤内损失堤外补，它使一部分人才和资源得以更好地发挥作用。今后要在改革事业单位内部机制的同时，继续给文化事业单位更充足的投入，这实际上是国家对文化产业的间接投入。将使文化事业单位成为我国文化产业发展的强大的后备人才库和资源库，使文化事业和文化产业相互补充，相互促进，共同发展。

除了企业要进行改革外，还要求全国的文艺大军拧成一股绳，直面入世挑战，把我国建设成为文化产业强国。而加快发展民族文化产业是应对"入世"的关键和落脚点。

加入 WTO 后我国文化产业应充分尊重、发掘本民族的文化精华，启动我国的文化资本，创出知名品牌。因为面对全球化，如果失去了民族性，也就失去了参与全球竞争的本钱。我国加入世贸以后，不可避免要同国际大公司合作，没有民族性就会在合作中失去地位而扮演配角，这样本土的市场也就会在竞争中被合作伙伴占有。

我国有 5000 年的文明史，文化类型极其丰富，为我们积累了难以估价的文化资本。文化资本已经成为衡量一个国家或地区综合实力的重要指标。我们启动这些文化资本，就有可能形成具有中国特色的文化产业，从而在全球的市场竞争中占有比较优势。

面对入世的挑战，保护和弘扬民族传统文化要放在很重要的位置上，越是民族的才越是世界的。我们要把中国丰富的、独特的、珍贵的文化资源加以开发、包装，使之转化为全世界亿万人都能享受的文化商品。这样一方面可以创造数以百亿计的利润，另一方面又可以把中国文化的价值观、审美观，传播到全世界，以防止在经济全球化的条件下出现美国文化的价值观、审美观一统天下的局面。

我国的文化产业要想在面对加入世贸组织后的机遇和挑战，我们就不仅仅要利用国家的政策、法规，还要利用自身的民族化优势，更要利用外来的资本和先进的管理制度。我国的文化产业要想在世界经济立足，就必须将这些无形资源进行整合，而且还要将机遇和挑战进行有效的整合。这样才可以保证我国文化产业的生存、发展、壮大。

第四节　定位和发展的有效整合

领导层要用政治家、企业家和战略家的眼光，善于捕捉发展趋势和发展机会，在继承发扬优秀传统的同时勇于创新。努力找准自身优势和特色，更多地从提高竞争力、挖掘发展潜力、寻找发展优势来思考自身的定位，有所为有所不为，为其定位的强化和可持续发展描绘出一个科学、理性、明晰、富有号召力的战略目标。因而，有关领导应加强三个方面的认识：一是行业的发展规律，二是自身的基础与特色，三是国家宏观政策与社会经济需求。

10.4.1　定位决定发展，而发展则有效的强化了定位

贵州大学龙超云等在其《英国大学的战略定位及其启示》中曾分析了我国大学定位与发展与英国大学的明显差异。他指出：与英国不同类型大学的战略定位和发展实践相比，我国大学战略定位的问题主要表现为大学类型上的同质性和学科上的同构性，目标选择缺乏理性，发展思路缺乏继承性和连续性；政府对大学战略定位的宏观指导和政策引导有待加强。我国大学在战略定位上要发挥政府的指导作用，改革大学评价标准，将战略定位上升为全体人员的行为模式。根据以上问题，他对我国大学定位和发

300

展战略制定提出以下建议。

首先，政府应为大学定位和发展战略的制定提供有效的指南。建议教育主管部门会同有关部门，针对大学战略定位和规划，对今后高等教育中长期发展目标、高等教育的结构要求、大学的使命、大学分类和建设层次、大学改革的方向和主要内容、大学评价等关键问题做出更为科学系统的判断，提出大学长期发展的战略原则和实施意见，为各大学定位与战略规划提供有效的指南。特别是就大学的类型结构、层次结构和区域布局及其标准做出明确规划和规定，必要时可进行立法。

其次，改革现有大学评价标准和体系。建议按大学类型进行评估，大学不同的类型和层次有不同的质量标准，要形成同类大学竞争、不同类型大学相互补充、协调发展的格局，使每一类型、每一层次都有一流学校，从而创造出大学科学定位的外部环境。应借鉴英国大学评估的方式，将大学的教学和科研分别评估，按评估的等级分别向大学下拨教学和科研经费，为教学型大学的发展提供宽松的外部环境。同时，重视按学科评估排名的方法，鼓励学校突出和重视自身优势学科的培育和发展，以增强学校的学科定位和战略规划的差异性。

第三，在大学定位和发展战略方面，政府应引导大学独立思考，行使自主办的能力。由于我国的大学分属不同的政府部门管理，政府部门或不同层次政府的主张对大学的发展起着主导作用，政府或部门之间的竞争往往会表现为大学的竞争，大学定位和战略的非理性因素就会产生。因而，政府如何既能支持大学发展，又能在发展定位和战略规划上给大学充分的独立思考和自我发展的能力及空间，成为今后我国大学长期发展不可回避的重大问题。

第四，大学内部应认真研究高等教育发展规律和经济社会发展趋势。学校领导层要用政治家、教育家和战略家的眼光，善于捕捉发展趋势和发展机会，在继承发扬优秀传统的同时勇于创新。

努力找准自身优势和特色，更多地从提高竞争力、挖掘发展潜力、寻找学科交叉等方面来思考大学的定位，有所为有所不为，为大学的加快发展和可持续发展描绘出一个科学、理性、明晰、富有号召力的战略目标。因而，大学领导应加强三个方面的认识：一是高等教育的发展规律，二是大学自身的基础与特色，三是国家宏观政策与社会经济需求。

第五，将大学战略定位上升为大学全体人员的行为模式，重视其实践性。大学的战略定位实质上是一个全校上下对学校发展的历史、基础、方向、目标的广泛讨论、认可、统一、升华的过程，公众参与不仅增强了大学定位的科学性和全面性，更重要的是增强了全体教职员工的战略目标意识，形成了为这一目标而努力奋斗的凝聚力，从而成为全校上下共同遵循的行为规范。大学定位与发展目标的本质要求，应在大学的重要决策中得到明确体现，尤其是在人力资源、财政资源和行政管理资源的配置中得到有效体现，从而发挥出大学定位对人们行为模式的引导作用，有利于战略目标的最终实现。

10.4.2 定位调整与有效整合

我国报业市场经过整顿以后，"一报为主，多报发展"的报业集团经营格局逐步形成。子报是报业集团一支十分重要的力量，但是子报定位不明、打不开广告市场等情况也确实存在。能否合理地界定报业集团各子报的定位，分配好主打市场，有效地办好子报，将直接影响到报业集团能否整体均衡地发展，能否全面提高竞争能力，能否增加新的经济增长点。由此可见，报业集团着眼于宏观，入手于微观，对子报定位进行全面的审视，进行适当的调整，并且重新进行整合，是十分必要的。

一、调整定位的五条原则

首先要纠正一种思想，那就是"大报管方向，子报打市场"。把方向与市场截然分开，是错误的。在我们国家里，每一份报纸都担负着"团结人民、教育人民、鼓舞人民"的重任。虽然子报是在大报的统领之下，但同样要管方向，同样要对党和人民负责。因此，子报的市场定位必须遵循一个总原则：坚持正确舆论导向。

然而，报纸本身的政治价值和经济价值，是要通过市场来实现的，这就带出了如何适应市场的问题。从办报理论上分析，子报要追求差异性。子报的市场定位，就是要立足于与集团内报纸、与集团外竞争对手的差异点。怎样找准市场定位，有五条原则值得注意：

一是适应区域市场原则。可以把子报分为两类，一类靠发行报纸本身就可以赚钱，一类靠广告收入补贴发行亏损。前者扩大发行区域没有问题，后者则一定要打区域市常因为，当今报业市场的分割，已使得区域性特点相当突出。在广告投放总量中，营销广告已占八成以上，而营销广告要求的是区域性，要求报纸能形成局部密度。子报一定要充分认识到这一点。即使是靠发行就能赚钱的报纸，也有个首先要在所在区域站稳脚跟的问题，否则，很难在广告收益上有所突破。

二是适应读者市场原则。首先，读者定位要准确。北京青年报创办时读者对象为共青团员；80年代初他们把定位改为面向中学生；到80年代后期又改为以全社会的青年读者为目标读者群。经过两次改动读者市场定位，该报获得很大的发展空间。其次，要注意读者市场的细分化。现在，要想办一份长幼关注、老少咸宜的报纸几乎是不可能的。就拿各报广泛注意的20-49岁这一层次的人来说，他们当中有高消费能力也有低消费能力，有高文化水准也有低文化程度，因此，他们的阅读需求是各不相同的。除此，还有少年、儿童、壮年、老年；男人、女人；学生又分大、中、小学生，都各有所需。报纸必须满足目标读者群的需要。如果说北京青年报是面对全社会的青年，那么，上海申江服务导报则把目标读者群锁定在二三十岁的青年，从而适应细分化的要求。他们的选择虽有区别，目的都很清楚。

三是适应广告市场原则。一张报纸，舆论导向是政治命脉，广告经营是经济命脉，二者不可缺一。应该看到，目前所谓报业经济的增长，很重要的是广告量的增长。随着社会主义市场经济走向成熟，广告客户像撒胡椒面似地到处做广告的日子已一去不复返。他们懂得了选择——选择强势媒体和有特色的媒体。报业集团的子报成为强势媒体很不容易，成为特色媒体却有可能。北京日报报业集团属下的北京晨报，以"上班一族"为目标人群，在版面设置上、新闻取舍上都努力去适应这一定位：凡与"上班一族"有关的信息都突出报道，做深做透，形成鲜明特色，不仅吸引读者，还吸引了广告客户。该报连续两年每年广告收入以50%的幅度递增，去年达到近1个亿。客户选择媒体，媒体也要研究客户。比如，哪些广告客户是自己的服务对象及争取目标、怎样才能给广告客户以强烈的信号、价格对策有多大的灵活性、能为广告客户提供哪些有效服务等，都是开拓广告市场的配套措施。媒体还要时刻注意广告市场的变化。比如，目前在一些经济比较发达的地方，已出现某一类广告基本集中于某一报纸刊登的归类化倾向，这就是变化。变化包含商机，就看你能不能去把握。

四是适应内部分工原则。一家报业集团内，应该从宏观市场的需要来决定内部子报的分工。内部分工要注意：同一类型不可两家并存；明确目标读者群；明确主打市常内部分工越明确，子报定位便越鲜明，就可以形成多个"方面军"有序打市场的局面。

五是适应外部竞争原则。要弄清楚目前同类型媒体之间及不同类型媒体之间的竞争态势，明确竞争对手，研究竞争对手，进而找出竞争对手的长处及薄弱环节。

对手的薄弱环节，就是自己的发展空间。如果能找出市场的空白点，迅速填补，迅速扩展，从而形成独创的市场定位，那是生存与发展的最好途径。近年来比较火爆的都市报、晨报、商报等，许多就是这样发展起来的。

综上所述，五大原则的关系是辩证的，是相互关联的。把五个方面都考虑周全了，调整子报定位时就可以心中有数。

二、有效整合的四种办法

报业集团对子报重新整合，其操作性很强。本文提出四种办法：

第一种是改良。适合于子报的定位已个性化，只需微调的报纸。具体做法：一是加强"硬件"，比如增加资金投入、改善技术设备等；二是改善"软件"，比如改组领导班子、吸纳办报人才、提升人员素质、提高管理水平等。广州地区的经济类报纸粤港信息日报，近年来经营情况比较差，1999年亏损额高达700万元。2000年并入羊城晚报报业集团后，集团认为该报市场定位大体没错，于是，更换其主要领导，并且提出改进报纸的具体措施，结果，该报当年便扭亏为盈。

第二种是改革。有利于解决一个集团的子报在市场定位及市场资源分配上出现"打架"的"内部矛盾"。其办法是对其中的一家报纸作比较大的改革。羊城晚报报业集团今年把一份新闻周刊的定位改为生活服务类之后，便避免了内部矛盾，使该周刊重新获得发展空间，并形成集团子报合理分工各有市场的局面。

第三种是改造。适用于已看不到市场前景的报纸，不仅改市场定位，甚至连报纸也"改名换姓"。这种办法等于"脱胎换骨"，只利用原有的刊号而已。

第四种是创办新报刊。其原则是市场需要、集团所缺。比如南方日报报业集团，近年来新办了都市报、体育报、经济报。羊城晚报报业集团办起日报类的新快报，文新报业集团办起服务类报纸上海星期三，都是例证。

10.4.3 以整合促发展

广西海岸线长达1590公里，还有防城、北海等国家一类口岸，现代物流业发展的最佳条件，广西可谓得天独厚。

港、澳、粤开拓东盟市场，广西是最主要最便捷的通道。

东部发达地区急需而又欠缺的锂、铝、矿、水能、劳动力等资源广西也大量拥有。不但如此，广西还有作为自治区的民族自治优惠政策，西部大开发政策等。用多重叠加来说明广西优势一点都不为过，广西壮族自治区党委、政府领导把广西优势概括为区位优势、政策优势和资源优势，这也是广西最大优势。

然而，优势，只有被开发和利用才显其优，广西很多优势曾因缺少资金投入和开发被搁浅，常被形象地慨叹为"有能力但没机遇"。

就在人们感慨缺乏机遇之时，一年内，三大机遇降临广西。CEPA的签署，CAEXPO落户南宁，泛珠三角也把广西囊括其中。广西优势都将由于这些机遇得到挖掘和整合。

实际上广西的许多优势，像矿产、水能等资源和气候优势不仅很早就表现出来，而且整合这些优势的机遇也不止一次地青睐广西。

自治区成立之日，就伴随着自治区民族优惠政策；中国第一次部署沿海开放战略时，广西北海就榜上有名；中央关于西部大开发的盘子上，广西也列入其中。

依广西的资源优势，要把大量的资源优势转为现实优势，转化为生产力，要依托大量外来资本，把外来的资金、技术、管理等引进来，对广西资源进行有效整合，这是发展必由之路。然而，在一些地方，就在潜在优势转化为现实优势的关键点上，很多优势始终不能转变为现实生产力，仍无法飞跃到质的转变。这其实是缺乏实干精神。虽然他们在招商引资方面忙得疲惫不堪，天天讲接待客商，天天都在跑项目。但有一点却被他们所忽略，就是把人家引进来后，如何把优惠政策给人家落实，如何留住人家。而实际上人家更愿意来的缘由不单在于你当初的热情，还在于来你这里是否有钱可赚。一些客商抱怨说，几个月前没签约时，地方官员个个笑脸相迎，投资项目尘埃落定后，意料之外的漫长扯皮开始了。

这种原因还容易被察觉，也容易改过来，而最主要的还在于深层次原因，概括为两大方面。一是在招商引资上，存在一种

306

"关门拔毛现象"。本来有这种优势和机遇，应该能吸收大量外来资本，在筑巢引凤的思想支配下，各地纷纷招商引资，可基层一些地方，把筑巢引凤变成"关门拔毛"，凤进来了，巢有了，就关起门来拔毛，这费那费没完没了。二是一些边远地方引资门槛高、巷子深、陷阱多。上述状况不改变，再好的优势、再多的机遇，都将不能转化为现实生产力，所有优势也只能存在于潜在优势中。发展，只会停留在口头上。

有了充分的准备，优势完全得到发挥，综合生产要素才可以得到有效整合，资源得到最有效配置和合理流动。机遇来临，政府营造了优良的投资环境，优势得到充分发挥，广西经济发展将会进展神速，一日千里。

第五节　局部和整体的有效整合

在企业的经营过程中，往往出现这样的现象：局部最优不能保证系统最优。整合资源的目的就是使现有的资源相互配合与协调，使之达到整体最优。有效的整合资源不仅能帮助企业取得预期的效果，而且为竞争对手的模仿制造了障碍。整合资源的方式主要是实现资源融合和资源平衡。

10.5.1　局部分工，整体合成

众所周知，"提高自主创新能力，建设创新型国家"是我国新时期的重大战略。确立科学合理的城市创新战略和路径，对于实现上述战略目标意义重大。

所谓创新型城市，是指一个城市的政府、企业和市民具有强烈的创新意识，并将其作为城市发展的主要动力。

首先，城市自主创新战略要服务于国家战略。城市战略与国家战略是局部与整体的关系，城市创新是国家创新的主导和源头，尤其是区域的中心城市，更应当在国家创新战略中发挥主力军作用。因此，各地应注意以中央重大科技政策指导城市创新战略。今年以来，国务院及有关部委相继颁发了《国家中长期科学和技

术发展规划纲要》、《中共中央国务院关于实施科技规划纲要增强
自主创新能力的决定》、关于《实施〈国家中长期科学和技术发展
规划纲要〉的若干配套政策》和《全民科学素质行动计划纲要》
等。各地应把切实落实国家一系列重大科技政策，作为创新型城
市建设的基础工程，结合自身实际制定城市创新战略。

战略集成不等于政府集权，其主要内涵是对社会创新资源的
有效整合与科学利用。在纵向上要注意处理好国家、地方、企业
多层次利益关系和定位。支柱产业的发展，国家应当通过产业政
策支持引领各类企业和地方政府担当；战略产业的发展和未来产
业的培育，应当以国家和省级政府为主体；在横向上，地方政府
要注意为中小企业技术创新、创业提供技术、资金、政策平台。
作为政府应特别重视用制度创新引导企业等各类主体积极进行技
术、管理等方面的创新，才能使整个城市进入新的发展轨道。在
主体上，要让每个人的思想、知识、能力和素质，以及整个城市
的风气、文化、精神和行为都符合创新的要求，让各创新主体均
树立起创新意识和自觉。只有这样，城市创新之路才能越走越宽
广。

10.5.2 营造和谐管理氛围，奠定管理整合的基础

长期以来，企业形成了各自独有的企业文化。不同的企业文
化又孕育出不同的员工价值观念、行为规范和行动规则。应该看
到，我们目前的企业，还没有成为真正意义上的市场企业，企业
员工对市场游戏规则的认同，还存在很大差异。特别对一些重组
的企业，企业联合重组后，要想成为一个整体，需要一个较长时
间的磨合过程。这就需要重组的主体企业与客体企业之间达成某
种默契，营造和谐氛围。否则，企业就不能正确面对现实。想立
即采用重组主体企业的制度规范来约束客体企业的员工，或一步
达到重组主体企业员工的待遇标准，就会出现很多难以调和与解
决的矛盾和问题。要承认差距，求同存异，营造出和谐氛围，在
此基础上，进行管理整合，求得发展。

增强对和谐的认同，实现资源的有效整合、管理整合，在很大程度上是对资源进行整合，做到资源的优化配置与合理利用。比如品牌整合，被重组的客体企业一般会有1——2个珍爱的品牌，但这些品牌因为不具有规模优势，或仅在封闭窄小的区域内有市场，不具备抗御大市场冲击的能力，从企业长远发展看，这些牌号就要被整合掉。如果不着眼于主体企业与客体企业之间的共同发展，没有建立起和谐融洽的工作氛围，就不能做出品牌发展的正确抉择，不能准确把握局部与整体、眼前与长远的利益关系。

　　和谐管理，为企业注入新的发展动力。和谐不是追求中庸之道与折衷主义，我们倡导的和谐，是引导企业树立具有共同价值观的昂扬向上的企业文化。实现客体企业的和谐管理，对企业乃至行业的持续稳定发展尤为重要。经调查，联合重组企业间在产品质量内控标准上存在较多的差异，如果不承认差异，或单纯地认为我的标准不比你的标准低，我们企业一直这样管理，产品也卖得不错，这样就难以统一标准，形不成一致行动，达不成和谐，就会成为重组后企业发展的阻力。只有两家坦诚相待，融洽合作，形成和谐，才有利于主体企业通过品牌、管理、技术等资源的输入，以及企业文化的导入，最终使两家企业经济效益产生"1＋1＞2"的协同效应。

　　不管是强强联合，还是强弱联合，和谐管理都有利于建立战略上的高度统一。只有经营运作上的优势互补，营造积极向上的价值理念、融洽合作的良好氛围，才能成为企业发展的真正推动力。

第六节　战略和战术的有效整合

10.6.1　战略和战术的选择

　　核心竞争力是以资源为基础的，但资源不能是零散独立的，而应是有效整合起来的。核心竞争能力并不是通常人们所谈论的市场营销、产品开发或客户服务等管理体系的简单运用，它应该是企业战略选择、战术选择后的各类基础管理能力的整合，要让这些能力围绕战略方向和目标、围绕战术方向和战术实施而建立、配制与培植。

例如，沃尔玛为了实现其"天天低价"的战略目标与选择，它于1970年率先建立起了跨越全国的卫星网络信息系统，以此获得优于任何一家大型跨国零售业的运营、仓储、资金运用等方面的成本优势。正是天天低价这一战略目标，通过信息系统的这一战术性的实施过程得以实现。

同样，花旗银行能在80年代成为美国信用卡业务的龙头老大，是依靠"诚信、信用"战略选择，构建起了"专有的客户消费行为数据库和客户信用评级系统"；麦当劳的成功是源于它所推崇的为大众提供便利餐食的战略选择，而构建起了在店面选址和运行方面的卓越能力。

核心竞争能力的选择并没有固定的模式，也决不是一成不变的。企业必须根据自身的经营战略，市场和竞争环境的变化以及企业所能拥有的资源等不断开发和调整核心竞争能力。印度制药企业在国际医药行业的成功便是一个非常值得借鉴的案例：同大多数国内企业一样，印度企业的发展起点也是利用当地的成本优势开展低附加值的原料药出口，但随着印度企业对国际医药市场需求及其运行环境的深入了解，他们很快便将经营重点转向制剂品种的开发和生产。在制剂经营上，印度企业选择了抢仿即将到期的专利药的竞争策略，充分利用企业对相关法规政策的熟练掌握以及药品快速仿制的研制能力，在欧美市场上取得了巨大的成功。而近期一些印度领先制药企业的经营重点更是倾注于原创研发能力的建设和培养，以增强企业与国际巨擎长期抗衡的实力。由此可见，核心竞争力的选择是一个动态、系统的过程，是始终围绕中小企业的战略主旨加以实施的。

10.6.2　钉子和锤子

如果说战术是钉子，那么战略就是锤子，只有在两者的相互作用下，企业才能牢牢地钉在市场的版图上。

就 IT 行业而言，当前，行业 IT 应用向更高层次更深入的方向发展，IT 应用需求软性化趋势更加明显，IT 应用市场将更加注重业务创新、风险管理和决策信息化。系统应用与整合的需求在2006 年再次将业界的一个关注重点引到 IT 战略规划与整合上。由于多数系统在建设信息系统时都是分步实施，而且通常又都是由不同的 IT 服务商分别建设，加上标准体系建设的滞后，不同系统之间，甚至同一系统的不同模块之间在互通方面都存在难度，从而使不同业务部门之间的信息相对"孤立"，这给系统整合带来了巨大的挑战，迫切需要基于整体架构的 IT 战略规划。未来面向用户的战略整体规划和 IT 架构整合的专业咨询服务，将成为 IT 服务的下一个新亮点，而商业智能与决策支持系统将成为需求热点。

2006 年是"十一五"开局之年，也是一个信息化发展的转折点，我国信息化建设已经从战术转为战略，从重网络建设转为重应用整合，从政府主导引导转变为政府和市场共同推动，创造一个大的市场，形成一个大的产业。

美国西南航空公司的战略轮廓是成功战略规划的典范。其战略轮廓包含了有效战略的三个特征：重点突出、特点鲜明、宣传语精彩。进而强调战术体现战略，战略指导战术。战术方面的知识有助于制定战略，战略使公司行动的实施成为可能。

10.6.3　经营企业的核心点

经营企业，核心要义其实有三点：一是方向，二是战略，三是战术。

企业的方向，无非是向市场提供产品或服务，盈利，盈利，再盈利，从而基业长青。

企业的战略，则是按照企业的发展方向，根据企业资源状况，设计行动步骤。

而战术，则是企业根据不同时期的发展战略，针对特定的市场及竞争对手，所采取的行动，或进攻，或防御。

在方向问题上，所有的企业应该是一致的，因为没有任何一家企业是为了亏损而设立的。当然，由国家予以补贴提供公共产品或服务的企业除外。

不同的企业共同奔向一个方向，但结果却大相径庭，问题其实大多出在战略这一环节。而且，一旦战略出现问题，战术上的一切努力都将付诸东流。

四川长虹率先在家电行业挑起价格大战，又企图垄断上游资源，希望借此确立自己的市场地位，结果是战略上的判断失误，导致了巨大的市场损失。而这种损失，绝非是营销一己之力（营销部门及其营销战术）所能挽回的。

不仅中国企业是这样，国外企业也是这样。

上个世纪50年代，美国通用电气公司做出进入主计算机市场的战略决定。为此，通用电气公司耗资4亿美元，历时14年，最终却以失败而告终。当时，通用电气公司还有另外两个战略选择，往高处可以发展超大型计算机，往低处可以发展个人计算机。不错，当时无论是超大型计算机还是个人计算机都没有市场，但正因为如此，这两个战略决策中的任何一个，都可能使通用电气公司成为一种新型的计算机市场的先驱。

通用电气公司战略上的失误成就了克雷和苹果，前者在超大型计算机市场上，后者在个人计算机市场上，分别取得了巨大的成功。

所以在思考营销时，首先要从战略的角度出发，而不能从营销战略及其战术的角度出发。

但这并不意味着战略与战术可以割裂开来。纳粹德国陆军元帅欧文　隆美尔说："如果战略不能在战术中得以贯彻，再好的战略也没有用。"

更何况在具体的商业生活中，有时战术本身就是战略。这方面最典型的例子，是维克尔公司推出奈奎尔（Nyquil）感冒药。维克尔公司的研究人员发明了一种治疗伤风感冒的新药，不幸的是这种药会做使人昏昏欲睡，假如你想继续工作或者是开车，这种药可能会帮忙。然而，维克尔公司并没有将这一成果一笔勾销，而是想出了一个绝妙的好主意既然这一产品能让人睡得更踏实，那么为什么不把这种药作为夜间使用的感冒药推向市场呢？于是，"第一种夜间使用的感冒药"就此诞生了。就这样，奈奎尔成为了维克尔公司有史以来最成功的产品。如今，奈奎尔在感冒药品中全球销量第一。

在这一案例中，战术起到了支配性的作用。正是推出"夜间使用的感冒药"这一战术，主导了推出名叫"奈奎尔"新药品战略的顺利出台，并最终大获成功。

战术的成功运用，可以弥补企业某些方面的先天不足。

大家都在生产电脑，然后是通过传统的渠道销售电脑。戴尔出现了，他以直销方式做电脑生意。他的战略意图是，省下渠道费用，按照用户的个性化需求为其定制电脑，这样，直销方式就成了他的必然选择。

TCL推出大屏幕彩电时，并没有自己的生产工厂，而是找厂家贴牌生产的。但由于营销战术的灵活运用，TCL很快就奠定了自己的市场地位。

所以说，在运用营销战术时，企业一定要真有某种竞争优势，或者是产品的体积更小、重量更轻，或者是产品具有独特的功能，或者是价廉物美，或者是质优价高，或者是拥有销售网络。

如果营销人员成为了良好工具和流程的奴隶，那他们就只是在生搬硬套，而不是在运用良好的实务。出色的营销是在发挥创造力和灵感与运用规范、严谨的科学之间达到平衡。

但是，虽说战术相当重要，可这并不意味战术就是一切。为了企业经营的成功，必须把战术演变为战略。如果说战术是钉子，那么战略就是锤子，只有在两者的相互作用下，企业才能牢牢地钉在市场的版图上。

TCL 在这一方面可谓是成功的典范。从电话机到电视机，从电工产品到电子产品，再到手机，十几年间，TCL 的方向始终是明晰的，战略步骤也始终是在动态的变化之中展开的，战略与战术也始终作为一个整体发挥着作用。

随着市场的变化，企业总是要面临着一些新的问题，过去是这样，现在是这样，将来还将是这样。把复杂的问题简单化，然后处理掉，才是理性的企业家面对现实的态度。而将简单的问题复杂化，剪不断，理还乱，则是学究们的行事方式。

正确认识市场，做出正确的判断，形成自己的战略，设计好自己的战术，是企业随时都要思考的问题。因为企业有权改变自身，却无权改变市场。

近期，众多中国企业都对自己的发展战略做出了调整，联想要学戴尔做直销，海尔要和国内家电连锁巨子国美携手构建营销网络。

方向是不变的，然而市场总是在变，企业的战略当然要随之而变，这其中也包括战术的推陈出新。

伦敦商学院研究员 Tim Ambler 表示，有一个危险是，营销人员可能过于依赖方法。他警告说："一些优秀的公司将广告创意简报和品牌建议之类的东西标准化，因而使这些东西变得既乏味又复杂，结果导致乏味的营销手段。"

全球饮品公司（Diageo）总裁 RobMalcolm 也认为："如果营销人员成了良好工具和流程的奴隶，那他们就只是在生搬硬套，而不是在运用良好的实务。出色的营销是在发挥创造力和灵感与运用规范、严谨的科学之间达到平衡。"

企业如果拘泥于营销理论，在实践中照本宣科，那么，走入迷途的，并不是营销理论，而只能是企业自身。

只做商业生活中正确的事，而不做营销理论死框框中正确的事，才是企业理性的选择。

314

第七节　现实与未来的有效整合

随着我国市场大门的洞开，外资涌进的加速和国内产业向市场化方向发展，资源整合带来市场格局的重新分布，无疑给国内企业带来了前所未有的压力。适者生存，优胜劣汰的法则推动着这些企业抢占未来市场生存的制高点。企业对现实情况和未来发展方向的有效整合则无疑成为至关重要的一个环节。我们以我国手机制造业的自主创新来看待这个问题。

10.7.1　立足现实，展望未来

从国外的知名大企业来看，一个企业的成功不仅仅只是在于一时的成功，而在于一个长久、持续的成功。所以，我们看待企业的竞争时，应该用一种发展的眼光来看待。一个企业在发展时，也不应该仅仅局限于现在的盈利是多少，更应该看到长期的利益得失。

我们由此可以看到，如果想塑造一个真正的世界级的知名企业，就应该立足现实、展望未来。以我国的手机制造商来看，以前就存在着只看到眼前的利益而没有看到长远利益，结果只有关闭手机制造部门甚至倒闭，比如熊猫手机等。

中国现在已经成为全球最大的手机消费市场，手机用户也早已跃居全球第一，随着中国经济稳定而快速的增长，中国移动通信产业蓬勃发展，必然带动手机消费市场的快速成长。由于我国手机制造业发展迅速，创造了手机发展史上的奇迹。从1997年我国手机产量几乎为零到2001年手机产量达到8709万部，手机供需市场已快速走向成熟期。近几年，我国国内品牌手机产业发展迅速增长，国内市场占有率已从1999年的4.98%提高到2003年上半年的55.28%。国内手机制造企业在核心技术的掌握及创新能力方面已经有了一定的进步，但与海外一流设备商相比，其研发和创新能力仍有一定差距。这也就是说，我国的大部分手机制造商还仅仅停留在使用国外知名公司（如摩托罗拉、诺基亚、三

星等）的核心技术的层面上，而没有自己的核心技术就意味着在发展时，严重受制于国外的知名大公司。

如果我国的手机制造商们仅仅只是停留在"手机加工"的层面上，那么这样的企业是不可能走得太远的。以我国这两年的情况来看，有许多手机制造商就因为没有自己的核心技术而无法实现突破，结果导致了企业出现了生存危机。熊猫集团就放弃了自己的手机生产，而许多国产手机的产量也有一定的下降。等到这些手机制造商明白了自主创新的重要性后，我国的手机制造业才迎来了手机制造的第二个春天。

人海营销和价格战术，在几年前曾经被国产手机厂商们所津津乐道，但随着2.5G的发展，3G的逐步逼近，显然这些以往的"成功之道"早已不再适用。手机市场竞争的关键，已经变成了技术和创新。

一贯保持自主研发的国产品牌天时达手机，在国产手机纷纷告亏的2005年仍持续攀升，印证手机行业已经进入了技术竞争时代。天时达手机的突起，也致使众多国产厂商开始自省并谋求自主之路。这种转变，必将对国产手机市场的格局产生深远影响。

一、钻研技术，掌握主动权

前几年，为了追求单纯的市场占有率，国产手机一开始就放弃科技含量、主打低端市场。但是，当国外品牌也开始生产廉价手机，进攻低端市场时，国内厂商的暂时优势就化为虚有。业内人士一致认为，要在市场残酷竞争中生存，最重要的一点就是坚持研发核心技术，掌握主动权。以前国产手机对市场份额一贯沉迷，在技术研发上增长缓慢，这显然不是长远的战略。

天时达集团副总吴裕揭说："天时达在涉足手机市场之初，也是想寻求外国公司核心技术的注入合作但失败了。后来我们立足自己搞研发，自己探索手机的核心技术。现在再回想，这个'无奈'的开始带给我们的却是源源不竭的企业活力！没有自主研发，天时达也就没有持续发展的今天。"

316

国内许多手机企业最初都是从国外买来手机，然后再贴上自己的牌子往外卖。相反，天时达决定完全由自己研发生产。积累了电话机市场的发展经验，经历了最初时间的技术攻关，天时达在2003年之后就开始呈现出稳定的发展，成功地开始大批量生产手机。这才造就了在近两年众多国产品牌纷纷亏损之下天时达手机却异军突起、逆市而上。

二、自主创新，迎接 3G 时代

2006年，3G 将带来国内手机市场巨大的变化，这场手机行业的新变革也将会对国产手机的技术提出更高要求。国产手机在新的挑战面前必须加强技术创新，如果还想依靠转搬别人的技术生存下去，无异于自取灭亡。

天时达公司早在1998年就拥有了自己的研发中心。经过一大批高级工程技术人才的不断努力，无论是软硬件开发能力还是外形、结构的设计能力，都积累了丰富的经验，具有很强的实力。

吴裕揭在谈到新一年的发展时说："3G 时代的到来会使终端制造行业面临新一轮洗牌，企业能否站住脚就要看技术创新的能力。通过前几年的 IP 手机技术、手机防盗技术，到去年的手机影音技术，天时达手机的技术创新一直都走在时尚的前端，这一点相信消费者有目共睹。面对即将到来的 3G 时代，我们已有专业的3G 技术项目部门，专门进行 3G 手机等相关技术的研发。对新的挑战我们拥有足够的信心，我们的自主研发和技术创新，会帮助我们获得更进一步的发展。"

信产部有关人士也一再强调，在 3G 时代，技术实力将是制胜的重要一环，通过 OEM 贴牌做手机、变个好看的外形或者其他讨巧的竞争办法就能获得高利润的时代已经一去不复返了。而另一方面，国家打击"黑手机"的专项整治行动已取得成效，国产手机企业将拥有更良性的技术创新的环境。

经济学家则指出，如果中国手机终端厂商能够坚持自主研发、技术创新、自主品牌出口，那么中国就绝不用担心将来会沦为

"世界手机加工厂"，中国手机行业的崛起将指日可待。天时达手机的成功可以说是为我国的手机制造商们做出了一个榜样，如果只是专注于现在的眼前利益，而不注重自身的自主创新的话，那么他们就不会有一个长期的持续的发展。所以说，一个企业的发展首先就要立足现在、展望未来。

10.7.2 用未来促进现实发展

如果一个企业只是要想生存而不想发展的话，只用利用好眼前的资源整合就差不多可以了。但是一个企业要想取得更大的发展，就必须对未来的资源进行整和，并用未来的资源促进现在的发展。那么什么是未来的资源呢？我们首先来界定一下未来的概念。企业之间的竞争，谁的创新能力强，谁掌握了先进的科学技术，那么他们就是站在未来的角度与对手竞争。所以说，用未来促进现实发展就是要用创新来利用未来的资源。也就是将先进科技成功运用于现实的资源整合中。

下面以2004年我国电信业发展回顾来说明一下，如何用未来促进现实发展。

回顾2004年我国电信制造业走过的道路，我国企业在技术研发领域的全面崛起无疑给人们留下了深刻的印象：以我国企业为主体建立起来的完整的TD-SCDMA产业链已经使我国在世界3G主流标准的开发中走在了世界的前列；在NGN等电信新兴领域，我国企业所掌握的专利技术已经直逼国际电信巨头；我国对国际电信标准的贡献也与日俱增。实际上，这些仅仅是我国电信设备制造企业多年来坚持走自主创新发展道路所取得的一系列辉煌成就的一部分。随着我国电信业的发展，我国电信设备制造企业已经在越来越多的领域显示出自己的创造力，我国电信制造业正在实现从制造大国向创造强国的转变。

我国的电信设备制造业是伴随着我国电信业迅猛发展的步伐，经过多年的艰苦努力发展起来的。在这一发展过程中，我国逐步发展成为世界电信设备制造业的中心。目前，我国手机的生产能

318

力已经占世界手机生产能力的 50% 以上，同时，我国也逐渐成为世界交换机、移动基站等许多通信产品的重要生产基地。以华为、中兴、大唐以及烽火等为代表的我国电信设备制造企业在发展中实力不断提高，最终迎来了我国电信制造业从制造中心到创造中心的飞跃。

我国电信制造业的飞跃首先体现在我国企业研发能力的提高上。我国主要电信制造企业在十几年的发展过程中，始终坚持走自主研发的企业发展道路，持续不断的高强度研发投入，大大提高了我国企业的市场竞争力。多年以来，华为、中兴、烽火等企业，每年的研发投入都保持在年收入的 10% 以上。随着企业规模的扩展，研发的投入规模也迅速扩展，2004 年更将达到空前的水平。人们预计，华为公司在 2004 年的研发投入将超过 30 亿元，大唐仅在 TD-SCDMA 的开发上就投入上亿元资金。这些企业的研发人员数量大多占员工总数的 40% 以上。此外，我国企业也在国际化开发方面迈出了重要步伐，华为以及中兴通讯等企业已经分别在海外建立起十几个研发机构，这些研发机构的建立和发展无疑也是我国企业研发能力提高的一个重要标志。

重视对知识产权的掌握和保护是我国电信制造企业实现创造性飞跃的另一个重要的标志。我国主流的电信设备制造企业都制订和实施了自己的专利和知识产权战略，申请专利的数量迅速攀升，质量也越来越高。华为公司 2002 年就列我国企业专利申请数量之首，其专利申请数量每年以 100% 的速度增长，其中，大部分是发明专利。中兴通讯截至 2003 年的专利申请已经超过 1500项，并开始在世界 70 多个国家和地区进行专利申请。

两家企业都已经跻身发展中国家企业专利合作条约（PCT）申请量前列。其他电信设备制造企业的专利申请也在迅速增长，烽火科技 2004 年共申请专利 67 项，烽火集团所拥有的专利总数已经达到 280 项。大唐集团在 TD-SCDMA 技术、SCDMA 技术以及微电子技术等领域掌握了大量的核心技术和知识产权。我国企业所掌握的这些核心技术和知识产权，已经日益成为我国企业生产的产品占领国内外市场的重要保证。

第三，我国企业在国际电信标准制订领域所取得的一系列突破也是我国从制造大国向创造强国转变的一个重要标志。除人们所熟知的 TD‑SCDMA 标准外，几年来我国在许多电信国际标准的制订过程中都发挥了主导作用，这些标准许多已经在电信网络建设中得到了世界认可，TU‑X.85、X.86 和 X.87 标准已经在美国和日本获得应用，其技术也已经应用在烽火科技的相关产品中。此外，我国企业在近年来还取得了多项国际标准编辑者席位，不断为中国通信业在国际标准舞台上取得新的"话语权"。

第四，我国企业创新能力的提高还体现在中外技术合作方式的变化上。在改革开放初期，我国与国外公司的合作大都是建立生产型合资企业，由国外提供技术在国内生产相关产品。随着我国企业技术水平的提高，近年来，在电信制造领域，单纯的生产型合资企业已经很少，相反，由我国企业提供技术的合资企业逐步增加。尤其在第三代移动通信领域体现得更为明显，如，大唐移动就先后参与建立了多个 TD‑SCDMA 的合资企业，并开始向国外企业进行技术授权。华为等企业在与国外企业的合作过程中更多地是以技术提供者的角色出现。此外，我国企业也开始尝试在国外建立合资企业，生产由我国提供技术的通信产品，并取得了良好的市场业绩。市场角色的变化表明，我国正在从电信技术的纯进口国向电信技术出口国的行列迈进。

可以说，2004 年对于我国的电信制造企业来说是辉煌的一年，是赶超的一年，是实现由制造大国向创造强国转变的一年。这说明了一个问题，自主创新是一个企业面对激烈的市场竞争时制胜的法宝。

企业的发展需要我们对很多资源进行整合，其中在未来的知识经济时代的激烈竞争中，无形资源的整合占据着重要的作用。将问题与答案、优势与劣势、机遇与挑战、未来与现实等整合，将各种无形资源进行资源整合，从而达到企业的生存、发展、壮大的目的。

参考文献：

[1]《中国服装业的思考》作者：艾丰

[2]《中国服装业解决之道》作者：马超

[3] 《加入 WTO 中国文化产业的机遇和挑战》来自：商务中国网 04.12.12

[4]《WTO 与中国文化产业》版权所有：中华文化信息网 2001 年 4 月 25 日

第十一章　战略资源整合

对任何一个国家或者企业及个人，身边总会存在着对他起着全局作用的资源，也就是战略资源，战略资源关系着全局、关系着未来，因此，关注战略资源的整合已经时不我待。

第一节　战略资源在经济竞争中作用

11.1.1　新世纪我国战略资源的状况

一、什么是国家战略资源

对战争全局起重要作用的人力资源和物质资源。人力资源，是指具有必要劳动能力包括能服兵役的人口等；物质资源，是自然资源和物质资料的总称。自然资源，按其生成状况可分为再生资源（粮食、森林、橡胶、牲畜以及水资源等）和非再生资源（矿石、石油和煤炭等）；物质资料是自然资源经过人类开发或加工后的物质，包括生产资料和消费资料。战略资源状况是由国家地理位置、面积、人口、地形和地质状况以及能否合理开发、储备、分配、消耗等因素决定的。它是准备和进行战争的物质基础，决定着一个国家支持战争的能力，直接影响战争的进程和结局，是国家制定军事战略的依据之一。[1]

二、国家战略资源的内容

国家战略资源应当包括那些资源呢？米歇尔. 波特（Michael Porter, 1990）提出了五大要素资源：即物质资源（Physical Resources）；人力资源（Human Resources）；基础设施（Infrastructure）；知识资源（Knowledge Resources）和资本资源（Capital Resources）。

我们将国家战略资源划分为八类资源和 23 个指标，这些指标的总和构成了综合国力。

322

1、经济资源是指国民生产总值（GNP）或国内生产总值（GDP）

经济规模通常按本国货币计算的 GNP 来衡量，所谓 GNP 是指居民创造的全部增加值，加上（或减去）不包括在产出价值中的税收（扣除补贴后的），加上来自非居民的主要收入（雇工补偿和财产收入）的净收入之和。GNP 也包括国内生产总值（GDP）和非居民的主要收入。通常有两种计算方法，第一种方法是按官方或名义汇率计算，这种方法经常低估发展中国家经济实力，而高估发达国家经济实力；第二种方法，即按购买力平价（PPP）计算的方法。所谓按购买力平价计算是指 1 美元对于国内的 GNP 具有与美国美元对美国的 GNP 或 GDP 相同的购买力。有时，按照这一方法换算的美元被称为国际美元，世界银行和联合国推行的国际比较项目（ICP），以 1993 年为基础，对 118 个国家计算，使用了 PPP 换算因子来估计世界各国人均 GNP 和人均 GDP 国际美元值。

2、人力资本

人力资本特别是获得教育的机会和能力被视为经济增长过程中决定性作用。通常，人力资本用人口受教育年数来表示，受教育年数愈多，劳动力工作技能就愈熟练，劳动生产率就愈容易提高，促进经济的增长，发展中国家丰富的人力资本更易于吸收和使用从发达国家引进和扩散的新技术（Barro and Lee, 2000）。反映一国人力资本总量包括两类重要衡量指标，一是人口数和劳动年龄人口数，如 15—64 岁人口；另一是人力资本，通常用 15 岁以上人口平均受教育年数来表示，该指标引自美国哈佛大学拜罗和李（Barro and Lee）的全球教育数据库，中国数据引自历次全国人口普查数据。这两类指标可以构成一国总人力资本，定义为劳动年龄人口与平均受教育年数的乘积，也可以定义为劳动力与人口平均受教育年数的乘积。劳动力是满足国际劳工组织（ILO）确定的经济上有活力的人口定义的人群组成的，他们包括在特定阶段为生产商和服务提供劳动力的人们，既包括从业人口，也包括失业人口。女性估计数不具备国际可比性，因为在许多发展中国家，大多数劳动力中的女性帮助干农活或是在其他家庭企业从事无报酬的劳动。从总体上说，劳动力包括军人，失业者和初次找工作者，但不包括家务劳动者和其他无报酬服务者以及在非正规部门工作的人员。

3、自然资源

通常是指主要自然资源的丰裕程度，质量，可及性和成本。自然资源是经济发展的自然资源必要条件，但自然资源是有限的，成为经济增长的限制条件或上限（Upper Limits），同时自然资源具有边际收益递减性质，开采和利用的生态成本和外部成本相对高。另外不同资源在不同发展阶段作用大为不同，但都会先后呈下降趋势。相反知识资源的作用愈来愈大。包括四大指标，一是农业种植面积，是联合国粮食和农业组织所定义的临时性和永久性占用耕地，永久性农田和牧场的总和；二是淡水资源，包括国内河流流量，从降水中得到地下水以及从其他国家流入的河流流量；三是商业能源使用量，是指其消费计算方法，本国产量加进口量和库存变动量，减去出口量和从事国际运输船舶和飞机的使用燃料，该数据不包括燃料木材、干燥的动物和其他传统燃料使用；四是发电量，是指在电站的所有发电机组的终端测量的。除了水电、煤电、油电、天然气发电和核电外，还包括由地热、太阳能、风能、潮汐和浪潮等能源类型的发电，以及可燃性可再生物质和废弃物的发电。发电量包括仅为发电而设计的电厂和热电联合厂的电输出量。

4、资本资源

按照哈佛大学米歇尔．波特对资本资源的定义包括三类指标，一是国内投资总额，一个国家经济中对固定资产追加的支出加上存货水平的净变化；二是外国直接投资（FDI），它是指为获得在一国经济中经营的某个企业的长期权利权益（10％和更多的有表

324

决权的股份）而投资的净流入量，它有别于投资人，这是国际收支中股本、收益再投资、其他长期资本和短期资本的总和；三是股票市场市值，也称为资本市值，是指所有在国内证券交易所上市的公司的资本市值的总和，这一指标反映了一国金融市场的发展规模。在本文中我们是将国内投资总额换算成 PPP 国际美元，其他两项指标仍按现价美元计算。

5、知识技术资源

我们视为最重要的国家战略资源，特别是在 21 世纪世界进入知识社会与信息社会，它的重要性与日俱增。知识技术资源包括五个方面的指标：一是科学论文数，包括大约有 4800 种国际学术刊物所发表的论文，这反映了一个国家的知识创新能力；二是本国居民专利申请数，这反映了一个国家的技术创新能力；三是个人计算机使用数，这反映了一个国家的应用新技术能力；四是因特网主机用户数，这反映了一个国家的信息传播能力；五是政府用于 R&D 支出额，这反映了一个国家的潜在的知识技术创新能力。上述五项指标充分反映了在信息时代条件下，促进知识创新与传播，技术创新与普及的基本情况。

6、政府资源

这里由于受可计算指标的限制，我们仅采用了一项指标，即中央政府财政支出，包括经常性和资本性支出，也包括商业服务和社会服务支出，不包括非金融公共事业和公共机构。它反映了一个国家（主要是中央政府）动员与运用资源的能力。

7、军事实力

它是一个国家综合国力的重要组成部分之一，反映了该国对内保持社会稳定，制止国家分裂内部能力，也反映了该国对外寻求国家利益最大化的外部实力（External Power）；同时是一个国家综合国力的一种"产出"，（Ashley Tellis et al, 2000），是极其重要的国家战略资产，因为军事实力不仅是综合国力的一个显函数，也是国家意志的一种表达函数。它包括两类指标，一是军费开支，它包括国防部的军用开支以及其他部的开支，不包括国防部的民用开支；二是武装部队人员，指现役军人（包括准军事人员）。需要说明的是，这两个指标无法反映军事资源的质量。

8、国际资源

它包括四类指标，一是出口货物和服务贸易额；二是进口货物和服务贸易额；三是版权和专利收入额；四是版权和专利支出额；五是净外国直接投资，这已经列在资本资源中。前两个指标反映一国利用和开拓国际市场的能力，后两个指标则反映一国创造和利用国际技术的能力。

11.1.2 战略资源在经济竞争中作用

战略资源对全局起着重要作用的资源，无论是一个国家还是一个企业，都有他自己的战略资源，这些战略资源往往决定着国家或者企业发展的高度。

一、战略资源是综合国力的表现

综合国力是指一个国家生存与发展所拥有的全部实力，即国家的总体力量。它既包括物质因素，如领土、资源、人口、经济、军事等，又包括精神因素，如政府质量、政治体制、外交关系等。

国家领土的位置、幅员在国防和经济上都有重大意义，它是构成综合国力的最基本的要素。自然地理位置，交通地理位置和国防地理位置与国家的安全和经济利益直接相关。

国土面积作为综合国力的构成要素，为国际所公认，评价一国实力时，往往首先关注其幅员大小。一般说来，国土面积越大，资源就越丰富，国家实力也就越雄厚；而辽阔的国土在国防上的意义也极其重要，平时，便于合理分散配置其工业和国防设施，战时，则以其辽阔的战略纵深赢得时间并分散入侵者的力量。

资源通常指天然存在的，并有利用价值的自然物，它是国家力量的自然源泉，是综合国力中影响重大而又相对稳定的因素，并且是可以计量的，因此往往将其排在综合国力诸要素的前列。

与资源和国土一样，人口对国力的影响也是显而易见的，仅

326

是人口众多这一点就足以引起世界各国的关注，当然，人口作为国力的构成要素，除人口数量外，还有人口质量、人口构成等。

经济实力是综合国力中最重要的构成要素。财富在平时是影响政治的重要因素，战时则可以迅速转换为军事力量。因此，世界各国都抓住机遇大力发展本国经济，以取得综合国力竞争中的有利地位。

军事力量在国力中的地位和作用在不同的国际环境中有所不同，战时，军事力量在国家力量诸要素中是最重要的，平时其是国家安全的最终保障。

政府是对整个国家进行组织管理的机构，也是国家权力的核心。综合国力的诸要素能否形成合力并发挥最大效能，在相当程度上要靠政府的质量。

"科技是第一生产力"，各国的发展现实雄辩地说明，科技是社会和经济发展的首要推动力量，科技实力则是决定国家综合国力强弱和国际地位高低的重要因素。

随着科技的突飞猛进，通信交通手段的发展，传统的距离和空间概念已经改变，而纵横交错的经济关系的空前发展更把世界各国紧密地联系在一起。在这样一个相互依存的信息时代，对外关系对于国家的重要性也就显而易见。

本质上讲综合国力是各类国家战略资源之总和，是国家战略资源的分布组合，被动员和利用来实现一个国家的战略目标。所以，战略资源的拥有和利用效率直接反映了一个国家的综合国力。

二、战略资源维护着国家能源安全

资源问题本质上是政治问题。国家是一种攫取世界资源的强力系统。国际关系，尤其是大国关系的紧张程度，往往是国际资源紧缺程度的反映。经济全球化本质上是占据高势能经济地位的优势国家对全球或地区资源的控制和汲取的过程。1990—2000 年间，世界能源消费与需求发展的不平衡日益突出。以中国经济为主动力的亚洲国家的迅速发展，使亚洲成为能源需求力最旺盛的地区。

现有的国际资源总量及其配置秩序有利于维持北美和欧洲经济体的现有消费水平，东亚整体性地转入市场经济并参与国际资源全球化分配，将对现存的国际资源分配体系造成冲击。对此，作为世界霸权的美国正在自觉或不自觉地牺牲南方国家的利益，迫使南方国家进一步让渡资源，以缓和东亚与欧美因世界资源短缺造成的紧张关系。其结果是南北矛盾加剧，恐怖主义愈演愈烈。美国所指责的三个"流氓国家"，其中两个在中东地区。这说明，美国在限制欧洲和东亚的同时，将打击力量投向南方世界中能源利益与地缘利益相对富裕与集中的中亚中东地区。这对日益严重地依赖海外能源供给而海外利益的自保能力严重不足的中国，将造成巨大的能源安全的政治压力。[2]

有观点认为，造成当前石油危机的原因是中国和印度石油消费的大规模增长，但世界石油产需总量数据并不支持这种观点。目前在世界石油供给总量大于需求总量的情况下，人口最多、石油需求最旺盛的亚洲地区却不拥有，更不能控制相应的可用于消费的石油存量。这是当前石油价格上涨的深层原因。而产生亚洲国家这种能源需求与消费相分离从而消费"权利失败"的根源，恰恰是北方国家不惜通过战争强力垄断的不平均的国际能源配置体制。

1990年，美国借伊拉克战争在沙特、科威特获得常驻基地。此后，美国军事力量随美国外交日益向中亚地区汇聚。1998年美国用"战斧"巡航导弹攻击阿富汗境内目标，1999年肢解南联盟，2001年大兵强入阿富汗，2003年入侵并占领伊拉克，导致伊拉克形势严重动荡，油价一路飙升。截至2004年10月，纽约原油期货上涨直冲每桶52.02美元的历史巅峰水平。2005年8月4日，石油连续攀高至62.50美元，再次刷新历史纪录。预计今后一段时间内，大幅增加和保障海外石油供给，尤其是海湾地区的石油供给，将是美国石油政策的中心目标和制定外交政策的重要考虑。届时国际能源环境将进一步恶化。

三、中国能源安全的基本矛盾和石油安全环境的严重恶化

2002 年，中国能源进口从 1990 年的 1310 万吨扩大到 15769 万吨，出口从 5875 万吨扩大到 11017 万吨，进出口分别增长 1103.7%和 87.5%。这说明，中国能源总消费已大于总供给，能源需求对外依存度迅速增大。造成这种情况的原因，在于内部结构性矛盾日益突出。目前，在中国使用量最大的煤、石油、天然气和水电等常规能源中，产需矛盾比较突出的主要集中在清洁高效能源品种，尤其是石油品种。清洁能源需求增大及由此引发的结构性矛盾，是中国能源安全的主要矛盾，石油短缺是国内能源安全主要矛盾中的主要方面。[3]

1990 年代以来，中国经济按年均 9.7%的速度增长，原油消费按年均 5.8%的速度增加，而同期国内原油供应增长速度仅为 1.67%。国际能源署（IEA）数据显示，全球石油需求增长的 1/3 来自中国，中国石油消费对外依存度已超过 40%。未来 15 年内，中国经济如以 7%左右的速度发展，原油需求将以 4%左右的速度增加，而同期国内原油产量增长速度只有 2%左右。

与此同时，中国对海外能源运输安全保障的能力严重不足。能源安全，说到底是国家能源的对外依存度与国家对国际事务的政治、军事参与和控制能力之间的比例关系。一国能源对外依存度越大，而对外军事外交参与能力越小，则该国石油安全系数就越低，不安全的风险就越大。对于现代国家而言，国家参与和控制世界事务能力的核心部分，是海军在世界范围自由行动的能力。目前在世界各大国中，中国海上政治军事参与控制能力相应也较弱。

专家分析，如果中国的石油消费达到工业化国家的平均水平，到 2020 年可能需要 28 亿吨原油，而自己所能生产的可能还不到 4 亿吨。目前到今后世界石油的总产量将只有 40 多亿吨原油，其中可以提供出口的只有 15 亿吨左右，即使全部给中国也不够。还有

运输的问题。以10万吨位级的油轮从中东海路运输到中国，是否可以畅通地通过已经极为繁忙的马六甲海峡都是疑问。

加入WTO，对中国能源而言，意味着生产与消费参与全球能源配置体系，安全也融入国际安全体系。2001年中国原油进口来源地区及份额分别为：中东地区56.2%，非洲地区22.5%，亚太地区14.4%，欧洲中亚地区6.9%。这说明，中国能源安全已成为世界能源安全体系中的一部分，与国际能源形势的变化发生着互动关系。[4]

据估计，国际油价每提高1倍，美国国内的GDP就会下降2.5%左右；每桶石油价格上升10美元，每年将给美国经济造成500亿美元的损失。美国对世界能源丰富的地区及海上交通线有绝对的政治军事控制力，而目前中国海军还不具有这种能力，如果遇上特殊情况，正常的石油进口可能无法得到保证，人民生活、经济运行乃至国防都会受到重大影响。鉴于中国未来"全面建设小康社会"发展目标对国际能源的巨大需求，以及中国海军严重滞后于能源海外依存度扩大的不平衡态势，在可预见的时期内，中国能源安全在国际能源安全体系中将是极其脆弱的。

因此，良好的国家战略资源储备或者规划，都将对中国未来的发展提供足够的能源安全保证。

四、科技技术是国民经济发展的基础

如果想避免金融危机，抵御金融风险，必须建立坚固的科学技术基础。

1、科学技术是经济发展的强大动力和坚实基础。

2、科技进步是经济结构调整的基础。

3、科技进步是防范金融风险的屏障。

4、科技进步是转变经济增长方式的关键。

5、科技进步是经济发展的强大动力。

只有努力增加对教育和科技领域的投资，应用先进的科学技术发展生产，走科教兴国的道路，使整个经济的发展建立在雄厚的科学技术基础之上，才能在日益剧烈的国际竞争中立于不败之地。

东南亚金融危机，使亚洲地区的经济受到很大影响，也使世界经济受到剧烈震荡。反思东南亚金融危机的教训，一个被公认的重要原因就是经济发展的科学技术基础不够坚实，自主创新的能力不强，导致本国经济在经济全球化的趋势下缺乏竞争力，难以抵御巨大的经济风险。

科学技术是经济发展的强大动力和坚实基础。这已为历史事实所验证。在即将到来的二十一世纪，科技进步对经济发展的作用将进一步加强。二十一世纪，将是知识经济占主导地位的世纪，创造知识和应用知识的能力与效率将成为影响一个国家综合国力和国际竞争力的决定性因素，人类的未来和国家的繁荣比以往任何时候都更加依赖于科学技术的发展。

科技进步是经济结构调整的基础。科学技术的发展推动产业结构的优化升级，也给生产方式和人们生活带来重大影响，特别是凝聚高新技术、有很大市场潜力的新产品，对产业结构的调整具有很强的导向作用。因此，经济结构调整的动力在科技，希望也在科技。通过科技进步，加强农业，改造和提高传统产业，发展新兴产业和高技术产业，提高产业的技术水平，形成合理的规模和结构。加快产业结构优化升级的步伐。提高产品的科技含量，增强产品市场竞争能力，是推动产业结构优化升级的基础。

科技进步是防范金融风险的屏障。这次东南亚金融危机的出现，也是这些国家长期以来一味追求经济增长速度，而轻视经济增长质量，忽视科技进步的结果。知识经济的提出，使得科技因素上升到主宰经济的地位。发达国家利用技术的控制力和资金的控制力实现全球利益的瓜分，是对发展中国家在经济、技术全球化形势下提出的重大挑战。如果发展中国家无视这一新的趋势，依然使经济增长建立在借助他国技术、资金的基础上，而不注重自主创新能力的提高，其结果必然是经济基础的脆弱，也只会在国际分工中担当低附加值生产并且最易受到冲击的角色。进入九十年代，信息技术的发展，给国家的宏观管理能力带来挑战，如果缺乏有效的监管制度和足够的监管能力，将危及整个产业的安全，特别是金融体系的安全。因此，在金融信息技术日益现代化的今天，除了尽可能改善金融系统运转设备的软硬件条件，使之保持技术上的先进性外，应对在信息社会条件下引起一国或区域性经济波动的各种因素有充分的了解，提高监管能力。

科技进步是转变经济增长方式的关键。传统的经济理论注重的是劳动力、资本、原材料和能源，认为知识和技术是影响生产的外部因素。而在知识经济中，知识被纳入生产函数之内，知识可以提供投资的回报，而这又可反过来增进知识的积累，人们可以通过创造更有效的生产组织方法以及产生出新的和改进的产品和服务而实现经济的增长。九十年代以来的经济发展，提供了知识作用于经济，从而导致经济持续增长的例子，一些技术先进国家由于计算机、软件业及通信业的长足发展，使经济连年出现高增长率与低通胀和低失业率共存的局面。科技进步是经济发展的强大动力。新技术的应用是使生产率和就业增长的推动力，而在知识经济时代，对于发展中国家来说有可能存在多方面的机遇。信息技术的发展和全球化网络的形成，使这些国家能够以更加便利的条件、更快的速度和更低的成本利用发达国家的知识积累。知识和资本具有的互补性，使资本对发展中国家的制约减轻。人的智力因素是知识经济中最重要的因素，如果实施有效的人力资源开发计划，发展中国家，特别是具有悠久文化传统的国家，有可能将丰富的人力资源转化为相对优势。在向知识经济转型过程中，工业化时代的包袱相对较少，转型成本低，许多领域可以大胆采用跨越式的发展方式，直接进入知识经济阶段，尤其是信息产业和知识密集型服务部门。

综上所述，依靠传统的劳动密集型产品和低附加值产品快速发展经济的时代已经过去，只有努力增加对教育和科技领域的投资，应用先进的科学技术发展生产，走科教兴国的道路，使整个经济的发展建立在雄厚的科学技术基础之上，才能提高国民经济的整体素质和效益，在日益剧烈的国际竞争中立于不败之地。

第二节　全球化中的战略资源整合

进入新世纪，国际形势不断发生新的变化。许多新的因素开始成为国际斗争的新焦点，并进而影响着世界各国的社会经济发展和国际战略格局。在这些新的国际斗争焦点中，资源与环境无疑是最为突出的一个。

近几年来，世界经济不断强劲增长，但喜中有忧，也出现了一些不容忽视的负面因素。其中最显著的问题之一就是能源和原材料价格居高不下和对战略性资源的争夺引发的恶性竞争。

对中国而言，世界经济保持繁荣、中国经济高速增长，加大了对各种资源的需求，同时也促使世界经济利益分配格局调整加快，有关国家之间为争夺资源和市场、解决生态环境问题产生的磨擦日益增多。这使我国在未来的发展和开放过程中面临更多的压力，也对我国继续参与国际竞争提出了更高的要求。

11.2.1　我国战略资源现状

随着跨国资源争夺与环境污染不断加剧国家间关系的紧张局面，引发政治冲突与纠纷，从而对国家安全造成威胁，环境外交的斗争将日益激烈。一些国家对国际间环境资源拥有权或使用权的争夺，导致国家之间关系恶化，甚至发展为严重对抗；跨国界的环境污染也将引起国家间纠纷。环境问题日益与政治、经济以及社会问题交织，增加了解决问题的难度。在"国家利益"驱动下，环境外交中的各种矛盾将更加尖锐。环境问题已成为未来国际冲突、动乱的一个重要起因和国际上重要的不安全因素之一。

目前在国际环境领域，北强南弱的态势在短期内将难以改变。以美国为首的西方发达国家由于在国际经济领域中处于强势地位，控制了整个世界的经济核心，因而在国际环境合作领域也处于进攻或者说主动状态，而发展中国家则由于经济基础薄弱，在国际环境合作领域明显处于被动状态，未来的国际环境合作将会充满波折。对中国而言，未来的国际环境合作也将面临诸多困难。[5]

在国际能源资源紧张短缺，竞争日益强烈的背景下，我国的能源资源和环境形势显得更加突出。建国 50 多年来，我国 GDP 增长了 10 多倍，而矿产资源消耗却增长了 40 多倍；从 1985 年到 2004 年的 20 年间是我国经济高速增长期，GDP 的年平均增长率达 8.7%左右，而且至今发展势头不减。应该说，这是中华民族历史上最辉煌的时代，也是最值得骄傲和自豪的时代。但也要清醒地看到，这些成绩的取得，我们付出了高昂的代价。特别是自然资源的超常规利用和污染物的超常规排放。去年，我国消耗的各类国内资源和进口资源在 50 亿吨左右；我国已成为煤炭、钢铁、铜的世界第一消费大国，继美国之后的世界第二石油和电力消费大国。原油、原煤、铁矿石、钢材、氧化铝和水泥的消耗量，分别约为世界消耗量的 7.4%、31%、30%、27%、25%和 40%，而创造的 GDP 仅相当于世界总量的 4%。我国单位产值能耗比世界平均水平高 2.4 倍，是德国的 4.97 倍，日本的 4.43 倍；目前，我国单位国内生产总值能源、原材料和水资源消耗大大高于世界平均水平，我国的石油对外依存度高达 50%、钢铁为 44%、铜 58%、铝 30%。我国许多行业和地区资源利用效率低、浪费大。高消耗换来的增长，导致废弃物排放多、环境污染严重，因此，我国单位 GDP 的废水、固体废弃物排放的水平大大高于发达国家，即单位产值的消耗强度大大高于世界平均水平。依靠大量消耗资源支撑经济增长，不仅使资源供需矛盾更加突出，也制约了经济增长质量和效益的进一步提高。

从水资源看，我国水资源面临的突出问题：一是水资源严重短缺。二是水资源利用水平低、浪费严重。三是水污染严重，加剧了水资源的短缺。我国人均水资源拥有量只有 2200m³，仅为世界平均水平的四分之一。目前有 14 个省、自治区、直辖市的人均水资源拥有量低于国际公认的 1750m³ 用水紧张线，其中有 9 个地区低于 500m³ 严重缺水线，严重制约经济和社会的发展。未来水资源供需矛盾将更为突出。据预测，到 21 世纪中叶我国人口达到 16 亿峰值时，人均水资源拥有量将减少到 1750m³，届时全国的大部分地区将面临缺水甚至严重缺水的局面。我国工业用水效率总体水平较低，与世界先进水平相比差距悬殊。我国每万元工业增加值取水量为 90m³ 左右，约为发达国家的 3——7 倍；工业用水重复利用率约 52%，而发达国家在 80% 左右。

从土地资源看，我国人多地少，人均占有土地和耕地面积只有世界人均水平的 1/3 和 2/5。在我国 2000 多个县市中，目前有 600 多个县市人均耕地面积在世界公认的人均耕地警戒线 0.8 亩以下。另一方面，浪费和破坏土地资源现象严重。目前我国年生产实心粘土砖已超过 5000 多亿块，以此数量计算，每年毁坏和占用耕地 95 万亩；我国现有煤矸石山 1500 多座，累计堆存量 34 亿吨，占地 20 多万亩。

总体上看，目前我国的经济增长仍然没有摆脱依赖大量物质消耗的"高投入、高消耗、高排放、不协调、难循环、低效率"的粗放型经济增长方式。也就是在经济增长的同时，付出的资源环境代价过大，从而加剧了能源、资源短缺的压力，致使可持续发展面临的矛盾与形势相当突出和严峻。世界经济发展进程的规律表明，当一个国家或地区人均 GDP 处于 500—3000 美元的发展阶段时，往往对应着人口、资源环境等"瓶颈"约束最严重的时期，而我们目前正处于这一关键时期。

随着我国全面建设小康社会和加快推进社会主义现代化建设，工业化、城市化进程进一步加快，国民经济将以年均 7% 以上的速度增长。工业化中期的阶段特征是资源、能源的消耗强度高，因而有可能需要比工业化初期更高的资源和能源消耗的增长率，产生难以修复和逆转的复合性环境污染。因而，我们如果不优化产业结构和地域结构，加快发展模式和经济增长方式的转变，切实实施可持续发展战略，采取更为有力的措施，我们的环境质量将难以达到与全面小康社会相适应的水平，我们的国家环境安全和可持续发展将面临严峻的考验。

11.2.2 全球化中的战略资源整合

面对严峻的资源形势，在全球一体化的今天，对国家战略资源进行有效整合，必然是有利的事情，面对现实、立足长远，我们对国家战略资源的整合提出了以下几种观点：

一、建立必要的能源和资源的战略储备

中国为防止金融风险，建立了超过1400亿美元的外汇储备，是否同样应该考虑到能源来源在未来战争中的风险，建立能源和能源资源的战略储备呢？

1、能源储备

能源储备主要是指一次性能源（石油、成品油和煤）的储备，以及能源资源的储备。国外的石油储备主要由三部分构成，一是政府的战略石油储备；二是石油公司的库存储备；三是销售者和消费者拥有的库存储备。

美国石油战略储备大约为6亿桶，希望将这种储备保持到2025年。这些石油存放在墨西哥湾美国沿岸的地下油库里。只有美国总统有权在发生危机的时候，做出动用这个储备的决定。在1991年美国对伊拉克发动"沙漠风暴"行动时动用了这个石油储备。由总统命令能源部通过公开竞标向一些公司出售部分储备石油，每天约出售500万桶，成功地平抑了石油价格的上涨。据一些报告说美国政府在储备油库和石油上的投资达200亿美元。

日本是世界四大石油消费国之一，自70年代起开始建立大量的战略石油储备，并于1975年制定了"石油储备法"，在1992年日本的石油总储备量为8000万吨，相当于其111天的石油消费需要，成为世界第二大石油储备国（仅次于美国）。

我国石油和石化企业共有原油储罐容量2107万 m^3，全部用于生产周转，全系统的综合储备天数仅为21.6天，均为生产周转性库存，没有战略储备库存，对石油长输管线输送设计上只考虑2——5天的储存量，对铁路运输只考虑15——25天的储存量。

中国目前不可能完全追寻西方国家的能源储备方法，应该根据自己的可能性建立能源储备。中国的石油价格已开始与国际接轨，可以考虑在国际期货市场对储备进行适当的经营来解决部分储备所需的资金。

2、能源资源储备

能源资源储备是指国家储备油田和天然气气田。

我国目前没有战略储备油田或天然气田。我国在石油天然气方面目前探明的储量远低于美国和俄罗斯。根据国家有关部门的规划，未来20年中国能源消耗需求较之目前增长一倍左右，其中煤炭将会达到26亿吨，石油3亿吨，天然气800亿 m^3。中国自己的资源前景并不乐观，除煤炭资源尚能满足二十一世纪的需求外，如果不考虑进口，石油、天然气和铀矿资源只能维持到2010年的能源消费增长。在1996年中国石油进口达到2262万吨，超过出口，从而使中国成为石油净进口国。预计在下世纪中期，中国的能源进口将超过能源总需求量的50％以上。

专家认为如果不尽快扭转目前大量开采和使用国内资源，不仅会使中国国民经济的持续稳定发展动力不足，而且不利于资源的可持续利用，会影响到子孙后代，损害中国的长远利益。在一个能源主要依靠进口的国家，资源的战略储备就更加重要。国家应有计划地将某些勘探好或开发好的油田或天然气田封存或减量开采，作为战略储备资源。

二、全国电力联网，西电东送和电源点布局中的问题

中国正在全国范围内大力建设50万伏的输电网以加强电网的整体性。由于能源资源的分布不均衡（煤多在西北部地区，电力的主要市场多在沿海城市）中国有关部门一直在鼓励西电东送，即在靠近产煤地的西北地区建电厂，通过电网将电力送到沿海经济发达地区，如把山西的电送到江苏，内蒙的电送到北京。这些

基本政策在一定程度上符合中国经济发展的需求。但同时应该考虑到：在战争状态下，这种长途输电很容易受到打击。在科索沃北约使用的石墨炸弹，就很有效地打击了南联盟的输电系统。应该适当发展区域性发电供电系统，特别是在北京和其他构成中国经济命脉的大城市。

我们正在参与的北京蓝天热电工程，规划在北京分区建设十几个 3—10 万 KW 的天然气燃气轮机热电厂，总装机容量将超过100 万 KW。这些热电厂不仅可以克服了现有的大量燃煤热力厂造成北京严重空气污染的问题，通过区域热电冷联供，有效地提高天然气的利用率，为北京提供一定的调峰电力，而且可增强了北京电网运行的安全性，特别是在战争状态下的安全性。当向北京供电的电网受到敌方打击时，市内的电厂还可以继续向北京供电。由于这些电厂分散在居民区中，规模小，数量多，较难受到敌方的全面攻击。

三、应努力发展我国的核电技术，但减缓由国家投资建设核电站

改革开放以来中国的核电事业取得了长足发展。总装机容量达到 210 万千瓦，拟建设的还有 400 万千瓦。大型核电站主要是国家出资或由国家担保向国外借贷建设的。秦山核电站是靠中国自己的力量研制的。

美国的核电总装机量为 1005 万千瓦，占全国总发电量的20％。事实上，由于核电站建设一次性投资巨大，环保标准日趋严格，美国多数核电站不赚钱。美国已经基本上停止了新核电站的建设。核电站的经济性与其它燃料电站相比并不占优势。

一方面中国铀储量贫乏，另一方面在战争状态下核电站容易成为军事威胁和攻击的目标，并可能造成难以克服的核污染。在台湾统一问题解决之前，中国未必有必要由国家来投巨资加速建设核电站。中国应该把更多的投资用于研制和发展我国自己的核电技术。可以考虑鼓励由外资来投资核电站。

338

四、考虑合理的能源配置，鼓励用多种燃料发电的系统

多年来我国已经形成依赖于单一燃料——煤炭的经济体系。目前，全国年煤耗量已超过13亿吨。燃煤已给中国的环境造成了极重的负担，燃煤效率还很低。为了经济的可持续发展，中国必须并且正在走向燃料种类多元化的道路，逐步减少对煤的依赖，发展对石油和天然气的开采以及石油，天然气，液化石油气（LPG）和液化天然气（LNG）的进口。由于中国的资源有限，油气进口的比例会越来越大。在主要经济城市中要考虑多种能源的配置。如在北京，今后将大规模的改燃煤为燃天然气。但即使天然气的气源非常充足的条件下，也不能一风吹，适当的燃煤热电厂还需要建，但必须使其排放达真正到环保标准。建设燃机热电厂应尽量能使用双燃料燃烧系统（例如可燃烧天然气或柴油）。

五、统一安排全国的能源供给系统，进口要考虑国际地缘政治

目前中国的能源管理体制，在各个不同能源行业之间缺少统一的管理和协调，各有各的系统和发展规划。

煤炭的产运销在中国经历了几十年的经营和发展，年产量已达13.7亿吨，已经成为一个庞大的相对成熟的系统。近来从山西的神府到河北省黄骅市的煤炭铁路运输线已经在建设，煤炭可从黄骅大规模装船南运，其煤炭年运量可达3000万吨。每年通过海路从中国北方港口运往南方各港口的煤超过2亿吨。

在今后几年内，中国将大规模开发和建设天然气田，铺设输气管线，将分布在陕甘宁、四川和新疆的天然气田和上海、北京等大城市连接起来。沿海城市，如广州，上海，天津在规划大规模地进口LNG。目前LPG的年进口量已超过400万吨。沿海地区已建和在建的LPG储罐很多，汕头和青岛的两个大型LPG地下储罐（均为20万 m³ 以上）都在建设之中。将俄罗斯伊尔库兹克天然气送到中国的输气管线和从哈萨克斯坦进口原油和天然气的管线工程均可能在近年内启动。中国原油进口总量在迅速增长，

1986 年只有 220 万吨，1996 年已达 2262 万吨。

由于中国二十一世纪对生态、环境和能源效率的要求，中国的能源需求总量在迅速的增加，同时能源结构正在发生着很大的变化。目前煤炭仍占 75％。经预测能源消费中油气比重将从目前不足 20％提高到 2010 年 30％和 2020 年的 40％，其中油气的进口将超过全年油气总消耗量的 50％。

进口的比例会越来越大。在战争状态下这种能源的补给，特别是通过海路的补给会受到严重的影响。因此在规划中国的能源体系时必须与国家安全紧密联系在一起。下述是我们的几点考虑：

1、中国能源工业的管理目前是通过按行业划分的国家经贸委下属的各专业局实施的。我们认为应建立独立于各能源行业和企业的统一的能源管理机构，在全国范围内做出统一管理，同时考虑可能发生的战争的因素。

2、在规划中国能源的发展和能源进口应考虑国际地缘政治，应考虑合理地安排海上进口和从北方陆路进口的关系，以及与国内能源供给系统的相互配合。石油和 LNG 从海上进口和俄罗斯、哈萨克斯坦的油气从陆路进口应相互协调。在规划大量从海上进口 LNG 和石油时应考虑到一旦遇到战争威胁和海上禁运后应怎样应付。

3、对中国的主要经济城市，应考虑综合的能源供给系统，即煤、天然气、石油，依靠进口和国内供给。应配合进口建立能源和能源资源的战略储备。

六、逐步强化中国海军空军力量，使其具备保卫中国海上资源和能源补给能力

通过军事手段，对一个国家长期进行制裁和封锁，也是现代帝国主义经常使用的手段，比如美国对伊拉克进行了长达十年的经济封锁。帝国主义对中国可能进行的封锁将主要通过其海空力量来实施。

多年来，由于国力有限，中国尚不能拥有强大的海军和空军。

340

海军一直只以近海防御为主。如上所述，中国能源在二十一世纪中会越来越依靠进口。随着中国的综合国力的增强，中国应该在条件允许的情况下，逐渐发展我国海军和空军的远程作战能力，以打破对中国可能进行的经济和能源补给的封锁，保卫自己海上的石油利益和陆上的能源设施。中国不会去侵犯别人，但也绝不惧怕任何战争威胁。

七、营造良好的周边环境

1、稳定两翼

亚太地区是我国国际战略展开的前沿和核心地区，又是我对外经济关系的主要市场和资金来源。美国、日本、俄罗斯、印度等主要大国力量，东盟、韩国、澳大利亚等地区力量都集中在这里。从地理位置上讲，中国在这一地区位于俄国、印度、日本之间，是地区地缘政治和均势政治的重心所在。就双边同盟关系来看，这一地区内有俄印、美日、美韩、美菲、美澳等双边同盟，中国则独立于所有同盟关系之外。从大国的多边关系看，中、美、日和中、俄、印两组大三角关系中，中国都是弱势的一方。从安全环境看，朝鲜半岛的危机、中印边界的争端和阿富汗战争引起的地缘政治变化牵制着中国的东西两翼，日益严峻的台湾海峡局势、长期存在的南海诸岛争端又迫使中国不得不将很大一部分精力投入东南。亚太地区是我战略展开的基础和出发地，但遍布现实和潜在冲突热点的周边环境，对中国的安全利益和战略利益构成重大挑战。如何应对这一局面，是中国 21 世纪地缘安全战略首先需要解决的问题。

在东翼，首先要稳住朝鲜半岛局势。我们必须看到，中国在朝鲜半岛有重大战略利益。朝鲜长期牵制了美国，构成对我的战略屏障，对我来说不是战略包袱，而是战略资源。我应保持这一屏障，帮助朝鲜建立安全保障和安全信心。在朝鲜半岛核危机中如果我们袖手旁观，不但将失去朝鲜，也将失去韩国。所以帮助朝鲜走出冷战，维护朝鲜半岛的稳定、无核，用和平的方法而不是用武力相威胁的方法解决朝鲜半岛核危机，不但是我们的义务，也是我们的利益。

其次要稳住中日关系。冷战结束后，美国为图谋独霸全球，重点是控制欧亚大陆。在欧洲通过北约完成东扩，在亚洲则是通过《新日美防卫合作指针》完成南下。一个东扩，一个南下，基本目标是完成对中俄两国战略发展空间的围堵，将这两个最大的潜在对手困于大陆。亚太地区对美国这一战略配合最积极的是日本。在遏制中国的崛起这一点上，美国与日本能够达成完全的一致。除此之外，两国关系也非铁板一块。美日之间长期存在巨大的贸易摩擦，屡屡造成两国关系的紧张；美日两国在中国都有各自不同的经贸利益；在防备日本军国主义复活这一点上，中美两国从 20 世纪 70 年代初关系解冻以来一直存在某种默契；在抵制美国对亚洲乃至世界事务的指手划脚方面，中日之间也可以找到若干共同点。

中国对日本的基本政策是合作加防范，从获取全局的战略主动来看，要力争以合作为主，力争使日本在若干重大国际问题上与美国保持距离，逐步脱离美国的战车。2005 年 1 月 4 日，中国驻日大使王毅在与记者交谈时认为，从宏观角度观察，中日两国面临三大历史性机遇：共同发展与繁荣，共同构筑东北亚持久和平，共同推进东亚共同体和亚洲一体化进程（三大挑战：历史问题、台湾问题、战略取向问题）。这三个方面也是中日大有合作潜力的地方。中日两国间首先应是积极开展经济交往（2004 年，中日贸易额达到 1679 亿美元，中国超过美国，成为日本最大的贸易伙伴国。日本连续 11 年是中国最大贸易伙伴。进入新世纪，中国一直是日本出口增长最快的大市场。），以经济互补关系扩大合作关系，然后努力开展政治安全领域工作，促使中日关系向更加稳固的方向发展。日本对国际市场份额的争夺主要以美国为对手进行，这种争夺在一定程度上有利于限制美国在经济领域的霸权，是推动改造不合理国际经济秩序的动力之一。在扩大中日经济交往的同时，我们同时也坚决反对日本扩充军备，坚决反对美日扩大防卫范围，特别是将中国台湾包括进"周边事态"的做法。发展对日关系的关键，就是如邓小平同志所讲：尽量阻止日本的力量为美国所用。加强与日本和平力量的合作，推进日本继续走和平发展道路，是中国对日本的希望所在。通过有条件地支持日本在世界多极化潮流中的合理愿望，可以促使日本在中美关系之间增加中立性，在某些问题上甚至可以达到拉日限美的目的，从而改善我在中美日大三角关系中的战略地位。

在西翼，主要是要发展中印关系。印度对于中国安全战略的重要意义，关键在于它是美国通过北约东扩和日美"防卫新指针"南下围堵中俄的地缘缺口。如何弥补这个缺口，美国一直没有找到良策。"9.11事件"以及随之而来的阿富汗战争，使美国找到了一个弥补缺口的重要机缘。美国已经在大幅度调整其南亚政策，力图使这个原来的缺口变成一个牵制以致阻止中俄政治影响力向西亚、中东一带伸展的障碍。中国与印度之间存在的边界争端，恶化了各自的安全环境，构成两国在地区范围内发展关系的严重阻碍。但从全球范围看，两国却有很多共同点。中印两国都是发展中的大国，都反对霸权主义对世界各国事务横加干涉，都是多极化格局的支持者和促成者。拥有漫长海岸线的印度，对海洋资源和能源、尤其是石油的需求量将会越来越大，它的活动范围会越来越向印度洋纵深区域扩张，它的利益重心位于印度洋。印度洋地区距离美国本土遥远，美国在这里没有欧洲那样的盟友，没有像夏威夷或关岛那样的军事基地，是美国全球战略部署最薄弱的环节，从这里最容易打乱美国的欧亚围堵大棋局。从这个角度看，发展与印度的关系应是我争取地缘战略主动地位的重要组成部分。中印两国分歧于地区利益，两国却可以合作于促成多极化格局的全球利益。这应该是中国与印度发展关系的真正大前提。

2、强固后背

美国全球战略的核心目标之一，就是防止欧亚大陆上出现中俄结盟，对美国的全球霸权构成挑战。北约东扩和美日"防卫合作"范围的南扩，就是力图从外部完成对中俄的围堵。支持中俄内部的分裂势力和西化势力，则是力图从内部牵制中俄影响力的上升。从这个意义上看，俄罗斯是中国能够借重的战略力量。在21世纪，中国必须将运筹中俄关系放在重要位置，积极发展双方的战略关系。中国与俄罗斯结成战略协作伙伴关系，既出自两国内部的需要，又来自外部环境的压力。对中国来说，亚太地区是战略前沿，欧亚大陆则是战略腹地。不论是国家的统一问题，还是经济的可持续发展问题，中国承受的压力和解决问题的方向都在东面。当中国面向东方解决这些问题时，西部即背后的安全与稳固必不可少。对俄罗斯来说，美国通过北约东扩，已经把力量延伸到了俄西部边境；通过科索沃战争，沉重打击了俄罗斯在巴尔干的传统势力；通过阿富汗战争，又大步进入了俄罗斯地缘政治的重要支柱中亚。美国不但通过北约东扩使俄罗斯在波罗的海的出海口被挤压成一条狭小的通道，而且正在中亚获得越来越大的影响力，逐步掌控该地区的能源开发和输油管线走向。尽管在阿富汗战争前后俄罗斯采取了大步向以美国为首的西方靠拢的政策，但显而易见的是：美俄战略利益的冲突已经在俄罗斯的西部、西南部和南部展开。以对内发展经济稳定社会、对外恢复俄罗斯大国地位为宗旨的普京政府，无法对这些战略利益弃之不顾。俄罗斯要在这些地区顶住美国的压力，必然要在东部寻求与中国互成犄角之势。2001年7月，中国国家主席江泽民和俄罗斯总统普京在莫斯科签署《中华人民共和国和俄罗斯联邦睦邻友好合作条约》，将中俄之间"好邻居，好朋友，好伙伴"以及"睦邻友好，永不为敌"的关系推向新阶段，明显倾向于建立一种在地缘上互为依托的战略伙伴关系。在这种情况下，加上近年中俄边界争端全部解决，中俄贸易额不断上升且俄方为顺差，特别是"上海合作组织"的建立，不但使中俄在建立长期稳定的战略协作伙伴关系方面有了长足的进展，而且使中国与中亚诸国的全面合作也有了一个稳定的基础。

以中俄关系为主要环节，中国同哈萨克斯坦、吉尔吉斯斯坦、塔吉克斯坦、乌兹别克斯坦等中亚国家、印度、巴基斯坦等南亚国家、伊朗等西亚国家、埃及、叙利亚、约旦、巴勒斯坦甚至包括以色列等中东国家都可以进一步发展友好合作关系，从而在欧亚大陆的西部形成一条广阔的友好中间地带。这条地缘战略空间不但可对我形成稳定的战略后背，而且有助于打破美国在亚太地区对我的围堵，对美国形成巨大的战略牵制。

从总体上看，冲破地区局部利益与矛盾的囚笼，从地区之外寻找解决地区问题的有效依托，不但是地缘安全战略的融会贯通之处，也是一个国家从地区走向世界的必然趋势。争取与欧亚大陆的绝大多数国家保持各种层次的合作伙伴关系，不但可以大幅度拓宽中国的战略回旋空间，减轻我在东部可能面临的危机压力，而且中国也将以拥有一种全新实力的面貌出现在世界面前。

八、加快区域经济一体化建设

加快区域经济一体化建设，无疑是减少区域战争危险最有效的手段，下面我们以中俄筹划建设一条天然气管线，加快东亚一体化进程为例，来分析一体化对我国发展的作用。

中俄正在筹划建设一条天然气管线，将俄罗斯伊尔库兹克天然气输送到中国，输气管线全长3334公里，输气总量为200亿立方米/年，从气源到北京为2600公里，总投资为68亿美元。中国国内将使用100亿立方米，100亿立方米气出口日本、南韩，也可以考虑供给台湾。建设周期为两年，计划于2005年建成。过去有关方面对这个项目的认识只是经济和政治上的，进展较慢。这是一个好的项目，能解决环保能源方面的很多重大的问题。在科索沃战争之后，应在更深层的意义上考虑这个项目的战略地位、市场范围和投资方式。这个项目对中国在东亚的战略地位将起到极大的促进作用，应当积极推进。以下为我们的一些考虑：

1、此项目将加强中俄两国的"战略部署伙伴关系"

俄罗斯有着极为丰富的天然气资源，据 1998 年统计，其储量为 17000 亿立方米，占全球总储量的 33%，为美国的 10 倍，中国的 40 倍，比中东各主要产油国家的总和还要多。可以预见在二十一世纪的俄罗斯经济发展中，石油资源，特别是天然气的出口将成为其经济发展的主要推动力之一。

然而，俄罗斯的地理和地缘政治环境给资源出口造成了困难。前苏联的解体，使其西面各加盟共和国纷纷独立，又纷纷向欧盟和北约靠拢；这次科索沃战争把北约东扩的野心暴露无疑；这些都增加了俄罗斯的油气管线输向欧洲或通过欧洲入海运往世界各地难度。另一方面，俄罗斯西面各新兴产油国的兴起，如哈萨克斯坦等又在市场方面对俄罗斯的油气西输提出挑战。除海参崴的港口外，俄罗斯北部和东部漫长的海岸线再也找不到不冻港。海参崴是俄罗斯在太平洋上唯一的港口，由于地理条件的限制，几乎不再具备扩建的条件。该港早已经拥挤不堪。在暖季还是担负着向整个俄罗斯北部沿海各城市运送过东燃料和物资的繁重任务。相比之下，通过中国与太平洋连接，将是俄罗斯油气出口的最好的选择。

一百年前的沙皇俄国就清楚地看到占领中国港口的战略意义，日俄战争和日俄在旅顺惨烈的争夺就是最好的见证。连斯大林也没有忘记这一点，二次大战后，苏联海军还是占据了旅顺达十年之久。六十年代的赫鲁晓夫又向中国提出了成立"联合舰队"的建议。现代中国已经是一个不可动摇的主权国家，除了真正与中国合作，俄罗斯不可能再通过霸权的手段达到扩大其太平洋通道的目的。此项目可以通过共同开采、输送和向东亚及世界其它地区出口俄罗斯的石油和天然气使中俄获得巨大的经济利益；从而加强两国的政治和经济的联系，从以往道义上的和平共处发展为两国以平等互利的利益分配和相互依存为基础的"战略部署伙伴关系"。

2、此项目将有力地促进东亚地区的能源经济一体化，增加中国在东亚经济体系中的控制作用，是反对日美韩战区防御弹道体系的有力手段通过一条管线，将俄、中、韩、日、台的利益联系在一起，日本每年进口天然气约为 600 亿立方米，大部分用大型冷冻船从中东运来，成本较高。南韩和台湾也大量从中东进口冷冻天然气。美国在太平洋的海军力量对这些国家的能源补给可以提供保护也可以进行威胁，可以说在相当程度上操纵着这些国家的经济命脉。俄罗斯天然气供给这些国家将有利于打破独家操纵的局面，建立新的战略平衡。这种平衡将有利于促进亚洲和平。

3、此项目可以在今后几年促进中国经济增长中起到重大作用

中国不仅可从管线建设和进口天然气中获得经济利益，而且可对途经中国输往东亚的天然气收取管线使用费。中国应该就中国的用气量按美元核算，以人民币支付的可能性与俄方进行探讨，我们相信这种可能性是存在的，这将大大加强人民币在世界上的地位，促进中俄之间的政治和经贸关系。

4、管线的建设应成为一个国际化的项目

在投资中考虑邀请国外公司，除了日本和南韩的投资之外，也应该让美国和欧洲的各大石油公司、银行和基金参加投资。这将促进世界经济一体化的进程，这些大公司、银行和财团在一定程度上影响着美国的政治和军事的利益。这个项目将有利于促进中国和世界和平。

21 世纪中期，中国 GDP 有可能将超过美国，能源的需求量也将为世界第一，能源将主要依靠进口。在此期间，危险依然存在。为了能源威胁可能带来的损失，少走弯路，中国国家战略资源规划必须认清形势，以应付即将到来的能源威胁。我们在此提出一些想法，希望能起到抛砖引玉的效果，引起讨论，引起有关方面对这个问题的重视和进一步的研究。

参考文献：

[1] 孙鸿烈主编《中国资源科学百科全书》，中国大百科全书出版社，

347

2000 年第一版

[2] 任纪舜《中国油气勘探和开发战略》，作者单位：中国地质科学院地质研究所，2000 年 4 月中国石油论坛研讨会交流论文

[3] 翟光明《21 世纪中国石油工业持续发展》2000 年 4 月中国石油论坛研讨会交流论文。作者单位：中国石油天然气公司咨询中心。

[4] 雷家肃：《国家经济安全导论》陕西人民出版社，2000 年第一版

[5]《国际斗争的新焦点：资源与环境》作者：任海平 詹伟 2005 - 05 - 17

第十二章　人力资源整合

当今社会，人才是一项非常珍贵的资源，在企业竞争中起着关键性的作用。对企业来说，有效的人力资源管理机制的建立将有助于企业保留、吸引和激励人才，从而推动企业发展战略的实现。而且人才是信息时代企业发展的动力之源，员工重于利润，人力资源将是企业制胜的关键和法宝。谁能掌握越多的人才，谁就能脱颖而出，独领风骚。21世纪，将是人力资源管理再造的世纪。企业要想在21世纪取得长足的发展，就必须依赖于人力资源的整合，将人力资源的功能发挥到最大。

第一节　新时期我国人力资源面临的挑战

12.1.1　人力资源的性质

在探讨什么是人力资源发展这个问题时，我们必须了解什么是人力资源，必须了解人力资源的特性。"人力资源"的出现约在1970年以后，并逐渐取代"人事"或"人力"等狭隘的字眼。这种转变并非偶然，而是发达国家在过度强调物质与财政资源之后，认识到了人在组织中的关键地位，再回头给予如此重新定位，并视人为组织中最重要的资产。

对于一个组织而言，其所能够运用的资源主要有三种：物质资源，如土地、原料与机器；财政资源，如金钱与融资信用；人力资源，包括组织内部成员与其所能运用的外在人力。一般对物质和财政资源的概念比较清楚，但对于人力资源的意义为何，则不甚了解。狭义而言，人本身就是资源、能源，人可以被运用于搬运物品，制造产品，作战等等。但人的作用并非仅仅如此，人的作用还在于能统合其他资源，结合三者的效益，使之脱离纯资源的地位，而创造更高的价值。但要成为有效的资源，必须将人作以有效率的运用。因此，人力资源可引申为人所具有的知识、技能、态度、理想、创造力等特质，以及应用上述特质而获得的有所作为。

在一个组织中，各种资源都各有其重要性，然而人力资源更加显得重要。人力资源成为现代社会和组织的战略资源，一方面来源于现代社会的性质——知识和信息社会，另一方面来源于人力资源所具有的特性：它是一种能动资源，即它在经济和管理中起主导作用和处于中心地位；它发起、使用、操纵、控制着其他资源，使其他资源得到合理、有效的开发、配置和利用；同时它是唯一起创新作用的因素。整体而言，人力资源是一个组织系统的动力。正因为如此，维持与提升组织人力资源的质量就成为组织持续经营与发展的战略与活动。

人力资源发展（Human resource development），简称 HRD，是 80 年代兴起的旨在提升组织人力资源质量的管理战略和活动，也是正在不断发展的一个职业领域和科学。对于什么是人力资源发展，人们的看法也各不相同。兹选择主要观点予以说明：

1、创造"人力资源发展"这一概念的美国学者 Nadler，认为 HRD 是"雇主所提供的有组织的学习经验，在某一特定时间内，产生组织绩效与个人成长的可能性"。

2、美国训练与发展协会（ASTD）认为，HRD 为："整合训练与发展、职业发展，与组织发展，以增进个人和组织效率的作为"。

3、学者 Gilley 和 Eggland 认为，HRD 为："组织中安排的有计划的学习活动，经由提升绩效与个人成长，以改善工作内容、个人，与组织。"

4、学者 Smith 认为，HRD 为："决定发展和改善组织中人力资源最佳方法的一种程序，以及经由训练、教育、发展，与领导等行为，有计划的改进绩效和人员生产力，以同时达成组织与个人目标"的作法。

尽管各家定义不同，但都认为HRD的重点为改善组织成员的知识、技能、态度、创造力与理想等特质，希望更多的组织成员具备组织所需要的上述特质，希望成员的特质能配合组织的需求，持续地补充、提升，以协助组织的管理与发展。因此，综合各家观点，笔者认为所谓HRD是指：由组织提供的具备短期绩效取向（performance oriented）和长期战略取向（strategy oriented）的学习活动，其目的在于提升组织成员以及组织的整体绩效，同时配合个人和组织的长期发展。

需要说明的是，在许多文献中，人力资源发展与教育、培训等概念交互使用。人们试图将三者加以区分，认为：培训是以目前工作为着眼，教育是以将来工作为着眼，发展是以个人或组织成长为着眼；培训多能应用所学于工作上，教育可能应用部分所学于工作上，而发展工作上可能应用不到。事实上，随着现代社会的发展，这样的区分显得落伍和过时，因为教育也日益考虑到人们的工作和职业需要，教育融入工作培训之中；培训是学习知识、机能的手段，也是发展的一部分；发展既考虑长期，也考虑短期；教育、培训、发展同为职业生涯发展以及终身学习的方式及手段。

由此，人力资源发展具有以下的基本特性：

1、HRD是一种规划性活动（it is planed）。它涉及需求评估、目标设定、行动规划、执行、效果评定等等。

2、HRD是以明示人类的价值为基础。

3、HRD是一种问题取向的活动，它应用若干学科的理论与方法以解决人力及组织问题。

4、HRD是一种系统途径，它将组织的人力资源及其潜能与技术、结构、管理过程紧密的联系在一起。

5、HRD的对象是人力资源及其整个组织。

6、HRD的目标是改善人力资源的质量和组织效能。

7、HRD的核心是学习，是组织成员行为的持久改变或某一

351

方式的行为能力的改变。这种学习既包括个人学习，也包括组织学习，既包括学校中的学习，也包括工作地的学习。

8、HRD不是一劳永逸的战略，它是一种持续不断的过程。

12.1.2　人力资源管理研究在中国的兴起是时代发展的必然[1]

人力资源管理（Human Resource Management，简称HRM）是一个外来的术语，国外这方面的研究可以追溯到"科学管理"时代。"科学管理"时代的管理学代表人物美国的泰罗、法国的法约尔和德国的马克斯．韦伯等都已经开始涉及这方面的问题，并形成了一些很有价值的理论观点。随着管理科学的进一步发展，特别是管理学和行为科学的"联姻"，人力资源管理的概念和基本原理逐渐形成，并以观念的形态进入企业的管理实践之中。现在，国外的人力资源管理研究已从过去笼统的、模糊的整体描述转向个体的、准确的实证分析，研究内容也倾向于战略人力资源管理和国际人力资源管理的研究，研究在向纵深发展。

人力资源管理研究在我国的开展相对较晚，严格意义上讲，始于20世纪70年代末期改革开放以后，而真正成为人们的热门话题和学术界追逐的焦点则是20世纪90年代中期以后。实际上，人力资源管理研究在中国的兴起及其发展，是中国现实发展的需要，也是时代发展的必然。

一、人力资源成为第一资源的世界潮流，为中国人力资源管理研究的兴起准备了不容忽视的时代背景

20世纪后半叶，人们对于人力资源重要性的认识越来越统一：人力资源是第一资源。人们越来越意识到，国家之间、各种社会组织之间的竞争是知识和技术的竞争，归根到底又是人才的竞争、人力资源开发的竞争。据国外有关统计资料，不同文化程度的劳动力在智力劳动方面的能力比为：大学：中学：小学＝25：7：1；这些数字充分说明，以发展教育为主要内容的人力资源开发对于推动经济发展有着何等重要的作用。20世纪90年代以来，

"人是最宝贵的资源"、"以人为中心的管理"、"人本管理"等各种提法随处可见，许多国家的企业纷纷将原来的"人事部"改为"人力资源部"，各国尤其是发达国家教育经费和企业培育培训费用激增。可以说，世界迎来了一个人力资源管理的崭新时代。正是在这样一种"人力资源是第一资源"的世界潮流中，为了顺应时代发展的需要，中国人力资源管理研究逐步开展起来了。接受不同教育程度的劳动力可以提高生产率的程度为：小学43％，初中108％，大学300％；劳动力在接受第一个3年教育时，平均每受1年教育可使GDP增加9％，与全部不受教育相比，全部受过3年教育可使GDP增加27％

二、中国庞大的人口数量压力需要转变为人力资源优势的现实国情，为人力资源管理研究在中国的兴起和发展提出了客观的要求

中国的基本国情之一就是人口数量庞大，人口素质低下，人口结构不尽合理。尤其是人口数量庞大的压力折磨了中国几代领导人。曾几何时，中国社会为了解决庞大的人口数量问题，不惜动用各种政府资源乃至全社会的力量，大力开展旨在控制人口数量的全民计划生育活动，而且也确实卓有成效。20世纪70年代初期开始的连续30多年推行的计划生育政策的结果，使中国飞驰的人口列车终于逐渐减速。不知道从哪天开始，人们又意识到，中国庞大的人口数量是一种压力，但同时又是增强国力的基础，尤其是启动市场、拉动消费、促进经济发展的重要保证。这时，人们尤其是学术界开始寻找将庞大的人口数量压力转变为人力资源优势的基本途径，人口数量庞大的压力开始转变为人力资源开发与管理的动力。正是中国的这一基本国情，客观上为旨在探讨发挥人力资源优势、开发人力资源潜力的人力资源管理研究提出了现实要求。

三、中国国有企业的改革及市场经济发展的实践，为加大企业人力资源管理研究提供了广阔而富有实践意义的舞台

改革开放以来，中国经济体制改革当中动作最大也是影响最为深入的要算是国有企业的改革及其市场化进程。国有企业改革促动了国有企业内部的方方面面的神经，也牵动了全社会的注意力。国有企业原本的管理体制中不合理的成分或不符合市场经济发展的地方可以列举很多，包括产权问题、所有制问题、领导体制问题、企业办社会问题、资金运转问题、产品销售问题等，但其中僵化的人事管理问题确实是制约国有企业进一步发展的一个关键的神经系统。为了摆脱国有企业的困境，加大人事制度改革，引入人力资源管理的新机制，势在必行。在这种情况下，针对国有企业的人力资源管理研究就有了用武之地。于是，人力资源管理研究在国有企业改革过程中演变成为热门的话题。

四、工商管理硕士和公共管理硕士项目的引进，为中国人力资源管理研究的开展提供了适宜生存的学术环境

中国改革开放以来从西方发达国家引进或借鉴的最为引人注目的高等教育项目之一就是工商管理硕士的培养，也就是我们耳熟能详的 MBA。从 1991 年开始，我国的 MBA 教育发展速度之快，市场前景之好，社会需求之大，恐怕是当时力主引进这一项目的人事都没有预料到的。与 MBA 项目并列的、稍后一段时间引进的培训项目就是公共管理硕士的培养，也就是所谓的 MPA。尽管 MPA 项目没有 MBA 火暴，但一些院校也都招收了一定数量的学员。无论是 MBA 还是 MPA，不论是北方的北京大学、清华大学还是南方的复旦大学、上海交通大学，其开设的课程体系各有自己的特色，但无一例外地都将《人力资源管理》作为核心主干课程之一。正是由于深深扎根于这些高校当中，成为工商管理硕士或公共管理硕士培训项目必不可少的核心课程，人力资源管理研究在中国才有了坚实的学术土壤，因为从事这一核心主干课程教学活动的基本上都是高校里面科班出身的教师，他们对于研究天生就是情有独钟。

五、人力资源管理人才的市场需求攀升，为中国人力资源管

理研究的兴起和进一步发展奠定了市场基础

适应市场经济发展实践的需要，中国人力资源管理人才的市场需求出现了攀升的现象。现在，人力资源管理专业毕业的学生不仅工作好找，而且报酬也好于其他专业。实际上，这种现象在发达市场经济也是如此。不仅社会上对于人力资源管理人才的数量需求攀升，而且人力资源管理工作在企业当中的地位也在上升。曾几何时，财务经理或财务总监在企业当的中位置是显赫的，现在，已经逐步让位于人力资源经理或人力资源总监。正是这样一种市场信号，促成了中国人力资源管理本科教育的蓬勃开展，甚至几乎与 MBA、MPA 培训项目同样火暴。目前，全国共有包括南开大学、上海交通大学、华东交通大学等 100 多所高校开设了人力资源管理专业，并招收数量不等的本科生，有一些高校还成立了专门的人力资源管理系，而且，这一势头还有增无减。适应本科教育的发展，各高等院校纷纷配备人力资源管理专业的专职师资，一些其他领域的师资也纷纷改行，专门从事人力资源管理的专职理论研究教学工作。因此，可以说，适应市场需求，人力资源管理本科教育的发展，对中国人力资源管理研究的兴起和发展起到了推波助澜的作用。

12.1.3 新世纪中国人力资源管理面临的挑战

近年来，在风起云涌的经济浪潮中，越来越多的企业认识到了人力整合战略的重要性，特别是随着信息技术的发展和知识经济时代的来临，公司的生存环境和竞争趋势也发生了显著的变化，战略整合逐步占据主导地位，通过整合获取技术、人才等知识资源成为整合的主要导向，于是越来越多的企业开始关注人力资源整合，通过对过去人力资源整合实践的分析找出有效的整合对策成为他们工作的重点。[2]

作为一种新型的资源整合方式，在操作过程中必然存在着弊端或者是不利于企业发展的一方面，在这里我们以公司并购这一案例来浅谈新世纪中国人力资源管理面临的挑战。

一、未将人力资源整合工作放到战略高度加以考虑

许多企业在并购实践中，将工作的重点放在了目标公司的寻找上，放在了收购价格的谈判上，而对接管后的整合工作关注过少。就是对整合工作有了一定的认识，也只是在战略整合和财务整合下点功夫，而对人力资源整合工作不甚重视，更不要说在战略的高度加以重视了。波士顿咨询公司的一份调查报告指出：在并购之前，只有不到20%的公司考虑到并购后如何将两公司整合到一起。实际上，现代企业竞争的实质是人才的竞争，人才是企业的重要资源，尤其是管理人员、技术人员和熟练工人。企业并购中，如何整合并购双方的人才是并购企业所要解决的首要课题。对比一些企业并购的成败案例，我们可以说，企业并购是否真正成功在很大程度上取决于能否有效地整合双方企业的人力资源。例如：1987年，台湾宏基电脑公司收购了美国生产微型电脑的康点公司，但此后3年累积亏损5亿美元。到1989年，宏基公司只好以撤资告终。其失败的真正原因就是"人力资源整合策略"出现了故障。无论收购前后，康点公司均发生了人才断层危机，而宏基公司又缺乏国际企业管理人才，无法派员填补此成长的缺口，加上康点公司研究人员流失严重，无奈，宏基被迫宣告并购失败。

二、人力资源整合开始得过晚，并缺乏周密的计划

并购活动失败的主要原因可以归结为两个方面：一是交易缺口（Transaction Gap）；二是转化缺口（Transition Gap）。前者可以通过并购谈判，讨价还价来弥补；而后者需要通过并购整合战略来实现。在并购实践中，许多并购企业将更多的精力放在了交易缺口的弥补上，而没有充分重视并购中的管理整合策划，更缺少周密的人力资源整合计划。他们将并购和管理整合作为两个分立的过程，并购协议签订之后，并购过程终止，整合过程开始。一般来讲，并购协议达成之后，他们才开始展开对目标企业的整合工作。这种经验模式表面上看十分合理，甚至理所当然，然而在大多数情况下都缺少效率，整合速率极慢，整合成本很高。而

且由于缺少事先周密的计划，使整合工作带有很大的随意性和盲目性，容易使人力资源整合工作偏离整个并购的战略方向，后果十分严重。

三、缺乏整合经理对整个整合工作负责

在一个规范的并购过程中，涉及到的人员包括：目标公司的高层管理人员、目标公司的中下层员工、并购结束后目标企业的新任经理和并购工作组的成员。其中并购工作组通常是由营销、财务、审计、研发、人力资源、法律等部门抽调中高层管理人员组成，一旦协议达成后，这个工作组就可以迅速解散，成员返回到各自的日常工作中或者进入为下一次并购业务而组建的并购工作组。因此，被并购企业的整合工作实际上常常由新任经理组织开展。但不难发现，这种方式存在很大弊端：一是企业新经理不可能全身心地投入到整合工作中去，因为他们还有更重要的职责。与人力资源整合、文化整合工作相比，他更加关心新企业的利润率、市场占有率和顾客满意率等。二是新任经理在企业中的绝对权威极有可能影响整合的顺利进行。因为在整合期间，中下层职工迫切需要了解并购公司的基本业务情况和运行机制，需要有一个能与并购公司进行沟通的桥梁，新任经理的时间、精力有限，要求其进行这些细致的工作并不现实。因此，在实践中需要引入整合经理这一职务。但遗憾的是，目前的整合实践中，许多并购企业都没有引入整合经理这一职务。

四、人力资源整合过程过长

合并是一个充满焦虑的过程，对被并购企业的员工更是这样。如果用几个月来慢慢变化，就会延长这种不确定性和忧虑，也会削弱或耗尽并购所带来的价值。如果有坏消息，人们更愿意你直言不讳地告诉他们，例如裁员，你要马上通知所有的人，然后告诉他们："就这些了，不会再有裁员了。"这样他们就放心了。正如斯坦福商学院教授杰夫·雷敦夫在他的《知识导致的差距》一书中提到的1997年城市银行布裁员时，仅宣布将从90000多名员

工中解雇 9000 人，而没有说明哪些人将被裁减，这样感到恐惧的是 90000 人而不是 9000 人，这种方式是非常低效的。但遗憾的是，这种方式在实践中是非常普遍的。《并购后：整合过程的权威指导》这本书中有这样一段话："员工讨厌冗长的整合过程，这应该是基本常识。因为逐渐过渡的方式会导致问题迟迟不能解决，从而达不到激励士气的作用。"

五、信息沟通做得不好

在整个整合过程中，被并购企业的员工迫切想知道并购的最新进展，想知道新公司未来的发展设想，想知道自己在新公司中的位置，但遗憾的是，在整合实践中，这方面的工作并没有得到足够的重视，员工得不到这方面的详细信息，相反却是谣言满天飞，使企业内部充满了焦虑、动荡和不安。一方面，并购方没有建立一条顺畅的正式沟通渠道，信息的传递和反馈都出现了问题；另一方面，并购方的经理们也不情愿与被购方的员工进行交流，因为他们无法回答后者提出的许多问题，这样可能就会造成致命的错误。麦肯锡公司的一项调查显示，许多被购并方离职的员工承认，他们之所以离职，一个很重要的原因就是他们缺少关于并购的任何信息，他们不知道并购的最新进展，不知道自己在新机构中的位置，也从来没有指望能够在新公司中得到满意的职位。

六、没能认识到目标公司核心人员的价值

在并购实践中，很多企业没有认识到：企业最有价值的是员工的生产力、创新能力和知识。一般情况下，早在并购宣布前，猎头公司就在搜寻他们认为合适的人选，一旦宣布并购后有人觉得士气不旺或前途未卜，猎手们马上就会将有价值的员工抢到手。那些富有创造力和创新能力的员工通常最想弄明白的是并购后的企业是什么样子。如果他们对在新组织内是否会有一个合适的位置没有信心的话，他们就会寻找其他机会使之事业有成。巴奈特国际公司（Barnett International）的首席信息官（CIO）在一份全球管理咨询公司的刊物《CIO 企业杂志》中这样写道："如果知识和经验用不上的话，那么从并购中获得的最根本的价值就会很快消失。一旦这些资产丢失了（通常是被竞争对手得到了），就不可能再夺回来。任何一个头脑清醒的经理都不会让有价值的固定资产这么轻易地落入竞争对手手中。"以兴发集团对瀛海威的收购为例，在接管完成后，瀛海威公司总经理张树新及其他 15 名骨干（包括 3 位副总经理、5 位事业部经理和 7 家分公司总经理）相继辞职，使该公司失去了中国第一批因特网浪潮中的风云人物，兴发集团所得到的除了瀛海威的品牌外，只是一个空壳。

七、整合手段过于单一，忽略对文化的整合

如同其他有机体一样，企业也是一个生命体，存在一定的排他性，我们称之为企业文化，实际上就是企业的经营理念、待人处事方法，习惯风气和员工情绪。两企业的合并，必然涉及到高层领导的调整、组织结构的改变、规章制度和操作规程的重新制定、工作人员的重新评价、定岗及富余人员的去留，这必然会引起企业文化的冲突，有研究认为，并购完成后两企业文化和管理风格的冲突是整合面临的最大困难。可见，文化整合对人力资源整合至关重要，从某种角度讲，文化整合其实就包含在人力资源整合的过程之中。但令人遗憾的是，在人力资源整合实践中，并购企业更加倾向于使用物质激励、高职位激励等整合手段，忽略了文化整合的作用，整合手段尚显单一，而且事倍功半。

面对人力资源整合面临的困境，我们必须要做的实现对人力资源进行一个合理的规划，然后在这个规划的基础上进行人力资源的整合，这样才能更好的利用人力资源，使企业获得更好的发展。

第二节　全球化人力资源规划及整合

随着世界经济的日益发展，在世界范围内，社会经济形态甚至社会结构形态正在或者已经发生了一个巨大的变化，即从工业经济和工业社会向知识经济和知识社会转变。知识经济和知识社

会这一概念向人们表明了知识与信息的吸收、处理和应用在创造新的价值和推动社会发展中的重要作用。人类社会正在进入一个以知识资源的占有、配置、生产、分配、使用（消费）为重要因素的时代。

在工业经济时代，资本无疑是一种战略资源，经济增长取决于资本和劳动力的投入；而在知识社会，战略性资源则为人力资源或人力资本。未来学家奈斯比特认为，在新的社会中，关键的战略资源已转变为信息、知识和创造性。管理大师德鲁克断言：知识已成为生产力、竞争力和经济成就的关键因素；知识已成为最主要的工业，这个工业向经济提供生产需要的重要中心资源。而掌握知识的只能是人，所以说在未来的知识经济社会，人力资源将是决定胜负的关键所在。

12.2.1 全球化人力资源规划

构成人力资源或人力资本的并不是人的数量，构成人力资本的核心是劳动者的健康状况、价值观念、知识存量、技能水平。人力资源或人力资本不是自然生成的，而是投资的结果。在现实社会中，人力资本投资的主要途径是教育和人力资源的发展，因此可以这样说：人力资本是人力资源发展的产物。正是如此，人力资源发展在现时代具有重要意义，要想在未来的社会中能使企业更好的发展下去，必须先对人力资源进行规划后再进行有效整合。[3]

一、人力资源规划的价值前提与假设

人力资源发展理论与实践的产生与发展，与我们这个时代环境的变化有关系，同时也是基于对人的本质的某些先决条件的假设和基本价值为基础。因此，要理解人力资源规划，须了解这些基本的价值及其假设。HRD在理论和实务上的基本假定有下列数项：

1、人的价值 基于生物的法则和法律的规范，每个人都有其权力和价值，而个人的价值也超越法律条文的叙述。对每个组织而言，每个成员对组织都有其贡献。

2、人是资源 人是资源，而且是统合组织其他资源的关键枢纽。

3、人的作用的多样性 在组织和管理中，个人远远不只是一种生产和资源因素。他们是由许多组织构成的社会系统的成员；他们是产品和服务的消费者；他们是家庭、学校、政党等各种组织的成员。他们发挥不同的作用。作为社会系统中的成员，他们又相互发生作用。

4、人是多样的 人们不仅起的作用不同，而且他们本身也是各不相同。他们有不同的需要、态度、志向，不同的知识、技能和不同的潜能等等。这就是说人是复杂人，而不仅仅是经济人，社会人，自我实现的人或者其他单一类型的人。

5、人是发展的人 人并非是固定不变的物体，而是变化发展的实体。人可以通过自身的努力和外在的干预措施改变自己。

6、人是完整的人 如果我们不把人作为一个整体来看待，而是单独考虑不同的特征，如知识、态度、技能或个性品质，我们便无法认识人。对人的运用因由工作说明的专长加以运用，转为将其视为整体和完整的人（a whole man）加以运用。

7、人的尊严的重要性 管理必须实现组织的目标，目标实现是重要的。但是，实现目标的方式和方法必须不能侵犯人的尊严。人的尊严是指人必须受到尊重，而不论人在组织中的地位如何。

8、人的潜能 绝大多数人能够运用更多的创造力、责任、自我指导和自我控制，超过了他们现在所任工作的要求；在现有的工作环境下，大多数人的潜能并没有得到充分发挥。

9、领导职责 领导人员的基本任务是设法利用未开发的人力资源。他必须创造一种环境，使其成员能够以人类本性进行活动，并提供充分发挥潜在能力的机会，使在其中工作的成员都能尽力做出最大的贡献。

10、学习需求 学习是每个物种生存的本能。学习本身是一项历程，其中包括了持续的刺激与反应，经由行动的转化、重组与整合，使我们可以反复地验证生活经验，并从经验中能不断地修正自身的行为，使其行为不仅能符合社会的期待，而且能适应社会的变迁。每个人都有自我成长和自我发展的动机。

11、持续的学习需求 学习不是一劳永逸的，持续不断的学习和多样化的学习才能适应时代的要求。

12、HRD的范围 HRD的范围并不局限于知识的传授和技能的训练，其范围包括更广泛的领域，特别是行为科学、学习理论、教学科技、人际互动等都对HRD发生重要的影响。因此，对于人、工作、学习和组织间的交流和互动，都属于HRD的范围。

二、人力资源规划的时代挑战

人力资源发展是80年代出现的并日益受到全世界重视和关注的一个领域。它已经被全世界的政府、企业和各种组织作为发展的新战略，作为提升竞争力的核心武器。人力资源已成为发展的新宗教。导致这一变化的主要原因在于我们这个时代的变化。具体分析，导致人力资源发展的主要原因在于以下几个方面：

1、科技革命与知识社会

美国未来学家托夫勒认为，就知识增长的速度而言，今天出生的小孩到大学毕业时，世界上的知识总量将增加4倍。当这个小孩到50岁时，知识总量将是他出生时的32倍，而且全世界97％的知识都是在他出生以后才研究出来的。与此同时，科学与技术从来没有象现在这样突出地显示出它们的威力和潜在力。科学和技术正在以惊人的速度向前跃进。科学发现与大规模地应用这种发现之间的时间距离也在逐渐缩短。人们把照相术原理付诸实践花了112年的时间，而太阳能电池从发现到生产只相隔两年。跟不上时代步伐的人将落伍，这条规律不仅仅适用于学者或科技人员，而是适用于一切部门的所有人员。在现代社会，每一个人都将面临着：知识和技能的过时，大量的未知的知识，适应新知识和技术，知识和技术的不断更新，终身教育等。

2、信息社会：劳动与职业的变化

科学技术的发展将人类带入了信息社会。信息社会的特征之一在于劳动日益智能化（intellectualization），也就是讲劳动者不再只是直接处理劳动对象，而且还要处理有关生产过程的不断变化的信息。据统计，在美国，属于信息性的职业在 1950 年只有15％；1980 年已超过 60％；而到 2000 年则有将近 80％的职业属于信息性的。在农业社会，大多数人在田地里干体力活；在工业时代，他们照看机器；在信息时代，他们则处理信息与知识。这样，就不得不考虑每个劳动者的知识结构、解决问题的能力和社会适应问题。据预测，从现在到 2000 年，75％的职业都是"新"的，也就是说，没有人能够详细了解他将来从事的职业需要哪些知识和技能。因此，那种传统的和狭隘的职业培训已变得过时，只有基础扎实、适应能力强，才能适应动态社会的需要。

3、人口的增长和变化

人口的增长是目前大多数国家所面临的问题。据联合国统计，全世界总人口 1950 年为 25 亿，1980 年为 44 亿，2000 年将达到62 亿。由此可见，全世界的学习需求到 2000 年将大大地增加。同时，在许多国家，出现了人口老龄化的趋势。考虑到成人人口增加、平均寿命延长，社会老龄化问题对人力资源的开发也提出了新的要求。

更重要的是，许多国家特别是发展中国家，人力资本数量大，同时质量也堪忧。据联合国统计，当今全世界 15 岁以上的人口中，有四分之一以上是文盲。据统计，在中国有 1.8 亿文盲、半文盲，而且还未从根本上杜绝新文盲的产生。在中国劳动力就业人口中，有 60％左右的属于小学文化程度以下的。人力资源开发与培训的任务就十分艰巨。

在此情况下，传统的教育制度不再具有那种应变性。为了确保人们能够得到日益增长的知识以及各种训练，只有通过大规模地求助于传播知识和提供训练的各种手段和媒介，才可能实现。

4、经济对人力资源开发的挑战

近年来，人们对教育、人力资源开发与经济的相互作用有了较清楚的认识。人们已经普遍认识到：人力资源开发的前景，是受经济状况的影响的。经济发展中的失业问题、通货膨胀问题，以及出现严重的财政紧缩，尤其是人力资源投资经费的紧张，对人力资源的开发形成了巨大的挑战。这些挑战来源于：

如何满足以几何速度扩张和变化的要求以及由此引发的对人力资源投资的增加与财政拮据之间的矛盾。对人力资源开发预算的增加，将取决于各国经济发展的速度以及国家将人力资源开发放在何种优先地位上。

失业与就业问题。失业将是许多国家在经济发展中不可避免的一个问题。在发达国家，服务部门的持续发展——这常常伴随着从事工业劳动力的相应减少——并将继续下去。同时，经济发展对新的职业的需求将会扩大。据国际劳动组织（ILO）的统计，全世界工作人数在本世纪末将达到25亿。这就意味着：人力资源的开发如何与解决失业人口问题相联系，以为未来劳动力的就业与发展提供必要的保障。

根据以上的分析我们可以看出，一方面，人力资源的重要性在不断增加。如果说在工业社会人力资源的教育与开发只是一种陪衬的话，那么在现代信息社会，人力资源的发展就成为一种推动力或基础；另一方面，时代的发展也为人力资源发展提出了新的课题和新问题，需要人力资源管理者的高度重视和回应。

三、现代人力资源规划的基本趋势

随着国际社会对人力资源开发战略地位认识的不断强化，人力资源发展理论研究的不断深化，以及人力资源发展工作在世界范围内的不断展开，在整个世界范围内，人力资源的发展无论在观念形态上，还是在实际行为上，都出现了一些新的趋向。这些趋向反映了世界范围内人力资源规划发展方向的基本趋势：

1、人力资源投资观念的确立与人力资源开发投资的增强

364

人力资源作为一种经济性资源，它具有资本属性，又与一般的资本不同。它作为一种资本性资源，与一般的物资资本有基本的共同之处。资本的共同属性表现在：（1）它是投资的结果；（2）在一定时期，它能获取利益；（3）在使用过程中也有损耗或磨损。人力资源同样具有这三种属性。首先它是投资的产物。传统的理论在很大程度上忽视了这一点，甚至错误地认为它是自然形成的同质资源。事实上，人力资源确实是社会和个人投资的产物。人力资源的质量完全取决于投资程度。一个人的能力固然与先天因素有关，但能力获取的后天性是最主要的。一个人后天获取能力的过程，便是接受培训教育的过程，教育培训就是一种投资。可以讲，人力资源投资是人力资本形成的基本条件。现在，人们已经普遍认为：人力资源的教育培训是一种投资（investment），而不是一种消费（expense）。

在当代世界，"投资于人力资源并使之优先发展"已成为大多数国家的战略共识。在工业发达国家，培训费用在过去10年间一直是政府支出项目中增加最快的一项。许多国家尽管受到财政的压力，但仍试图不断加大人力资源投资的强度。在发达国家用于人力资源的投资占国民生产总值的比例平均为6.5%左右，发展中国家平均为4%，世界平均水平为5.7%。"投资于培训"已成为许多企业和公司的投资重点。当日产汽车公司在美国田纳西州开始经营时，在工厂开工之前，它花了6300万美元培训约2000名工人，每个人培训多达3万美元。美国伦纳德公司每年用于每位员工的培训费用达1000美元。

2、终身学习和培训的确立

在当今世界，知识、技能、价值观变化的速度越来越快。学习已经不是人生某个阶段的事情。在处于不断变化的新信息社会中，我们不能期望受到一次教育就一劳永逸了，现在没有一种知识或技能可以终身受用。教育与培训第一次真正成为以这种或那种方式贯穿于，人的一生过程，其目的和形式必须适应人在不同发展阶段上的需求。

3、培训教育的制度化与法制化

在全球范围内兴起的"人力资本投资"和"终身教育"等现代人力资源开发观念的影响下，培训教育作为社会发展战略的一个有机组成部分正在被越来越多的国家纳入法制化与制度化的轨道。

如美国，早在 1938 年 6 月 24 日，总统颁布了 7916 号行政命令，规定联邦文官委员会掌管联邦政府雇员训练事宜。1958 年 7 月正式颁布《政府职员培训法》（The Government Training Act）。该法令规定了训练的宗旨在于加强行政效率；该法适用于联邦一切公务人员。70 年代末，美国又颁布了《成人教育法》，提出法案的目的在于"使所有的成年人都学到为社会服务所需的基本技能"，"以使他们成为更能受雇用、更有才能和负责任的公民"。

法国政府也十分重视培训的制度化运作，形成了考试、培训、晋升的完整制度。法国公务员法规定，各官厅、各机关无论在任何场所，必须对所有合格的公务员确保其研修与依序编入上一级的便利。又规定 A.B.C 三级的官员采取竞争考试，在考试后，很多公务员 特别地位法规定不能正式任命，必须通过一个实习阶段，根据实习成绩决定是否正式任命。实习可能在工作岗位上，也可以是在学校实习，即实习与培训结合，如法国国立行政学院。政府为适应训练需要，创立了专门的学校，这类学校一方面是公务员考试录用机关，一方面又是公务员培训机关。1978 年，法国通过法令规定了各企业应提供培训经费（工资总额的 2%），而且确立了带薪培训休假制度，任何工人都有要求脱产培训的权利。

日本公务员法规定，人事院及各部部长，对公务员工作效率的改进与发展，应制定研修计划，此项效率改进计划，与考绩列入同一范围之内，目的在于培养初任工作人员执行职务的知识及适应性；维持并增进执行职务的能力；赋予晋升、监督的能力；培养行政官员。1956 年建立行政研修制，1959 年人事院设置公务员研修所，作为行政研修的常设机构。1979 年日本政府颁布《职业训练法》，该法第一条规定，该法的"目的在于同雇用对策法相结合，共同开发和提高劳动者的职业所需要的能力，通过充实职业训练内容，普及和加强职业训练及技能鉴定，以谋求劳动者职业的稳定和地位的提高，并有助于促进经济和社会的发展。"

4、学习性组织的建立

传统上，人们更多地将组织视为一个工作场所、利润生产中心、或控制管理的场所。在技术、知识、环境日益变化今天，人们越来越感到传统组织观的过时，而提倡学习性组织（Learning Organization）美国《财富杂志》（Fortune Magazine）认为，在二十世纪九十年代乃至以后，最成功的组织将是学习性组织或知识创造的公司（Knowledge Creating Companies）。学者丹尼尔·托宾（Daniel·R·Tobin）认为学习性组织最大的特点在于：接受新观念的开放性；具有鼓励并提供学习与创新机会的文化；具有整体目的与目标。另一些学者认为学习性组织的基本特征在于：学习意愿强；强烈地效力与新知识传播；敏于学习组织环境外的新知识。学习性组织反映了当今世界组织与知识和技术变化的适应，换言之，学习性组织的观念强调知识、科学、技术对组织的重要性，并倡导组织作为知识创造中心的作用。

现在越来越多的人强调并倡导建立学习性组织，托宾认为学习性组织意味着：

·组织中的每一个人都是学习者；

·组织中的每一个人彼此相互学习；

·通过学习促进组织的变迁；

·强调学习的持续性；

·强调学习上一种投资而非消费。

在现实中，学习性组织已经成为一种发展的现实，而非仅仅是一种理念。正如约翰·奈斯比特所言："当今，大学越来越更象是企业，而公司越来越象大学。"在许多发达国家，公司与企业的培训和教育规划如此广泛与深入，实际上代表着全国公、私立学校，学院及大学以外的另一个体系。据美国卡内基教育基金会在题为《公司课程：学习的企业》报告中所讲的："深深扎根于美国企业界并在全世界广为采用的替代教育体系已经成熟并在不断发展。"报告中说，公司每年用于教育和培训的钱约为 600 亿美元，这一份额相当于全国学院和大学的费用。大约有 800 万人在公司内学习，这一数字相当于在高一级学校注册入学的人数。该报告同样列举了大量例子说明学习性组织：

·在美国，至少有 18 家公司和协会有权授予学位。

·许多公司都有权授予硕士学位，兰德公司有权授予博士学位。

·施乐公司、国际商用机器公司等拥有 400 所大学校园。

·"教育巨人"国际商用机器公司在雇员教育方面一年花 7 亿美元。

美国培训与发展协会的调查表明：大型公司基本上都配有专职教师。美国摩托罗拉公司创造了自己具有创新意义的培训模式：建立个人培训账户，从工资总额中提取 2.5% 的资金用于培训，专款专用。这一切反映了知识时代组织发展的趋向。

5、培训形式与方式的多样化

在培训方式、方法上，无论是公共组织还是私营组织，皆本着学用一致，按需施教，讲求实效的原则，呈多元化的发展趋向：

·在体制上，趋向于集中化的控制（政策和法律），散性的管理。如美国改变集中化的培训体系，将培训权力分散于各州和地方政府。1983 年的"就业与培训合作法"，进一步将培训权力下放给地方和企业，联邦政府只起协调、指导和资助作用。使之更趋于符合市场要求、适应多样化的培训要求。

·培训方式多元化。包括国家专门培训教育机构的培训、委托培养、自修、职业指导、研究员制度、业余培训、现场培训、岗位轮换、工作扩大化等。

·企业与教育界的联合。企业界与教育界共同对人力资源的开发进行合作，供需双方协调。英国斯温登大学从 1985 年起开办"公开学习中心"，向个人和公司开放，他们可以按小时为单位购买学习时间。学校日趋企业化，并试图成为"企业家精神的孵卵器。"越来越多的公司也建立起自己专门化的教育机构。

6、培训的信息化与手段的现代化

随着科学技术的发展，科学技术对 教育培训的影响越来越大。其中信息处理技术在教育培训中的应用，促使教育培训更具好的前景。差不多所有的国家，计算机在培训教学的各个环节如资源管理、政策分析、资料处理、模拟教学等发挥了作用。当然，信息技术运用于培训教育之中是否能取得成效还取决于许多因素，例如，具备用于开发必要的硬件以及更为重要的软件的开发及投资；拥有操作这些新技术的合格人员；教师、管理部门与技术人员的合作；保证存储信息的质量等等。对于新技术运用的前景，有人认为未来的培训教育将完全"非机构化"，即学校和培训机构衰落，有人认为则不可能。但有一点是可以肯定的：视听技术和信息处理技术将日益在培训与教育中发挥作用。

7、培训教育的国际化

从本世纪 60 年代后期、70 年代初期，国际政治、经济的一体化不断发展，科学技术的发展使全世界在时间和空间上的距离缩短。"地球村"的预言（the global village prophecy）正在变为现实。人们再也不能互相回避或坚持闭关自守的孤立主义政策。不断增强的流动性、现代化的交通与电讯技术、国际政治经济一体化不断促使人们认识到跨文化沟通的重要性，在此背景下，国际培训（international training）日益发展。

国际培训或培训的国际化，反映了培训在下列方面的重要变化：

·在培训的内容上，强调了解世界、了解他人的重要性。培训教育面临着双重的使命：了解自己，表现自己的差异，追求自己的文化，加强自己社会或群体的团结；同时要致力于克服闭关自守，在尊重多样性的基础上了解他人，从而帮助将事实上的依赖变成有意识的团结。

·开展有利于人力资源发展的债务转换工作。如联合国所讲的，由于教育与培训是一种长期投资，在调整计划中经常沦为牺牲品。因此将国际债务转换为人力资源的投资。

·在人力资源教育与培训中展开国际合作，在国家之间公正的分享知识，发展国际合作项目。

·将更多的发展援助款项用于人力资源投资。

8、人力资源发展培训的职业化

如今，随着培训被作为实现各种发展目标和组织目的的强有力手段被人们的普遍接受，以及培训活动的广泛展开，培训的职能在公、私组织中日益专门化，培训工作日趋职业化。这主要表现为：培训已发展了自己的一套理论体系；已发展了一批专门从事培训工作的管理人员和培训专家，并以高超的培训知识获取了权威；实施培训已得到社会的认同；职业化的组织已经建立；发展了培训的职业标准，并逐步形成了培训的职业文化。

对人力资源进行合理规划，就为进行有效人力资源整合打下了良好的基础。

12.2.2 全球化人力资源整合

人力资源规划只是人力资源整合的基础，而要进行人力资源整合还要讲究一些方法和方式。只有方法和方式合理，那么进行的人力资源整合才会是有效的，才可以帮助企业提高自身在市场经济中的竞争力。

在如今世界经济全球化和一体化的情况下，企业面对的竞争是越来越激烈，而人力资源的重要性也已经不言而喻。企业要想在激烈的竞争中生存、发展，就必须对人力资源进行有效的整合。我国的大多数企业目前在人力资源整合以及人力资源管理上，和世界知名的企业还存在一定的差距，所以我们要抓住时机学习先进的人力资源管理和人力资源整合的经验和研究，也要求企业在自己的日常生产中摸索和总结。

传统的人力资源管理，大多是指对人力资源队伍内成员的维护与开发，提高个体的作战能力。解决的是"人力资源做什么"的问题。而人力资源整合，则侧重于在个体能力达到一定水平的基础上，对员工队伍整体的改善与开发，从而提高总体作战能力，把着力点集中在"人力资源提供的是什么"这个问题上。

当前，面对加入世贸组织的挑战，面对世界经济全球化带来的强大竞争压力，各个企业都在审时度势地思考自己，人力资源整合更看重的是产出，即保证人力资源在制定企业战略、提高企业效率、员工贡献度和应变能力等方面高效产出。这恰恰是各个企业面对竞争与挑战所急需的。因此，我们要解放思想、更新观念、与时俱进，以现代企业人力资源管理观念和方法取代传统的企业人事管理，抓住最佳机遇期，着手进行人力资源整合。

一、加强人力资源整合应注意把握以下几个方面

首先，要以全新的思维构建人才战略，坚持"以人为本、开发能力、提升绩效"的人力资源整合的总体思路，着眼于国际国内竞争的总体需要，坚持以人才资源能力建设为主题，以调整优化人才结构为主线，以培养选拔行业急需适用人才为重点，以改革创新劳动人事制度和人才管理体制为动力，以为企业提供人才支持为根本出发点，充分利用好国际国内两个人才市场，以只争朝夕的精神，抓紧培养人才、吸引人才和用好人才。在企业组织结构调整和工商管理分离的实施过程中，要结合企业实际，分层次抓好三支队伍建设。尤其不能忽视职工技术队伍的建设。[4]

其次，要建立健全有利于优秀人才脱颖而出的用人机制。我国加入世贸组织对于用人机制提出了严峻挑战。人才竞争的本质是选人用人制度的竞争。我国唐朝的大文学家韩愈曾说过：世有伯乐，然后才有千里马。在现在我们更应该看到：哪家企业的选人用人制度更有优越性，更能凝聚人、激励人、更能挖掘和盘活人才资源，更能发挥人的聪明才智，对优秀人才就更具有吸纳和聚集功能。有了好的制度，没有人才也能吸引人才。反之，没有好的制度，有了人才也会很快流失。从一定意义上讲，大部分企业都是人力资源比较充足的企业，但不是人才资源充足的企业。人员较多与高素质人才数量短缺并存，人力资源较为充分与人力资本缺乏并存。为此，必须坚持任人唯贤、德才兼备的原则，坚持用好的作风选人，选作风好的人。必须坚持公开、平等、竞争、择优的原则，坚持能上能下，能进能出，优胜劣汰，不拘一格选贤任能。通过公开选拔、公平竞争等途径，把那些事业心强、成绩突出、业务技术过硬、群众公认的人才选拔出来并委以重任。要建立科学的人才考核评价体系，从而形成正确的用人导向。在分配上要重实绩、重贡献、对于人才特别是高素质的人才要实施政策倾斜，对于做出突出贡献的人才要给予重奖，保证一流的人才做出一流的贡献并享受一流的待遇。再次，要为人才创造拴心留人的良好环境。在全行业要形成尊重知识、尊重人才、鼓励创新的良好氛围，通过人力资源整合，激励各类人才有效地发挥自己的智慧和潜能，努力为企业多做贡献，面对国际国内的激烈竞争，不遗余力地发挥自己的聪明才智。人力资源整合要树立人才是第一资源和人力资本投入优先的理念。人才资源是最宝贵、最重要的资源。对于人才培养开发的投入，是企业最有经济效益和综合效益的生产性投入，是收益最大、回报最好的投入，企业应该在这方面舍得投入。古语说：士为知己者死。在当前的人才竞争中，企业经营者就要在在各个方面为人才提供有利的发展空间，让他们可以充分发挥自己的特长和能力，为企业的发展作贡献；还要让这些人才看到，他们是备受重视的，可以在心理上有一种成就感和满足感，这样才可以稳定住他们为企业作贡献的信心，并且还可以提高他们在工作中的积极性。

二、如何才能有效整合企业人力资源

1、完善人力资源管理的程序

372

要想对人力资源进行有效的整合，我们首先还是要在人力资源管理上下功夫。"人力资源管理的目的是要以员工整体素质与企业战略和组织结构相符合、相匹配，人力资源的获取与配置、保持与激励、控制与调整、开发与培养等实际上是环环相扣的整合过程，不经整合的人员只是人材——原料会在动态中流失，而不是人才——成品，人才发挥作用，才能成为人财。"

有人认为，当人才成为企业的财富，即是松散的个体融合到企业中去，不仅要在组织上参加到本企业中去，而且在思想上、感情上和心理上与组织认同并融为一体，这种整合是长期的，系统性，绝对不是一次性的行为。所以说企业要想进行人力资源的有效整合，就必须完善人力资源管理相应的程序，注重企业与员工之间的"整合"效果评估。如果说，不能完成这个人力资源管理的程序，或者说这个程序不科学、不完善的话，那么在企业在进行资源整合时就会产生矛盾，从而不利于人力资源的有效的整合。

2、注重员工的个体需求

"整合全过程的环节完善在于员工个体需求的再造，企业敢于正视员工个体需求，了解员工需求，不忽略水下冰山才能对人力资源整合产生积极的影响。"做企业咨询的时候领悟到人力资源管理要取得效果，不仅要注重整合全过程的调控，还要注重员工个体需求。

某电信有限公司，定位在争做"中国一流的电信服务商"，因而确定"服务传心意，追求更满意"为企业精神，公司希望每一位员工都以此为目标去努力。但实际情况是：员工个体的需求与此是有距离和差异的，他们不反对企业的经营理念，可也盯着个人的空间。是一味地强调企业大目标的追求，还是重视员工需求，在确定企业大目标的前提下，帮助员工设立个人奋斗的小目标，形成共同的事业远景？只有寻找到可以引起共鸣的"整合点"才能使得人力资源得到提升，否则，"当你试图挥师前进的时候，最可怕的是回头发现身后空无一人。"如果出现这种情况，那么不要说进行人力资源整合了，就是企业的生存都会变得很困难。

所以说企业在进行人力资源的整合时，要进一步体悟到"客观地分析员工需求，并把员工的个体需求贯穿于人力资源整合的全循环"。于是上述电信公司经过整改之后，每招一批人员，该公司都不厌其烦地设计各类问卷或召开相应的座谈会，询问个体需求，并为其剖析个体需求实现的相关性。"正确分析和重视员工需求，明确单人的个体性与企业相协调是双向和互动互利的，会使得企业中的每一个人，在企业经营理念下团结一致，朝着已确立的目标去努力"。

在人力资源管理中，有"事业留人，事业塑人"一说。就是要承认："企业成功靠每位员工的努力"，这种努力应以建立员工个人的事业为出发点。当员工明白，他能和企业一同成长，有着个人才能表现的舞台，他将珍惜在企业工作的机会。为此，要想使员工关心企业，能够与企业同心同德，尽职尽责，全心全意，最关键自然是令员工相信只要努力，就能分享企业成长所带来的好处，激励的到位，才能有助于员工树立积极工作价值观，才能真正感受到事业成功的乐趣，才能体会出人格的被尊重，也才能表现出敬业爱岗的精神，公司才真正被员工所热爱，尽管员工会说："我不知什么是事业，但我热爱这份工作，这使我开心……"。所以，企业要想进行人力资源整合，关键在于营造"事业留人，事业塑人"的环境，使事业成为员工的最大需求。使员工在追求这一需求的实现中，完成人力资源的整合，使"再造"与"整合"能在互动中见到成效。正如员工在公司一次次竞争上岗中，互动地促进，使整体素质得到综合的提高。

3、塑造良好的企业文化

企业和员工的互动要遵循"注重以对方为导向"的重要原则。而良性互动来自于良好的企业氛围。"企业文化是管人的最高境界"。其实质在于企业文化能统一员工意志，形成合力；能胶结员工形成粘力；能目标奉献形成动力——这三力整合就是企业的竞争之力。所以说重视企业文化是人力资源整合的关键。

企业文化的基础是科学精神，核心是事业精神，标准是团队精神，三神合一渗透到员工内心，才能成为企业的文化，并成为员工所认可和追求的价值观。融合了员工高尚需求的企业文化，必定有利于员工需求再造和人力资源整合的互动和有序。现在有很多企业都在强调营造学习型企业，把员工培训作为企业提升竞争力的首要任务来抓，让每位员工意识到：接受培训，不再仅仅是企业的需要，更是个人的需求所在，因此，使员工需求得以再造，"人人关注培训，个个自觉学习"就成为公司的风气，企业的学习文化氛围就得以营造，人力资源整合以培训系统的启动而有序运作。

我们可以看到如果想让员工为企业贡献自己的全部能量，除了注重他们的个体需求外，更要注重企业文化的塑造。因为每一个人都是有思想、有情感的，除了物质利益的吸引以外，企业更要注重对他们情感的关注。这就是企业文化的作用。《三国演义》中三国争霸，就好比是现在市场经济中企业的竞争。每一国都有自己的"文化"，关羽为什么会过五关、斩六将，历尽艰难回到刘备的身边，可以说就是这种"文化"的结果。如果换作是企业的话，那么良好的企业文化可以稳定员工的心理，并激发他们工作的积极性。这样企业就可以从容的对人力资源进行有效的整合。

4、管理者与员工进行有效的沟通

每一个企业当然都希望能够看到属下的员工"心往一处想，劲往一处使"的动人情景，那么这样的企业将是无往而不胜的。这种上下意志得以统一的良好氛围，并不是一朝一夕所能够得到的，而必定是不断沟通的结果。因为，沟通是维护企业整体性的一项十分必需的措施。当企业目标已定，作为管理者期待的是"一呼百应"，可员工由于需求的着眼点不同，未必会响应，这就需要通过沟通，让"整合"与员工需求再造能够互动，即辅以一定的压力并转化为自我提升的动力，使员工由看局部到看整体，从而调整个人需求的角度，以适应企业发展的大局。

企业要想进行人力资源的整合，就需要让员工理解企业的经营理念、发展目标、规章制度等等。而这就需要管理者和员工进行有效的沟通，让双方形成一种共同的目标，形成一种合力。企业可以凭借这种合力，在对人力资源进行有效的整合时，就可以减少许多的麻烦和阻力。

5、拥有从事人力资源整合的优秀管理人才

每一个企业都会有员工不满意，这些员工通俗上被称作"刺头"。如果是人力资源"整合"的行家里手，就必须有"调兵遣将"的风度，让这些"刺头"理解和认可他的"整合"。这就要求企业的管理者勤于日常观察，了解员工需求，甚至能比员工本人更清楚其个人潜能，而深化了员工需求，使"整合"方式的选择更具个性化，必然能够使人力资源得到较大效用的"整合"，从而使"员工关心自己的企业"成为现实，其准则是要使员工相信自己是企业的"主人"，个人的需求与企业的目标是有相融性的。所以从事人力资源的人最好能具有争做"五星级实操者"的积极心态。

一如教练——虽每个教练的指导风格各不相同，但追求的"梦"是很明确的，就是要带着运动员争夺冠军。因而，教练必须了解手下每位运动员的个性、特长；还要有协调和组织队伍的整合能力，更少不了要有教导与陪练的能力和技巧及耐心。这与人力资源管理有着实质上的一致性。

二如辅导员——这是类似于心理辅导员的角色，要善于倾听，懂得运用互动的方法，在沟通中，了解对方的需求，但不给对方明确的答案，而是策略地设问："你觉得呢？""还有更好的办法吗？"以这种"带动"式的听，帮助对方找到解决问题的方法。这与人力资源管理对下属的督导培训方式是一样的，能够引导下属自己主动地解决问题。

376

三如老师——因为老师具有希望学生"青出于蓝，而胜于蓝"的育人心态，正如学生高考的成功率越高，老师就会越开心，而不应是"教会徒弟，饿死师傅"的观念。这与人力资源管理中对人才的培养及使用有着同样的含义和关系。

四如导游——导游的工作责任就是就景点的宣传而设置的。所以，对曾经走过的路径，是知道这条路上哪里有沟、哪里有坎，并应记于心中，事先或在途中对游客予以关照，这样才能顺利地带好队伍，使旅途安全，游玩尽兴。这是导游必需的功力，就是要先自己尝试，并愿意把心得拿出来分享。也就是说：要做一个超级的导游，就要会开拓路径，走前人没走过的路，寻找新景点，这不仅要有勇气和毅力，更要有创新意识，要有丰富的想象力，能辨方向，鼓动人，这样才能导出景色的奇异和内涵。这与人力资源管理对员工远景的设计及引导追求是一样的。

五如朋友——因为好的朋友，能够相互间给予空间，给予支持，会关心对方，就算一起哭和笑都很正常，所以，一个称职的管理者，应如朋友一样，可说心里话，是值得信赖的。这与人力资源管理希望营造的企业文化氛围是相同的。

如能切切实实得将上述的五种角色融合于日常的人力资源管理操作之中，是可以使"人力资源的整合与员工需求的注重"得到双赢的效果。

此外，为了确保整合的成功，提醒大家在操作过程中需要注重六事：

①注重日常观察，有事即知；
②注重仔细倾听，了解需求；
③注重以诚相待，激发热情；
④注重培养引导，给予空间；
⑤注重得失分析，关怀到位；
⑥注重奖惩得当，制度完善。

总之，企业人力资源整合的目的，不是个体能量的简单叠加，而必须是有序的和有方向性的叠加，是量变到质变的过程。所以企业在面对市场竞争时，对人力资源进行有效整合，使企业的人力资源总和达到最大化和最优化，进而推动和提高企业的绩效，有效地提升企业的核心竞争力。

参考文献：

[1]《新世纪中国人力资源管理研究面临的挑战与发展趋势》来源：《人力资源网》

[2]《公司并购后人力资源整合对策初探》来源：《人力资源网》

[3]《人力资源发展：性质、时代的挑战、意义和趋势》来源：王捷《人力资源发展》

[4]《人力资源整合企业打开成功之门的钥匙》来源：《人力资源网》

第十三章　城市资源整合与运营

进入 21 世纪，我国城市发展进一步加快，但是城市资源的匮乏与城市经济高速发展是不相协调的，那么在加快城市经济跨越式发展的同时，如何保持经济与环境、资源之间的相互协调，如何实现城市可持续发展，建立资源安全城市环境，是摆在我们面前的重大课题。

第一节　我国城市资源面临的主要问题与转型困难

在我国，由于工业化起步较晚，而为了带动经济发展而实施的城市化带动工业化的发展政策，是我国的城市化进程中出现了很多不和谐的音符。其中有客观上的原因，也有主观上的原因。在这些原因中，资源问题又是最重要的问题。在此，我们探讨一下困扰我国城市经济发展的主要资源问题。

13.1.1　城市资源的界定与分类

现阶段，我国有很多城市争相提出了"经营特色城市，带动经济发展"的口号。那么经营城市要经营什么呢？我们首先要明确经营城市的客体。可以说，凡是城市里能够资本化、资产化的资源，不管是物质的还是精神的，有形的还是无形的，只要它有利于筹集城市发展资本，有利于增加城市吸引力和竞争力，有利于城市可持续性发展，都是经营城市的对象。

按照性质划分，主要包括五个方面的资源：自然资源、社会公共资源、人文资源、延伸性派生资源及政策性资源。

一、自然资源

1、土地

土地是最基本的生产要素，不管是一个发展中的城市还是发达城市，对土地的合理使用，决定着城市发展的高度与品位。如

379

果以浪费土地为代价，建立起一个表面很现代化的城市，那是对国家、对人民极不负责任的。因为我们知道在城市中"寸土寸金"，因此，我们要珍惜和合理利用城市中的每一寸土地。

2、山水

可能对于很多城市来说不能够完全拥有这两种资源，因为我国各个区域的地形和地貌都是不同的，有些城市可能就是在平原区域，而有些城市本身就处于干旱地区。也就是因为这些客观存在的制约因素，我们现代化的城市发展更要注重对城市山水资源的合理利用与配置，朝建设有品位的城市方向发展。

3、空间

众所周知，城市的发展受到空间的很大限制，比如交通、住宅、休闲场所、活动场地，如果是在商贸中心或者工业中心，可能就没有足够的空间来建设这些设施。解决好城市发展空间问题，做好城市发展规划至关重要，而不是对城市建设无限制的边缘扩张。

二、社会公共资源

1、电力

作为现代城市发展的主要动力之一，作用不可低估，几乎整个城市的运转都离不开电力的驱动。在耗费了大量的物力、人力、财力的情况下，我们要格外珍惜利用电力资源。

2、道路

城市交通的枢纽，近年来，随着我国人民生活水平的提高及城市发展加快，我国城市交通压力也日益加大。据资料显示，我国有很多大城市因为不合理的城市建设而造成道路拥挤，使得城市的发展受到影响。

3、桥梁

与道路一样，对城市的运行起着至关重要的作用，合理的建设立交桥可以在一定程度上缓解交通压力。但是对它的建设也不应该盲目，要充分考虑到各方面的经济因素。

4、市政公用设施等

主要指一些公共设施，比如公共汽车、地铁、公园、大型休闲娱乐场所等，这些都是为了城市整体朝良好方向发展所做出的努力，因为这些公共设施关系着市民的生活品位。城市经营者在公共设施建设上要充分考虑到市民意见，已达到合理有效配置公共设施资源。

三、人文资源

1、人力

人力资源是城市所拥有的得天独厚的条件，因为城市经济的快速发展必然引无数有识之士前来寻找发展的机会，这样就可以为城市的发展提供大量有用的人才，从而更快的发展城市、建设城市。

2、文化

城市文化象征着一个城市的品位，拥有一个积极向上、健康审美的城市文化主题，是一个城市竞争力的主要组成部分。因此，发展城市不仅仅是发展城市经济的问题，更主要的是城市内涵。

3、科技

科学技术是第一生产力，在城市因为有大量优秀的人才、高校及众多的研究机构，科技的发展获得了更好的空间，在推动城市经济发展上有更大的好处。

四、延伸性派生资源

1、信息

在信息产业发展迅速的今天，信息对城市的发展更加至关重要，建立通畅的信息系统能更好的关注世界政治经济形势，已能更好的促进城市经济发展和城市现代化建设。

2、品牌

人需要一个好的形象，企业需要一个良好的声誉，同样，城市也需要一个良好的品牌，品牌资源不仅包括城市形象，也包括在城市内知名企业的产品品牌，比如青岛的双星、海尔、海信等大型知名企业对青岛城市品牌的建立起着举足轻重的作用。

五、政策性资源

1、媒体

在信息化的今天，媒体资源是城市向外界进行自我展现的重要工具，合理利用好媒体，对于城市的文化、内涵、品牌、形象建设都会有很大的作用。

2、法律法规

作为一个城市，国家在其发展空间和政策上都会有不同程度的优惠，利用好这种政策性和法律性上的优惠，可以更好地吸引外来资金去发展城市，建设城市。

13.1.2　我国城市资源面临的主要问题

一、城市规划不合理

城市规划是城市建设管理的龙头和灵魂，是对城市建设在时间、空间上的战略部署，对城市发展至关重要。城市规划关系经济社会和人民生活的各个方面，包括经济社会发展、土地利用、基础设施、居住、交通通讯、自然资源、生态环境、历史文化、游憩、防灾减灾等。其根本目的就是为广大的城乡居民谋求切身的现实利益和长远利益。但是国内仍然存在很多规划不合理的城市，而这种不合理直接后果就是造成资源浪费，和给市民生活带了诸多不便，以致阻碍城市经济的发展。

今年11月份，深圳市下发了《中共深圳市委、深圳市政府关于进一步加强城市规划工作的决定》，《决定》中确定了城市规划在今后政府各项工作中的龙头、先导地位。这份《决定》掀起的变革主要内容集中在对规划体制的重新梳理，创新城市规划实施机制，以充分发挥规划对深圳城市发展的调控功能方面。它的出台背景虽然可以归因于落实科学发展观、建设"和谐深圳"、"效益深圳"，但这一切均源于深圳当前面临最严峻的现实——土地资源和城市空间的难以为继。

据统计，过去15年，深圳平均每年消耗的建设用地总量是35

平方公里，全市现有的建设用地总量只有 200 平方公里左右，而且已经几乎没有可供成片开发的土地，按照目前这种态势，"十一五"期间，全市的建设用地就可能消耗殆尽。另据统计，现在特区外工业用地已占所有建设用地的 43.7%，远远高于国家规定的最高占 25% 的标准。

在这种形势下，深圳把"宝"押在了充分发挥城市规划的统筹作用上，以实现深圳土地空间资源的高效利用。许宗衡说，各级政府和部门今后应更加重视规划的统筹和先行作用，提高资源的高效利用，为实现效益深圳的目标留下宝贵的空间资源。

二、城市发展中盲目扩张

城市扩张是与城市经济发展的水平和城市财政的承受能力为基础的，但是国内的一些城市在某些领导"政绩工程"、"形象工程"的影响下，形成了盲目扩张。而城市外延如果无限制地扩大，就会造成所谓地"城市病"，即：城市人口拥挤、交通堵塞、环境污染、地价昂贵、城市管理难度加大、治安环境日趋恶化等等。

1、"单中心＋环线"引发城市交通弊端

以北京为例，长期以来的以旧城为单一中心、以改造旧城为主导方向发展城市，形成了向外建设环线、新区包围旧城、同心同轴蔓延的生长模式，使北京市区建成区面积扩大了 4.9 倍，市区人口增加了近 4 倍。

由于商业、办公等城市就业功能过度密集于旧城区，近 20 年来，北京市中心区的交通拥堵一直难以得到有效缓解。

在这样的情况下，住宅郊区化无序蔓延又使城市交通雪上加霜。由于城市的就业功能密集于中心区，住宅只能在郊区集中发展。这使得巨量的就业人口必须早晚拥挤在往返于城郊之间的交通之中，生活与就业成本难以降低，并使道路、公交等设施超负荷运转。

2、无限制扩展城市规模造成人口过度拥挤

经专家论证，北京市区人口规模以 645 万人为宜，人口过量增长会加剧资源紧张、交通拥堵等一系列弊端。北京经过50多年的建设，市区建成区面积已突破490平方公里，市区人口也已达到610多万人，已接近市区的环境容量。北京与12个同等规模的世界城市比较，用地是最密集的，人均用地是最少的，城市化地区人口密度高达每平方公里14694人，远远高于纽约的8811人、伦敦的4554人、巴黎的8071人。

作为中国政治、文化地中心，这种特殊地优势使人口大量涌进北京市区，其结果必然导致过度拥挤地现象发生。这又反过来导致北京市不断的向外继续扩展，继续"摊大饼"，造成恶性循环。

3、城市结构与布局不合理

由于城市发展和扩张还要受到地理、环境等方面的限制，因此在城市结构和布局上总会有出现不合理的现象。例如，会导致某一区域的高人口密度与环境恶化；在城市中心区域内，会存在许多国有或集体的工业，它们占据了市区重要地段，土地级差得不到体现，造成土地经济资源的严重浪费，同时这些企业造成的环境污染，影响了城市的景观与环境；土地利用与道路交通脱节，突出表现在城市整体用地结构与布局形式未充分考虑整体交通的组织，造成部分交通资源的无端浪费。

4、其他城市问题

由于城市人口、交通等方面地问题，最终会导致一些其他的"城市病"：环境污染，地价昂贵、城市管理难度加大、治安环境日趋恶化等等。

三、城市交通问题突出

近20年来，我国城市获得了前所未有的发展。但是，一些城市所出现的交通拥挤堵塞问题也是空前严重的。目前，全国32个百万人口以上的大城市中，有27个城市的人均道路面积已经低于全国平均水平；90年代中后期，上海等城市中心区50%的车道上高峰小时饱和度更是达到95%，全天饱和度超过70%，平均车速下降到 10km/h。为此，交通问题已经日益引发各城市政府的重视，并已成为民众关心的焦点。2000 年，国家公安部、建设部更是联合发文，要求全国部分城市实施道路交通的"畅通工程"，力图通过行政手段促进道路建设和交通管理协调，推动城市交通拥挤堵塞问题的缓解。但是由于种种不同的原因，至今认为能从根本上解决城市交通上的压力。

由于机动车的不断增加，使得道路的车流量大幅度增加，但城市道路建设速度以及管理水平相对滞后，车辆数量与道路能力严重失衡。据北京交管部门统计数据表明：机动车增长 12%，市区面积增长 6.6%，公路道路长度增长 2.2%，道路建设远远低于机动车的增长速度，交通拥堵是必然的事实，使原本的高效率出行，变成了低效率的运行和等待。车速较低、汽车排放的废气大大增加，给城市大气环境带来严重污染。城市生态环境的不断恶化，大气环境污染的日益严重，城市交通污染已成为当今难以解决的顽症。此外，部分道路设计不合理，交通设施的不配套，以及大量交通违章引发的交通事故都扰乱了城市交通秩序，加剧了道路拥堵。

城市交通拥堵，导致交通秩序混乱，交通堵塞状况日益严重，机动车经常处于怠速工况，从而排出大量的有毒气体；司机不规范的驾驶行为，如急加速、急刹车等，极易造成短时间内供油量增加，使燃烧不完全，排出黑烟；个别公司对车辆的维护保养把关不严，公交车燃油状况较差。这些都对环境造成了污染，汽车排放的尾气成了流动的污染源，大量排放的汽车尾气和烟尘、噪声等造成的交通污染，使城市空气质量和生态环境恶化。

四、资源浪费严重

城市资源的浪费不可胜数，大量的重复建设，人力、物力的浪费和不合理使用都导致了城市经济发展的滞后，这里我们以水资源为例了解一下中国城市资源利用的情况。

据国家权威资料显示，中国城市水资源供给和使用过程中跑冒滴漏等严重浪费水的现象普遍存在，多数城市用水器具和自来水管网的漏失率在百分之二十以上，以至人均综合用水量比欧洲国家高一倍。

据调查，目前，中国有十四个省、自治区、直辖市的人均水资源拥有量低于国际公认的一千七百五十立方米用水紧张线，其中低于五百立方米严重缺水线的有北京、天津、河北、山西、上海、江苏、山东、河南、宁夏等九个地区。

近年来，中国由于水资源不足，用水紧张状况加剧。据统计，全国六百九十九个城市中，有四百个城市常年供水不足，其中天津等一百一十个城市已受到水资源短缺的严重威胁，年缺水量六十亿立方米。有的城市被迫限时限量供水，严重制约着当地经济和社会发展。

五、科技创新体制不健全

中国自然科学奖曾经连续 4 届一等奖空缺，国家技术发明一等奖也曾经连续 6 年空缺。这一结果可能会让很多中国科学家感到颜面扫地，但这也不是科学家的主要责任。国内的科学研究缺少原始创新，缺少具有自主知识产权的重大发现才是主要问题。科技创新体制的问题已经提出很多年了，但是还是没有从根本上获得解决。究竟为何？归纳下来主要有这样一些原因：

科技管理的行政化问题。政府对科技的管理体制基本是用各种计划，从最上游的基础研究如 973 计划到 863 高技术发展计划，到下游的"星火计划"，政府对科技活动的操纵能力空前提高。但管理手段非常传统，计划色彩相当浓厚，最主要的表现就是"立项—申请—研究—报奖—评奖"这样一个过程。

科技管理的行政化问题，决定了人才的评价、选拔、流动都被一些行政人员把持，科研机构普通的行政人员，应该是给专业人员做辅助工作的，却常常能领导和指挥专家。各机构内部的财务人员，本来只是执行专业领导决策的，却审批甚至决定专业部门的一些具体项目经费。财务人员对科技经费的影响，就变成了

386

对科技方向的影响。

其次就是国有企业和国有单位的性质。目前还主要依赖国有单位、国有企业做科研创新，过去几十年的经验告诉我们这不会有出路。一方面，国有单位缺乏足够的激励；另一方面，即使国有单位创造了新技术，它们也不会像百度、新浪那样去打开创新后的市场。

第三，对知识产权的保护欠缺。一个人辛辛苦苦做出来一项发明创造，很轻易地就被人仿冒、伪造，这种行为还往往得不到惩罚，结果必然挫伤人们进行科学研究的积极性。

第四，对私有财产的保护仍然不可靠。私人财产神圣不可侵犯还没有成为政府和全社会的共识，拥有财富的人对未来的预期不明确，往往没有长远的打算和进行长期投入的愿望。

第五，资本市场不发达。国内股票市场的作用很大程度上是为国有企业解困的，所以在深交所、上交所上市的基本上都是国有企业。民营公司上市批准的程序非常麻烦，得到批准的可能性也很小。这种股票市场对创新文化的激励几乎没有。

最后，学校教育以应试为主，不鼓励甚至压抑学生的创造精神。虽然国内的中学生在国际奥林匹克竞赛中频频获奖，但那是在预做了大量高难度习题后的结果，创新思维没有得到任何提高，根本无法形成创新精神。

六、用人体制不科学

千金何足惜，一士固难求。历史已证明，谁拥有人才，谁就处于主动和领先位置。随着我国"入世"，新一轮"人才大战"的硝烟，已经在我们的家门口腾起。而滞后的用人机制，则成为阻碍生产力发展的重要因素。

英特尔、微软、朗讯、IBM、摩托罗拉等跨国巨头，近两年相继在中国设立研发机构，仅朗讯公司所属的贝尔实验室就在我国招了300人。与此同时，我国滞留国外的各类专业人才已达50多万人。

随着经济、社会的迅猛发展，我国对高技术人才的需求在不断扩大。目前我国从事科技工作的科学家和工程师只有149万人。本世纪初，我国高级科研人才出现了退休高峰，高级人才资源面临短缺危机。

作为发展中国家，我国在全球性的人才竞争中却明显处于劣势。改革开放以来，我国年均出国留学2万人，累计达40多万人，学成归国者10万，在校学习者10万，回归率仅为33％。

在全球化的趋势下，企图限制或阻拦出国留学是不可能的，更是不可取的。目前的关键是如何确保回归比数。国际研究数据表明，发展中国家在经济起飞阶段，三分之二留学生归国效劳，三分之一留学生在国外工作学习沟通信息，使回归率与滞留率保持2：1的"最佳回归比数"，是比较合理和有利的。我国的情况却呈现1：2的倒比，这个数字发人深思。面对来自海外的激烈竞争，反观我们的用人机制，不尽人意之处比比皆是。

2000年4月，失业达16个月的浙江省第一位脑外科博士郭品正，终于被美国加州大学医学中心高薪聘用了。35岁的郭品正原来在浙江大学医学院（其前身为浙江医科大学）附属邵逸夫医院工作。1998年12月14日，他意外地接到医院人事部送来的解聘通知而失业。谈到下岗"原因"，郭品正认为与他拒绝使用某种能拿回扣的抗生素药有关。这家医院人事部却认为，郭品正下岗是科室人员优化组合的需要。下岗后，郭品正先后向国内多家医院求职，却杳无音讯。在国内屡屡不得志的"落魄秀才"，最后却在世界一流的研究机构找到了自己的位置。

另一件事情发生在广州。1996年，颜光美等12名博士放弃国外的优厚待遇，集体回国，成为一大新闻。由于种种原因，与颜光美一道回国的博士，大部分离开了广州，其中4名又去了美国。

据了解，待遇偏低并非留学人员归国的最大障碍。回国后缺乏良好的创业环境是令不少海外华人担忧的重要因素，而最可怕的则是偶然性太大的国内人才管理方式。

人才外流令人惋惜，人才回来又倒流更使人寒心。教育部有关人士分析说，"吃一堑长一智"的心理不仅使不少当事人改变了回国服务的初衷，也令有回国意向的留学人员不寒而栗。他们无法用手投票，不得不用脚投票，一走了之。

七、信息流通不通畅

中国加入WTO，决不意味着天上掉了个大馅饼，它更多的是意味着竞争和挑战。WTO的规则将让国人真真切切体会到"适者生存"的残酷。在WTO的规则之下，地方保护、行业优势都将"无可奈何花落去"。信息社会的中国城市和企业如何应对WTO的挑战？如何和现代信息技术接轨？我们必须在科技和管理上更快更强才能应对各种风险，也才能发展自己，最终成为真正强者，而当务之急是应加快发展"信息流通"。

信息流通离中国城市和企业还有多远？一个明显的例子，前几年在一些企业，电脑充其量只能算是个高级打字机，使用的软件还停留在上个世纪九十年代初的水平，无非是算个帐，打个字，不要说单位之间的信息不通，就是同一单位的各个部门的信息也不相通，部门独立，业务分割，"老死不相往来"。同一内容的数据你做我也做，重复劳动。信息变动，当事者不传达或传达慢了，别人就只好被动的等着吧。我们的市场营销软件数十年未曾改变，到现在只能算作计算用软件了，界面落后，操作复杂，用它来做参考只怕是越参越糊涂。再看看外面的世界，微软的视窗系统就已经升级换代六七次了，通用的办公软件差不多也是一年更新一次。就是国人熟知的财务软件也差不多是十四个月更新一次，否则就没有人用它。

到了网络时代，我们的电脑又成了内部信息发布工具。浏览一下国内几十家企业的网站，看到的内容几乎大同小异：最多的是本单位内工作动态，上看下看左看右看都不像个企业网站，倒像个新闻发布平台（通俗理解，就是企业内部办的小报）。作为企业来说，最为实质的东西很难找到，比如我们能给客户提供什么样服务，客户接受我们服务的流程，商品的报价及报价的分类，最近的新产品及优惠政策等那些客户最为关心的问题是少之又少。

城市的发展需要通常的信息，也希望中国在建设信息高速公路的道路上走得越来越好，越来越精彩。

八、城市文化和形象建设落后

一个城市的发展除了必须明确定位以外，还必须有特色的城市形象和文化，也即是在众多城市中你的差异化在哪里，而绝不是简单的复制。城市形象不鲜明，也会对城市的发展造成阻碍。

而城市形象地确立又必须从市民的个人行为开始树立。文明行为，对于个人而言，代表着个人的素质修养；对社会而言，是促进社会繁荣发展的精神财富。如何来根除市民劣习，建设鲜亮的城市形象呢？

为什么一些人在公共场所敢随意乱扔垃圾、乱吐痰、随处抽烟、大声喧哗、乱停放车辆、占道驾驶车辆等？为什么这些人往往不必为他们的不良行为付出代价？这不仅仅暴露出部分市民缺乏文明意识的问题，同时也暴露出当前社会文明管理建设落后的弊病。当前我们社会对生活中存在的不文明行为，往往只是进行道德谴责，并没有建立严格的监督惩罚制度，结果对当事人起不到强有力的震慑教育作用，在一定程度上放纵了他们的不文明行为。

新加坡是世界上公认为最清洁美丽的花园式城市，在新加坡极少人敢在公共场所乱扔垃圾、乱吐痰、随处抽烟等。其中的秘诀是什么？这不仅仅是因为当地市民具有高度的文明意识，更主要的是新加坡建立了完善的城市管理制度，实施依法治理城市，严厉的城市管理制度让市民望而生畏，不敢以身试法。有人说，新加坡高度的社会文明是"罚"出来的。在新加坡，政府建立了严格的城市管理制度，如果谁在公共场所有乱扔垃圾、乱吐痰、随处抽烟等，最高可处罚新币2000元（人民币与新加坡币的汇率为 480：100 左右），屡教不改者除罚以重款外，还要无条件执行义务劳动，甚至还要处以严厉的鞭刑。据报道，一名姓陈的司机在新加坡驾车吃西瓜时，不经意把西瓜籽吐在大街上，这一切恰好被随在其后的另一位司机发现并揭发举报，结果姓陈的司机被新加坡执法部门查处，处罚清扫街头 3 小时，事后这位姓陈的司机深有感触地说："在大街上扫垃圾的滋味不好受。我再也不敢随意把瓜子乱吐在街头了。"

树立城市形象，从"小事"做起，根除城市生活劣习，当市民形成一种文明习惯的时候，那么建设文明城市的辉煌形象便自然水到渠成。

九、利用媒体进行自我宣传意识不强

自公元前 2000 年左右夏都斟 起，历史上先后有 13 个朝代在洛阳建都，时间长达 1500 多年。十三朝古都带给洛阳的，是光彩夺目的文化遗产和取之不尽的文化资源。这让洛阳人兴奋不已。改革开放以来，他们开始千方百计利用这些资源来换取源源不断的物质财富。让人遗憾的是，洛阳对自我优势的宣传的力度，却与其厚重的文化底蕴不那么协调。

今年 11 月 26 日，在龙门石窟，河南省首届文化遗产日揭幕。目的是进行自我形象宣传。预料之外的是，龙门石窟当天迎来了"井喷式"的参观人流，异常火爆的场面甚至轰动了全国。而在首届河南文化遗产日上，洛阳与龙门石窟一起免费开放的还有关林、都城博物馆、偃师市商城博物馆、玄奘故里等 15 处景点。事实上，这些景点只是洛阳诸多文化景点中的一部分。

可以想象一下，如果洛阳早一点利用媒体进行自我宣传，那么它的今天将会是一幅什么模样？

第二节　我国城市资源整合与运营的基本思路和政策措施

21 世纪是资源紧缺的世纪，城市必将面临着人口、资源、环境与社会经济如何协调发展的挑战。随着我国社会经济的发展，城市化进程加快，城市特别是大城市和特大城市面临的形势更为严峻。要走可持续发展之路，我们就必须对城市的资源进行有效整合。

下面我们就城市走可持续发展道路进行一些探讨，并提出一些有效的解决这一问题的方法和方式，即如何实现我国城市资源的有效整合。

13.2.1 我国城市必须走可持续发展道路

一、我国城市可持续发展的现状[1]

城市可持续发展系统是城市可持续发展的支持条件，目前，城市资源支持系统、社会保障系统、经济发展系统、环境支持系统及管理系统这五大支持系统中，资源环境支持系统决定着城市人口与经济发展规模，是决定城市发展规模的主导因素，也是影响城市可持续发展的基础条件。

我国目前城市资源供给量普遍短缺，加之城市资源利用效率普遍较低，已成为影响我国城市可持续发展的最大挑战之一。从城市水资源看，我国目前约有420多座城市缺水，其中114座严重缺水，全国城市日缺水量达1600万立方米，年缺水量60亿立方米，这种状况随着城市社会经济的进一步发展而日益严峻。

从城市土地资源看，改革开放以来，随着我国城镇数量和规模的不断增加，城市用地规模迅速增加，城市扩展空间日益紧张，城市进一步吸纳人口的压力加大。同时，城市用地结构不合理问题比较突出，表现在工业用地比例偏高，而公共绿地及公共配套设施用地比例偏低。从能源的供求看，我国城市能源需求矛盾日益突出与能源消费结构严重不合理同时并存，这是我国目前能源问题主要特征。我国能源主要产地在北方和西部内陆地，区，而主要消费则集中在东部和南部沿海城市地区，这种地区能源供求矛盾正日益加大。我国城市能源紧张、结构失调、利用效率低是制约城市可持续发展的"瓶颈"。

随着城市人口的迅速增加、工业化水平的不断提高和城市可持续利用资源相继减少，城市经济发展和城市生态环境容量之间的矛盾越来越突出。我国城市环境的日趋恶化已使城市人居环境受到严重威胁，大多数城市正在被环境污染、空间拥挤等严重的城市问题所困扰。一方面，城市的聚集优势、规模优势有利于城市生产专业化和高新技术产业发展，有利于资金聚散、商品流通和信息交流；另一方面，人口和其它经济要素过度集中，经济密度过大，也会使城市经济发展的环境成本加大。2002 年，空气质量达标城市人口的比例仅占统计城市人口总数的 26.3%；我国有近 3/4 的城市人口生活在空气质量未达标的环境中。我国城市资源与环境的现状严重制约着城市可持续发展。

二、我国城市持续发展的制约因素

1、城市产业结构不合理，制约生产要素资源的有效配置

我国城市不仅存在产业结构不合理问题，而且不同城市间产业趋同现象严重，严重制约城市生产要素资源的有效配置。就我国城市产业的技术结构而言，产业技术进步缓慢，企业研发活动落后，科技进步在经济增长中的作用远远低于发达国家，改革开放以来，我国城市产业结构发生了巨大变化，但总体上仍沿用传统的以高投入、高产出、低效率为特点的城市经济增长方式，加之市场机制还不完善，致使我国城市产业结构不合理，产业水平落后。我国城市产业结构突出矛盾主要表现在不合理的生产结构、组织结构和技术结构三个方面。2000 年，中国城市三次产业国内生产总值比重分别为 4.8%、50.3% 和 44.8%，与发达国家比较差距很大，尤其第三产业发展较为缓慢。从三次产业劳动力就业结构看，我国目前城市第一、二、三产业就业人口比重分别为 3.9%、49% 和 47.1%、我国城市产业组织长期以来——直追求"大而全"和"小而全"，不同规模企业组织之间缺乏有效的分工协作，这是造成我国资源利用效率低下、经济效益提高缓慢的主要原因之一。

2、城市能源结构矛盾突出，制约城市经济与资源环境的协调

发展

长期以来形成的以煤炭为主的能源消费结构不仅是城市生态环境污染的主要根源，且制约着国民经济效益的提高。煤炭燃烧所产生的废物，如空气悬浮颗粒和二氧化硫等形成了我国目前城市环境中主要的大气污染物。虽然从 20 世纪 80 年代以来，我国能耗强度逐年下降，但与世界发达国家相比较，能源利用效率还很低，不仅造成能源的浪费，也增加了烟尘、二氧化硫等大气污染物排放量。20 世纪 90 年代以来，我国对能源结构进行了初步调整，煤炭在我国能源消费结构中所占的比重有一定程度下降，到 2002 年已下降到 66.1%。尽管如此，20 世纪 90 年代以来，能源消费量随国民经济持续和快速的增长而逐年大幅度提高，因此，1995 年我国煤炭消费量达到 12.8 亿吨，开始居世界首位。这种以煤炭为主的能源消费结构在未来相当长时期内不可能发生根本性转变，决定我国城市能源结构矛盾在一定时期内还得不到根本性解决。城市能源结构矛盾必然制约城市经济与资源环境的协调发展。

3、城市工业装备和污染防治技术落后，制约城市生态环境的根本改善

城市生态环境污染负荷超过城市环境容量是目前我国城市实现人口与社会、经济、资源、环境协调和可持续发展的直接制约因素之一。近几年来，我国城市工业、交通和公共设施不断引进和发展低污染的环保技术，城市总体自然环境破坏趋势得到有效控制。但与工业发达国家在城市污染防治技术水平方面的差距还很大。因为我国工业发展起点低，传统工业技术改造存在相当大的难度，城市环境污染历史欠账较多。进入 21 世纪，许多城市工业技术装备水平还相当落后，甚至有的还处于 20 世纪 60 年代的水平。城市工业技术装备水平是城市资源和能源消耗的关键制约因素。

4、城市开发建设的环境成本过高，制约城市综合竞争力的提

升

　　工业化较快发展，同时伴随着城市化步伐的加快，是发达国家经济起飞过程的一般规律。我国目前正处于工业化和城市化快速发展阶段，在人口加速城市化过程中，必然伴随城市地域扩张和产业的聚集过程。一些城市在开发建设中优先考虑的是城市近期、局部的社会经济发展需要。因此，城市发展规划、城市综合经济政策、城市产业选择等缺乏对城市资源环境的充分考虑，致使一些城市的开发建设事实上是以牺牲城市的资源环境为代价的。以上海为例，作为现代化国际大都市，改革开放以来，上海的城市发展令世界瞩目。但随着经济社会的快速发展，人口、资源环境压力日益加大。目前上海的森林覆盖率只有全国平均水平的50％和世界平均水平的33％，与发达国家现代化国际大都市相比较更是相差甚远。而且目前上海的经济增长方式中高消耗、高排放的特征仍然十分显著。我国工业化过程始终以传统粗放型经济增长方式为主导，不仅使城市开发建设的资源环境成本过高，而且从长远看，影响我国城市综合竞争力的提升。

　　5、资源型城市产业转型困难重重，制约资源型城市社会经济可持续发展

　　目前，我国资源型城市产业转型问题正受到高度重视。我国资源型城市产业转型问题是制约这些城市社会经济可持续发展的核心问题。资源型城市产业转型的实质是这些城市经济增长方式的转变。目前我国资源型城市的产业结构除受自然资源禀赋的决定性制约外，长期计划经济主导下的传统经济增长方式影响很深。传统经济增长方式下形成的资源型城市主导产业过分依赖不可再生自然资源，严重制约着产业结构的转型能力。因为高度专业化、非均衡的城市产业结构形成后，资源型产业所支撑的城市社会经济运行系统便具有了相对独立性。在具有高度刚性的城市产业结构约束下，包括城市基础设施、工业设备、人才队伍等具有很高的专业性，区域经济产业关联性较弱。因此，一旦这种不可持续

的城市产业结构面临资源枯竭威胁，城市产业转型便困难重重，制约资源型城市乃至区域社会经济可持续发展。

三、提升我国城市可持续发展能力的战略选择

1、建立城市可持续发展评价指标体系，为城市可持续发展提供科学依据

21世纪，我国人口城市化进程正处于加速阶段，各种规模城市自身的可持续发展能力正面临着来自多方面的严峻挑战。目前，实现我国城市可持续发展面临的首要问题是如何让城市建设决策者和市民结合自己所处城市实际情况，遵照可持续发展原则来规划城市、建设城市、监督和管理城市。而建立城市可持续发展的指标体系，能够描述城市经济建设、社会发展和人居环境保护的现状，为城市开发过程中避免对资源环境破坏提供一个科学衡量标准，预测城市未来可持续发展趋势和能力。按照科学的城市可持续发展指标体系，对城市要素资源进行整合，就能全面、系统地调动一切积极因素，为实现城市可持续发展提供科学依据。

2、加快城市体制与技术创新步伐，推进城市可持续发展能力建设

城市可持续发展能力包括多方面内容，其中制度环境和技术保障是城市可持续发展能力建设中相辅相成的两个最重要的方面。城市可持续发展制度环境指在城市规划、建设、开发与管理过程中，既能体现代际公平又能够保障代内公平。城市可持续发展的体制创新是城市产业技术创新的基础和平台，是实现城市产业结构优化的根本保证，也是城市经济结构不断优化的前提。城市产业的技术改造与创新是加快城市产业结构调整，从而实现城市结构不断优化，促进城市产业结构高级化，提升城市可持续发展能力的直接动因所在。要积极推进城市可持续发展能力建设，必须同时加快城市体制创新与技术创新步伐，进行资源整合。

3、建立多元化城市环保投资体系，充分发挥市场机制在资源优化配置中的积极作用

我国多数城市在坚持以政府作为城市环保投资主体同时，已开始实行工业污染防治由污染者负担的原则，并把企业作为投资主体，政府给予必要的经济、技术和政策扶持。这种多元化的城市环境保护投资体系，不仅能吸引更多的城市建设资金，既减轻政府的压力，又能发挥社会各界的积极性和创造性，加快城市化步伐；而且，多元化投资主体能将市场竞争机制引入城市建设中来，使要素资源得以更加高效地利用，让有限的城市建设资金发挥作用，提高城市可持续发展能力。

4、加快资源型城市产业转型，促进资源型城市区域经济协调和可持续发展

资源型城市在我国城市中占有很大比重，资源型城市的可持续发展是实现我国城市可持续发展的重要内容。资源型城市可持续发展既关系着这些城市本身劳动就业、经济发展、社会稳定，又与我国整个国民经济的可持续发展联系在一起；有些省（区）资源型城市在国民经济中还占有相当的比重，影响区域经济的协调发展。以黑龙江为例，2002年，资源型城市GDP占全省GDP总量的69.83％。城市的可持续发展必须既能满足当代人发展的要求，又不对后代人的发展构成危害。如何加快产业转型、发展替代型支柱产业是解决资源型城市矛盾的关键环节。

5、实施城市循环经济发展战略，建立我国城市循环经济体系

要真正实现我国城市可持续发展，必须摆脱"资源—产品—废物"的单向工业生产模式，建立"资源—产品—废物—再生资源—再生产品"的循环生产模式，走新型工业化道路。实施循环经济发展战略，不仅能保证我国经济发展速度，而且对减轻资源压力、减少城市环境污染都将起到重要作用。我国城市循环经济体系不仅要建立循环型的生产技术体系，还需要确立循环型的生产组织体系和循环型的社会经济体制。必须把循环经济纳入我国城市化发展进程，建立我国城市循环经济体系，促进城市可持续发展。

13.2.2 促进城市人力资源合理配置

人是社会发展的决定性力量，所以促进城市人力资源的合理配置，将在很大程度上促进城市的可持续发展。

近年来，一些城市对使用外地人员采取了一些限制措施。这种做法是不正确的，因为这样一来将会导致一些资源不能为这个城市所用，也就无法实现资源的广泛有效的整合。

这种做法违背了市场经济的根本原则即公平竞争的原则。

首先，我国现阶段正在进行经济体制改革，目的是建立完善的市场经济。市场经济要求实现充分竞争，竞争的前提是公平。如果企业在经营范围内，无权对自己掌握的各种资源包括人力资源进行有效控制，就谈不上公平，也无法真正参与竞争。我国宪法规定，每一位公民都享有劳动的权利，因此，无论是企业择人还是劳动者择业，都应有充分的自主权。

其次，竞争是动态行为，市场经济是动态的过程，所以企业乃至整个社会在对资源包括人力资源进行选择和配置时，也会不断变换标准、内容和方式，因此，劳动力必须实现充分流动。而目前一些城市出台的有关限制使用外来务工人员从业范围的制度，事实上部分剥夺了企业用工和劳动者劳动的自主权，限制了劳动力在城乡间和区域间流动，不利于这些城市人力资源市场的健康发展，有碍企业效益最大化追求，违背了市场经济公平竞争的根本原则。

这一制度也不具有可行性。很多用人单位将不会主动遵守这一制度。在计划经济时期，企业在用人上没有自主权。而现在非国有经济蓬勃发展，在某些行业和领域甚至占主导地位，政府在原则上不能干预他们的用人决策；同时，国有企业用工的自主权也在逐步扩大，与企业其他行为的市场化相呼应，在选人用人上，企业要从提高效率、降低成本等方面决策，如果外来工能创造高于本地工的利润，企业肯定会选择后者；如果强行推进这种限制措施，肯定会出现阳奉阴违、法不责众的局面。一旦出现地下招工，损害了职工的合法利益，或引起劳动纠纷，将事与愿违，造成劳动力市场秩序混乱。

这一制度有负面社会影响。首先，它延缓了我国城市化进程。农村劳动力到城里务工，除了缓解农村剩余劳动力压力，增加了农民收入，拉动农村消费外，这些"打工"者还是城乡间信息、技术、文化的沟通者，他们的存在和流动，有助于我国加快城市化进程。其次，它不利于这些城市本地经济的发展。比如，在大城市务工的外地人，不仅有低层劳动力型，还有大量的高层次智力型人才。如果加大对外地人从事"白领"工种的限制，就与大城市需要高层次人才的趋势相悖。

一些城市出台这个政策，其本质就是新型的"地方保护主义"。农村剩余劳动力增加后，将就业压力转嫁到了城市，而近几年我国经济增速放缓，也导致一些企业工人下岗，城市失业人员增加。对地方政府来说，本地人失业的压力远胜于外地人在此找不到工作的压力，而就业压力肯定会演化为政府的多重压力。因此，它必然会制定一些地方就业保护政策，以保护本地人的利益。

但是真正解决城市下岗职工再就业问题，"赶走"外来工并不是有效的办法。甚至相反，这种做法会限制城市的发展。解决问题的关键在于提高整个城市的经济发展水平，提供多层次的就业岗位，以市场调节为手段，提高企业用工效率。

当然，这不是短时间内就能做到的，但目前必须朝着这个方向努力，并以市场调节为手段，不能为缓解眼前困难而走计划经济的回头路。因此，政府必须转变观念。下岗职工不愿干的脏累的活，就允许外来工干，而条件和待遇好一些的工种就对外来工提出限制。这实际上促成了本地下岗和失业人员"等、靠、要"的不恰当的就业观念，不利于他们的再就业。在短期内，政府可以一些以工代赈的方式缓解城市就业压力。如增加公益事业、环保事业用工等，增加城市就业机会。

只有进行对人力资源进行有效地整合，整合最广泛的资源并将资源的优势得到最大化的发挥，才可以从根本上来解决城市的可持续发展问题。

13.2.3 加快城市数字化战略步伐[2]

数字化战略的实施需要对多种资源进行整合，这是必然的。因为数字化生活是一项跨部门、跨门类的复杂的系统工程，涉及部门的组织机构、管理体制和工作方法等一系列深层问题，是城市管理和规划体制的重大变革。加快城市数字化战略步伐，不仅是资源整合的一种方法，还可以提高资源整合的速度和效率，其最终目的还是实现城市的可持续发展。

近代中国一直处在从农业社会到工业社会的过渡，即工业化的过程中。就工业社会所需要的经济制度结构而言，中国经过二十多年的改革努力总算是入门了，但市场制度的建立还远远没有完成，在有些重要方面甚至还处于"过大关"的过程中。然而就在这样的条件下，信息化的问题又摆到了我们的面前。信息化意味着更大跨度的社会变迁。

信息化的本质就是市场化，信息技术的目标就是改善市场运作机制、提升市场运作效率。信息社会是一种全面的横向联系，它的发展依赖于每一个社会成员的独立创造。因此，我国制度和文化传统对建设信息社会的阻碍可能较之它对工业化的障碍更加严重。信息化要建立在社会全体成员发挥主动性和创造性的基础上，政府必须做这些事：制定规则和执行规则；制定技术标准；保障网络安全等。

随着经济全球化和我国国民经济与社会发展，如何应对人口高度密集化和日益加快的城市化步伐，成为政府面临的突出问题。利用现代信息技术，及时获取、处理与分析城市各种空间信息和其动态变化是政府科学规划、管理和决策的有效手段。所以通过数字化生活的建设来全面提高城市的规划、建设、管理和决策水平已经成为各城市政府的共识。

现在全国有许多城市已经或即将启动数字化生活相关项目，

为确保全国范围内各项目有效实施和成功建设，需要制定出台大量的相关配套政策法规。目前法规建设刚刚起步，任务十分繁重。同时因为各数字化生活建设均属于起步阶段，对建设中可能出现的问题无法充分预测，政策的制定工作有很大难度。另外，因为我国地域辽阔，各地方的经济发展水平和资源条件差别很大，制定适合本地区经济、技术发展水平的数字化生活信息产业化政策，也成为各城市政府实施数字化工程的重要工作内容。

通过政府积极引导，以市场为基础、以企业为主体，进一步完善信息产业投融资政策，筹措信息化投资基金，推动和引导各类投资主体参与电子信息制造业、信息基础设施、关键信息技术应用、信息化示范工程、基础数据库等信息产业项目建设，加快推动核心信息技术的产业化、规模化进程。利用各类专项资金、科技三项经费、技术改造项目贷款贴息资金、挖潜改造资金等择优和有重点地支持规模化生产的信息产业发展。不分所有制性质扶持一些基础和条件较好的高新技术企业在境内外创业板上市。完善风险投资机制，引导风险投资基金重点投向信息产业。鼓励企业或其他市场主体设立信用担保机构，为中小信息企业提供以融资担保为主的信用担保。推动重大信息产业项目按国家有关规定发行债券、股票及产业基金，形成多渠道的投入机制，做大做强重点信息化项目。

按政府主导、企业运作的思路，组建投资主体多元化的"数字化生活建设开发公司"，具体承担数字化生活基础网络平台的建设和建成后的运营管理工作。

数字化生活建设开发公司实行业主负责制，并按市场经济和项目管理规范开展数字化生活工程的建设和管理。在数字化生活的建设和运营中，应注重建设普遍服务的信息环境，充分体现项目的公益性。

数字化生活也是建立在物质基础上的。只有加大对城市信息基础设施、空间基础信息平台和应用软硬件开发的投入，才能扩大信息来源，解决城市空间信息资源的"瓶颈"问题。这些基础建设需要可靠资金来源和投融资机制的保证。一是政府设立专项资金，对认定的科研项目给予贷款贴息或融资担保。二是建立与金融界沟通渠道，建立融资机构，为科研项目和科技企业提供融资等服务。三是政策引导和鼓励企业自筹，开展国内外风险投资业务，建立多种投融资机制，加大对数字化生活系统集成和应用软件的研究开发投入。

各城市应制定有效措施，积极组织和鼓励民间参与城市信息基础设施建设，并通过官、产、学、研的互动合作，建立创新体系，提高创新能力。该体系主要包括以下四个专项体系：以企业为主的开发应用体系，以相关科研单位和高等院校为主的知识创新和人才培育体系，以行业学协会和中介咨询机构为主的中介服务体系，以政府部门为主的政策法规制定体系，以及四个专项体系内部的运行机制和相互间的联系与合作机制。这个创新体系的特点，一是以企业为核心，二是有机的整体。

实施市场开放战略，不求所有，但求所在，联合来自各方面的力量，强化区域信息中心的吸引力、辐射力和影响力，实现信息市场的网络化、产业化和国际化。加强对信息市场的管理，大力发展信息咨询服务业，规范信息咨询服务行为。凡由国家财政拨付经费所形成的信息资源，可以公开的都应无偿向公众提供服务。引导民营经济以独资、联营等方式进入电子信息产业领域，进一步扩大信息产业市场。加强对信息市场的监管，完善信息企业认定制度，发挥社会中介机构作用，评定企业信用等级，建立自然人和企业法人社会信用制度。

拟定适应信息化发展要求的人力资源战略和措施，建立人才培养、吸引、流动和使用机制，在创业环境、收入分配、生活环境、法制环境等各方面增强对人才的吸引力和凝聚力。通过国内外联合培养，推广院校专业培养和定期脱岗培训相结合的人才培养模式，鼓励企业建立人才在职培训制度，通过远程教育、虚拟大学等手段，形成层次分明、学科齐全、结构合理的信息技术人才培养教育体系。改进和完善分配和奖励制度，建立技术入股、股票期权分配、智力持股等制度，提高信息技术人员的社会地位，在大中型企业设立信息主管（或总信息师），形成一支结构合理、相对稳定的信息技术人才队伍。

强化信息意识，普及信息知识，造就信息化的人才队伍。要加强数字化生活建设的宣传工作，普及信息知识，提高全市人民对数字化生活建设的认同度和参与度，引导人们的信息消费需求。要加强党政机关信息化管理干部和有关业务人员的技能培训，推行行政办公自动化、网络化。构筑城市信息化建设的人才基地，共同推进城市的信息化建设。

技术资源包括技术和人才两个方面，人才的引进最终反映为技术的应用消化和吸收。我国拥有大量的后备人才，建立有效机制，充分发挥人才的创造力，实现技术创新是重要任务。同时，引进国外高新技术企业和人才，包括大量的出国留学人员和其创办的科技企业，是技术创新体系的补充和完善。我国数字技术的产业化发展应借鉴各国经验，认清经济全球化给国内科技企业带来的强烈冲击和深远影响，高起点、高要求，瞄准国外市场，开发有国际竞争力的作品，一方面满足国内需要，另一方面参与国际市场竞争。在国内和国外两个市场的竞争中占据有利位置，推进产业化进程。

各级宣传部门要协调新闻媒体和信息化工作部门，对数字化生活的宣传认真进行规划。通过各种媒体（电视台、报刊、电台、互联网络），在各级党政机关、工厂企业、学校、社区等各层次、各领域广泛宣传、培训、普及信息化知识，积极宣传以信息技术为先导的高新技术应用知识和世界信息技术竞争的新特点，向社会公众普及信息与网络技术知识，使信息化看得见、听得到、用得上。加强信息化技术培训，将信息技术应用列入公务员考核内容，强化中小学生的计算机应用素质教育，形成全社会积极参与信息技术推广应用的氛围，全面提高人口的科学与信息素质。

积极吸引国内外著名的信息产业跨国大公司到城市投资设厂、建立研发机构。积极支持信息企业与国内外知名大学和企业开展技术合作，加快科研成果产业化速度。鼓励国内外风险投资基金设立机构发展业务。加强城市与周边城市在信息化建设和发展上的协调与衔接，实行长期的、高起点的信息化对外合作策略，从技术开发、产业化以及推广应用全过程实行合作。

在促进信息资源开发利用和网络开放互联的同时，必须十分重视信息和网络系统的安全管理，强化公安、保密等部门的计算机安全监察职能。认真贯彻执行国家信息安全保密标准和管理规定，制定地方性政策、法规和实施细则。不断进行信息安全教育，提高全民的信息化安全意识，从法规、管理、技术等多方面采取防范措施，保证信息资源有效、可靠、健康的利用。

推进国家信息化必须遵循"政府先行，带动信息化发展"等一系列方针。通过政务信息化、规范化和程序化来改变政府传统的工作模式，建立一种以决策支持为核心，以互联网为平台面向公众服务，以高效、公平、公开、勤政、廉洁为特征的新型政府管理和工作模式。以政务信息化，加快国民经济信息化进程，提高我国自主知识产权的高新技术成果产业化和在 WTO 环境下提高我国的综合竞争实力，促进信息社会发展。由此可见，我们做好信息系统安全保护工作对我国数字化生活建设有着十分重要的战略意义。

由于信息产业的高知识、高投入、高增值、高效益、高渗透特点，由于信息产业是战略性产业，是变化迅速、发展奇快的产业，由于信息产业的高就业、低消耗优势，它正在快速地改变着世界的面貌。二十一世纪是信息产业全面发展的时代，中国已经步入了信息产业发展的轨道，信息产业将影响和改变中国经济的面貌。

13.2.4　建设生态城市[3]

从某种意义上来说，建设生态城市是城市可持续发展的目标之一，但是也可以说是，实行城市可持续发展的方式之一。这也是城市资源整合的目的，也只有通过资源整合才可以实现。"生态城市"是城市发展的最新模式，它的内涵将随着社会进步和科技的发展，不断得到充实和完善。到现在，生态城市的概念已经融合了社会、文化、历史、经济等诸多因素，向更加全面的方向拓展，体现的是一种广义的生态观。有许多人把生态城市理解为绿化非常好的城市，这实际上是一种误解。生态城市必然是一个绿化非常好的城市，而绿化非常好的城市不一定是生态城市。

一、生态城市的特点

1、城市规划科学合理

"生态城市"在城市规划上应具备以下几个特点：功能分区明确；建筑布局合理；建筑密度适中；建筑物具有很高的传统个性和文化艺术品位；城市配套设施和基础设施充足而且先进；城市管理纳入法治轨道。

2、完美的生态景观

景观即总体环境的空间可见性，是生态系统的载体。城市生态景观是由各类动植物保护区为主的自然景观和由建筑、园林等为主的人文景观组成的完美城市自然生态系统。

3、绿化覆盖率高

"生态城市"到处是绿荫草地、青山绿水的城市景观，人的行为与大自然有机结合、相互协调。

4、整体协调

"生态城市"不单单追求环境优美或自身的繁荣，而是兼顾社会、经济和环境三者的整体效应；不仅重视经济发展与生态环境协调，更注重人们生活质量的提高，是在整体协调的新秩序下寻求综合发展。

二、建设生态城市的主要策略

要建设"生态城市"，就需要对城市各种资源进行整合，必须采取行政、法制、经济、技术等多种手段，进行综合管理。"软件"建设和"硬件"建设相互配套和协调，才能保证城市生态环境的良性循环。

1、制定科学合理的城市规划

"兵马未动，规划先行"说明了城市规划在城市建设中的龙头作用及权威地位。以可持续发展方针为指导，科学合理地制定和完善城市规划，是实现生态城市的前提和条件。在制定城市发展总体规划时，要对各个不同区域功能进行合理划分，制定相应的环境质量标准。新建的工业企业，集中在工业园区，实现其所排放的污染物尽可能做到集中处理。对于建于市区的工业企业，搬迁到工业园区，远离商业区和居民区，减少污染危害。同时，在城市上风向、水源地、旅游风景区和环境脆弱地带，严禁兴建工业项目，从源头上控制污染。

2、创建生态景观、提高城市文化品位

一栋建筑、一条街道、一个小区、一座城镇直接表现出城市的风格、形象、特色。生态型城市建设在景观设计时，要做到眼前与长远、局部与全局、经济功能与社会生态功能、实用价值与观赏价值、外国风格与民族传统的有机结合。

3、建立合理的城市交通体系

城市交通体系进行合理规划，必须对交通工具进行严格的环保管理。实施公交优先的现代交通战略，大力发展公共交通，合理引导小汽车交通发展的时间和空间分布，中心城区小汽车交通总量控制在适度水平，构建区域大交通系统，形成网络型城市。

4、加强生态道德和法治的建设

生态道德是随着生态问题的发展逐步形成和发展起来的，是人们在生态这个公共生活中，为维护人类生存条件和经济可持续发展，自觉调节人与自然之间关系所必须遵循的共同行为准则。生态文化道德建设是一项系统工程，需要各级各部门齐抓共管。生态城市的建设要纳入法治化轨道。只有把生态型城市纳入法治轨道，才能保持建设与发展的连贯性、规范性和有效性，要从过去的以宣传、教育、劝导手段为主，逐步转变到依法管理、依法治理上来。

"生态城市"的发展目标是实现人——社会——自然的和谐，包含人与人和谐、人与自然和谐、自然系统和谐三方面内容，其中追求自然系统和谐、人与自然和谐是基础和条件，实现人与人和谐才是生态城市的根本目的。我们相信在不远的将来我们一定会生活在可持续发展的人与自然和谐的生态城市环境之中。

13.2.5 以城市群代替城市规模的无限扩张[4]

在城市建设中，我们常常陷入一些误区，比如城市规模的无限扩张才显示出城市的气魄。在新的历史条件下，要想实现城市的可持续发展就必须转变观念，实施合理有效的资源整合，用城市群来代替城市规模的无限扩张。

一、城市规模无限扩张不利于中国城市可持续发展

随着中国经济的持续、健康、快速发展，我国城市化正在进入加速发展阶段，城市化发展问题随之提出。专家们认为，借鉴发达国家经济发展经验，在城市化加速发展阶段难免出现"摊大饼"发展模式。当前，"摊大饼"发展模式所带来的中国城市经济规模偏小、资源浪费严重、密度偏高、交通拥挤、集聚财富能力偏低即对经济发展贡献率偏低的现象，已经严重影响了人们的生产生活，也严重阻碍了我国经济的持续、快速、健康的发展，更不利于我国城市的可持续发展，已经到了需要痛加检讨和改变的时候了。

二、发展组团式城市群很重要

城市化发展问题出现，科学的城市化发展观念也开始提出。针对"摊大饼"发展模式带来的弊端，《中国城市发展报告》曾提出了应充分发挥城市群作用的对策。其中比喻说，磁盘相当于一个大城市"摊大饼"集聚的密集状况，如果站在一个高楼上把盘子摔到地上，这个城市的能量没有变，但是松散地、大大小小地

分布在相对大的面积上。组团式城市群可以想象为把原来像磁盘一样密集的地方，松散成为大中小城市和小城镇，整合在一个相对宽松的环境中。

发展组团式城市群对于中国很重要。有关专家指出，21世纪国际经济竞争的基本单位不是企业，也不是国家，而是城市群。建设一个强大的城市群，将成为经济全球化新形势下赢得激烈国际竞争力的关键。美国《新闻周刊》在2000年6月一期中的《超级城市》一文强调说："现在越来越明确的观点认为：密集的组团式有序居住模式比无休止的散乱扩展（摊大饼）应该好得多"。2001年度诺贝尔经济奖获奖者斯蒂格列茨认为：新世纪对于中国有三大挑战，居于首位的就是中国的城市化，"中国的城市化将成为区域经济增长的火车头"。很多专家都认为，传统城市发展战略必然导致不可持续性。而组团式城市群是中国城市化战略的跃升，必将成为我国新一轮财富集聚的战略平台。在2020年以前，应加速构建珠江三角洲、长江三角洲、京津环渤海三大组团式城市群，使其成为中国经济增长的制高点。这也是解决"摊大饼"发展模式带来的城市交通拥挤、资源浪费、环境污染等问题的药方。

组团式城市群的优势在于，有利于形成大中小城市协调发展的区域体系，有利于克服"摊大饼 等传统城市化进程中的弊病。经济上可以取得互补效应，社会上可加速消除二元结构，生态上可缓解城市的热岛效应。可以大大降低区域基础设施成本，提高区域整体竞争力。《中国城市发展报告》认为，组团式城市群是大中小城市"结构有序、功能互补、整体优化、共建共享"的镶嵌体系。在水平尺度上是不同规模、不同类型、不同结构之间相互联系的城市平面集群，在垂直尺度上是不同等级、不同分工、不同功能之间相互补充的城市立体网络，二者之间的交互作用使得规模效应、集聚效应、辐射效应和联动效应达到最大化。在发展组团式城市群的道路上，河南省借助"中原崛起"的机遇，积极发展郑州、开封、洛阳城市一体化的进程格外引人注目，这也是河南在谋取中原崛起领头羊的基础上在推动河南整体经济发展和树立河南对外形象的一次大手笔，推进郑——洛——汴一体化，可以对三地的资源进行充分的利用，已取得河南经济更快更好的发展。

13.2.6 现代城市应加大对自我形象进行宣传[5]

城市形象是一个城市的外在行为与表现在公众心目中形成的总体印象与评价。现代城市形象宣传是指在信息化、全球化背景下城市形象的推广和传播。要适应现代城市形象宣传的需要，必须创新观念和机制，创新方式和手段，对资源进行有机有效的整合，才会使形象宣传深入人心。

一、现代城市形象宣传与传播观

现代城市形象宣传包括对内宣传和对外宣传。对内宣传是面向城市内部的宣传，宣传者主要是政府，宣传对象主要是城市市民、企事业单位。目的主要是唤起城市内部公众的城市形象意识，增强城市的凝聚力，形成城市形象建设的合力。对外宣传是面向全球的宣传，宣传对象主要是现在和将来都将和城市发生联系的人和组织。宣传者除政府以外还有市民、企事业单位等等，主要目的是增强城市的影响力、辐射力和吸引力，加快城市的经济社会发展。因此，现代城市形象宣传不仅仅局限于思想意识的传达，而是一种跨区域、跨语言、跨文化的传播，宣传者力图通过各种传播符号，如语言、图画、公关活动、形象广告、标志性建筑、市民精神风貌等等，全方位传达城市形象信息。

公众特别是外部公众很少有被动接收宣传信息的，他们渴求在平等的、受尊重的前提下有选择地进行信息交流和分享，不同国家、不同地区、不同民族的公众，对宣传内容和宣传方式有不同的取向。现代城市形象宣传应该走出以下误区，增强现代传播观念：走出居高临下的误区，营建平等、和谐的宣传者与宣传对象的关系；走出宣传就是灌输的误区，重视和搜集宣传对象对城市形象宣传的信息反馈和要求，建立宣传者与宣传对象良好的互动关系；走出自娱自乐，自我循环的误区，注意研究不同国家、不同地区、不同群体的不同思维方式、文化心理、价值取向及语言表达方式，有针对性地制定宣传策略。增强宣传的亲和力，唤起宣传对象对宣传内容的认同和支持。

二、现代城市形象宣传与系统观

现代城市形象宣传涉及面宽，对象复杂，是一个庞大的系统工程。系统是由相互联系、相互依赖、相互制约和相互作用的若干事物和过程所组成的一个具有整体功能和综合行为的统一体。这就要求在统一的目标和理念统领下，整合各方面的宣传力量，整合各项宣传内容，整合各种宣传方式，保持各要素之间的理念、诉求、风格的同一性，让这些同一的信息反复刺激公众的视觉、听觉，不断加深对城市形象核心元素的心理体验，对城市形成整体的、个性鲜明的印象和评价。

整合不同的宣传主体。城市政府、企事业单位和市民，时时处处，自觉不自觉，或多或少地传达着城市形象的信息，从这个意义上讲，他们都是城市形象宣传的主体。建立良好的城市形象宣传系统，就要整合政府行为、企业行为和市民行为，围绕统一的目标和理念展现城市形象。

整合丰富的宣传内容。城市形象具有丰富的精神内涵和外在表现，城市形象宣传就是要深入挖掘城市的文化魅力，开发城市的地缘优势、产业优势、发展潜力，整合政治形象、经济形象、文化形象，设计出统一的城市形象宣传方案，统一组织实施。

整合各种宣传方式。城市形象宣传的主要方式是组织公关活动和大众传播。在策划宣传方案、制定宣传策略时，应特别注意各种公关活动之间的相关联系和配合，如平面媒体、电子媒体和互联网等不同介质媒体的相关联系，让不同的手段、不同的媒介统一于相对一致的主题、元素和风格。

三、现代城市形象宣传与经营观

城市形象是物质文明、政治文明、精神文明的结合体。良好的城市形象是城市的无形资产，现代城市形象宣传就是城市形象的营销推广。相当一部分城市形象宣传，如对外文化交流活动等大型公关活动、广告宣传和文化产品的开发等等，既具有意识形态属性，又带有商业属性。因此，市场经济条件下的城市形象宣传者应该具有经营意识。

同时，城市形象宣传者还应该树立资源意识。城市形象宣传是城市形象的放大器，是城市形象的软资源，是城市的文化生产力，有巨大的开发、利用潜力。

树立市场意识。信息时代是一个受众市场时代，受众的选择决定信息的流向，只有占领了市场，才能占领阵地。新闻的策划，形象广告的投放，外宣产品的开发等等，都应该瞄准市场需求。

树立效益意识。城市形象宣传者在进行城市品牌营销过程中，应该树立效益意识。这里所说的"效益"、不是纯经济学的概念，还有社会学的概念，既包括人力、物力、财力的"投入"、"产出"比，也包括情感、文化、形象等等的"投入"、"产出"比，要在最大程度上追求经济效益、社会效益、环境效益的协调一致。

城市的发展水平是国家经济发展状况的试金石，在全国人民奔小康，全面建设社会主义现代化的道路上，对城市经营中出现的一系列资源状况，我们应该进行更多的关注，并对出现的问题进行解决，这样才可以实现城市资源的有效整合，才可以保证城市的可持续发展，才可以促进我们国家的繁荣昌盛。

参考文献：

［1］齐振宏. 循环经济与生态工业园区建设［J］. 中国人口，资源与环境，2003，（5）：111～114.

［2］向宏桥. 循环经济理论与民族地区经济可持续发展［J］. 湖北民族学院学报（哲学社会科学版），2003，（2）：52～55.

［3］李兆前. 发展循环经济是实现区域可持续发展的战略选择［J］. 中国人口资源与环境，2002，（4）：51～56.

[4] 杨秀珠. 试论城市规划管理体制的改革. 城市规划，2002（8）：51.

[5]《资源型城市经济转型研究》王青云著。－北京：中国经济出版社，2003.9

图书在版编目（CIP）数据

资源整合方法论/张庆祥 孙振泽著 . –北京：人民武警出版社，2007.7

ISBN 978 – 7 – 80176 – 216 – 0

Ⅰ. 资… Ⅱ.①张…②孙… Ⅲ. 企业管理–研究 Ⅳ.F270

中国版本图书馆 CIP 数据核字（2007）第 074961 号

书名：资源整合方法论

编著：张庆祥 孙振泽

出版发行：人民武警出版社

　社址：（100089）北京市西三环北路 1 号

　图书部电话：010 – 68795387 发行部电话：010 – 68795350

经销：新华书店

印刷：金星印刷厂

开本：850×1168　1/32

字数：278 千字

印张：13

印数：1 – 3000 册

版次：2007 年 7 月第 1 版

印次：2007 年 7 月第 1 次印刷

书号：ISBN 978 – 7 – 80176 – 216 – 0

定价：56.00 元